全国高等教育自学考试指定教材

# 工程项目管理

（含：工程项目管理自学考试大纲）

（2023 年版）

全国高等教育自学考试指导委员会　组编

主编　严　薇　华建民

北京大学出版社
PEKING UNIVERSITY PRESS

## 图书在版编目（CIP）数据

工程项目管理 / 严薇，华建民主编 . -- 北京：北京大学出版社，2023.10
全国高等教育自学考试指定教材
ISBN 978-7-301-34404-0

Ⅰ．①工… Ⅱ．①严… ②华… Ⅲ．①工程项目管理 – 高等教育 – 自学考试 – 教材 Ⅳ．① F284

中国国家版本馆 CIP 数据核字 (2023) 第 174748 号

| | |
|---|---|
| 书　　　名 | 工程项目管理<br>GONGCHENG XIANGMU GUANLI |
| 著作责任者 | 严　薇　华建民 |
| 策划编辑 | 吴　迪　赵思儒 |
| 责任编辑 | 吴　迪 |
| 数字编辑 | 金常伟 |
| 标准书号 | ISBN 978-7-301-34404-0 |
| 出版发行 | 北京大学出版社 |
| 地　　　址 | 北京市海淀区成府路 205 号　100871 |
| 网　　　址 | http://www.pup.cn　新浪微博：@北京大学出版社 |
| 电子邮箱 | 编辑部 pup6@pup.cn　总编室 zpup@pup.cn |
| 电　　　话 | 邮购部 010-62752015　发行部 010-62750672　编辑部 010-62750667 |
| 印　刷　者 | 北京鑫海金澳胶印有限公司 |
| 经　销　者 | 新华书店 |
| | 787 毫米 × 1092 毫米　16 开本　23.25 印张　558 千字<br>2023 年 10 月第 1 版　2025 年 2 月第 2 次印刷 |
| 定　　　价 | 59.50 元 |

未经许可，不得以任何方式复制或抄袭本书之部分或全部内容。
**版权所有，侵权必究**
举报电话：010-62752024　电子邮箱：fd@pup.cn
图书如有印装质量问题，请与出版部联系，电话：010-62756370

# 组编前言

21世纪是一个变幻难测的世纪，是一个催人奋进的时代。科学技术飞速发展，知识更替日新月异。希望、困惑、机遇、挑战，随时随地都有可能出现在每一个社会成员的生活之中。抓住机遇，寻求发展，迎接挑战，适应变化的制胜法宝就是学习——依靠自己学习、终身学习。

作为我国高等教育组成部分的自学考试，其职责就是在高等教育这个水平上倡导自学、鼓励自学、帮助自学、推动自学，为每一个自学者铺就成才之路。组织编写供读者学习的教材就是履行这个职责的重要环节。毫无疑问，这种教材应当适合自学，应当有利于学习者掌握和了解新知识、新信息，有利于学习者增强创新意识，培养实践能力，形成自学能力，也有利于学习者学以致用，解决实际工作中所遇到的问题。具有如此特点的书，我们虽然沿用了"教材"这个概念，但它与那种仅供教师讲、学生听，教师不讲、学生不懂，以"教"为中心的教科书相比，已经在内容安排、编写体例、行文风格等方面都大不相同了。希望读者对此有所了解，以便从一开始就树立起依靠自己学习的坚定信念，不断探索适合自己的学习方法，充分利用自己已有的知识基础和实际工作经验，最大限度地发挥自己的潜能，达到学习的目标。

欢迎读者提出意见和建议。

祝每一位读者自学成功。

全国高等教育自学考试指导委员会
2022年8月

# 目 录

**组编前言**

## 工程项目管理自学考试大纲

大纲前言 ························ 2
Ⅰ 课程性质与课程目标 ········· 3
Ⅱ 考核目标 ····················· 4
Ⅲ 课程内容与考核要求 ········· 5
Ⅳ 关于大纲的说明与考核实施要求 ····· 16
附录 题型举例 ·················· 20
大纲后记 ························ 26

## 工程项目管理

编者的话 ························ 28

### 第1章 概论 ····················· 29
1.1 项目及工程项目 ··············· 30
1.2 项目管理及工程项目管理 ······ 34
1.3 工程项目管理的分类及主要工作 ··· 40
1.4 建筑市场管理 ·················· 61
1.5 建设工程监理 ·················· 69
习题 ······························ 76

### 第2章 工程建设招标投标及建设工程合同 ···· 78
2.1 工程建设招标投标概述 ········ 79
2.2 工程施工招标 ·················· 81
2.3 工程施工投标 ·················· 86
2.4 开标、评标和中标 ············· 92
2.5 建设工程合同 ·················· 98
2.6 工程索赔 ······················ 108
习题 ····························· 112

### 第3章 工程项目管理组织 ········· 115
3.1 组织的基本原理 ··············· 116
3.2 工程项目管理组织结构的确定 ··· 119
3.3 工程项目管理组织形式 ········ 123
3.4 项目经理部及项目经理 ········ 129
习题 ····························· 139

### 第4章 工程项目进度管理 ········· 141
4.1 工程项目进度管理概述 ········ 142
4.2 工程项目进度计划的制订 ······ 146
4.3 流水施工方法 ·················· 157
4.4 网络计划技术 ·················· 171
4.5 工程项目进度计划的实施与控制 ··· 193
习题 ····························· 202

### 第5章 工程项目成本管理 ········· 206
5.1 建设项目投资管理 ············· 207
5.2 施工项目成本管理概述 ········ 211
5.3 施工项目成本预测与计划 ······ 216

5.4 施工项目成本控制……………………221
5.5 施工项目成本核算……………………228
5.6 施工项目成本分析与考核……………230
习题…………………………………………235

## 第6章 工程项目质量管理……………238

6.1 质量管理概述…………………………239
6.2 施工项目质量管理程序及质量计划…246
6.3 施工项目的质量控制…………………250
6.4 施工项目质量的过程控制……………253
6.5 建筑工程施工质量验收………………257
6.6 工程质量问题和
工程质量事故处理……………………260
6.7 质量管理的数理统计方法……………263
习题…………………………………………276

## 第7章 工程项目职业健康安全与
环境管理………………………………279

7.1 职业健康安全与环境管理概述………280

7.2 工程项目职业健康管理………………284
7.3 工程项目安全管理……………………286
7.4 工程项目环境管理……………………298
习题…………………………………………310

## 第8章 工程项目施工组织设计………313

8.1 施工组织设计概述……………………314
8.2 施工组织总设计………………………318
8.3 单位工程施工组织设计………………326
习题…………………………………………348

## 第9章 数字化技术在工程
项目管理中的应用………………351

9.1 数字化技术概述………………………352
9.2 数字化技术实施保障…………………355
9.3 数字化技术应用的主要软件…………358
习题…………………………………………360

**参考文献**………………………………362
**后记**……………………………………364

全国高等教育自学考试

# 工程项目管理
# 自学考试大纲

全国高等教育自学考试指导委员会　制定

# 大纲前言

为了适应社会主义现代化建设事业的需要，鼓励自学成才，我国在 20 世纪 80 年代初建立了高等教育自学考试制度。高等教育自学考试是个人自学、社会助学和国家考试相结合的一种高等教育形式。应考者通过规定的专业课程考试并经思想品德鉴定达到毕业要求的，可获得毕业证书；国家承认学历并按照规定享有与普通高等学校毕业生同等的有关待遇。经过 40 多年的发展，高等教育自学考试为国家培养造就了大批专门人才。

课程自学考试大纲是规范自学者学习范围，要求和考试标准的文件。它是按照专业考试计划的要求，具体指导个人自学、社会助学、国家考试及编写教材的依据。

为更新教育观念，深化教学内容方式、考试制度、质量评价制度改革，更好地提高自学考试人才培养的质量，全国考委各专业委员会按照专业考试计划的要求，组织编写了课程自学考试大纲。

新编写的大纲，在层次上，本科参照一般普通高校本科水平，专科参照一般普通高校专科或高职院校的水平；在内容上，及时反映学科的发展变化以及自然科学和社会科学近年来研究的成果，以更好地指导应考者学习使用。

全国高等教育自学考试指导委员会

2023 年 5 月

# Ⅰ 课程性质与课程目标

## 一、课程性质和特点

工程项目管理课程是研究工程项目管理的基础理论知识的综合学科，是工程管理、工程造价、道路桥梁与渡河工程、土木工程等多个本科专业的专业课。

本课程的任务是研究工程项目管理的基本原理及方法，使学生掌握工程项目管理的基本理论、基本知识、基本技能，培养学生具有初步的项目管理能力。

## 二、课程目标

掌握工程项目管理的基础理论知识；了解和掌握工程项目管理的基本原理和知识架构；理解和掌握项目管理实务的基本知识和方法；培养和提高学生正确分析和解决项目管理问题的能力和创新思维。

## 三、与相关课程的联系与区别

本课程是一门综合性、经济性、实践性强的应用学科，要求学生具备工程技术经济的基础理论知识，了解和掌握建筑工程施工技术的原理和方法，具备工程数学基础和较全面的专业知识。自学者应在学习完建筑施工、结构力学（本）、混凝土结构设计、钢结构、工程经济学等课程后再参加本门课程的考试。

## 四、课程的重点和难点

本课程的重点：工程项目建设程序、建设项目采购模式、建设工程监理的主要工作；招标投标的原则、招标的主要工作、投标的准备工作；项目经理的责、权、利，施工项目管理制度的主要内容；工程项目进度计划的表达方式和过程、流水施工方法；施工项目成本控制的方法；施工工序质量控制、建筑工程施工质量验收；职业健康安全与环境管理体系标准、工程项目安全管理体系、影响工程项目安全的危险因素、绿色施工总体框架；施工组织设计的内容、施工组织总设计的编制程序。

本课程的难点：工程项目管理的分类和对应的主要工作；评标工作中要注意的问题、承包人对建设工程施工合同的管理；对比选择五种工程项目管理组织形式；双代号与单代号网络计划、工程网络计划的编制和应用；施工项目成本分析的方法；工程质量问题和工程质量事故的处理；绿色施工及措施；施工总平面布置图、单位工程主要资源需要量计划。

# Ⅱ 考核目标

本大纲在考核目标中，按照识记、领会、简单应用和综合应用四个层次规定其应达到的能力层次要求。四个能力层次是递升的关系，后者必须建立在前者的基础上。各能力层次的含义是：

识记（Ⅰ）：要求考生能够识别和记忆本课程中有关概念及管理体系的主要内容，并能够根据考核的不同要求，作出正确的表述、选择和判断。

领会（Ⅱ）：要求考生能够领悟和理解本课程中有关概念及管理体系的内涵及外延，理解定义的确切含义，方法的适用条件，能够鉴别关于概念和管理体系的似是而非的说法；理解相关知识的区别和联系，并能根据考核的不同要求对工程问题进行逻辑推理和论证，作出正确的辨析、解释和说明。

简单应用（Ⅲ）：要求考生能够根据已知的知识和工程背景、条件，对具体问题进行分析，得出正确的结论或作出正确的判断。还可运用本课程中的知识点，利用简单的数学方法分析和解决一般应用问题。

综合应用（Ⅳ）：要求考生能够在具体、实际的工程管理情境中发现问题，并能探究解决问题的方法。根据具体问题应用相关知识，进行分析和应用，会选用合适的方法解决问题，并能把计算或分析过程正确地表达出来，根据结果得出结论，一般适用于案例分析和复杂情境下的计算、绘图与综合分析。

# Ⅲ 课程内容与考核要求

## 第 1 章 概论

### 一、学习目的与要求

理解并掌握项目及工程项目的概念、特点和分类，项目管理、工程项目管理、建筑市场、建筑市场管理及建设工程监理等基本概念的含义。了解工程项目管理的特点、基本原理、分类及主要工作内容，建设工程监理的范围，主要工作内容及监理人员的职责。理解建筑市场运行管理的各项制度的含义及相互关系，建设项目采购模式的特点及适用范围。

### 二、课程内容

1. 项目及工程项目
2. 项目管理及工程项目管理
3. 工程项目管理的分类及主要工作
4. 建筑市场管理
5. 建设工程监理

### 三、考核知识点与考核要求

1. 项目及工程项目

识记：项目的概念、特点；工程项目的概念、特点。

领会：项目及工程项目的分类。

2. 项目管理及工程项目管理

识记：项目管理的概念；工程项目管理的概念和特点；工程项目策划的主要内容；工程项目计划的概念；工程项目控制的含义和分类。

领会：工程项目系统管理、目标管理和过程管理的基本原理；工程项目计划的作用、制订程序和制订要求；工程项目收尾的工作内容。

3. 工程项目管理的分类及主要工作

识记：工程项目的生命周期和工程项目全寿命周期管理的概念；工程项目的建设程序；项目范围管理、项目管理策划、采购与投标管理、合同管理、设计与技术管理、进度管理、质量管理、成本管理、安全生产管理、绿色建造与环境管理、资源管理、信息与知识管理、沟通管理、风险管理和管理绩效评价的作用。

领会：工程项目建设各阶段主要工作的内容；工程项目建设参与各方项目管理工作的内容；工程项目管理各职能管理工作的内容。

4. 建筑市场管理

识记：建筑市场及建筑市场管理的概念。

领会：建筑市场运行管理的各项制度的含义；建设项目各种采购模式的概念、特点和适用范围。

5. 建设工程监理

识记：建设工程监理、工程监理单位、项目监理机构、监理机构人员、监理规划、监理实施细则的概念；建设工程监理的工作原则、范围、依据。

领会：项目管理机构工程监理的主要工作职责；工程监理人员的职责；施工阶段监理主要工作的内容。

### 四、本章重点、难点

重点：
1. 工程项目建设程序
2. 建设项目采购模式
3. 建设工程监理的主要工作

难点：
工程项目管理的分类和对应的主要工作

## 第 2 章　工程建设招标投标及建设工程合同

### 一、学习目的与要求

了解并掌握工程建设项目招投标的概念，工程招标的范围及标准，开标、评标和中标的概念，建设工程合同和建设工程施工合同的概念、分类和内容，电子招标投标的基本程序和各阶段的工作要求，工程项目索赔的含义和基本特点；理解招标的主要工作，投标准备工作和投标函的内容，投标策略，施工合同的分类和主要内容，工程索赔的分类；掌握工程招标的方式、条件和程序，工程投标的条件和程序，工程招投标的原则，计算标价的方法，评标的基本要求、否决条件和方法，承包人对建设工程施工合同的管理，工程索赔的程序和原则。

### 二、课程内容

1. 工程建设招标投标概述
2. 工程施工招标
3. 工程施工投标
4. 开标、评标和中标
5. 建设工程合同

6. 工程索赔

## 三、考核知识点与考核要求

1. 工程建设招标投标概述

识记：工程建设项目招投标的概念；招标投标的基本程序；招标投标的原则。

领会：建设项目必须招标的范围；建设项目必须招标的规模标准。

2. 工程施工招标

识记：工程招标的方式；公开招标和邀请招标的概念；工程招标的主要工作；招标文件的主要内容。

领会：采用邀请招标的条件；工程招标的程序；两阶段招标的概念；招标机构的组织；招标资格审查的主要条件；资格预审和资格后审的异同；标底的编制；判断以不合理条件限制、排斥潜在投标人或投标人的标准。

3. 工程施工投标

识记：投标的概念；工程投标人的条件；投标文件的主要内容；工程投标函的主要内容；投标对象选择的判断标准；报价决策的一般规律。

领会：工程投标的程序；投标准备工作的主要内容；招投标信息的收集；投标标价的确定；联合体投标的概念；投标策略。

4. 开标、评标和中标

识记：开标、评标的概念；串通投标的评判标准；评标方法；中标工作的基本程序。

领会：评标委员会的组成、成员选择和更换的原则。

简单应用：评标的基本要求；评标的否决条件；评标工作中要注意的主要问题。

5. 建设工程合同

识记：建设工程合同、建设工程施工合同的概念；建设工程施工合同管理的特点；承包人对建筑工程施工合同管理的主要阶段和具体工作；合同签订中承包人要注意的主要问题；实施合同控制管理的程序。

领会：建设工程合同的种类；建设工程施工合同的主要部分；建设工程施工合同《合同协议书》的主要内容；建设工程施工合同《通用合同条款》的主要内容；建设行政主管部门对建设工程施工合同管理的主要工作；发包人对建设工程施工合同管理的主要工作。

综合应用：建设工程施工合同的分类；建设工程施工合同的合同文件及解释顺序；投标人在分析招标文件时需特别注意的问题。

6. 工程索赔

识记：索赔、施工索赔的概念；索赔的基本特点；索赔的分类。

综合应用：索赔证据的主要内容；索赔程序；索赔原则。

## 四、本章重点、难点

重点：

1. 招标投标的原则
2. 招标的主要工作
3. 投标的准备工作

难点：
1. 评标工作中要注意的问题
2. 承包人对建设工程施工合同的管理

# 第3章　工程项目管理组织

## 一、学习目的与要求

工程项目管理组织是实现工程目标与任务的必要因素，是由完成各种项目管理工作的人、单位、部门按照一定的规则或规律组织起来的临时性组织机构。本章从组织与工程项目管理组织的概念入手，要求了解工程项目管理组织的作用、工程项目管理组织结构确定的依据、原则及工程项目管理组织机构的建立步骤，重点掌握主要工程项目管理组织形式的特点和优缺点，明确选择工程项目管理组织形式的参考因素，并且熟悉项目经理部的作用和项目经理的责、权、利等内容。

## 二、课程内容

1. 组织的基本原理
2. 工程项目管理组织结构的确定
3. 工程项目管理组织形式
4. 项目经理部及项目经理

## 三、考核知识点与考核要求

1. 组织的基本原理

识记：组织、组织环境与工程项目管理组织的概念。

领会：工程项目管理组织的作用；工程项目管理组织与项目目标的关系。

2. 工程项目管理组织结构的确定

识记：工程项目管理组织的基本原理。

领会：工程项目管理组织结构确定的依据、原则；工程项目管理组织机构的建立步骤。

3. 工程项目管理组织形式

领会：主要工程项目管理组织形式的特点和优缺点。

简单应用：主要工程项目管理组织形式的对比与选择；选择工程项目管理组织形式的参考因素。

4. 项目经理部及项目经理

识记：项目经理部、项目经理的概念和作用；项目经理部的部门设置；施工项目管理制度的概念。

领会：施工项目管理制度制定的原则；施工项目管理制度的主要内容；项目经理的责、权、利；项目经理应具备的素质。

## 四、本章重点、难点

重点：
1. 项目经理的责、权、利
2. 施工项目管理制度的主要内容

难点：
主要工程项目管理组织形式的对比与选择

# 第4章　工程项目进度管理

## 一、学习目的与要求

进度是工程项目相关工作进展速度，进度管理是项目施工中的重点控制之一。本章内容侧重建设工程施工项目进度管理，要求了解工程项目进度管理的基本概念、工程项目进度计划的制订、流水施工方法、网络计划技术、工程项目进度计划的实施与控制等内容。

## 二、课程内容

1. 工程项目进度管理概述
2. 工程项目进度计划的制订
3. 流水施工方法
4. 网络计划技术
5. 工程项目进度计划的实施与控制

## 三、考核知识点与考核要求

1. 工程项目进度管理概述

识记：工期、进度与工程项目进度管理的概念；工程项目进度的影响因素。

领会：施工项目进度控制的主要任务。

2. 工程项目进度计划的制订

识记：项目分解和工作持续时间的概念；工作结构分解常见的形式；工作持续时间确定的依据；单位工程施工进度计划的编制依据；施工进度计划的审查内容；工程进度计划系统的内容。

领会：确定工作持续时间的主要方法；进度计划的表达方式；工程施工的组织方式；单位工程施工进度计划的编制步骤。

3. 流水施工方法

识记：流水施工的表达方式；流水施工的基本参数；流水施工的组织方式。

领会：流水施工组织程序。

综合应用：流水施工组织及计算。

4. 网络计划技术

识记：网络计划技术的基本原理；横道图与网络图的比较。

领会：双代号网络图的组成；单代号网络图的组成；双代号网络图的绘制规则；单代号网络图的绘制规则。

综合应用：双代号网络图的绘制；单代号网络图的绘制；双代号网络图的时间参数计算；单代号网络图的时间参数计算；工程网络计划的编制与应用；网络计划的优化。

5.工程项目进度计划的实施与控制

识记：进度计划的检查；工程项目进度控制的目的。

领会：工程项目进度控制的任务；工程项目进度计划系统的建立；工程项目进度控制的措施；工程项目进度偏差调整的程序。

简单应用：S曲线比较法。

综合应用：前锋线比较法。

### 四、本章重点、难点

重点：

1.进度计划的表达方式和过程

2.流水施工方法

难点：

1.双代号与单代号网络计划

2.网络计划的编制和应用

# 第5章 工程项目成本管理

### 一、学习目的与要求

了解工程项目投资管理及施工项目成本管理的基本概念。理解成本管理的内涵、原则、程序、对象、内容、组织与分工。掌握施工项目成本预测的概念和施工项目降低成本的措施，掌握施工项目成本计划的编制、实施与检查方法。掌握成本控制的概念、程序、基本方法和具体途径。掌握成本核算的概念、任务和要求。掌握并应用施工项目成本分析的内容和方法，了解成本考核的概念。

### 二、课程内容

1.建设项目投资管理

2.施工项目成本管理概述

3.施工项目成本预测与计划

4.施工项目成本控制

5.施工项目成本核算

6.施工项目成本分析与考核

### 三、考核知识点与考核要求

1.建设项目投资管理

识记：建设项目投资和建设项目投资控制的概念；建设项目投资控制的原则。

领会：建设项目投资的构成与投资估算；建设项目投资的影响因素。

2.施工项目成本管理概述

识记：施工项目成本管理的内涵、原则、程序、对象和内容；施工项目成本管理的组织与分工；以项目经理为核心的项目成本控制体系的建立；项目成本管理责任制。

领会：加强对施工队劳务分包成本的控制。

3.施工项目成本预测与计划

识记：施工项目成本预测与计划的基本概念；施工项目降低成本的措施。

领会：施工项目成本计划的实施与检查。

4.施工项目成本控制

识记：成本控制的概念与程序。

领会：施工项目成本控制基本方法：价值工程、其他方法；施工项目成本控制的具体途径：施工图预算控制、施工预算控制、消耗过程控制、财务计划控制、审核签证控制、质量成本控制、现场管理标准化控制、同步核算控制。

简单应用：挣值法。

5.施工项目成本核算

识记：施工项目成本核算的概念、任务和要求。

6.施工项目成本分析与考核

识记：施工项目成本分析的概念、内容；施工项目成本考核的概念。

简单应用：比较法、因素分析法、差额计算法、比例法的计算。

## 四、本章重点、难点

重点：

施工项目成本控制的方法

难点：

施工项目成本分析的方法

# 第6章　工程项目质量管理

## 一、学习目的与要求

质量是建设工程项目管理的主要控制目标之一。本章内容侧重施工项目质量管理，要求了解工程项目质量管理的基本概念、施工项目质量管理程序及质量计划、施工项目的质量控制、施工项目质量的过程控制、建筑工程施工质量验收、工程质量问题和工程质量事故的处理、质量管理的统计方法等内容。

## 二、课程内容

1.质量管理概述

2. 施工项目质量管理程序及质量计划

3. 施工项目的质量控制

4. 施工项目质量的过程控制

5. 工程项目施工质量验收

6. 工程质量问题和工程质量事故的处理

7. 质量管理的数理统计方法

### 三、考核知识点与考核要求

1. 质量管理概述

识记：质量与质量管理的概念；质量管理的发展阶段；质量管理体系。

领会：工程项目质量控制的目标；工程项目质量管理的主要工作内容。

2. 施工项目质量管理程序及质量计划

识记：施工项目质量管理程序；施工项目质量计划的编制依据；施工项目质量计划的主要内容。

领会：施工项目质量计划的编制要求。

3. 施工项目的质量控制

识记：施工项目质量控制的特点；施工项目质量控制的原则；施工项目质量控制的依据。

领会：施工项目质量控制的主要工作。

4. 施工项目质量的过程控制

识记：工序的概念。

领会：工序质量控制的内容；施工质量控制点的设置；施工过程质量检查。

5. 建筑工程施工质量验收

识记：工程项目施工质量验收相关标准制定的指导思想；建筑工程施工质量验收的基本要求。

领会：建筑工程质量验收的划分；建筑工程质量验收标准；建筑工程质量验收程序和组织。

6. 工程质量问题和工程质量事故的处理

识记：工程质量问题。

领会：工程质量事故处理的一般程序。

7. 质量管理的数理统计方法

识记：排列图法、因果分析图法、频数直方图法、控制图法、相关图法的基本形式、原理、分类、适用范围、主要用途。

简单应用：排列图法、因果分析图法、频数直方图法、控制图法、相关图法的应用。

### 四、本章重点、难点

重点：

1. 施工工序质量控制

2. 建筑工程施工质量验收

难点：

建筑工程质量问题和质量事故的处理

# 第7章 工程项目职业健康安全与环境管理

## 一、学习目的与要求

理解工程项目职业健康安全与环境管理的基本概念；了解职业健康安全与环境管理体系标准；掌握工程项目职业健康安全与环境管理体系。了解工程项目职业健康管理的基本内容。理解工程项目安全管理的基本概念和影响工程项目施工安全的危险因素；掌握施工项目安全管理体系的主要内容。理解工程项目环境管理的基本概念，了解绿色施工的概念和绿色施工总体框架；掌握绿色施工管理的五方面内容。

## 二、课程内容

1. 职业健康安全与环境管理概述
2. 工程项目职业健康管理
3. 工程项目安全管理
4. 工程项目环境管理

## 三、考核知识点与考核要求

1. 职业健康安全与环境管理概述

识记：职业健康安全与环境管理的基本概念、意义与特点。

领会：职业健康安全与环境管理体系标准；工程项目职业健康安全与环境管理体系。

2. 工程项目职业健康管理

识记：职业病的概念；工程项目职业病类型；工程项目职业病防护管理。

3. 工程项目安全管理

识记：工程项目安全管理的概念、原则、程序、法律基础。

领会：影响工程项目施工安全的危险因素：危险源、工程事故、危险性较大的分部分项工程；施工项目安全管理体系：安全管理目标、安全生产责任制、安全教育制度、安全技术措施计划及交底制度、安全检查及评定制度、应急救援准备与安全事故处理。

4. 工程项目环境管理

识记：工程项目环境管理的概念、内涵和任务、要求、目标及控制。

领会：绿色施工的概念和目的；绿色施工总体框架；绿色施工管理；绿色施工措施。

## 四、本章重点、难点

重点：

1. 职业健康安全与环境管理体系标准
2. 建设工程项目施工安全管理体系
3. 影响工程项目施工安全的危险因素

4.绿色施工总体框架
难点：
绿色施工及措施

# 第8章　工程项目施工组织设计

## 一、学习目的与要求

了解施工组织总设计及单位工程施工组织设计的概念及编制程序。了解施工组织总设计的主要内容，施工总平面布置图设计的原则、依据及步骤。了解单位工程施工组织设计的基本要求、单位工程施工现场平面布置图的内容及设计步骤。

## 二、课程内容

1.施工组织设计概述
2.施工组织总设计
3.单位工程施工组织设计

## 三、考核知识点与考核要求

1.施工组织设计概述
识记：施工组织总设计与单位工程施工组织设计的概念；施工组织设计的分类；施工组织设计的作用；施工组织设计的内容。
领会：施工组织设计的依据。
2.施工组织总设计
识记：施工组织总设计的主要内容；施工总平面布置图设计的原则。
领会：总体施工部署的内容；主要资源配置计划；施工总平面布置图设计的依据；施工总平面布置图的设计步骤。
3.单位工程施工组织设计
识记：单位工程施工组织设计的编制程序；单位工程施工方案的基本要求；单位工程施工现场平面布置图的内容及设计原则；技术经济指标的计算。
领会：工程概况和工程特点；单位工程主要资源需要量计划；单位工程施工现场平面布置图的设计步骤。
综合应用：编制单位工程施工组织设计。

## 四、本章重点、难点

重点：
1.施工组织设计的内容
2.施工组织总设计的编制程序
难点：
1.施工总平面布置图

2. 单位工程资源需要量计划

# 第9章 数字化技术在工程项目管理中的应用

## 一、学习目的与要求

掌握工程项目数字化的意义、数字化技术实施保障。了解工程项目管理中数字化技术应用的主要软件。

## 二、课程内容

1. 数字化技术概述
2. 数字化技术实施保障
3. 数字化技术应用的主要软件

## 三、考核知识点与考核要求

1. 数字化技术概述
领会：工程项目数字化的意义。
2. 数字化技术实施保障
领会：工程项目数字化管理体系的组织保障；工程项目数字化管理体系的技术保障。
3. 数字化技术应用的主要软件
领会：工程项目算量软件；工程造价计价软件；工程项目管理软件。

## 四、本章重点、难点

难点：
工程项目数字化管理体系的组织保障

# Ⅳ 关于大纲的说明与考核实施要求

## 一、自学考试大纲的目的和作用

课程自学考试大纲是根据专业自学考试计划的要求，结合自学考试的特点而确定。其目的是对个人自学、社会助学和课程考试命题进行指导和规定。

课程自学考试大纲明确了课程学习的内容以及深度和广度，规定了课程自学考试的范围和标准。因此，它是编写自学考试教材和辅导书的依据，是社会助学组织进行自学辅导的依据，是自学者学习教材、掌握课程内容知识范围和程度的依据，也是进行自学考试命题的依据。

## 二、课程自学考试大纲与教材的关系

课程自学考试大纲是进行学习和考核的依据，教材是学习掌握课程知识的基本内容与范围，教材的内容是大纲所规定的课程知识和内容的扩展与发挥。课程内容在教材中可以体现一定的深度或难度，但在大纲中对考核的要求一定要适当。

大纲与教材所体现的课程内容应基本一致；大纲里面的课程内容和考核知识点，教材里一般也要有。反过来教材里有的内容，大纲里就不一定体现。

## 三、关于自学教材

《工程项目管理》，全国高等教育自学考试指导委员会组编，严薇、华建民主编，北京大学出版社出版，2023年版。

## 四、关于自学要求和自学方法的指导

本大纲的课程基本要求是依据专业考试计划和专业培养目标而确定的。课程基本要求还明确了课程的基本内容，以及对基本内容掌握的程度。基本要求中的知识点构成了课程内容的主体部分。因此，课程基本内容掌握程度、课程考核知识点是高等教育自学考试考核的主要内容。

为有效地指导个人自学和社会助学，本大纲已指明了课程的重点和难点，在章节的基本要求中一般也指明了章节内容的重点和难点。

本课程共6学分（包括实践环节的1学分）。

自学考试考核的内容覆盖面广，试卷题型较多，题量也较大，只有采取正确的学习方法，废弃猜题、押题的作法，融会贯穿知识体系，紧密联系实际，才可能使考试达到理想的结果。

（1）仔细阅读本教材的目录，了解本教材的大致内容。本教材共分9章。第1章是对工程项目管理理论的综合概述，以及对工程项目建设模式和工程监理内容和方法的介绍。第2章至第9章围绕工程项目管理进行了理论、思想、内容、方法的详细阐述，包括：工程建设招标投标及建设工程合同、工程项目管理组织、工程项目进度管理、工程项目成本管理、工程项目质量管理、工程项目职业健康安全与环境管理、工程项目施工组织设计、数字化技术在工程项目管理中的应用。从而，了解工程项目管理的完整体系。

（2）在了解教材大框架的基础上，认真阅读自学考试大纲，仔细解读各章学习目的与要求、课程内容、考核知识点与考核要求、重点难点，了解对知识点的能力层次要求和考核目标，以便在阅读教材时做到心中有数，突出重点，有的放矢。

（3）在了解考试大纲内容的基础上，按照考核知识点与考核要求，在阅读教材时，要认真细读，逐句推敲，集中精力，吃透每一个知识点。对概念必须深刻明白，对理论必须完全弄清，对方法必须牢固把握，并融会贯通，在头脑中形成完整的内容体系。

（4）在自学过程中，既要摸索思考题，也要做好阅读笔记，把教材中的概念、理论、方法等加以整理，这可从中加深对思考题的认识，以利于突出重点，能够持续提升自学能力。同时，在自学各章内容时，能够在领会的基础上加以实践，联系实际进行探索，切勿死记硬背，从而达到深层次的水平。

（5）为了提升自学成效，应结合自学内容，尽可能地多看一些例题和动手做一些练习，以便更好地明白、消化和巩固所学知识，培养分析问题的能力。在做练习之前，应认真阅读教材，按考核目标所要求的不同层次，把握教材内容。在练习过程中，对所学知识进行合理的回忆与发挥，注重理论联系实际，解题时应注意培养逻辑性，针对问题围绕有关知识点进行层次（步骤）分明的论述或推导，明确各层次（步骤）间的逻辑关系。

## 五、应考指导

### 1. 如何学习

好的计划和组织是学习成功的法宝。如果你正在接受培训学习，一定要跟紧课程并完成作业。为了在考试中作出满意的回答，你必须对所学课程内容有很好的理解。使用"行动计划表"来监控你的学习进展。你阅读课本时可以做读书笔记。如有需要重点注意的内容，可以用彩笔来标注。如：红色代表重点；绿色代表需要深入研究的领域；黄色代表可以运用在工作之中。可以在空白处记录相关网站、文章。

### 2. 如何考试

卷面整洁非常重要。书写工整，段落与间距合理，卷面赏心悦目有助于教师评分，教师只能给他能看懂的内容打分。要回答所问的问题，而不是回答你自己乐意回答的问题。回答避免超过问题的范围。

### 3. 如何处理紧张情绪

正确处理对失败的惧怕，要正面思考。如果可能，请教已经通过该科目考试的人，问他们一些问题。做深呼吸放松，这有助于使头脑清醒，缓解紧张情绪。考试前合理膳食，保持旺盛精力，保持冷静。

4.如何克服心理障碍

这是一个普遍问题。如果你在考试中出现这种情况，试试下列方法：使用"线索"纸条。进入考场之前，将记忆"线索"记在纸条上，但你不能将纸条带进考场，因此当你阅读考卷时，一旦有了思路就快速记下。按自己的步调进行答卷。为每个考题或部分分配合理时间，并按此时间安排进行。

### 六、对社会助学的要求

（1）应熟知考试大纲对课程提出的总要求和各章的知识点。

（2）应掌握各知识点要求达到的能力层次，并深刻理解对各知识点的考核目标，帮助自学者由浅入深，将识记、领会、简单应用与综合应用四个层次联系起来。

（3）辅导时，应以考试大纲为依据，指定的教材为基础，不要随意增删内容，以免与大纲脱节。

（4）辅导时，应对学习方法进行指导，宜提倡"认真阅读教材，刻苦钻研教材，主动争取帮助，依靠自己学通"的方法。

（5）辅导时，要注意突出重点，对考生提出的问题，不要有问即答，要积极启发引导。

（6）注意对考生能力的培养，特别是自学能力的培养，要引导考生逐步学会独立学习，在自学过程中善于提出问题、分析问题、作出判断、解决问题，着重培养自学应考者扎实的基础知识和理论分析能力，提高工程应用水平和解决实际工程问题的能力。

（7）本课程是一门实用性科学，专业性强，在助学活动中要注意理论联系实际，通过现场参观和试验的感性认识来加强理解和掌握相关知识，以期对自学应考者进行切实有效的辅导。

（8）要使考生了解试题的难易与能力层次高低两者不完全是一回事，在各个能力层次中会存在着不同难度的试题。

（9）助学学时：本课程共6学分，授课时间建议不少于96课时，课时分配如下：

| 第1章：10学时 | 第4章：16学时 | 第7章：10学时 |
| 第2章：8学时 | 第5章：10学时 | 第8章：16学时 |
| 第3章：10学时 | 第6章：10学时 | 第9章：6学时 |

### 七、对考核内容的说明

（1）本课程要求考生学习和掌握的知识点内容都作为考核的内容。课程中各章的内容均由若干知识点组成，在自学考试中成为考核知识点。因此，课程自学考试大纲中所规定的考试内容是以分解为考核知识点的方式给出的。由于各知识点在课程中的地位、作用以及知识自身的特点不同，自学考试将对各知识点分别按四个能力层次（识记、领会、简单应用与综合应用）确定其考核要求。

（2）课程分为9部分，分别为概论、工程建设招标投标及建设工程合同、工程项目管理组织、工程项目进度管理、工程项目成本管理、工程项目质量管理、工程项目职业健康安全与环境管理、工程项目施工组织设计、数字化技术在工程项目管理中的应用。本课程主体部分为前7章，第8章指导课程设计，第9章介绍前沿应用，考试试卷中重点章节（第 3～6 章）应覆盖 70% 以上。

### 八、关于考试命题的若干规定

（1）本课程考试方式为闭卷考试，考试时间为 150 分钟。本课程考试有简单的绘图题，可携带直尺、铅笔、橡皮等必要的绘图工具；计算题较为简单，不应携带计算器。

（2）本大纲各章所规定的基本要求、知识点及知识点下的知识细目，都属于考核的内容。考试命题既要覆盖到章，又要避免面面俱到。要注意突出课程的重点、章节重点，加大重点内容的覆盖度。

（3）命题不应有超出大纲中考核知识点范围的题目，考核目标不得高于大纲中所规定的相应的最高能力层次要求。命题应着重考核自学者对基本概念、基本知识和基本理论是否了解或掌握，对基本方法是否会用或熟练。不应出与基本要求不符的偏题或怪题。

（4）本课程在试卷中对不同能力层次要求的分数比例大致为：识记占 20%，领会占 30%，简单应用占 20%，综合应用占 30%。

（5）要合理安排试题的难易程度，试题的难度可分为：易、较易、较难和难四个等级。每份试卷中不同难度试题的分数比例一般为：2∶3∶3∶2。

试题的难易程度与能力层次有一定的联系，但二者不是等同的概念。在各个能力层次中对于不同的考生都存在着不同的难度。

（6）课程考试命题的主要题型一般有单项选择题、多项选择题、名词解释题、简答题、计算题、案例分析题等题型。

在命题工作中必须按照本课程大纲中所规定的题型命制，考试试卷使用的题型可以略少，但不能超出本课程对题型规定。

# 附录　题型举例

## 一、单项选择题

1. 施工阶段质量控制的重点是（　　）控制。
   A. 分项工程质量
   B. 检验批质量
   C. 工序质量
   D. 分部工程质量
2. 下列风险控制的方法中，属于第一类危险源控制的是（　　）。
   A. 提高各类设施的可靠性
   B. 限制能量和隔离危险物质
   C. 设置安全监控系统
   D. 加强员工的安全意识教育

## 二、多项选择题

1. 根据我国有关法律、法规规定，建设工程施工招标应具备的条件包括（　　）。
   A. 招标人已经委托了招标代理单位
   B. 施工图设计已经全部完成
   C. 有相应资金或资金来源已经落实
   D. 应当履行审批手续的初步设计及概算已获批准
   E. 应当履行核准手续的招标范围和招标方式等已获核准
2. 建设工程项目施工成本控制的主要依据包括（　　）。
   A. 工程承包合同
   B. 施工成本计划
   C. 工程进度报告
   D. 工程变更
   E. 工程质量水平

## 三、名词解释题

1. 工程施工投标
2. 工程项目管理组织

## 四、简答题

1. 简述建设项目必须招标的范围和规模标准。
2. 施工组织设计有什么作用？

## 五、计算题

1. 已知某双代号网络计划如图1所示，利用直接绘制法绘制其时标网络计划。

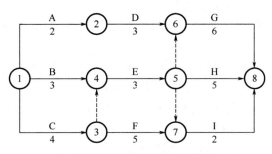

图1　某双代号网络计划

2. 某土方工程总挖方量为4000m³，预算单价为45元/m³，该挖方工程预算总成本为180000元。计划用10天完成，每天400m³。开工后第7天早晨刚上班时，业主项目管理人员前去测量，获得了两个数据：已完成挖方2000m³，支付给承包单位的工程进度款已达120000元。问题：目前该土方工程的进度和成本状况如何？

## 六、案例分析题

某工程的施工合同工期为16周，项目监理机构批准的施工进度计划如图2所示（时间单位：周）。各工作均按匀速施工。施工单位报价单（部分）见表1。

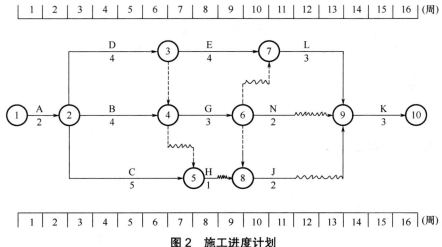

图2　施工进度计划

表1 施工单位报价单（部分）

| 序号 | 工作名称 | 估算工程量 | 全费用综合单价/（元/m²） | 合计/（万元） |
|---|---|---|---|---|
| 1 | A | 800m³ | 300 | 24 |
| 2 | B | 1200m³ | 320 | 38.4 |
| 3 | C | 20次 | — | — |
| 4 | D | 1600m³ | 280 | 44.8 |

工程施工到第四周时进行进度检查，发生如下事件。

事件1：A工作已经完成，但由于设计图纸局部修改，实际完成的工程量为840m³，工作持续时间未变。

事件2：B工作施工时，遇到异常恶劣气候，造成施工单位的施工机械损坏和施工人员窝工，损失10000元，实际只完成估算工程量的25%。

事件3：C工作为检验检测配合工作，只完成了估算工程量的20%，施工单位实际发生检验检测配合工作费用5000元。

事件4：施工中发现地下文物，导致D工作尚未开始，造成施工单位自有设备闲置4个台班，台班单价为300元/台班，折旧费为100元/台班，施工单位进行现场文物保护的费用为1200元。

【问题】

（1）根据第四周末的检查结果，在图2上绘制实际进度前锋线，逐项分析B、C、D三项工作的实际进度对工期的影响，并说明理由。

（2）若施工单位在第4周末就B、C、D三项工作出现的进度偏差提出工程延期的要求，项目监理机构应批准工程延期多长的时间，为什么？

（3）施工单位是否可以就事件2、4提出费用索赔？为什么？可以获得的索赔费用是多少？

（4）事件3中C工作发生的费用如何结算？

（5）前4周施工单位可以得到的结算款为多少元？

# 参考答案

## 一、单项选择题

1. C  2. B

## 二、多项选择题

1. CDE  2. ABCD

## 三、名词解释题

1. 答：工程施工投标是指投标人利用报价的经济手段获得承担工程建设任务资格的过程。

2. 答：工程项目管理组织是指为实施工程项目管理建立的组织机构，以及该机构为实现施工项目管理目标所进行的各项组织工作的简称。

## 四、简答题

1. 答：

（1）建设项目必须招标的范围。

① 关系社会公共利益、公众安全的大型基础设施、公用事业项目：能源、交通运输、通信、水利、城市建设等基础设施项目。

② 全部或者部分使用国有资金投资或者国家融资的项目：使用预算资金 200 万元人民币以上，并且该资金占投资额 10% 以上的项目；使用国有企业事业单位资金，并且该资金占控股或者主导地位的项目。

③ 使用国际组织或者外国政府贷款、援助资金的项目：使用世界银行、亚洲开发银行等国际组织贷款、援助资金的项目；使用外国政府及其机构贷款、援助资金的项目。

（2）建设项目必须招标的规模标准。

上述规定范围内的项目，其勘察、设计、施工、监理以及与工程建设有关的重要设备、材料等的采购达到下列标准之一的，必须招标：

① 施工单项合同估算价在 400 万元人民币以上；

② 重要设备、材料等货物的采购，单项合同估算价在 200 万元人民币以上；

③ 勘察、设计、监理等服务的采购，单项合同估算价在 100 万元人民币以上。

同一项目中可以合并进行的勘察、设计、施工、监理以及与工程建设有关的重要设备、材料等的采购，合同估算价合计达到前款规定标准的，必须招标。

2. 答：

（1）施工组织设计是对施工全过程合理安排、实行科学管理的重要手段和措施。

编制施工组织设计，可以全面考虑拟建工程的各种施工条件，扬长避短。制订合理的施工方案、技术经济、组织措施和合理的进度计划，提供最优的临时设施以及材料和机具在施工现场的布置方案，保证施工的顺利进行。

（2）施工组织设计统筹安排和协调施工中各种关系。

把拟建工程的设计与施工、技术与经济、施工企业的全部施工安排与具体工程的施工组织工作更紧密地结合起来；把直接参加施工的各单位、协作单位之间的关系，各施工阶段和过程之间的关系更好地协调起来。

（3）施工组织设计为有关建设工作决策提供依据。

为拟建工程的设计方案在经济上的合理性、技术上的科学性和实际施工上的可能性提供论证依据。为建设单位编制工程建设计划和施工企业编制企业施工计划提供依据。

## 五、计算题

1. 答：

绘制过程如下。

① 将网络计划的起点节点定位在时标网络计划表的起始刻度线上。节点 1 就定位在时标网络计划表的起始刻度线 "0" 位置上。

② 按工作的持续时间绘制以网络计划起点节点为开始节点的工作箭线。分别绘出

工作箭线 A、工作箭线 B 和工作箭线 C。

③ 除网络计划的起点节点外，其他节点必须在所有以该节点为完成节点的工作箭线均绘出后，定位在这些工作箭线中最迟的箭线末端。当某些工作箭线的长度不足以到达该节点时，须用波形线补足，箭头画在与该节点的连接处。例如在本例中，节点 2 直接定位在工作箭线 A 的末端，节点 3 直接定位在工作箭线 C 的末端，节点 4 的位置需要在绘出虚箭线 3—4 之后，定位在工作箭线 B 和虚线 3—4 中最迟的箭线末端，即坐标"4"的位置上。此时，工作箭线 B 的长度不足以到达节点 4，因而用波形线补足。

④ 当某个节点的位置确定之后，即可绘制以该节点为开始节点的工作箭线。例如在本例中，可以分别以节点 2、节点 3 和节点 4 为开始节点绘制工作箭线 D、工作箭线 E 和工作箭线 F。

⑤ 利用上述方法从左至右依次确定其他各个节点的位置，直至绘出网络计划的终点节点，可以分别确定节点 5、节点 6 和节点 7 的位置，并在他们之后分别绘制工作箭线 H、工作箭线 G 和工作箭线 I。

最后，根据工作箭线 G、工作箭线 H 和工作箭线 I 确定出终点节点的位置。绘出如图 3 所示的时标网络计划。

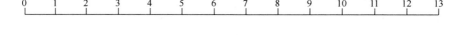
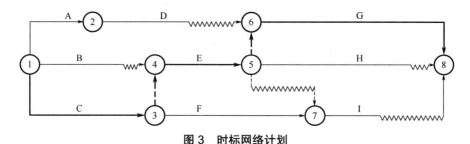

图 3　时标网络计划

2. 答：
（1）三个基本参数。
已完成工作量的实际成本（ACWP）=120000（元）
已完成工作量的预算成本（BCWP）=2000×45=90000（元）
计划工作量的预算成本（BCWS）=6×（4000÷10）×45=108000（元）
（2）两个偏差。
成本偏差（CV）=BCWP-ACWP=90000-120000=-30000（元）<0，成本超支；
进度偏差（SV）=BCWP-BCWS=90000-108000=-18000（元）<0，进度拖延。

## 六、案例分析题

答：
（1）根据第 4 周末的检查结果，实际进度前锋线如图 4 所示。

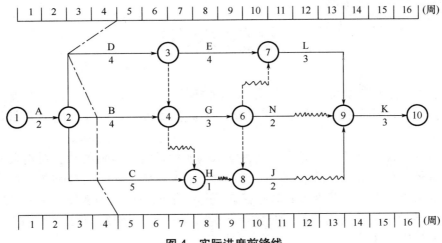

图 4　实际进度前锋线

分析 B、C、D 三项工作的实际进度对工期的影响以及理由。

① B 工作拖后 1 周，不影响工期。理由：B 工作总时差为 1 周。

② C 工作拖后 1 周，不影响工期。理由：C 工作总时差为 3 周。

③ D 工作拖后 2 周，影响工期 2 周。理由：D 工作总时差为 0（D 工作为关键工作）。

（2）施工单位在第四周末就 B、C、D 三项工作出现的进度偏差提出工程延期的要求，项目监理机构应批准工程延期 2 周。理由：施工中发现地下文物造成 D 工作拖延，不属于施工单位责任。

（3）对施工单位是否可以就事件 2、事件 4 提出费用索赔的判断如下。

① 事件 2 不能索赔费用。理由：异常恶劣气候造成施工单位的施工机械损坏和施工人员窝工的损失不能索赔。

② 事件 4 可以索赔费用。理由：施工中发现地下文物属于非施工单位原因。

③ 施工单位可以获得的索赔费用为：4 台班 × 100 元 / 台班 +1200 元 =1600 元。

（4）事件 3 中 C 工作发生的费用不予结算，因施工单位对 C 工作的费用没有报价，故认为该项费用已经分摊到其他相应项目中。

（5）前 4 周施工单位可以得到的结算款计算如下。

A 工作可以得到的结算款：840m³ × 300 元 /m³=252000 元

B 工作可以得到的结算款：1200m³ × 25% × 320 元 /m³=96000 元

D 工作可以得到的结算款：4 台班 × 100 元 / 台班 +1200 元 =1600 元

前 4 周施工单位可以得到的结算款：252000 元 +96000 元 +1600 元 =349600 元

# 大纲后记

《工程项目管理自学考试大纲》是根据《高等教育自学考试专业基本规范（2021年）》的要求，由全国高等教育自学考试指导委员会土木水利矿业环境类专业委员会组织制定的。

全国高等教育自学考试指导委员会土木水利矿业环境类专业委员会对本大纲组织审稿，根据审稿会意见由编者做了修改，最后由土木水利矿业环境类专业委员会定稿。

本大纲由重庆大学严薇教授和华建民教授担任主编，杨阳副教授和王能助理研究员参加编写；参加审稿并提出修改意见的有天津大学王雪青教授、重庆大学张仕廉教授、东北财经大学宋维佳教授。

对参与本大纲编写和审稿的各位专家表示感谢。

全国高等教育自学考试指导委员会
土木水利矿业环境类专业委员会
2023 年 5 月

全国高等教育自学考试指定教材

# 工程项目管理

全国高等教育自学考试指导委员会　组编

# 编者的话

本书是全国高等教育自学考试指导委员会组编的全国高等教育自学考试指定教材之一，根据"高等教育自学考试全国统编教材的编写原则和总体要求"和"课程自学考试大纲编写要求"编写而成。本书根据高等学历继续教育教材建设的有关要求和《高等教育自学考试专业基本规范（2021 年）》规定的培养目标和要求，结合工程管理、工程造价、土木工程、道路桥梁与渡河工程、物联网工程等专业的培养目标，进一步在纸质教材的基础上结合数字资源进行编写。

党的二十大报告中明确指出："培养造就大批德才兼备的高素质人才，是国家和民族长远发展大计。""坚持以人民为中心发展教育，加快建设高质量教育体系，发展素质教育，促进教育公平。"本书适应新时代需求，通过信息技术利于自学应考者的自学和辅学，力求把知识的传授与能力的培养结合起来。按照自学考试以培养应用型、职业型人才为主的精神，编写时在符合本学科基本要求的同时，使教材内容强调基础性、注重实用性、易于实践性，同时兼顾社会需要的目标要求。为了使自学应考者系统地掌握工程项目管理的基本知识，达到普通高等教育系列一般本科院校的水平，本书在编写过程中，针对课程的特点，参照国内外有关著作和应用案例，注重基本理论和实际应用相结合，系统阐述了工程项目管理的基本原理和方法。

本书系统介绍了工程项目管理的基本理论、基本知识和基本技能。全书共分 9 章，内容包括：第 1 章概论，第 2 章工程建设招标投标及建设工程合同，第 3 章工程项目管理组织，第 4 章工程项目进度管理，第 5 章工程项目成本管理，第 6 章工程项目质量管理，第 7 章工程项目职业健康安全与环境管理，第 8 章工程项目施工组织设计，第 9 章数字化技术在工程项目管理中的应用。章前有以思维导图形式呈现的知识结构图；章后的习题参照考试题型进行设置。另外，本书还配有部分知识点讲解视频和 200 余道拓展习题（附参考答案）等数字资源（读者可参照本书封底的数字资源使用说明获取），便于读者理解和巩固知识。

本书由重庆大学严薇教授和华建民教授担任主编，杨阳副教授和王能助理研究员参加编写。具体编写分工为：严薇编写第 1、2 章；华建民编写第 3、4 章；王能编写第 5、7 章并负责全书数字资源的制作；杨阳编写第 6、8、9 章；研究生黄璨、武晓同学协助完成收集资料、排版、文字修改等工作。

本书由天津大学王雪青教授、重庆大学张仕廉教授和东北财经大学宋维佳教授负责审阅，王雪青教授担任主审。各位专家提出了许多宝贵的意见，在此表示衷心感谢。

在本书的编写过程中，自始至终得到全国高等教育自学考试指导委员会邹超英教授和北京大学出版社吴迪老师的大力支持，在此谨致以诚挚的谢意。

由于编者水平有限，书中难免有疏漏之处，恳请广大读者批评指正。

编　者

2023 年 5 月

资源索引

# 第 1 章 概 论

## 知识结构图

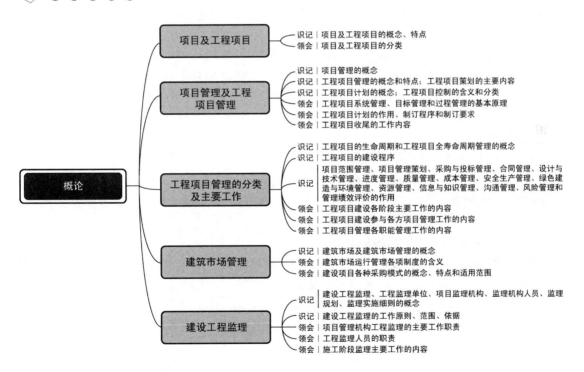

## 1.1 项目及工程项目

### 1.1.1 项目

项目是指在一定约束条件下（主要是限定资源、限定时间、限定质量），具有特定目标的一次性任务，这个一次性任务可以是建设一项工程或研制一项设备等。

1. 项目的特点

1）项目的一次性

项目生产建设是单件生产建设，过程具有一次性和特定性，产品具有单件性，没有重复性。因此，必须根据每个项目的具体特点和需求进行管理，才能保证项目取得成功。

2）项目具有明确的目标

项目的目标是业主的一个明确意图和设想，也是项目应该达到的功能要求，如剧院的座位数、工厂的理论产量等，属于成果性目标。虽然目标有可能在实施过程中根据业主要求和实际变化加以修改和完善，但项目的实施者却必须为实现既定目标而努力。

3）项目的整体性

项目实施过程中需要各部分工作的相互协同和各阶段活动的良好衔接，才能从整体上支撑项目目标的实现。项目要取得良好的效益，需要项目在决策上正确无误，规划设计上技术先进、经济合理，项目实施上造价低、工期短、质量高，项目运行后效益好、寿命长。为此，要把组成项目的各个环节作为一个整体和系统来考虑，处理好局部优化与整体优化的关系。

4）项目具有约束条件

只有在满足特定约束条件前提下实现了项目目标，项目才是成功的。即所有项目的实施在投入的资源、完成项目的时间及项目质量应达到的标准等方面均有一定的限制。建筑工程项目还有明确的空间要求。

5）项目具有特定的生命周期

项目的单件性和过程的一次性，决定了项目具有自己的生命周期，即项目的时间限制。项目的整个生命周期，可划分为决策、规划设计、实施和运行等若干阶段，不同阶段有对应的时间要求，有特定的目标、任务、程序和工作内容，还是下一阶段成长的前提。每个阶段都是项目整个生命周期的关键环节，都对项目整个生命周期有决定性的影响。

2. 项目的分类

满足项目定义要求的一次性任务都可以是项目。为有针对性地进行项目管理，提高完成任务的水平，可以从不同角度对项目进行分类。

按项目规模大小可以将项目分为大、中、小型项目；按项目复杂程度可以将项目分为简单项目和复杂项目；按项目的最终成果或专业特点，可以将项目分为产品类项目和服务类项目；按项目结果性质可以将项目分为工业项目、农业项目、投资项目、工程项目、教育项目、社会项目、科研项目等。

不同类型的项目有其自身的特点，项目管理一方面必须要根据具体项目的特点和要求进行有针对性的管理，另一方面又有一些基本的原理、方法和程序可以共同遵循。通过以工程项目管理为核心展开的学习，可以帮助我们在面对不同类型的项目时，拥有进行有效项目管理的能力。

### 1.1.2 工程项目

工程项目是建设工程项目的简称，是指为达到预期的目标，投入一定的资本，在一定的约束条件下，经过决策与实施的必要程序从而形成固定资产的一次性活动；是为完成依法立项的新建、扩建、改建工程而进行的，有起止日期的，达到规定要求的一组相互关联的受控活动，包括策划、勘察、设计、采购、施工、试运行、竣工验收和考核评价等阶段；是在一个总体规划设计及总概算范围内，由一个或者若干个互有联系的单项工程组成的，建设中实行统一核算、统一管理的投资建设工程。

1. 工程项目的特点

工程项目具有一般项目的基本特点，同时由于自身建设和最终产品的独特性又具有以下特点。

1）工程项目最终产品的固定性和多样性

工程项目的最终产品是各种建筑物和构筑物，是在固定的地方进行建造且直接与作为基础的土地连接，并且只能在建造地长期使用，有的产品甚至成为土地不可分割的一部分（如油田、地下铁道等）。这种固定性是工程产品区别于其他生产部门产品的重要特点。工程产品的固定性还体现在生产过程中产品本身的固定不动，只能是生产者和生产设备在不同的工作面上流动，这一点与造船业的生产过程类似。

工程项目的最终产品需要建造在不同地区、满足不同用途。因此，所有的工程项目都必须根据不同地区、不同用途，依据专门的设计图纸，采用不同的施工技术和组织方法展开建造活动，建造出多种多样的建筑物和构筑物。即使是采用同一种设计图纸重复建造的建筑产品，也会因为不同建设地点的地形、地质、水文等自然条件不同，以及交通、材料资源等生产条件的不同，而在施工中对设计图纸、施工技术和组织方法作出相应改变，从而使建筑企业生产出的每个建筑产品都具有个体性。

2）工程项目最终产品的功能整体性和耐用性

工程项目最终产品设计功能的发挥，依赖于构成工程实体的各部分设计功能的实现和相互支撑、相互协同，缺少任何一部分都可能影响工程整体功能的实现，甚至直接导致工程不能正常使用。这一特性对构成工程项目的各部分完成时间的衔接提出了非常严格的要求，无疑使工程实施的计划性更加不可或缺。

作为固定资产投资的工程项目最终产品承载着社会生产、生活方方面面正常运行的重任，其使用期限是长久的，因此在设计上就有使用年限的要求；同时在实际使用中还可能有一些建筑物或构筑物由于各种各样的原因超期服役。因此，无论从持续维护社会局部运行功能的角度，还是从社会总体安全的角度，都对产品功能的耐用性提出了很高的要求，进而更加凸显产品质量保证的重要意义。

3）工程项目生产的流动性

由于工程项目最终产品的固定性，决定了生产者和生产工具要发生转移，要从一个施工段转移到下一个施工段，从建筑物的一个部位转移到另一个部位，且当施工完成后还要从一个工地转移到另一个工地，这就是工程项目生产的流动性。与工业产品在固定的工厂加工、生产过程产品在生产线上流动、生产者和生产设备固定不同，工程项目生产的流动性给施工生产管理和生活保障带来很大的影响，如生产基地的迁移性、生活设施的临时性、生产组织形式的多变性、生产过程运输组织的多样性等。虽然随着建筑工业化的不断推进，工程项目生产的流动性对工程项目管理的影响会有一定程度的减弱，但永远无法消除。

4）工程项目实施的开放性

工程项目是在一个开放的自然环境和社会环境中展开的，是一个综合性特别强的过程，工程项目要取得成功，需要繁多的支撑协作条件，同时也受制于各种外界相关条件，这些相关条件或多或少地影响着建筑产品的生产过程和最终结果。如设计变更、地质实际情况与勘察情况不符、资金和物质供应条件变化、专业协作状况变化、城市交通和环境变化等任何一种情况的出现，都会对工程进度、工程质量、建筑成本等产生很大的影响。由于工程项目是露天施工，受气候影响大，不仅生产者劳动条件差，且必须要根据不同季节的气候条件采取不同的施工技术方案，这给工程施工带来更多的挑战。

5）工程项目实施的协同性

工程项目实施的协同性表现在两个方面：一是体现在工程项目整体与局部、局部与局部的协同上；二是体现在工程项目实施过程参与各方的协同上。

一般而言，工程项目必须经历所有的生产过程才能完成并发挥作用。虽然在该过程中产出一些中间产品和局部产品（例如一个生产性建设项目中的一个车间先建成投产，一栋高层建筑的裙楼部分先交付使用等）可以适当提前部分投资的产出期，但终究不能长期独立运行，不能形成综合生产能力，这就需要总体与局部的协同；而对任何可以相对独立运行的单项工程而言，构成单项工程的各分部分项工程若没有按计划有序完成，前序工程会导致后序工程无法进行或无法发挥功能，这就需要局部与局部的协同。工程项目实施过程中若不能按照计划有序完成相应的工程任务，必然延误工期，导致不能及时形成生产力，进而造成前期投入的人力、物力和财力大量积压，严重影响投资效益。

工程项目实施过程涉及很多单位，如建设单位、勘察设计单位、建筑公司、安装公司、机械化施工公司、建筑材料和设备生产单位及运输单位等。在工程项目实施过程中需要将各方面力量综合组织起来，以缩短工期、降低造价、提高工程质量和投资效益为目标来协同所有参与者的活动，采取有效的项目管理技术和方法，对工程项目实施全过程综合管理，以确保工程项目目标的实现。

随着信息技术革命带来的一系列科技进步，社会生产生活对工程项目的功能需求发生了巨大的变化，由此产生了许多巨型工程项目的需求，现代工程项目呈现规模更庞大、功能更多样、结构更复杂、技术更跨界、资金更密集、风险更莫测的趋势，对工程项目管理提出了全新的挑战。

2. 工程项目的分类

根据不同的目的，我们可以从不同的角度对工程项目进行分类。

1）按固定资产用途分类

按固定资产用途对工程项目进行分类，目的是反映固定资产投资在各种不同用途的建设工程中的分布情况，便于研究各类用途的建设工程的比例关系。

（1）生产性项目。生产性项目指直接用于物质生产或为满足物质生产需要的项目。包括：工业项目、农林水利气象项目、运输项目、邮电项目、商业项目、物质供应项目、地质资源勘探项目等。

（2）非生产性项目。非生产性项目指用于满足人们物质和文化生活需要的项目。包括：住宅项目、文化项目、教育项目、卫生项目、科学实验研究项目、公用事业项目等。

2）按工程项目的性质分类

（1）新建项目。新建项目指新开始建设的项目。在原来基础上重新进行总体规划设计，经扩大建设规模后，其增加的固定资产价值超过原有固定资产价值三倍的也属于新建项目。

（2）扩建项目。扩建项目指原有企事业单位为扩大原有产品的生产能力和效益，或增加新产品的生产能力和效益，而扩建的主要生产车间或工程的项目，也包括事业和行政单位增建的业务用房（如办公楼、病房等）。

（3）改建项目。改建项目指原有企事业单位为提高生产效率、改进产品质量，或改进产品方向，对原有设备、工艺流程进行技术改造的项目。企业为消除各工序或车间之间生产能力不平衡，增加或扩建的不直接增加本企业主要产品生产能力的车间为改建项目；现有企事业单位、行政单位增加或扩建部分辅助工程和生活福利设施且不增加本单位主要效益，也为改建项目。

（4）恢复项目。恢复项目指企事业单位原有的固定资产因自然灾害、战争或人为灾害等原因已全部或部分报废，而后又恢复建设的项目。无论恢复建设后的规模是否比原来扩大都属于恢复项目；但尚未投产的项目因上述原因损坏再建的，仍按原项目看待，不属于恢复项目。

（5）迁建项目。迁建项目指原有企事业单位由于各种原因迁移到另一个地方而建设的项目。无论其建设规模是否扩大，都属于迁建项目。

3）按工程项目的不同管理者分类

为便于区分工程项目不同管理主体从管理时段到管理内容的差异，分为建设项目和工程施工项目。

（1）建设项目。

建设项目通常是指以实现固定资产投资为目标的项目，是固定资产投资者或建设者承担的，在有限资源约束下，在一定时间内形成达到质量要求的固定资产的一次性任务。

建设项目的一般特点包括：建设项目以实现固定资产投资为目标；建设项目实施过程受到时间、资源和质量等条件的约束（时间约束——合理的建设工期目标，资源约束——一定的投资总量目标，质量约束——预期的生产能力、技术水平和使用效益目标）；建设项目实施必须遵循科学的建设程序，需要经历策划、勘察、设计、采购、施工、试运行、竣工验收和考核评价等系统建设过程；建设项目具有一次性，表现为建设机构设置的一次性、建设过程的一次性、建设地点的一次性。

（2）工程施工项目。

工程施工项目（简称施工项目）是从施工企业的角度出发，针对从施工承包投标开始，在特定的时间、资源和质量要求约束下，经历施工准备、施工生产、竣工验收，直到保修期满为止全过程的一次性建设活动。

施工项目是以完成建设项目或其中的单项工程或单位工程等最终建筑产品为目标的施工任务。施工项目的范围由工程施工合同加以界定，施工企业是施工项目的管理主体。

4）其他分类

除此之外，我们还可以根据投资主体不同将建设项目分为中央投资项目、地方政府投资项目、企业投资项目、联合投资项目等；根据建设项目的专业不同分为建筑工程、公路工程、水电工程等。

## 1.2　项目管理及工程项目管理

### 1.2.1　项目管理

项目管理是为使项目成功，对项目进行的全过程、全面的计划、组织、指挥、协调和控制等专业化活动；是在组织协调下，由项目经理负责，在一定约束条件下对项目实施全过程进行高效率的计划、组织、指挥、协调和控制，最优实现项目目标的系统的科学管理过程。

项目管理需要应用一系列管理工具和管理技术，贯穿于项目整个生命周期的各个阶段，对项目展开相应的范围管理、时间管理、成本管理、质量管理、人力资源管理、沟通管理、风险管理、采购与合同管理、整体管理等工作，以满足项目干系人的需求，取得项目的成功。所谓的项目干系人是指参与项目活动产生影响的人，包括项目发起人、项目组、辅助人员、供应商、顾客等。每一项管理工作的开展都应遵循项目管理流程的基本运行规律。

### 1.2.2　工程项目管理

**1. 工程项目管理的内涵**

工程项目管理是运用系统的理论和方法，对建设工程项目进行的计划、组织、指挥、协调和控制等专业化活动。工程项目管理是项目管理的一个类别，是以各类工程项目为管理对象展开的管理。

工程项目管理有广义和狭义之分。广义的工程项目管理是指对建设工程项目从提出构想开始到交付使用，实现正常运营的全过程进行的项目管理；它是由项目建设单位主导，项目实施相关者共同参与的项目管理，包含了建设程序中所有环节的相关工作。狭义的工程项目管理则是指在施工阶段，主要由施工单位实施的项目管理，即所谓的施工项目管理。

2. 工程项目管理的特点

1）工程项目管理是一次性管理

项目的单件性特点，决定了项目管理的一次性特点。在工程项目管理过程中一旦出现失误，很难纠正，并造成严重损失。由于工程项目的永久性特点及项目管理的一次性特点，使得工程项目管理的一次性成功成为关键，所以对工程项目建设中的每个环节都应进行严密管理，并认真选择项目经理，合理配备项目人员和设置项目机构。

2）工程项目管理是全过程的综合性管理

工程项目的生命周期是一个有机成长过程。工程项目各阶段有明显界限，又相互有机衔接，不可间断，这就决定了工程项目管理是对工程项目生命周期全过程的管理，如对工程项目可行性研究、招投标、勘察、设计、施工等各阶段全过程的管理。每个阶段都包含质量、进度、成本、安全的管理，因此，工程项目管理是全过程的综合性管理。

3）工程项目管理是约束性强的控制管理

工程项目管理具有一次性特点，其明确的目标（质量好、进度快、成本低、安全、环保）、限定的时间和资源消耗、既定的功能要求和质量标准，决定了约束条件的约束强度比其他管理更高，因此工程项目管理是强约束管理。这些约束条件既是工程项目管理的必要条件，也是不可逾越的限制条件。工程项目管理的重要特点，在于工程项目管理者，如何在一定时间内，不超越这些条件的前提下，充分利用这些条件，去完成既定任务，达到预期目标。

4）工程项目管理是系统性的整体管理

工程项目在整个生命周期全过程的管理按照启动、策划、实施、控制、收尾等管理过程展开，据此相应地将工程项目生命周期划分成项目决策、项目准备、项目实施和项目结束等阶段；与此同时，每个阶段中的各项管理工作又都依据项目管理的流程有序进行，且策划、实施和控制过程同样重复循环，直至完成该阶段任务、达成该阶段的目标，同时也为工程项目生命周期的下一阶段工作开展提供必要的前提条件。这样环环相扣的机制将子过程与工程项目各个阶段的各项工作结合为整体，并与工程项目生命周期的整体项目管理过程叠加和关联，故又称为整体管理。

5）工程项目管理与企业管理存在明显差别

（1）管理对象不同。工程项目管理的对象是具体的建设项目；企业管理的对象是整个企业。

（2）管理目标不同。工程项目管理是以在一定约束条件下建成满足功能要求和质量标准的建筑产品为目标，以目标为导向，兼顾效率；企业管理以产量为核心，注重效率和有效性，以实现企业利润增长为目标。

（3）运行规律不同。工程项目管理是基于项目经理领导的临时团队对工程建设活动全过程所进行的一次性管理，有明确的开始和结束时间；而企业管理是基于稳定组织系统对企业生产经营活动展开的持续性重复管理，没有明确的结束时间。

（4）管理内容不同。工程项目管理是针对特定工程项目的建设相关活动展开管理；企业管理则涉及企业生产经营活动的各个方面。

（5）管理环境不同。工程项目是在开放变动的环境中开展施工，不确定影响因素多；而企业是在封闭稳定的环境中组织生产，不确定影响因素少。

### 1.2.3 工程项目管理的基本原理

**1. 工程项目的系统管理**

党的二十大报告指出："必须坚持系统观念。万事万物是相互联系、相互依存的。只有用普遍联系的、全面系统的、发展变化的观点观察事物，才能把握事物发展规律。"工程项目系统管理是指应用系统管理方法，识别影响工程项目管理目标实现的所有过程，确定其相互关系和相互作用，集成工程项目生命周期各阶段的各项因素，系统开展工程项目管理各项工作。工程项目系统管理是围绕项目整体目标而实施管理措施的集成，包括质量、进度、成本、安全、环境等管理相互兼容、相互支持的动态过程。工程项目系统管理既要满足每个目标的实施需求，更要确保整个系统整体目标的有效实现。

因此，在工程项目目标策划中，需要应用系统分析方法对项目质量、进度、成本、安全和环境等管理内容之间的内在联系进行综合分析，并结合各目标的优先级进一步分析论证项目目标，以利于形成兼顾各目标内在需求的项目管理目标系统。

在工程项目管理系统的构建中，需要应用系统设计方法，在对工程项目生命周期中的投资决策、招投标、勘察、设计、采购、施工、试运行等阶段进行系统整合基础上，综合平衡好工程项目管理各过程和各专业之间的关系，通过管理机制的系统设计和管理制度的系统执行，确保项目系统管理得以顺利实施，工程整体最优目标得以实现。

工程项目管理的系统实施需与项目全寿命周期的质量、进度、成本、安全和环境等的综合评价相结合，要特别重视对项目实施变更风险的管理，兼顾项目管理各相关过程的需求，平衡各项管理工作的关系，以实现对项目偏差的系统性控制。

对工程项目管理的评价是系统性的综合评价，既要对项目系统管理过程进行监督和控制，又要结合对质量、进度、成本等专项管理工作的综合评价对项目系统管理结果进行监督和控制；既要对项目系统管理绩效进行综合评价，还要据此跟踪指导和监控项目管理工作的持续改进。

**2. 工程项目的目标管理**

目标管理是指通过目标的层层有效分解，将总目标分解成各部门及各个人的分目标，管理者根据分目标的完成情况对下级进行考核、评价和奖惩，以通过个人和部门分目标的实现来保证总目标的实现。工程项目管理采用严格的目标管理，成功项目的基本条件是必须满足客户、管理层和供应商在质量、进度、成本、安全和环境上的不同要求。项目的质量（功能）、进度（工期）、成本（投资、费用）、安全和环境五个基本目标共同构成支撑工程项目总目标的主要分目标，规划了项目管理的基本工作范围；各个目标之间互相联系、互相影响，既对立又统一，构成一个有机整体。

从对立的角度看，提高质量要求一般需要增加投资或延长工期作为支撑；投资节约超过合理限度可能导致质量下降、产生安全问题或危害环境；工期缩短或超过一定限度的延长都可能导致投资增加，不合理的工期缩短还可能导致质量下降或产生安全问题；提高环境保护和安全要求都有可能需要增加投资或导致工期延长。从统一的角度看，加快进度、缩短工期，项目尽快交付使用，有利于提高投资效益；质量控制严格，避免返工有利于加快工程进度，降低因返工引起的成本损失；安全控制严格有利于降低事故发生率，大大降低安全事故引发质量事故、成本增加和工期延误的风险；环境保护有利于提高投资的综合效益。因此工程项目很难出现在确保安全环保前提下质量最优、成本最低、工期最短的理想状态，只能通过有效的工程项目系统管理动态达成目标系统结构的均衡和合理，力求实现目标系统的整体优化。

项目管理的每个目标在项目的策划和设计过程中，均要经历由总体到具体、由设想到实施、由粗到细的过程，形成相应的工程项目目标系统。目标系统的构建，一般遵循以下原则：第一，工程项目目标系统的目标可度量，其管理效果可验证；第二，工程项目目标系统具有层次性，需要按照一定的分解逻辑逐层分解；第三，工程项目目标系统中各层次及各子目标间具有不同的优先级，需要加以明确。工程项目目标系统的建立，是制订项目计划的前提和依据。

3. 工程项目的过程管理

1) 项目管理流程

项目管理一般需要经历启动、策划、实施、控制和收尾等过程，各个过程之间既相对独立，又相互联系。

（1）启动过程：主要是明确项目概念，初步确定项目范围，识别影响项目最终结果的内外部相关方。工程项目的内外部相关方主要是指建设、勘察、设计、施工、监理、供应单位及政府、媒体、协会、相关社区居民等。

（2）策划过程：明确项目范围，协调项目相关方期望，优化项目目标，为实现项目目标进行项目管理规划与项目管理配套策划。

（3）实施过程：按项目管理策划要求组织人员和资源，实施具体措施，完成项目管理策划中确定的工作。

（4）控制过程：对照项目管理计划，监督项目活动，分析项目进展情况，识别必要的变更需求并实施变更。

（5）收尾过程：完成全部过程或阶段的所有活动，正式结束项目或阶段。

项目管理流程中的启动和收尾两个过程位于项目或者项目各阶段的起始端和结束端，策划、实施和控制过程则需周而复始有限循环多次，直到实现该阶段启动过程提出的要求，才能使该阶段任务顺利完成，为下一阶段准备好可交付的成果。

2) 工程项目策划

任何一个工程项目从简单而抽象的建设意图的产生，到具体复杂的工程建成，其间每个环节、每个过程的活动内容、活动方式及其要求达到的预期目标，都离不开计划的指导，而计划的前提就是行动方案的策划。工程项目策划是以项目管理理论为指导，把简单抽象的建设意图转换为定义明确、系统清晰、目标具体、富有策略性运作思路的高智力的系统活动；是为实现项目目标，基于现实所提供的条件，对未来活动所进行的策划。工程项目策划贯穿于工程建设的全过程，为项目管理提供可操作性的务实方案，其主要作用有：明确项目的发展纲要、构思项目系统框架、奠定项目决策基础、指导项目建设工作、确立项目运营模式、拟定项目经营策略等。

项目策划贯穿于项目从设想、立项、建设到运营的全过程，按照项目开展的不同阶段可分为：工程项目前期策划、工程项目实施策划和工程项目运营策划。

（1）工程项目前期策划。

从项目构思到项目批准正式立项的阶段为项目的前期策划阶段（或设想阶段）。这个阶段包含工程项目的构思策划和融资策划。其中构思策划是项目启动阶段的主要环节，工程项目从设想到正式确立，需要经历寻找项目机会、确立项目目标、定义项目、对项目进行技术经济论证等过程，确保整个工程项目建立在可靠、坚实和优化的基础上。工程项目构思策划的主要内容包括：项目构思的产生及选择、项目定位分析、项目目标系统设计、项目的定义及系统框架构建、项目建设方案策划、提出项目建议书、可交付成果。

（2）工程项目实施策划。

工程项目实施策划是指由项目策划人员根据建设工程总体目标要求，对建设项目实施过程进行组织、管理、经济和技术方面的科学分析和论证，对工程建设活动的全过程作预先的策划和安排，旨在为项目建设的决策和实施提供相应的依据和指导。

工程项目实施策划主要是进行项目管理策划，是为达到项目管理目标，在调查、分析有关信息的基础上，遵循一定的程序，对未来（某项）工作进行全面的构思和安排，制订和选择合理可行的执行方案，并根据目标要求和环境变化对方案进行修改、调整的活动，主要涉及对项目的组织策划、采购策划和控制策划。项目组织策划是根据项目建设目标和特点，对项目实施的组织模式、组织架构和管理机制的策划活动；项目采购策划是对项目实施所需外部合作方的选择方式、选择标准和合作模式的策划活动；项目控制策划则是根据项目控制的要求，以制订一系列项目管理计划为结果的策划活动。

项目管理策划一般包含项目管理规划策划和项目管理配套策划。项目管理规划策划包含项目管理规划大纲和项目管理实施规划；项目管理配套策划包含项目管理规划策划以外的所有项目管理策划内容。项目管理规划相关内容可采用各种项目管理计划的方式体现，项目管理计划一般围绕专项管理（质量、进度、成本、安全、沟通、风险等管理）进行策划，是项目管理实施规划的重要组成部分。

（3）工程项目运营策划。

工程项目运营策划是对项目建设完成后投入使用阶段的生产或运营模式、组织形式、运行管理等所进行的预先规划。工程项目的运营策划既对项目的前期策划和实施策划产生影响，又受前两个策划阶段决策结果的制约。

3）工程项目计划

项目策划的结果是以规划或计划的形式来表达的。项目计划是对项目目标的实施过程等更为详细的设计，是引导项目各种管理职能（计划、组织、协调、控制、监督）实现的"龙头"。狭义的项目管理最基本的工作就是制订计划和对计划的实施进行控制。工程项目计划主要有：工期（进度）计划、成本（投资）计划、质量计划、资源（人员、物资和机械）计划及其他计划。

工程项目计划的主要作用是：通过对工程项目目标进行分解，落实项目管理责任体系，保证工程的顺利实施和目标的实现；是工程项目实施的基础、依据和指南；是衡量和计算各种偏差、确定预防或整改措施、进行变更管理的基准。

工程项目计划制订的一般程序是：确定项目管理目标；进行工作结构分解；分析项

目各单元（工作包）间的逻辑关系；确定项目各单元（工作包）的时间；各单元（工作包）资源分配并进行平衡；拟定项目实施方案，形成项目计划。其中，工作结构分解是制订各种计划的基础。工作结构分解是按照项目发展的规律，依据一定的原则和规定，将项目进行系统化的、相互关联和协调的层次分解，最终将项目分解成易于管理的单元（工作包），以确保找出完成项目的所有工作要素，其最终成果可作为组织项目实施的工作依据。

工程项目计划制订的要求如下。

（1）目的性。符合总目标要求，围绕项目目标的实现展开，同时要符合实际、具有可行性。

（2）系统性。项目计划是由一系列相对独立，又紧密相关的子计划组成的计划系统。制订出的项目计划要具有系统的目的性、相关性、层次性、适应性、整体性等基本特点，使项目计划形成有机协调的整体。

（3）经济性。需要提出多种方案进行优化分析，提高项目效益。

（4）动态性。项目实施周期长、实施环境多变，计划的实施会偏离项目基准计划，因此项目计划既要保持适度弹性，以适应环境、条件的变化；又要随环境、条件变化而不断调整和修改，以保证项目目标的实现。

（5）相关性。构成项目计划的任何子计划的变化都会影响到其他子计划的制订和执行，进而最终影响到项目计划的正常实施。制订项目计划要充分考虑各子计划间的相关性，同时根据不同层次管理需要确定计划的详细程度。

（6）职能性。以项目和项目管理的总体及职能为出发点制订项目计划，各项计划都可能跨越项目管理部的若干部门或机构。

（7）预见性。进行风险分析，针对主要风险提出预防措施，并将相关风险因素的影响及应对措施纳入相应计划。

4）工程项目控制

控制是指行为主体为保证在变化的条件下实现项目目标，按事先拟定的计划和标准，通过各种方法，对被控制对象进行检查、对比、监督、引导和纠正，以保证项目计划得以实施、目标得以实现的管理活动。工程项目控制首先必须确定合理的控制目标，然后制订实施计划，继而配备相应的资源组织实施计划；在计划实施过程中持续检查收集实施状况信息，并与计划和标准对比，发现偏差，采取措施纠正偏差，或通过信息反馈修正计划，开始新一轮的控制循环。

项目控制的基础是计划，而计划的基础是确定目标。计划与控制是推动项目前进的两个车轮。任何项目管理工作都是从制订项目计划开始，即围绕项目目标，确定行动方案，分配相关资源，把项目全过程、全部目标和全部活动统统纳入计划轨道，用一个动态的计划系统来协调控制整个项目，使项目协调有序地达到预期目标。

工程项目控制的核心内容是工期（进度）控制、投资（成本）控制和质量控制。常用的纠偏措施包含技术措施、经济措施、组织措施和合同措施。

工程项目控制可分为主动控制和被动控制。

（1）主动控制。主动控制是预先分析目标偏离的可能性，拟定和采取各项预防性措施以保证计划得以实施、目标得以实现。主动控制是一种面向未来的前馈式控制，可解决反馈控制过程中存在的"时滞影响"，尽可能改变既成事实的被动局面，使控制更加有效。主动控制的主要工作措施包含：深入调查研究，精准识别风险；科学制订预防控制措施和备用方案；保持计划弹性，利于管理者主动解决"例外"情况；有效组织实施，持续保持与目标和计划的一致；全面及时收集可靠信息，预测工程未来发展状况。

（2）被动控制。被动控制又称反馈式控制，是控制者从计划执行的实际输出中发现偏差，采取措施及时纠正偏差的控制方式。管理人员对计划实施进行跟踪，把它输出的信息进行加工、整理，再传递给控制部门，使控制人员从中发现问题、找出偏差，寻求并确定解决问题和纠正偏差的方案，再送回给计划实施系统付诸实践，使计划出现的偏差得以及时纠正。被动控制的主要工作措施包含：采用先进适用的方法、手段和仪器，跟踪收集项目实施过程的实时准确信息，及时分析研判；建立项目实施中的控制组织，明确控制责任，发现问题及时处理；建立有效的信息反馈系统，及时反馈偏差，及时采取措施。

主动控制与被动控制都是实现项目目标所必须采取的控制方式，两者缺一不可。有效的控制是将主动控制与被动控制紧密地结合起来，尽量增强主动控制在控制过程中的作用，同时进行定期、连续的被动控制。既要实施前馈式控制又要实施反馈式控制，既要根据实际输出的工程信息实施控制又要根据预测的工程信息实施控制，将二者有机融合在一起，才能完成工程项目控制任务。

5）工程项目收尾

工程项目收尾包括工程收尾、合同收尾和管理收尾。工程收尾包含工程竣工验收准备、工程竣工验收、工程竣工结算、工程档案移交、工程竣工决算、工程责任期管理等工作；合同收尾包括合同综合评价与合同终止；管理收尾则是要组织完成所有的收尾工作，为此项目管理机构要制订项目收尾计划、确定收尾管理要求、理顺终结相关对外关系、执行相关标准与规定、清算合同双方的债权债务、进行项目管理总结。

## 1.3 工程项目管理的分类及主要工作

工程项目管理系统是一个复杂多维的管理系统，可以从四个维度进行分类：第一，从项目管理过程的维度可以分为启动、策划、实施、控制、收尾五个管理过程；第二，从工程项目建设全过程的维度可以分为项目决策阶段、项目准备阶段、项目实施阶段和项目结束阶段的管理；第三，从工程项目参与主体的维度可以分为投资方的项目管理、建设方的项目管理、设计方的项目管理、承包商的项目管理、供应商的项目管理等；第四，从项目管理工作职能分工的维度可以分为围绕目标控制而展开的进度管理、质量管理、成本管理，支撑项目正常实施的项目范围管理、采购与投标管理、合同管理、设计与技术管理、资源管理、安全生产管理、绿色建造与环境管理、信息与知识管理、沟通管理、风险管理等专项管理。这四个维度的管理围绕一个工程项目以不同的方式交织在一起，相互促进、相互制约，支撑项目总目标的实现。即工程项目主要参与方在项目生命周期的不同阶段，遵循项目管理流程，以进度、质量和成本的目标控制为核心，展开不同职能内容的项目管理工作，确保项目顺利实施，以最终实现项目的总体目标。工程项目的过程管理前面已有阐述，本节主要从其他三个维度对项目管理的工作展开讨论。

## 1.3.1 工程项目建设全过程的项目管理

1. 工程项目的生命周期

项目是一次性的任务，有起点和终点。项目生命周期是项目从设想到完成所经历的全过程。项目从开始到结束的渐进发展和演变过程构成了项目的整个生命周期，可以划分为若干阶段，主要包括四个阶段：设想阶段、规划阶段、执行（实施或开发）阶段和结束阶段。具体项目因为其复杂程度和所处行业不同，阶段划分不尽相同，且每个阶段根据管理的需要还可再分解成更小的阶段。

工程项目作为一次性建设任务，其生命周期通常是指一个工程项目从策划立项到项目竣工投产，达到投资预期目标的全过程，可以分为项目决策阶段、项目准备阶段、项目实施阶段和项目结束阶段。项目决策阶段主要包含项目建议书、可行性研究、项目评估与决策等环节；项目准备阶段主要包含工程策划（提出设计任务书）、工程设计（方案设计、初步设计、施工图设计）及工程采购准备等环节；项目实施阶段主要包含工程采购、工程施工、生产准备等环节；项目结束阶段主要包含试运行、竣工验收和保修等环节。

工程具有独特的生命周期，广义的工程项目生命周期还包含工程运行阶段。因此，工程项目的全生命周期从工程项目概念产生到工程项目结束一般可以分为决策、实施、运营三个更加概略的阶段。

2. 工程项目的建设程序

建设程序是指工程项目从设想、选择、评估、决策、设计、施工到竣工验收、投入生产或使用的整个建设过程中，各项工作必须遵循的先后次序，即工程项目建设全过程必须遵循的先后顺序。

工程项目具有特定的用途，且位置固定。因此，工程建设一定是在特定的矿藏资源、工程地质、水文地质等自然条件的严格制约下进行的。这决定了任何工程项目的建设过程，一般都要经过项目的决策、准备、实施和结束等阶段，每个阶段又包含着许多环节。这些阶段和环节有其不同的工作步骤和内容，它们按照自身固有的规律，有机地联系在一起，并按客观要求的先后顺序进行。前一个阶段的工作是进行后一个阶段工作的依据，没有完成前一个阶段的工作，则不能进行后一个阶段的工作。

建设程序是人们基于对以往建设过程中呈现的客观规律的认识，从实践中归纳总结提炼出来，用于指导建设工作，并得到多年建设实践验证的，科学合理的工作程序，是建设项目科学决策和顺利实施的重要保证。由于工程项目建设周期长，协作配合单位多，影响因素复杂，许多工作需要前后衔接、左右配合或相互交叉，如果没有一定的程序指导，就很难顺利实施并达到预期效果。遵循建设程序，先规划研究，后设计施工，有利于防止重复建设、防止主观臆断，确保项目决策正确，缩短建设周期，保证工程质量，控制工程造价，从而提高建设项目的投资效益。

工程项目从建设前期工作到建设、投产或使用，需要经历几个循序渐进的阶段，每个阶段都有自身的工作内容。目前我国建设程序的主要阶段包括：项目建议书阶段、可行性研究阶段、设计阶段、建设准备阶段、建设实施阶段、竣工验收阶段、项目后评价阶段等。建设程序示意图如图1.1所示。

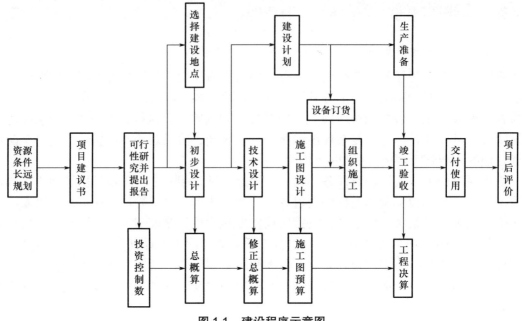

图 1.1 建设程序示意图

3. 工程项目建设各阶段的主要工作

按照建设程序的要求，工程项目建设各阶段的主要工作包括以下内容。

1）项目建议书

建设项目的主管单位根据国民经济和社会发展的长期规划、行业和部门发展规划、区域和城市发展规划，以及市场需求或资源优势，研究提出项目建议书。一般要经历以下阶段。

（1）环境调查和问题研究。即对上层系统状况、市场状况、组织状况、自然环境进行调查，全面罗列发现的问题并进一步分析研究，明确问题的原因，为正确的项目目标设计和决策提供依据。

（2）项目目标设计。即确定项目预期要达到的总目标。针对上层系统状况和存在的问题、上层组织战略和环境条件提出目标因素；对目标因素进行优化，建立目标系统。

（3）项目定义和总体方案策划。项目定义首先要确定项目的目标系统范围，其次要逐一说明项目的各个目标指标。在此基础上，根据项目总体目标，进一步策划项目总体的实施方案。

（4）提出项目建议书。项目建议书是对建设项目的轮廓设想，是建设项目正式开展前期工作的依据，主要是对环境条件、存在问题、总体目标、项目定义和总体方案的说明和细化，同时提出在可行性研究中需要考虑的各个问题和指标。

项目建议书的主要内容包括：建设项目提出的必要性和依据；产品方案、拟建规模和建设地点的初步设想；资源情况、建设条件、协作关系；投资估算和资金筹措设想；项目进度设想；经济效益、社会效益和环境效益的初步估计。

项目建议书按照国家规定的程序审批。经审查批准立项后，才能开展项目的可行性研究。

2）可行性研究

根据审查批准的项目建议书，建设单位委托符合资质要求的工程咨询单位进行可行性研究，对建设项目的技术、工程、经济和外部协作条件等方面进行全面的技术经济论证，为项目决策提供科学可靠的依据。可行性研究中，需要通过深入的市场研究，评价项目建设的必要性；通过工艺技术方案的研究，评价项目建设在技术实现上的可能性；通过财务效益、国民经济效益和环境影响等方面的分析，从企业和国民经济的角度分别评价项目建设的合理性。可行性研究的技术经济分析方法参见《工程经济学》教材相关内容，本书不再重复。

在可行性研究基础上，项目主管部门根据可行性研究和评估的结果，对项目立项作出最后决策。凡经可行性研究否决的项目不必进行下一步工作。

可行性研究报告是呈现可行性研究分析过程和结论的书面性文件，它是确定建设项目，编制设计文件的重要依据。根据《政府投资项目可行性研究报告编写通用大纲（2023年版）》，可行性研究报告应包括概述、项目建设背景和必要性、项目需求分析与产出方案、项目选址与要素保障、项目建设方案、项目运营方案、项目投融资与财务方案、项目影响效果分析、项目风险管控方案、研究结论及建议，以及附表、附图和附件共11章。《企业投资项目可行性研究报告编写参考大纲（2023年版）》与之相比，减少了项目建设背景和必要性这一部分，共10章。

其中，项目选址是指在拟建地区、地点范围内具体确定建设项目坐落的位置。它是生产力布局的最基本环节，是建设项目可行性研究的重要组成部分，也是建设项目进行设计的前提。它通过多方案比较，选择项目最佳或合理的场址或线路方案，明确拟建项目场址或线路的土地权属、供地方式、土地利用状况、矿产压覆、占用耕地和永久基本农田、涉及生态保护红线、地质灾害危险性评估等情况。备选场址方案或线路方案比选要综合考虑规划、技术、经济、社会等条件。项目选址需考虑项目建设条件，即分析拟建项目所在区域的自然环境、交通运输、公用工程等建设条件。其中，自然环境条件包括地形地貌、气象、水文、泥沙、地质、地震、防洪等；交通运输条件包括铁路、公路、港口、机场、管道等；公用工程条件包括周边市政道路、水、电、气、热、消防和通信等。改扩建工程要分析现有设施条件的容量和能力，提出设施改扩建和利用方案。此外，在项目选址决策中，需考虑施工条件、生活配套设施、公共服务依托条件和土地、资源环境等方面的要素保障。

工程项目建设地点一经选定，不仅对所在地区的经济发展、城镇建设和环境质量产生重要影响，而且直接关系到新建项目的基本建设投资和建设速度，并长期影响企业的经营、管理等经济效果。同时这项工作与企业或单位各部门有着密切的联系，涉及的利益面较广，矛盾较多。因此，这是一项政策性强、技术性和经济性要求高的工作，对大型和特大型建设项目的建设地点选择尤为重要。

3）编制设计文件

建设项目的可行性研究报告按规定程序审查批准后，建设单位经设计招标或委托设计单位，按要求编制设计文件。它是建设程序中不可或缺的重要环节，在规划、项目和建设地点已定的情况下，是建设项目能否在实现功能要求的同时实现综合经济效益的决定性环节。

设计文件是安排建设项目和组织工程施工的主要依据。设计工作要分阶段循序渐进地进行：一般建设项目，按初步设计和施工图设计两阶段进行设计；重大或特殊建设项目，经要求，须在初步设计和施工图设计之间增设技术设计阶段。一些大型联合企业、矿区或水利水电枢纽，为解决总体部署和开发问题，还需要进行总体规划设计。

总体规划设计并不是一个单独的设计阶段，它仅是相对于大型联合企业或特大型建设项目中的每个单项工程的设计而对应存在的。其主要任务是根据生产运行的内在联系，对大型建设项目中的每个单项工程在相互配合、衔接等方面进行统一规划、部署，使整个建设项目布置紧凑、流程顺畅、技术可靠、经济合理。总体规划设计的主要内容包括：建设规模，产品方案，原料来源，工艺流程概况，主要设备配置，主要建筑物、构筑物，公用、辅助设施，"三废"治理和环境保护方案，占地面积估计，总布置及运输方案，生产组织概况和劳动定员估计，生活区规划设想，施工基地部署和地方材料来源，建设总进度及进度配合要求，投资估算，等等。

对需要进行总体规划设计的建设项目，初步设计应在总体规划设计的原则下进行。

初步设计是对批准可行性研究报告提出的内容进行概略的计算，作出初步规定。其作用在于说明在指定的地点、控制的投资额和规定的期限内，拟建工程在技术上的可行性和经济上的合理性，对设计的项目作出基本的技术决定，同时编制总概算。初步设计的主要内容包括：设计依据，设计的指导思想，建设规模，产品方案，原料、燃料、动力的用量和来源，工艺流程，主要设备选型和配置，总图运输，主要建筑物、构筑物，公用、辅助设施，综合利用、"三废"治理、环境保护设施和评价，占地面积和场地利用情况，生产组织和劳动定员，生活区建设，抗震和人防设施，主要经济指标及分析，建设顺序和年限，总概算，等等。

技术设计是为解决重大或特殊项目的某些具体技术问题，或确定某些技术方案而进行的设计，是对初步设计阶段无法解决而又必须解决的问题作进一步的研究、试验和设计。如特殊工艺流程的试验、研究及确定；新型设备的试验、确定和制作；建筑物、构筑物关键部位的试验、研究及确定；等等。因此，技术设计的具体内容需根据工程项目的具体情况和需要而定。同时，根据初步设计编制修正总概算。

施工图设计是在初步设计和技术设计的基础上，将设计的工程形象化和具体化，绘制正确、完整和尽可能详尽的建筑、结构、安装图纸。设计图纸一般包括：建筑总平面图，建筑平面、立面和剖面图，结构构件布置图，节点大样图，安装施工详图，非标准设备加工详图，设备材料明细表，等等。施工图设计应全面贯彻初步设计的各项重大决策，作为现场施工的依据，其详尽程度必须满足施工所有环节的需要。同时根据施工图设计编制施工预算，一般施工预算不得突破总概算。

设计单位必须保证设计质量，每项设计都要进行多方案比较，选择最佳方案；设计必须依据充分正确的基础资料；设计采用的数据和技术要正确可靠；设计中采用的设备材料及所要求的施工条件要切合实际；设计文件的深度要符合建设和生产的要求。

设计文件要按规定程序报告审批，经批准的设计文件不能任意修改和变更，若必须修改，也要经相关部门批准。

装配式建筑的设计流程有其特点，即在原有设计流程的基础上，需要增加预制构件的设计。预制构件设计一般经历构件策划、构件方案设计、构件详图设计三个阶段，而每个阶段又与设计流程中的各阶段产生复杂的信息交互作用。一般在初步设计阶段就需要考虑构件策划，构件策划与建筑方案设计间存在双向信息交付，即建筑方案设计要以装配式建筑为前提，同时按照建筑设计的功能要求进行构件策划；构件方案设计阶段，一方面与建筑深化设计方案存在双向信息交付，对建筑施工图、结构施工图、机电施工图存在信息输出，另一方面要考虑后续施工方案中的构件堆放、运输和吊装设计要求的信息反馈；最后与施工图设计同步完成构件详图设计。

4）工程建设准备

为保证施工的顺利进行，在建设项目可行性研究报告获批后，就必须做好各项建设准备工作。建设项目的实施实行建设项目法人责任制，项目法定代表人对工程质量负总责。项目法定代表人必须具有相应的政治、业务素质和组织能力，具备项目管理工作的实际经验。项目法人单位的人员素质、内部组织结构必须满足工程管理和技术上的要求。

工程建设准备工作的主要内容包括：征地、拆迁；工程、水文地质勘察，收集设计基础资料；完成现场施工供水、供电和道路等工程；组织设计和施工招标，择优选定工程设计和施工单位；组织设备、材料订货；等等。

5）组织施工

建筑安装工程施工是根据合同确定的任务，按照设计图纸的要求，完成建设项目的建筑物和构筑物建造、机器设备安装的过程。所有建设项目都必须在做好建设准备，获得开工许可后才能开工。

建筑施工是特殊的生产工程，整个施工过程需要各相关方的协作配合，要做到计划、设计和施工的相互衔接，投资、施工图纸、设备材料、施工力量、工程内容五个方面的落实，保证建设任务的全面完成。

施工单位通过投标获得承包该建设项目施工任务后，要与建设单位签订建筑安装工程承包合同，固定双方经济关系，严格遵照施工程序组织施工。

施工单位要做好学习审查图纸，明确工程范围、建设规模和技术要求，掌握建设地区自然条件和技术经济条件，编制施工图预算和施工组织设计等施工准备工作。

建筑工程要按照合理的施工顺序组织施工。做好地下与地上、场内与场外、土建与安装各个工序的统筹安排，合理组织流水施工和立体交叉作业。严格掌控施工进度、质量、成本和安全等问题。

施工过程中要严格按照设计要求和施工验收规范进行施工，按期保质保量地全面完成工程任务。所有隐蔽工程都要经过检验合格并做好原始记录后才能进行下一道工序；对不符合质量要求的分部分项工程要及时采取措施整改，确保整体工程质量。同时要适时推广应用新的施工技术，科学地进行施工组织管理，做到文明施工。

6）生产准备

生产准备是指建设项目投产前，为确保建设项目竣工后能及时投产所做的全部生产准备工作。生产准备的完成是确保建设阶段顺利转入生产经营阶段的必要条件。建设单位从可行性报告获批，直至项目建成投产的整个建设工程中，都要在抓好工程建设的同时做好生产准备工作，保证项目建成后能及时投产、发挥应有的效益。

为此，建设单位要根据建设项目的技术经济特点，成立专门的生产准备机构，及时做好机构设置、人员配备和培训、技术准备、物质准备、外部协作条件准备等工作。

7）竣工验收、交付使用

竣工验收是项目建设全过程的最后一道程序。它是建设投资成果转入生产或使用的标志，是全面考核建设工作，检验设计和工程质量的重要环节；是建设单位会同施工单位和设计单位，按批准的设计文件，就建设项目建成后的生产能力、质量、成本和效益等全面情况进行评价，交付新增固定资产的过程。竣工验收对促进建设项目及时投产、发挥投资效益、总结建设经验等都起着重要的作用。

所有建设项目，凡按批准的设计文件所规定的内容建成，工业项目经带负荷试运转合格、形成生产能力并能生产出合格产品，非工业项目符合设计要求、能够正常使用的，都要及时组织验收。个别由于少数非主要设备和特殊材料短期内不好解决，未能按设计文件规定全部建成，但对近期生产影响不大的项目也应组织竣工验收，办理交付手续，遗留问题由验收委员会确定具体处理办法，报主管部门批准后交由有关单位执行。大型联合企业应分批分期组织验收。

8）建设项目后评价

建设项目后评价是工程项目竣工投产、生产运营一段时间后，对建设项目的立项决策、设计施工、竣工投产、生产运营等全过程进行系统评价，是固定资产投资管理的重要内容，也是固定资产投资管理的最后环节。通过建设项目后评价，达到肯定成绩、总结经验、研究问题、吸取教训、提出建议、改进工作、不断提高建设项目决策水平和投资效益的目的。

建设项目后评价一般按以下三个层次组织。

（1）建设项目单位自我总结。

（2）建设项目所属行业（或地区）主管部门的评价。

（3）主要投资方的评价。

建设项目后评价一般采用对比法，将项目实际效果与预测效果进行比较。主要展开影响评价、经济效益评价和项目实施过程评价。即通过分析项目竣工投产（运营、使用）后对社会、经济、文化、技术和环境等方面所产生的影响，对比可行性研究预测的经济效益与项目投产后的实际经济效益，来评价项目决策的正确性；通过对工程项目立项决策、设计施工、竣工投产、生产运营以及建设效益评价来评价实施过程项目管理的有效性。

9）工程项目全寿命周期管理

工程项目全寿命周期管理是以工程项目的前期策划、规划、设计、施工和运营维护、拆除为对象的管理过程。按工程项目全寿命周期阶段可分为：项目决策阶段的开发管理（DM）、项目实施阶段的项目管理（PM）和项目使用阶段的设施管理（FM）。在传统工程项目建设中，以上三个阶段的管理分属彼此分离且各自独立的系统，工程项目全寿命周期管理以工程项目全寿命周期的整体最优为管理目标，从提高工程项目全寿命周期的整体效率和效益出发，在三个系统间天然内部联系的基础上，通过建立共同目标、统一管理思想、管理规则、管理语言，建设共享信息处理系统，建立全寿命集成化的管理系统，以谋求工程项目全寿命周期的可靠、安全和高效率运行，同时兼顾工程项目的资源节约、费用优化，与环境协调、健康和可持续发展。

与传统工程项目管理相比，工程项目全寿命周期管理发生了一些转变。

（1）项目管理范围从工程项目建设阶段向全寿命周期延展。不仅注重建设期，更注重运行期，把工程项目可行性研究、规划、设计、施工、运行和拆除的全过程作为整体统一管理。

（2）项目管理系统从职能化管理向工程项目集成化管理系统转变。基于工程项目全寿命周期最优目标，将进度管理、质量管理、成本管理、合同管理、资源管理、运维管理等具体的管理职能集成在统一的系统中，应用于工程项目全寿命周期各个阶段，协调项目参与各方，形成连续性、系统性的集成化管理系统。

（3）项目管理角度从项目利益主体向项目相关者和社会整体拓展。工程项目的成功不仅仅是使项目利益相关者满意，更要评价项目的存在与运营可能对项目相关者或社会、环境产生什么样的影响。

（4）项目管理对象从工程各专业向工程项目总体系统集成。从工程总体出发系统设计建筑学、结构工程、给排水工程和设备工程等工程专业间的协同机制，实现工程整体功能和整体效益的优化。

### 1.3.2 工程项目建设参与各方的项目管理

工程项目建设参与各方主要有投资者、建设单位、勘察单位、设计单位、监理单位、施工单位、供货单位、运营单位等，不同的项目管理主体在项目的决策、实施和运营阶段有不同的项目管理工作。在项目实施阶段，主要有以下几类。

1. 投资者的项目管理

投资者为建设项目筹措并提供资金，关注的是项目的最终产品或服务的生产，并在工程运行中获得投资收益。为实现投资目的，要对投资方向、投资分配、投资计划、工程规模、建设管理模式、运营模式等重大和宏观的问题进行决策和控制，其项目管理范围涵盖项目全寿命周期。

2. 建设单位的项目管理

建设单位主要承担工程的建设管理任务，在项目实施阶段始终发挥着决定性的主导作用。建设单位的工作重点在于对重大问题的决策，如设立项目管理机构、项目立项决策、咨询（监理）公司选择、建设用地报批、勘察设计单位及施工承包商选择等。

建设单位对项目的管理深度和范围由项目的承发包模式和管理模式决定。建设单位要负责整个固定资产投资达到预定的目标，因此必须对建设项目的建设全过程进行管理。也即在前述建设程序的每一个环节中都有相应的管理职责，而这些环节的工作又是相互衔接、相互制约，任何环节出现问题都可能对后续工作产生直接或间接的影响，从而最终影响建设项目的建设质量。

建设单位可以将建设项目全部、全过程管理工作委托给项目管理公司，自己不直接管理承包商、供应商、设计单位，主要承担项目的宏观管理及项目有关的外部事务。建设单位也可以自己负责项目的全过程管理，但委托一些阶段性管理工作（如可行性研究、设计监理、施工监理等）或专项咨询工作（如造价咨询、招标代理、合同管理等）给相应的咨询服务公司。

3. 项目管理公司（监理公司或咨询公司）的项目管理

项目管理公司根据建设单位委托业务的范围和深度提供项目管理服务，进行工程合同管理、投资管理、质量管理、进度控制、信息管理等，协调与建设单位签订合同的各个设计单位、承包商、供应商之间的关系,并为建设单位承担项目中的事务性管理和决策咨询等工作。

4. 承包商的项目管理

这里的承包商是广义的,包括勘察设计单位、工程承包商、材料设备供应商。他们在项目建设中承担的任务不同,扮演的角色不同,项目管理的工作内涵也不同。

勘察设计单位主要对设计文件编制和施工配合的各项工作进行管理,通过了解业主建设意图、掌握项目使用功能及质量要求、把控设计质量、检验设计成果等工作,确保设计文件的深度和质量满足工程施工需要,实现建设项目目标;材料设备供应商主要对材料的生产供应,设备的生产、供应、装配、调试、维修等环节进行管理,确保根据工程进度的要求,按时、按量供应符合质量标准的材料和设备,并适时完成设备的安装调试。

工程承包商(施工单位)承担的施工任务是整个建设项目实施过程的主导活动,其工程的进度计划制约着其他协作单位的工作进度安排,同时工程的质量、进度和成本对建设项目的目标影响最直接、最大。作为建设任务的主要承担者,施工单位负责建设项目施工阶段主要工作的管理,其项目管理是最具体、最细致、最复杂的。因此,人们在日常工作中常用工程项目管理概念指代施工阶段由施工单位实施的项目管理,相对于建设项目实施全过程进行的项目管理而言,这是狭义的项目管理。

5. 政府的项目管理

政府相关部门履行社会管理职能,依据法律法规对建设项目进行行政管理,提供服务和开展监管,目的是维护社会公共利益,使建设项目的建设符合法律的要求、符合城市规划的要求、符合国家对建设项目的宏观控制要求,同时为建设项目的顺利实施创造规范的实施环境。

政府的项目管理工作包括:对项目立项的审查批准;对建设过程中涉及建设用地许可、规划方案、建筑许可的审查批准;对项目涉及公共安全、环境保护、消防、健康等的审查批准;从社会角度对工程的质量监督和检查;对项目进程中涉及市场行为的监督;对在建设过程中违反法律法规行为的处理,等等。

### 1.3.3 按职能划分的工程项目管理

按照项目管理工作流程,项目管理的各个管理过程在工程项目生命周期的各阶段有限循环,以实现工程项目的建设目标。但工程项目管理的实施需要通过不同职能的专项管理工作来推进,才能使工程项目管理目标落到实处。《建设工程项目管理规范》(GB/T 50326—2017)中所列的工程项目管理工作主要包括:项目范围管理、项目管理策划、采购与投标管理、合同管理、设计与技术管理、进度管理、质量管理、成本管理、安全生产管理、绿色建造与环境管理、资源管理、信息与知识管理、沟通管理、风险管理、收尾管理和管理绩效评价等内容。

这些项目管理内容中,进度管理、质量管理、成本管理、安全生产管理和绿色建造与环境管理是围绕项目目标控制而展开,其余各项工作均是确保项目目标管理得以顺利实施的专项管理工作,同时所有的管理工作必须在特定的组织架构下按照特定的组织程序有序展开，因此项目组织也是项目管理的重要内容。项目组织与五大控制目标作为项目管理的核心内容，在后续章节会有详细讲解。这里着重介绍其他专项管理工作。

1. 项目范围管理

项目范围是指为实现工程项目目标，完成工程建设任务的各项活动总和，包括产品范围和工作范围。产品范围决定了工作范围的广度和深度。项目范围管理是对合同中约定的项目工作范围进行的定义、计划、控制和变更等活动。整个范围管理贯穿项目全过程，一般包含4个阶段。

1）项目范围计划

项目范围计划包含批准的工程项目可行性研究报告、项目合同、设计文件、各类任务书及相关工作的范围说明等。

2）项目范围界定

项目范围界定是对工程项目的范围进行定义，即对范围计划中确定的拟交付成果进行项目结构分析，通过项目分解、工作单元定义、工作界面分析等工作，获得以便于管理的工作单元为终端的工作分解结构（work breakdown structure，WBS）。工作单元通常包括工作范围、质量要求、费用预算、时间安排、资源要求和组织职责等。工作界面是指工作单元之间的结合部，或叫接口部位，工作单元之间存在着相互作用、相互联系、相互影响的复杂关系，通过工作界面分析可以更加明晰各工作单元各自的职责，以及与相联单元间的协同要求。

3）项目范围确认

项目范围确认是由项目相关方共同核实并正式确认工程项目范围。

4）范围变更控制

范围变更控制是指在工程项目实施过程中，对工程项目范围变更的控制。包括建设单位、设计单位或施工单位提出的计划变更、设计变更或内容变更等。

2. 项目管理策划

一般建设单位负责对整个建设项目进行策划，形成建设项目管理规范；承包单位负责对具体的工程项目进行策划，形成工程项目管理规划（包括规划大纲和实施规划）；各专业分包单位负责对相应的专业工程项目进行策划，形成工程项目管理实施规划。

1）项目管理策划程序

（1）识别项目管理范围。项目管理范围要包括完成项目的全部内容，且与各相关方工作协调一致。

（2）进行项目工作分解。根据项目管理范围，以可交付成果为对象进行项目工作分解，并根据项目实际情况与管理需要确定详细程度，确定工作分解结构。

（3）确定项目的实施方法。根据工作分解结构制定各专项管理工作的实施方法。

（4）规定项目需要的各种资源。根据保证工程质量和降低项目成本的要求对实施方案进行分析比较，形成项目总进度计划，提出项目所需资源计划。

（5）测算项目成本。一般采用量价分离的方法，按照工程实体性消耗和非实体性消耗测算项目成本。

（6）对各个项目管理过程进行策划。项目管理策划成果在实施过程中需要保持持续的跟踪检查、必要的策划调整及项目结束后的分析总结。

2）项目管理规划大纲

项目管理规划大纲是指导项目管理工作的纲领性文件，是对项目管理目标和职责规定、项目管理程序和方法要求、项目管理资源的提供和安排等方面作出的战略性安排。大纲制定过程一般包含大纲框架结构策划、内容要点策划和规划大纲编制等阶段。大纲框架结构参照项目管理规范要求，结合工程特点和管理任务目标确定；项目管理规划大纲编制要着重提出方向性、策略性的项目管理工作思路和办法。

项目管理规划大纲编制的主要工作包括：明确项目需求和项目管理范围；确定项目管理目标；分析项目实施条件，进行项目工作结构分解；确定项目管理组织模式、组织结构和职责分工；规定项目管理措施；编制项目资源计划；报送审批。

项目管理规划大纲的主要内容包括：项目概况、项目范围管理、项目管理目标、项目管理组织、项目采购与投标管理、项目进度管理、项目质量管理、项目成本管理、项目安全生产管理、绿色建造与环境管理、项目资源管理、项目信息管理、项目沟通与相关方管理、项目风险管理、项目收尾管理。具体项目可根据工程规模和复杂程度选择相应的内容。

按照工程项目全寿命周期管理的理念，工程总承包及代建制模式的项目管理规划大纲还需纳入项目投融资、工作结构分解与范围管理、勘察设计管理、工程招投标管理及项目试运行管理等内容。小型项目、专业分包项目或投标不要求的工程项目可以省略这一步，直接编制项目管理实施规划。

3）项目管理实施规划

项目管理实施规划是根据实现项目目标的实际需要，对管理规划大纲的全面深化与具体化，是体现规划大纲策划过程决策意图且充分考虑项目管理规划实施风险可接受度的详细规划。项目管理实施规划的制定需结合任务目标分解和项目管理机构职能分工，分别组织专业管理、子项管理及协同管理机制与措施的策划，为落实项目任务目标、处理交叉衔接关系和实现项目目标提供依据和指导。一般情况下，施工单位的项目施工组织设计等同于项目管理实施规划。

项目管理实施规划编制的主要依据包括：适用的法律、法规和标准；项目合同及相关要求；项目管理规划大纲；项目设计文件；工程情况与特点；项目资源和条件；有价值的历史数据；项目团队的能力和水平；等等。

项目管理实施规划的主要内容包括：项目概况；项目总体工作安排；组织方案；设计与技术措施；进度计划；质量计划；成本计划；安全生产计划；绿色建造与环境管理计划；资源需求与采购计划；信息管理计划；沟通管理计划；风险管理计划；项目收尾计划；项目现场平面布置图；项目目标控制计划；技术经济指标；等等。

4）项目管理配套策划

项目管理配套策划是与项目管理规划相关联的项目管理策划过程，是项目管理规划的前后延伸，覆盖所有相关的项目管理过程。项目管理的配套策划是在相关风险程度可接受的情况下展开，若策划风险超过了预期，则需把该事项及时纳入项目管理规划的补充或修订范围。

项目管理配套策划的主要工作如下。

（1）确定项目管理规划的编制人员、方法选择、时间安排。这属于项目管理规划编制前的策划。

（2）安排项目管理规划各项规定的具体落实途径。这是对项目管理规划实施的策划，既包括落实项目管理规划需要的技术交底、专项措施等书面文件，也包括一些口头培训、沟通交流、工人操作动作等非书面的策划。

（3）明确可能影响项目管理实施绩效的风险应对措施。相关责任人员针对可能影响项目管理实施绩效的风险情况进行风险应对措施的策划，通过有效的控制对可能的策划缺陷予以风险预防。具体措施根据工程现场普遍存在的问题和管理需求确定，如对项目实施过程的阶段性评价和全过程总结、计划的评价、现场突发事件的临时性应急措施、项目相关人员的临时性调配或调整、项目相关方（如社区居民）的临时沟通与纠纷处理等。

为确保相关人员的策划缺陷可控，必须对项目管理规划以外的相关策划及现场各类管理人员的"口头策划"（不需要书面文件和记录的策划）有明确的控制要求。即要对项目管理配套策划的范围、内容、职责和权利进行准确界定；对项目管理配套策划的授权、批准和监督范围有明确规定；对项目管理配套策划的风险提出有效的应对措施；对项目管理配套策划水平进行全面总结评价，不断提高项目管理配套策划风险控制措施的有效性。

保证项目管理配套策划的有效性的关键是制度建设，在总结项目管理经验的基础上，不断丰富和完善消耗定额、项目基础设施配置参数、工作说明书、实施操作标准、实施专项条件、专用软件和项目信息数据库等管理基础资料，同时加大项目团队建设，逐步建立确保策划正确的文化氛围和管理惯例。

3. 项目采购、投标和合同管理

1）项目采购管理

项目采购管理是为获得对项目的勘察、设计、施工、监理、供应等产品和服务而进行的计划、组织、指挥、协调和控制等活动。按照现行的招投标管理法的分类，项目采购涉及工程、服务和产品三类采购。工程采购根据承包工作范围的不同有工程总承包、施工总承包和专业施工承包等的采购；服务采购主要涉及勘察、设计和监理等的采购；产品采购主要涉及生产设备、施工所需的设备、构配件、材料等的采购。项目采购一般通过招标方式完成，但不同产品和服务在法律法规允许的范围内也有采用询价、网上竞价等其他方式完成采购。

项目采购主要包括采购计划、采购实施、采购成果的验收和控制等工作，其工作质量对工程项目建设目标的实现起着关键性作用。因此需要建立完整的项目采购管理制度，明确项目采购活动的基本管理目标、采购管理的流程和实施方式、采购管理的具体工作内容、采购过程控制的程序和措施以及内部监督的程序和管理要求，以良好的项目采购工作质量保证高质量的项目采购结果。

采购计划是确保采购工作顺利开展的指导性文件，需要根据批准的项目立项报告，相关合同或设计文件所规定的技术、质量和服务标准，项目管理实施规划和采购管理制度的要求进行编制。采购计划的内容包括：采购工作的范围、内容及管理标准；采购产品或服务的数量、技术标准和质量规范；检验方式和标准；供方资质审查要求；采购控制目标及措施；特殊的采购要求；等等。采购计划经相关部门审核，并经授权人批准后实施。必要时，采购计划可按规定进行变更。

采购过程必须严格按照相关法律法规和规定程序组织，依据拟采购对象的性质和需求而采用招标、询价或其他方式实施，且按照相关规定对采购过程（特别是符合公开招标规定的标的）进行严格的控制。采购过程最重要的工作即是供方的选择。所谓供方是指为组织提供货物产品、工程承包、项目服务的供应方、承包方、分包方等。不同的组织（如建设、勘察、设计、施工、监理等单位）可拥有不同的供方（承包方、供应方、分包方等）。供方选择要根据既定的供方选择、评审和重新评审的准则，从经营许可、企业资质、相关业绩、社会信誉、人员素质、技术管理能力、质量要求和价格水平等方面进行技术和商务评审，并保存评审记录，确保项目采购和投标资料真实、有效、完整，具有可追溯性。供方确定后须按工程合同的约定和需要，考虑项目实施阶段的具体需求，订立采购合同或规定相关要求，以明确双方责任、权限、范围和风险，并经组织授权人员审核批准，确保采购合同或相关要求内容的合法性。

同时应按规定对采购的产品和服务进行检验或验收，对不合格品或不符合项依据合同和法规要求进行处置。其中，项目采用的设备、材料应经检验合格，满足设计及相关标准的要求；检验产品使用的计量器具、产品的取样和抽验应符合标准要求；进口产品按质量标准及服务要求进行验收的同时，要按规定办理报关和商检手续；采购产品在检验、运输、移交和保管过程中，要避免对职业健康安全和环境产生负面影响。

2）项目投标管理

投标是拟承包方（勘察、设计、施工等单位）为实现中标目的，按照招标文件规定的要求向招标人递交投标文件所进行的计划、组织、指挥、协调和控制等活动。投标成功的关键很大程度取决于投标准备工作质量，即要回答好"是否投标"和"如何投标"两大问题，主要包含团队组建、信息收集、目标分析、计划编制、沟通交流、风险评估等工作。首先，投标主体需要通过分析项目招标文件的要求、行业技术和管理要求、相关法律法规和标准规范要求，评估工程项目风险，确认自身满足投标工程项目需求的能力，并结合投标主体自身的相关要求对是否投标作出决策。其次，通过对投标项目需求的识别和评价，在充分了解招标人及相关方对工程项目设计、施工和服务要求的基础上，编制项目投标计划，明确如何投标的行动指南，经授权人批准后实施。投标计划的主要内容包含：投标目标、范围、要求与准备工作安排；投标工作各过程及进度安排；投标所需要的文件和资料；与代理方以及合作方的协作；投标风险分析及信息沟通；投标策略与应急措施；投标监控要求；等等。

投标文件根据招标和竞争需求而编制，要响应招标要求的各项商务规定，提出有竞争力的技术措施和管理方案，且报价有竞争力。投标文件编制完成后，需要围绕商务标满足招标要求的程度、技术标和实施方案的竞争力、投标报价的经济合理性、投标风险的分析与应对等方面进行评审，通过后才能投标，且需保存相关评审记录。在投标过程中，投标主体要依法与发包方（目前法律法规采用发包方、发包人等词指代发包主体，本书中这些词的基本含义可认为等同）或其代表进行有效沟通，分析投标过程的变更信息，识别和评价投标过程风险，并采取相关措施以确保实现投标目标要求。沟通要形成并保存必要记录（对招标文件和工程合同条款的分析记录、沟通记录、投标文件及其审核批准记录、投标过程中的各类有关会议纪要、函件等），为证实项目投标过程符合要求提供必要的追溯和依据。

3）项目合同管理

项目合同管理是对项目合同的编制、订立、履行、变更、索赔、争议处理和终止等进行的管理活动；是对建设工程项目实施过程中涉及的建设工程合同、买卖合同、租赁合同、承揽合同、运输合同、借款合同、技术合同等相关合同的管理，其中最重要的就是建设工程合同管理，包括对依法签订的勘察、设计、施工、监理等承包合同及分包合同的管理。项目合同管理需遵守国家的相关法律、国务院行政法规、部门规章、行业规范等的强制性规定，维护建筑市场秩序和合同当事人的合法权益，保证合同履行。严禁通过违法发包、转包、违法分包、挂靠方式订立和实施建设工程合同。建设、勘察、设计、施工和监理单位等建设工程五方责任主体的项目负责人是全面履行合同的关键，需要按照合同赋予的责任，认真落实合同的各项要求。

项目合同管理需要设立专门的项目合同管理机构和人员，建立项目合同管理制度，明确合同管理责任，规范项目合同管理的实施程序和控制要求，确保合同订立和履行过程的合规性。合同策划和编制工作，经组织授权，由项目管理机构负责具体实施。合同策划一般需确定：项目分解成多少个独立合同及每个合同的工程范围；采用什么委托和承包方式；采用合同的种类、形式和条件；合同重要条款；各个合同的内容、组织、技术、时间上的协调等事项。合同管理主要包括合同评审、合同订立、合同实施计划、合同实施控制及合同管理总结等工作。

（1）合同评审。

合同评审是合同订立前，合同双方各自对合同条件的审查、认定和评估。以招标方式订立合同时，需要评审的合同文件一般包括：招标文件及工程量清单、招标答疑、投标文件及组价依据、拟定合同主要条款、谈判纪要、工程项目立项审批文件等。评审主要是对合同的合法性、合规性、合理性、可行性、严密性、完整性，以及与合同执行相关的其他要求及合同风险进行评估。合同评审中发现的问题，以书面形式提出，要求予以澄清或调整。合同双方可根据需要进行合同谈判，细化、完善、补充、修改或另行约定合同条款和内容。

（2）合同订立。

合同订立是指依据合同评审和谈判结果，按程序和规定订立建设工程合同。合同采用书面形式真实表达合同当事方意思，签字盖章并依规办理相应的批准、登记手续后生效，并在规定时间内备案。

（3）合同实施计划。

编制合同实施计划是为了确保订立合同得到全面履行所规定的合同实施工作程序。合同实施计划主要涉及合同实施总体安排、合同分解与分包策划、合同实施保证体系的建立等。合同实施保证体系要与其他管理体系协调一致，应建立统一的合同文件沟通方式、编码体系和文档系统，同时承包人（目前法律法规采用承包人、承包方、承包商等词指代承包主体，本书中这些词的基本含义可认为等同）自行完成的工作及分包合同的内容还应在质量、资金、进度、管理架构、争议解决方式等方面符合总包合同的要求。

（4）合同实施控制。

合同实施控制包括自合同签订起至合同终止的全部合同管理内容，日常工作包括：合同交底、合同跟踪与诊断、合同完善与补充、信息反馈与协调、其他应自主完成的合同管理工作。合同交底由相关部门和合同谈判人员对项目管理机构进行,围绕合同的主要内容、合同订立过程中的特殊问题及合同待定问题、合同实施计划及责任分配、合同实施的主要风险及其他合同事项展开;合同跟踪与诊断在合同实施过程定期进行,主要是收集合同实施信息、查找偏差、分析偏差、通报合同实施情况和问题等工作;合同纠偏措施或方案是根据合同实施偏差结果制定,经授权人批准后实施,实施需要其他相关方配合时,项目管理机构应事先征得各相关方的认同,并在实施中协调一致。

合同变更及合同索赔等工作,项目管理机构不能单方面完成,需要通过协商、调解、诉讼或仲裁等方式来实现。

合同变更管理包括变更依据、变更范围、变更程序、变更措施的制定和实施,以及对变更的检查和信息反馈工作。合同变更提出的程序和期限、合同变更的内容均应符合合同约定或者法律法规规定,且获得相关授权人签字同意后才能实施;变更对合同价格及工期有影响时,应相应调整合同价格和工期。

合同中止是指合同一方中止履行合同。合同中止履行前,应以书面形式通知对方并说明理由。因对方违约导致合同中止履行时,在对方提供适当担保时应恢复履行;中止履行后,对方在合理期限内未恢复履行能力并且未提供相应担保时,可根据合同约定或法律规定解除合同;合同中止或恢复履行,应依法在规定的期限内向有关行政主管机关报告或履行核验手续。

合同索赔是指当合同一方当事人利益受到损害后,依据合同约定(合同没有约定或者约定不明时,按照法律法规规定),在收集全面、完整的索赔证据资料基础上,按照约定或法定的程序和期限提出索赔意向通知及索赔报告,并在索赔报告中说明索赔理由,明确提出索赔金额及工期。其中特别要注意,只有经查证属实的证据才能作为认定事实的依据;同时,提出索赔文件、完成审查或者签认索赔文件必须在合同约定或者法律规定的期限内完成。

合同争议是指在项目实施过程中产生的对合同执行状况的不同意见。对此,合同当事人首先要通过协商达成一致,若不能达成,当合同约定由总监理工程师依据职权作出确定时,由总监理工程师按照合同约定审慎作出公正的确定,对此确定没有异议的,按照总监理工程师的确定执行;任何一方当事人对确定有异议时,须在约定的期限内提出,并按照合同约定的争议解决机制处理。按照合同中约定的争议评审方式,启动争议评审程序解决争议,当任何一方当事人不接受或不履行争议评审小组决定时,可以请求第三方调解,或者按照合同约定申请仲裁或向人民法院起诉。

(5)合同管理总结。

项目管理机构要对项目合同管理进行综合评价,总结合同订立和执行过程中的经验和教训,提出总结报告,并根据合同总结报告确定项目合同管理改进需求,制定改进措施,完善合同管理制度。总结报告一般包括合同订立情况评价、合同履行情况评价、合同管理工作评价、对本项目有重大影响的合同条款评价、其他经验和教训等内容。

4.项目设计与技术管理

项目设计与技术管理是对项目设计工作和技术工作进行的计划、组织、指挥、协调和控制等活动。项目设计与技术管理贯穿于项目立项到项目运营终止的全过程,是项目管理机构根据国家相关法规和标准规范,对项目全过程或部分过程实施的设计及技术工作进行控制,为项目的设计开展、施工组织、后期运营进行系统筹划和保障的行为。项目设计与技术管理需要各部门的协同配合,通过明确的管理职责与分工界定、完整的管理制度、有效的控制流程、合理的资源配备,确保项目设计与技术管理计划的落实。

1)项目设计管理

项目设计管理是相对独立又与项目技术管理深度融合的管理活动,是项目管理机构依据项目需求和相关规定组建或管理设计团队,明确设计策划,实施项目设计、验证、评审和确认活动,或组织设计单位编写设计报审文件,并审查设计人提交的设计成果,提出设计评估报告。对应于项目生命周期,项目设计管理工作一般围绕项目方案设计、项目初步设计、项目施工图设计、项目施工、项目竣工验收与竣工图、项目后评价等阶段展开。项目管理机构在设计各阶段的主要管理工作包括以下内容。

(1)项目方案设计阶段:配合建设单位选择和优化概念设计方案;组织编制设计任务书,明确设计范围、设计标准与功能等要求,划分设计界面;协助完成设计招标,确定项目设计方案和设计承包人;编制整体项目设计管理规划,初步划分各设计承包人或部门(包括专业设计方)工作界面和分类,制定相应管理工作制度;作出投资估算,完成项目方案设计。

(2)项目初步设计阶段:完成项目初步设计,作出设计概算,或对委托的设计承包人初步设计内容实施评审;提出勘察工作需求,协助完成勘察招标,审查地勘报告并完成申报。

(3)项目施工图设计阶段:根据初步设计要求,组织完成施工图设计或审查工作,确定施工图预算,并建立设计文件收发管理制度和流程。

(4)项目施工阶段:编制施工组织设计,组织设计交底、设计变更控制和深化设计,根据施工需求组织或实施设计优化工作,组织关键施工部位的设计验收管理工作。

(5)项目竣工验收与竣工图阶段:组织项目设计负责人参与项目竣工验收工作,并按照约定实施或组织设计承包人对设计文件进行整理归档,编制竣工决算,完成竣工图的编制、归档、移交工作。

(6)项目后评价阶段:实施或组织设计承包人针对项目决策至项目竣工后运营阶段设计工作进行总结,对设计管理绩效开展后评价工作。

项目管理机构在设计过程中要特别关注两个重要的问题。一是组织设计单位在各设计阶段申报相应技术审批文件,通过审查并取得政府许可。需要报批的重要技术文件包括:方案设计阶段的规划意见书、规划和设计方案、绿地规划方案、人防规划设计、交通设计;初步设计阶段的建筑工程初步设计和建设工程规划许可证;施工图设计阶段的人防设计、消防设计和施工图设计等。二是明确设计、采购、施工、运营和各技术专业的接口关系,并设定技术变更或洽商程序。

2)项目技术管理

项目技术管理是指在项目实施过程中,项目参与各方为确保实现项目目标所进行的项目技术管理策划,确定项目技术管理措施,开展项目技术应用的活动。项目技术管理措施的主要内容包括:技术规格书;技术管理规划;施工组织设计、施工措施、施工技术方案、专项技术措施方案;采购计划。技术规格书、技术管理规划或施工组织设计、专项技术措施方案,系统地规范了项目成果在交付时点的状态,以及如何达到这个状态的必要保证措施,在项目管理的进度、质量、成本和安全管理等关键方面发挥着重要的作用。

(1)技术规格书。

技术规格书是发包方在招标文件中提出的技术要求,也常作为所签合同的附件,一般与招标文件或合同的其他条款具有同等法律效力;是施工承包人编制施工组织设计、施工措施、施工技术方案的基本依据。技术规格书一般包括:分部分项工程实施所依据标准;工程的质量保证措施;工程实施所需要提交的资料;现场小样制作、产品送样与现场抽样检查复试;工程所涉及材料、设备的具体规格、型号与性能要求,以及特种设备的供货商信息;各工序标准、施工工艺与施工方法;分部分项工程质量检查验收标准;等等。

(2)技术管理规划。

技术管理规划是承包人根据招标文件要求和自身能力编制的、拟采用的各种技术和管理措施。技术管理规划一般包含下列内容:技术管理目标与工作要求;技术管理体系与职责;技术管理实施的保障措施;技术交底要求,图纸自审、会审,施工组织设计与施工方案,专项施工技术,新技术的推广与应用,技术管理考核制度;各类方案、技术措施报审流程;根据项目内容与项目进度需求,拟编制技术文件、技术方案、技术措施计划及责任人;新技术、新材料、新工艺、新产品的应用计划;对设计变更及工程洽商实施技术管理制度;各项技术文件、技术方案、技术措施的资料管理与归档。

技术管理规划属于投标文件的附件,在合同签订后,承包人一般还需提交细化的技术管理规划与施工组织设计(或是两者合并)供发包方批准,并作为合同实施的主要文件。

(3)项目技术管理实施。

项目技术管理实施包括:项目管理机构在项目技术规格书和技术管理规划基础上,结合工程的具体情况制订并落实相关的实施方案;评估工程变更对项目实施的影响并进行变更控制;检查实施方案的执行情况并持续改进;组织项目技术应用结果的验收,控制变更风险,确保施工过程技术管理满足规定要求;实施完成后根据项目资源投入、进度控制、质量控制的记录与统计情况进行实施效果分析,进一步改进项目技术管理措施;收集整理项目实施过程中的各类技术资料,分类完整归档。

5.项目进度、质量和成本管理

项目管理的传统核心是对进度、质量和成本的管理;是为实现项目的进度目标,确保项目质量特性满足要求而进行的计划、组织、指挥、协调和控制等活动;同时是为实现项目成本目标而进行的预测、计划、控制、核算、分析和考核活动。

1)项目进度管理

项目管理机构通过进度管理制度的建立,对项目进度管理的内容和程序、进度管理的部门岗位职责及工作具体要求作出明确的规定,确保项目进度管理的顺利实施。项目进度管理的一般程序为:编制进度计划;进度计划交底,落实管理责任;实施进度计划;进行进度控制和变更管理;等等。

2)项目质量管理

项目质量管理的主要内容包括:项目管理机构依据国家相关质量管理法律法规和标准要求,建立质量终身责任和竣工后永久性标牌等项目质量管理制度;制定项目质量管理绩效考核制度,明确项目各方的质量责任和义务;合理配备质量管理资源;坚持预防为主的原则，按照策划、实施、检查、处置的循环过程管理原理，通过对人员、机具、材料、方法、环境要素的全过程管理，确保工程质量满足质量标准和相关方要求。项目质量管理实施的一般程序为：确定质量计划、实施质量控制、开展质量检查与处置、落实质量改进。

3）项目成本管理

项目成本管理涉及项目参与各方，是全员参与、全过程、全方位的全面成本管理，因此，需要在明确各方职责分工和相互业务关系基础上，把成本管理目标分解到相应的技术过程和管理过程。承担项目的组织管理层的工作重点是项目成本管理的决策，抓住项目的成本控制重点、难点，确定项目成本目标，并对项目管理机构进行过程和结果的考核；项目管理机构负责项目具体的成本管理，执行管理层决策，实现项目管理的成本目标。项目成本管理的一般程序为：确定成本控制目标，编制项目成本计划；展开项目成本控制；进行项目成本分析和项目成本考核；编制项目成本报告；归档项目成本管理资料。

6. 项目安全生产管理

项目安全生产管理是为使项目实施人员和相关人员规避伤害及影响健康的风险而进行的计划、组织、指挥、协调和控制等活动，一般包括项目职业健康与安全管理。项目安全生产管理必须坚持"安全第一，预防为主，综合治理"的方针，以国家的强制性规定为核心，通过在设计、采购、生产和施工等过程采用可靠的安全生产技术和手段，使项目管理活动或生产系统本身具有安全性，即使在误操作或发生故障的情况下也不会造成事故，即确保项目处于本质安全状态。项目安全生产管理是一个全员参与、全过程、全方位的综合管理，要确保安全管理要求得以实现，第一要建立健全安全生产管理制度，根据相关要求和明确的安全生产管理方针确定安全生产管理目标，建立项目安全生产责任制度将安全管理目标分解落实到人，健全职业健康安全管理体系，改善安全生产条件，实施安全生产标准化建设；第二要设置专门的安全生产管理机构，配备具有合格资格的项目安全管理负责人和专职管理人员，持续开展针对不同岗位的分类教育培训且特殊工种作业人员均须持证上岗；第三要按规定提供满足安全生产和安全文明施工的费用和资源；第四要制订并实施项目安全生产管理计划，定期评价安全生产状况并持续落实整改措施。

7. 绿色建造与环境管理

绿色建造与环境管理是为实施绿色设计、绿色施工、节能减排、保护环境而进行的计划、组织、指挥、协调和控制等活动；是通过确立绿色建造与环境管理目标，建立项目绿色建造与环境管理制度，明确绿色建造与环境管理的责任部门及对应的管理职责和要求，实施环境影响评价，配置相关资源，落实绿色建造与环境管理措施，实现绿色建造与环境管理目标。

绿色建造是在建设工程项目寿命期内，对勘察、设计、采购、施工、试运行过程的环境因素、环境影响进行统筹管理和集成控制的过程。一般是在项目管理策划中确定绿色建造计划并经批准后由建设单位、施工单位、设计单位等共同协调实施。

环境管理是在施工环境相关调查的基础上，通过项目环境管理策划，确定施工现场环境管理目标和指标,编制项目环境管理计划,进行环境管理交底和培训,落实环境管理手段、设施和设备等措施实现施工环境保护的目标。环境管理计划侧重于施工环境保护,绿色建造计划侧重于绿色建造的设计、施工一体化要求;施工阶段,施工单位根据需要可把环境管理计划与绿色建造计划合二为一。

8. 项目资源管理

项目资源管理是对项目所需人力、材料、机具、设备和资金等所进行的计划、组织、指挥、协调和控制等活动。项目管理机构按照项目目标管理的要求,依据资源供应条件、现场条件和项目管理实施规划编制资源使用、配置和处置计划;根据资源配置计划,实施各种资源的供应;根据实施情况和资源特性,通过有效组合,合理调配,对项目资源的使用过程进行动态调控;对资源投入和使用情况定期分析,找出问题,总结经验并持续改进。

人力资源管理的主要工作包括:编制人力资源需求、配置和培训计划;明确对各岗位人员在意识、培训、经验、能力方面的要求;认真选择、规范培训和严格考核以保质保量地配置满足项目需求的各岗位人员;通过合理的人力资源管理方法、组织规划、制度建设和团队建设等措施,提高人力资源管理效率;对项目人力资源使用效率和成本管理进行分析评价并持续改进。

劳务管理的主要工作包括:编制劳务需求、配置和培训计划;展开劳务队伍选择、劳务分包合同订立、施工过程控制、劳务结算、劳务分包退场等管理工作;展开劳务人员专项培训,严格执行特殊工种和相关人员持证上岗;严格劳务实名制管理,建立劳务突发事件应急管理预案;为危险作业劳务人员购买意外伤害保险;考核评价劳务计划、过程控制、分包工程目标实现程度及相关制度。

工程材料与设备管理的主要工作包括:建立材料使用、限额领料、使用监督、回收过程、使用台账等材料管理制度;编制工程材料与设备的需求计划和使用计划;展开材料和设备供应单位选择、采购供应合同订立、出厂或进场验收、储存管理、使用管理及不合格品处置等管理工作;考核评价工程材料与设备管理全过程及相关制度。

施工机具与设施管理的主要工作包括:编制项目施工机具与设施需求、使用和保养计划;根据项目的需要展开施工机具与设施的配置、使用、维修和进、退场管理;严格执行施工机具与设施操作人员持证上岗;严格执行进场检验、定期维护和保养、运行使用记录等制度,确保使用中的施工机具与设施性能和状态合格;考核评价项目施工机具与设施的配置、使用、维护、技术与安全措施、使用效率和使用成本。

资金管理的主要工作包括:编制项目资金需求、收入计划和使用计划;展开项目资金收支、资金使用成本、资金风险等管理;通过设立资金台账,记录项目资金收支情况,实施财务核算和盈亏盘点等方法,按资金使用计划控制资金使用,节约开支;通过项目资金使用分析和成本核算分析,考核评价项目资金收支情况和经济效益。

9. 信息与知识管理

1) 信息管理

信息管理是围绕项目全过程,对项目管理机构内部及外部产生的信息所进行的收集、整理、分析、处理、存储、传递和使用等活动。项目管理机构应用项目信息化管理技术和信息系统,通过统一、规范的信息格式,及时、准确和全面的信息收集,安全、可靠、方便和快捷的信息存储和传输，有效和适宜的信息使用，满足项目管理要求的同时实现信息效益最大化。信息管理工作主要包括信息计划、信息过程、信息安全、文件与档案、信息技术应用等方面的管理。

2）知识管理

知识管理应与信息管理有机结合。工程项目管理中的知识包括：知识产权、工程项目管理经验教训、标准规范要求等。

10. 沟通管理

沟通管理是对项目内外部关系的协调及信息交流所进行的计划、组织、指挥、协调和控制等活动。通过建立有效的沟通制度和沟通程序，完善协调项目各相关方的沟通机制，依据项目沟通管理计划、合同文件、相关法规、类似惯例、道德标准、社会责任和项目具体情况，贯穿于项目日常管理全过程展开沟通协调，避免和消除项目实施过程中的障碍、冲突和不一致，确保项目目标的实现。

沟通方式：一般可采用信函、邮件、文件、会议、口头交流、工作交底及其他媒介等沟通方式，重要事项的沟通结果应书面确认。

沟通管理程序包括：项目实施目标分解；分析各分解目标自身需求和相关方需求；评估各目标的需求差异；制订目标沟通计划；明确沟通责任人、沟通内容和沟通方案；按既定方案进行沟通；总结评价沟通效果，按实际情况及时调整沟通计划和沟通方案。

（1）相关方需求识别与评估。

为最大限度地减少因认识偏差、理解分歧和实施时段的不吻合所产生的项目相关方需求矛盾和冲突，项目各相关方均需全面分析合作者对项目质量、安全、进度、造价、环保等控制目标的理解、认识和具体要求，评估为实现项目控制目标所应满足对方的资金投入、资源条件、技术条件、现场环境及相关配合的需求。项目管理机构在识别和评估其他相关方需求的基础上，分析和评估自身需求并与其他相关方需求有机融合，通过有效的沟通管理减少冲突和不一致。

（2）沟通管理计划。

项目管理机构在项目运行前组织编制项目沟通管理计划，由授权人批准后实施，且定期对计划执行情况进行检查、评价和改进。项目沟通管理计划一般依据合同文件、组织制度和行为规范、项目相关方需求识别与评估结果、项目实际情况、项目主体之间的关系、沟通方案的约束条件和假设及采用的沟通技术、冲突和不一致解决预案等进行编制。项目沟通管理计划的主要内容包括：沟通范围、对象、内容与目标；沟通方法、手段及人员职责；信息发布时间与方式；项目绩效报告安排及沟通需要的资源；沟通效果检查与沟通管理计划的调整。

（3）组织协调。

项目相关各方通过规范的运行管理制度和程序，高效精简的机构和人员配置，矛盾冲突易发点的预先通报和信息互通机制，分阶段、分层次、有针对性的沟通协调机制，和谐、共赢、承担和奉献的组织协调教育，结合对矛盾冲突苗头的及时识别和发现，采取有效措施避免冲突升级和扩大，不断提升项目沟通管理绩效。

（4）冲突管理。

项目管理机构基于项目特点和项目相关各方的工作性质预测项目可能的冲突和不一

致,在沟通管理计划中确定冲突解决的工作方案,并根据项目实施的具体情况不断调整和完善工作方案,确保冲突受控、防患于未然。管理冲突和障碍的常用方法包括:选择适宜的沟通与协调途径;进行工作交底;有效利用第三方调解;让项目相关方充分明确项目目标,理解项目计划和实施措施;记录、总结和评价项目冲突管理工作。

11. 风险管理

风险是管理目的与实施成果之间的不确定性。项目风险管理是对项目风险进行识别、评估、应对和监控的活动。通过建立风险管理制度,明确各层次管理人员的风险管理责任,管理各种不确定因素对项目的影响,力求把正面(有利)风险的影响概率扩展到最大,把负面(不利)风险的影响概率减少到最小。

1)风险管理计划

项目风险管理计划应在项目管理策划时确定,且根据风险变化进行调整,经授权人批准后实施。一般依据项目范围说明、招投标文件与工程合同、项目工作分解结构、项目管理策划的结果、组织的风险管理制度、其他相关信息和历史资料进行编制。风险管理计划的主要内容包括:风险管理目标;风险管理范围;可使用的风险管理方法、措施、工具和数据;风险跟踪的要求;风险管理的责任和权限;必需的资源和费用预算。

2)风险识别

项目管理机构应在项目实施前识别实施过程中可能影响项目目标实现的国内外技术、经济、环境、社会等各种风险,主要涉及工程本身条件及约定条件、自然条件与社会条件、市场情况、项目相关方的影响、项目管理团队的能力等方面。

项目风险识别程序包括:收集与风险有关的信息;确定风险因素;编制项目风险识别报告,由编制人签字确认经批准后发布。项目风险识别报告一般包括:风险源的类型、数量;风险发生的可能性;风险可能发生的部位及风险的相关特征等内容。

3)风险评估

项目管理机构通过对风险因素发生概率和发生风险可能造成的损失量或效益水平进行估计,展开风险等级评估以确定风险量并进行分级,出具风险评估报告,由评估人签字确认经批准后发布。风险评估一般采用专家预测、趋势外推法预测、敏感性分析和盈亏平衡分析、决策树等方法。风险损失量或效益水平的估计主要涉及:工期损失(工期缩短)的估计;费用损失(利润提升)的估计;对工程的质量、功能、使用效果(质量、安全、环境)方面的影响;其他影响(如间接影响,机会成本);等等。风险评估报告一般包括:各类风险发生的概率;可能造成的损失量或效益水平、风险等级确定;风险相关的条件因素。

4)风险应对

项目管理机构应依据风险评估报告确定针对项目风险的应对策略,提出在技术、管理、经济等方面的风险应对措施,并纳入风险管理计划。一般采用风险规避、风险减轻、风险转移和风险自留等措施应对负面风险;采取消除影响正面机会实现不确定性、将正面风险责任分配给最能实现正面机会的一方、提高正面机会发生概率等措施鼓励和强化正面风险。

5)风险监控

项目管理机构通过收集和分析项目风险相关信息获取风险信号,预测风险,提出预警并纳入项目进展报告;持续监控潜在风险因素,跟踪风险因素的变动趋势,以便及时采取有效的预防措施;风险发生时,采取措施控制风险,防止负面风险蔓延,降低损失,提高效益，确保项目顺利实施。工程风险信息一般采用工期检查、成本跟踪分析、合同履行情况监督、质量监控措施、现场情况报告、定期例会等方法全面收集；同时，结合环境条件变化、工程实施状况和工程变更等预测风险，修订风险应对措施，并持续评价项目风险管理的有效性。

12. 管理绩效评价

管理绩效评价是对项目管理全过程及项目立项、勘察、设计、采购、施工、试运行等相关阶段的项目管理绩效进行评价，反映和确定项目管理水平优劣的活动，包括对项目实施过程及项目全部完成后的评价。评价可以由项目管理不同相关方展开，包括发包方、监理、设计、施工、分包单位的职能机构及第三方评价机构等。评价秉承公开、公平、公正的原则，采用过程评价与结果评价相配套、定性评价与定量评价相结合的方法，不断验证项目目标实现情况，为项目管理持续改进提供依据。

项目管理绩效评价程序包括：成立绩效评价机构、确定绩效评价专家、制定绩效评价标准、形成绩效评价结果。绩效评价机构根据项目管理规律、实践经验和发展趋势确定评价标准；按项目管理绩效评价内容要求，依据评价标准，采用资料评价、成果发布、现场验证方法在规定时间内完成项目管理绩效评价；以专家评价结果为基础，按照客观公正、科学合理、公开透明的绩效评价要求，确定项目管理绩效评价结果。

项目管理绩效评价专家要求具备相关资格和水平，具有项目管理的实践经验和能力，保持相对独立性。

管理绩效评价范围主要涉及项目实施基本情况，项目管理的分析与策划、方法与创新、效果验证等方面。

管理绩效评价内容包含：项目管理特点、理念和模式；主要管理对策、调整和改进；合同履行与相关方满意度；项目管理过程检查、考核和评价；项目管理实施成果；等等。

管理绩效评价指标必须层次明确，表述准确，计算合理，体现项目管理绩效的内在特点。主要指标有：项目质量、安全、环保、工期、成本目标完成情况；供方（供应商、分包商）管理的有效程度；合同履约率、相关方满意度；风险预防和持续改进能力；项目综合效益（项目经济、环境和社会效益）；等等。

管理绩效评价可采用基于评价指标权重的综合评分法进行评分，并按管理绩效评价需求规定适宜的评价结论等级。不同等级的项目管理绩效评价结果需要制定相应的改进措施，使项目改进提升同步于管理绩效评价，持续改进项目管理绩效。完成每个周期的项目管理绩效评价，都要总结分析评价工作的经验与不足，采取措施持续提升项目管理绩效评价水平。

## 1.4 建筑市场管理

狭义的建筑市场是指进行建筑产品和相关要素交换的场所，一般由有形和无形的建筑市场构成。有形建筑市场如建筑工程交易中心，无形建筑市场则是指随建筑工程的建设特点和成交方式不同而变化的其他交易场所。广义的建筑市场是指建筑商品供求关系的总和，包括狭义的建筑市场、建筑商品的需求程度、建筑商品交易过程中形成的各种经济关系等。

建筑市场管理，是指各级人民政府建设行政主管部门、工商行政管理机关等有关部门，按照各自的职权，对从事各种房屋建筑、土木工程、设备安装、管线敷设等勘察、设计、施工（含装饰装修）、建设监理，以及建筑构配件、非标准设备加工生产等发包和承包活动的监督、管理。

### 1.4.1 建筑市场运行管理机制

建筑市场是建筑业各方主体在生产、消费、流通、分配活动的综合。《中华人民共和国建筑法》《中华人民共和国招标投标法》和《中华人民共和国民法典》的实施，为国家规范建筑市场交易行为，维护建筑市场正常秩序，保障建筑活动当事人合法权益提供了法律依据。

经过数十年的建设，随着建筑市场准入制度、政府投资工程管理制度、工程咨询设计制度、政府工程质量监督制度、工程建设招标投标制、建设工程监理制、项目管理制、工程风险管理制度的全面推行，《建设工程质量管理条例》（国务院令第279号）、《建设工程安全生产管理条例》（国务院令第393号）、《建设工程勘察设计管理条例》（国务院令第293号）等相关法规的实施，信息技术在工程管理领域的广泛应用，针对整个工程项目建设全过程所有工作环节适应市场经济要求的运行管理机制基本建立，确保我国固定资产投资建设活动规范有序开展，取得显著成效。建筑市场运行管理的主要机制如下。

1. 建筑市场准入和清除制度

建筑市场准入和清除制度包含：建筑业企业资质管理制度、建筑业个人注册执业制度、建设工程许可制度。

1）建筑业企业资质管理制度

国家针对建设、勘察、设计、监理、造价等企业出台了一系列资质管理的相关规定和办法。政府相关职能部门依据相关法规，对工程建设领域的企业资质进行严格管理。首先要求所有工程勘察、设计、施工、监理、招标代理企业，都必须依法取得相应等级的资质证书，并在其资质等级许可的范围内从事相应的工程建设活动，禁止无相应资质的企业进入工程建设市场；同时充分利用信息化手段加强资质审批后动态监管，对获得资质企业的经营生产状况、诚信状况进行管理，实行质量安全"一票否决"制，对生产经营中出现严重问题的企业实施相应处罚，不符合资质标准要求的依法撤回企业资质。

2）建筑业个人注册执业制度

建筑从业人员通过职业资格考试，注册后方可在许可范围内执业，且需按规定持续接受继续教育。相关职能部门依据相关法规，对工程建设领域的相关专业技术人员进行严格的执业资格管理，禁止无相应执业资格的人员进入工程建设市场；严格执行执业签字制度，建立个人执业保险制度，规范执业行为。获得注册执业资格的从业人员应遵守相关法律法规和技术规程，认真履职。凡注册执业人员因过错造成质量、安全事故的，要责令限制执业并接受继续教育、停止执业直至吊销执业资格证书，情节特别恶劣的，终身不予注册。我国主要的注册执业资格有注册建筑师、勘察设计注册工程师、注册结构工程师、注册建造师、注册监理工程师和注册造价工程师等。

3）建设工程许可制度

政府相关职能部门针对工程建设中的不同阶段和不同对象实施严格的许可管理。主要包括建设工程规划许可证、建设工程施工许可证、建筑施工企业安全生产许可证等。

建设工程规划许可证由城市规划行政主管部门核发，是确认有关建设工程符合城市规划要求的法律凭证。城市规划区内的各类建设项目均须依法办理才能进行建设。没有此证的工程建筑是违章建筑，不能领取房地产权属证件，会产生停止建设、限期拆除或没收违法建筑、给予行政处罚等可能的法律后果。

建筑工程施工许可证由建设行政主管部门核发，是确认建设单位取得施工许可的法律凭证。按规定，建筑工程必须取得施工许可证后才能开工。建设行政主管部门对不符合法定开工条件的工程项目或已完工程项目拖欠工程款的新工程项目，一律不得颁发施工许可证或批准开工；对于未取得施工许可证或者开工报告未经批准擅自施工的依法作出处罚。

建筑施工企业安全生产许可证由建设行政主管部门核发，是确认建筑施工企业取得安全生产许可的法律凭证。建筑施工企业依法向省级以上建设行政主管部门申请领取安全生产许可证后才能从事建筑施工活动。

2. 工程建设强制性标准

工程建设标准是指建设工程设计、施工方法和安全要求及有关工程建设的技术术语、符号、代号和制图方法等所作的统一的技术要求。工程建设标准依其效力强度分为强制性标准和推荐性标准；依其适用范围分为国家标准、行业标准和企业标准。工程建设强制性标准包含直接涉及工程质量、安全、卫生、环境保护等方面的强制性条文。

《工程建设标准强制性条文》是工程建设过程中的强制性技术规定，是参与建设活动各方执行工程建设强制性标准的依据，也是政府对执行情况实施监督的依据，更是从技术上确保建设工程质量的关键。建设、勘察、设计、施工、监理企业落实工程质量的相关法律法规及工程建设强制性标准，依法尽到对质量、安全和环境保护的责任和义务；政府相关职能部门依法加强对工程建设强制性标准执行情况的监督、检查和处理。2023年6月开始实施的《建筑与市政施工现场安全卫生与职业健康通用规范》（GB 55034—2022），同时废止了118项工程建设标准相关强制性条文，为进一步规范建筑与市政工程施工现场安全、环境、卫生与职业健康管理提供了系统完整的技术规范。

3. 项目法人责任制

项目法人责任制是指经营性建设项目法人对项目的策划、资金筹措、建设实施、生产经营、偿还债务和资产保值增值全过程负责的一种项目管理制度。1996年国家计划委员会出台《关于实行建设项目法人责任制的暂行规定》（计建设〔1996〕673号），明确规定国有单位经营性基本建设大中型项目必须在建设阶段组建项目法人，项目法人可按《中华人民共和国公司法》的规定设立有限责任公司（包括国有独资公司）或股份有限公司。水利部2020年发布《水利工程建设项目法人管理指导意见》，进一步完善应用于水利工程建设领域的项目法人责任制。

4. 投资咨询评估制

投资咨询评估制是指国家发展改革委及地方发展改革部门在审批相应的固定资产投资及其相关专项规划时，坚持"先评估、后决策"的原则，经相关工程咨询单位咨询评估,在充分考虑咨询评估意见的基础上作出决策决定。为此国家陆续出台了一系列法规和管理办法,特别是2018年出台的《国家发展改革委投资咨询评估管理办法》(发改投资规〔2018〕1604号)〔2022年修订为《国家发展改革委投资咨询评估管理办法》(发改投资规〔2022〕632号)〕为完善投资决策程序,提高投资决策的科学性和民主性,规范投资决策过程中的咨询评估工作,保障咨询评估质量提供了进一步的制度保障。

5. 工程建设招标投标制

自2000年1月1日《中华人民共和国招标投标法》实施以来,国家各部委、地方政府颁布实施了一系列招标投标的相关法律法规,基本构建了建设领域招标投标完整的法律法规体系,确保招标投标制在工程建设领域得到规范的实施。通过强化招标人首要责任;实施政府投资工程相对集中专业化管理;将投标人信用情况、工程质量安全情况和是否符合绿色发展要求等作为评标的重要考量;推行"评定分离"方法确定中标人;完善设计咨询服务委托和计费模式,推动实现"按质择优、优质优价";全面推行招标投标交易全过程电子化和异地远程评标,加快推动信息公开和交易、监管数据互联共享;规范招标投标异议投诉处理,强化事中事后监管,依法严肃查处招投标中的违法违规行为等一系列措施,建立完善统一开放、竞争有序的市场环境。

6. 建设工程监理制

1997年《中华人民共和国建筑法》以法律制度形式明确推行建设工程监理制,《建设工程质量管理条例》(国务院令第279号)和《建设工程安全生产管理条例》(国务院令第393号)从质量和安全的角度明确规定了建设工程监理的义务和责任,同时一系列规范建设工程监理市场行为的法律法规相继出台,形成了相对完整的监理法律法规体系,监理制成为我国建设市场运行的基本制度。政府通过推行政府购买服务方式鼓励监理企业参与工程质量安全监督检查;推广重大工程建设项目监理向政府报告工作制度;推动监理行业标准化、信息化建设,在制定完善工程监理相关团体标准、企业标准和示范文本的同时,推动现代信息技术在工程监理中的融合应用等一系列措施,实现夯实监理责任,明确职责范围,提高监理能力,整顿规范监理市场,优化市场环境的目标。

7. 项目管理制与代建制

国家于2004年颁发《建设工程项目管理试行办法》(建市〔2004〕200号),明确了工程项目管理工作的具体要求,并加大了工程项目管理企业的培育力度,使项目管理成为工程建设领域主要的管理方法和手段。2002年颁布的《建设工程项目管理规范》历经两次修订并持续实施,项目管理(建设行业)职业资格的国内和国际认证体系的建立,国际项目管理协会(IPMA)和英国皇家特许建造学会(CIOB)培训认证的开展,对培育工程项目管理企业,大力推行工程项目管理制和代建制,促进工程项目管理制与国际接轨,提高工程建设质量和投资效益起着重要的推动作用。

2004年发布的《国务院关于投资体制改革的决定》(国发〔2004〕20号)明确提出在非经营性政府投资项目中推行代建制。即通过招标等方式,选择专业化项目管理单位负责建设实施,严格控制项目投资、质量和工期,竣工验收后移交使用单位。代建制在实施中形成了比较有代表性的三种模式：①政府专业机构管理模式，即由政府成立代建管理机构，按事业单位管理，对所有政府投资项目进行代理建设；②项目管理公司竞争模式，即由政府设立准入条件，允许若干家经济和技术实力较强、管理业绩良好且能承担投资风险的项目管理公司参与项目代建竞争，通过公开招标择优选取；③政府指定代建公司模式，即由政府指定若干家实力较强的国有建设公司、咨询公司或项目管理公司，对指定项目实行代理建设，按企业经营管理。

8. 工程咨询服务体系

建设项目活动的开展，培育发展了工程建设监理、工程造价咨询、工程招标代理、工程项目管理等中介服务业，并针对其不同的工作范围、工作性质和特点制定了相应的管理规定或办法，促进中介服务业健康快速发展，更好地为工程建设工作服务。

9. 建设工程担保制度

工程担保制度是建筑市场确保信用实现的经济手段。工程项目在招标投标、设计、施工和质量保修等每个阶段都设立了相应的保证担保，如投标担保、履约担保、工程质量保证担保、保修担保、农民工工资支付担保、建设单位工程款支付担保等，基本覆盖工程项目的全过程。自2006年《关于在建设工程项目中进一步推行工程担保制度的意见》（建市〔2006〕326号）颁发以来，通过银行保函制度的推行，工程担保公司保函和工程保证保险的探索，保函示范文本和电子保函数据标准的制定，电子保函的推行，保函信息公开力度的逐步提升，我国已经逐步建立起较为完善的工程担保法律法规体系、信用管理体系、风险控制体系和行业自律机制。

10. 建筑市场信用体系

完善建筑市场信用管理政策体系，构建以信用为基础的新型建筑市场监管机制。通过全国建筑市场监管公共服务平台，加强对行政许可、行政处罚、工程业绩、质量安全事故、监督检查、评奖评优等信息的归集和共享，全面记录建筑市场各方主体信用行为并实现部门间信用信息共享；在政府采购、招标投标、行政审批、市场准入等事项中分级分类应用信用信息，根据市场主体信用情况实施差异化监管；对违法发包、转包、违法分包、资质资格挂靠等违法违规行为严肃查处，实施建筑市场主体"黑名单"制度，开展失信惩戒，持续规范建筑市场秩序。

## 1.4.2 建设项目采购模式

建设项目采购模式是对建设项目的合同结构、职能划分、责任权利、风险等进行确定和分配的方式。建设项目采购模式的本质是建设项目的交易方式，同时又决定着建设项目的组织方式、管理方式和实施方式，并对应着相应的合同结构和合同安排。

目前国内外建筑市场普遍采用的建设项目采购模式主要有：设计—招标—建造模式（DBB模式）、设计—建造模式（DB模式）、设计—采购—建设模式（EPC模式）、建设管理模式（CM模式）、项目管理模式（PM模式）、建设—经营—移交模式（BOT模式）、政府与私人合作模式（PPP）、伙伴关系（Partnering）管理模式、综合项目交付模式（IPD模式）等。

1. 设计—招标—建造模式（DBB 模式）

设计—招标—建造模式是业主与设计单位签订专业服务合同，设计单位负责提供项目的设计和合同文件；然后通过竞争性招标将工程施工任务交给中标的承包商完成。此模式是国际上通用的传统项目管理模式，在世界各地长期得到广泛的采用。

在此模式下，参与建设项目的业主、设计单位和承包商在各自合同的约定下，履行义务，行使权利，三方责、权、利分配明确；业主可以自由选择设计咨询人员，对设计要求可进行控制；业主可以自由选择监理机构对工程实施监理。但由于项目按设计、招标、施工的顺序组织实施，建设周期长，投资容易失控，业主管理成本较高，设计成果可能因施工方未参与而影响其实际"可施工性"，设计与施工双方协调较困难，甚至可能发生设计与施工双方的责任推诿。

2. 设计—建造模式（DB 模式）

设计—建造模式又被称为设计和施工工程。设计—建造模式是指业主提出要求、设计大纲，或者委托自己的顾问工程师准备更详细的设计纲要和招标文件，通过招标等方式确定中标的承包商，并由其负责工程的设计与施工，包括土木、机械、电气等综合工程及建筑工程。此模式在项目实施过程中始终保持单一合同责任，但大部分施工任务要以竞争性招标方式分包出去。项目承包商可以是大型承包商、具备项目管理能力的设计咨询公司或专门的项目管理公司。

此模式下承包商对项目建设的全过程负责，责任主体单一；承包商无论自行设计还是委托设计咨询机构完成设计，都可以通过对设计的管理和协调，使设计更加合理和实用，既满足业主的要求，又利于工程施工和成本节约，但业主无法参与建筑师或工程师的选择，工程设计可能受施工者利益的影响。

3. 设计—采购—建设模式（EPC 模式）

设计—采购—建设模式是指业主通过与总承包商签订总承包合同，把工程项目的设计、采购、施工和开工服务工作全部委托给总承包商负责组织实施，业主只负责整体的、目标的、原则的管理和控制。该模式一般适用于规模较大、工期较长、技术比较复杂的工程。总承包商主要负责建设工程的总体策划，建设工程组织管理的策划和具体管理，工程项目设计，工程项目相关的建筑设备、材料和专业成套设备、材料的采购，工程项目的施工、安装、试车和技术培训等工作。

此模式下，业主可以自组机构或委托专业项目管理公司代表业主实施业主的管理职能；由于承包总价固定，业主风险减少，总承包商在成本和工期方面承担更多的责任和风险，因此拥有更多的获利机会；虽然总承包商可把部分工作委托给分包商，但是整个设计、采购、施工的全过程都由其统一计划、组织、指挥、协调和控制，包括分包商工作在内的全部工作都由总承包商对业主负责；项目执行过程中没有咨询工程师等独立第三方的监控，业主又不能过多采用设计方面的意见和要求，因此业主对承包商在质量方面的有效监控手段较少。

4. 建设管理模式（CM 模式）

建设管理模式是业主委托建设管理（CM）单位在项目开始阶段就参与项目的实施过程，为设计方提供施工方面的建议，随后负责管理施工过程。CM 单位负责工程的监督、协调和管理，对成本、进度和质量进行检查，并预测和监控成本及进度的变化。采用 CM 模式可以在完成一部分单项工程设计后，对该单项工程进行施工招标，由业主或 CM 经理与各承包商分别签订每个单项工程合同。

采用 CM 模式，可以实现有条件的"边设计、边施工"，从而缩短了项目建设周期；同时具有施工经验的 CM 经理的早期介入，可以通过合理化建议提高设计成果的施工合理性和可实施性；但是分项招标容易导致施工承包费用增加。此模式一般适用于设计变更可能性大、工期要求紧或总体工作范围和规模不确定的工程项目。

根据合同规定的 CM 经理的工作范围和角色，可将 CM 模式分为代理型建设管理模式和风险型建设管理模式。

在代理型建设管理模式中，CM 经理是业主的咨询和代理。业主与 CM 经理签订委托代理合同，以固定费用或比例费用的方式计费；施工任务多采用竞争性招标选择承包商，业主与各承包商签订施工合同；CM 经理为业主提供项目管理，但与各承包商没有合同关系。代理型 CM 经理的经济风险很小，但声誉损失风险大。

在风险型建设管理模式中，CM 经理同时担任施工总承包商的角色。CM 经理提出最高成本限额，若结算超过此限额，则由 CM 公司赔偿；若低于此限额，节约的投资归业主所有，CM 公司因承担施工成本风险应获得节约投资的奖励。风险型 CM 经理与各专业承包商间有直接的合同关系，并负责工程以不高于最高成本限额的成本竣工，因此其对成本控制的关注远远大于代理型 CM 经理。

5. 项目管理模式（PM 模式）

项目管理模式是指业主委托一家项目管理承包商代表业主对整个项目策划、设计、施工到竣工投产全过程进行项目管理。项目管理承包商可以是具有相应实力的工程公司或咨询公司。项目管理承包商应用丰富的项目管理知识和经验，帮助业主进行项目前期策划、可行性研究、项目定义、计划，制订融资方案，并在设计、采购、施工、试运行等实施过程中有效控制工程质量、进度和成本，确保项目得以顺利实施，力求实现技术和经济指标的最优化。

采用此模式，项目管理承包商要根据项目所在地的实际条件，对项目进行全方位的技术经济分析，对项目整个设计进行优化；根据项目的技术、工期要求和工程量的大小，选择合适的合同方式进行招标；结合工程实际情况对项目的现金流进行优化。业主通过与某种材料或设备制造商签订多项目采购协议，获得制造商在该材料或设备上价格、日常运行维护等方面的优惠；各承包商必须按照业主提供的协议采购相应的材料、设备，以达到降低投资的目的。

6. 建设—经营—移交模式（BOT 模式）

建设—经营—移交模式是由项目所在国政府或所属机构为项目的建设和经营提供一种特许权协议，作为项目融资的基础，通过竞争性招标获得特许权的国内或国外公司作为项目的投资者和经营者进行融资，开发建设项目，承担风险，并在有限时间内经营该项目获取商业利润，特许期满根据协议将该项目无偿转让给相应的政府机构。该模式一般适用于经济实力比较弱的国家在道路、码头、机场、铁路、桥梁等基础设施项目上的建设。

采用此模式有效地降低了政府财政负担，政府规避了大量的项目风险，提高了公共事业项目的运作效率，外国公司的引入还会给项目所在国带来先进的技术和管理。但项目前期谈判磋商时间长，投标费用较高，投资方和贷款人风险大，特许期内政府有可能会失去对项目的控制权。

### 7. 政府与私人合作模式（PPP模式）

政府与私人合作模式也被称为公私合营模式，是在基础设施及公共服务领域，以提供特定的公共产品或服务为目的，以特许权协议为基础，通过合同明确双方权利和义务，建立起一种政府与私人间"利益共享、风险共担、全程合作"的伙伴合作关系。

此模式下，社会资本一般承担设计、建设、运营和维护基础设施的大部分工作，通过"使用者付费"及必要的"政府付费"获得投资回报；政府部门负责基础设施及公共服务价格和质量的监管，以确保公共服务目标的良好实现。其主要特点是政府参与全过程经营，既减轻了政府财政负担，又降低了企业的投资风险。为确保PPP模式的规范实施和健康发展，国家出台了一系列政策和法律法规，为基础设施建设项目社会资本的参与提供了基本的制度保障。

### 8. 伙伴关系管理模式（Partnering模式）

伙伴关系管理模式是一种独立于合同，建立在多个项目参与者相互信任基础上的新型项目管理模式。项目参与各方为实现自己的利益，制定共同的项目目标，促进项目参与各方的沟通交流、共享资源，减少参与各方间的冲突，以信任、承诺、合作为核心理念，围绕伙伴协议、项目参与各方间的绩效评价系统、冲突发生时的处理这三大核心要素展开项目管理。伙伴关系管理模式的项目管理机制主要包含合作机制、协调机制、激励机制、信任机制和沟通机制。

伙伴协议是项目参与各方共同制定的，以统一项目参与各方目标，促进参与各方间的深度合作，有效减少项目风险，保证项目顺利实施为目标的纲领性文件。伙伴协议的内容具有持续完善的特点：首先，签订并执行的伙伴协议，可作为后续伙伴关系管理模式项目参与各方合作的基础；其次，随着项目的展开会有项目参与方不断加入或结束伙伴协议；最后，伙伴协议在项目进行中根据实施情况需要不断完善和修改。

伙伴关系管理模式的绩效评价体系通过对组织运行过程的持续动态监控，有效把握组织的工程项目互动，准确评估与量度协议伙伴之间的"健康状况"。通过衡量伙伴关系管理模式在项目中实施的具体效果，找出项目运行中的不足和组织内部的协调关系，并及时制定改进的措施。

伙伴关系管理模式的冲突处理系统由伙伴协议参与成员共同制定，着力解决伙伴关系管理模式实施过程中，伙伴协议内成员间发生的冲突和矛盾。冲突处理系统一般包含监控、处理和服务三个子系统。监控系统收集伙伴协议成员间的矛盾冲突动态发展信息，并及时传递给其他伙伴协议成员；处理系统分析冲突发生的原因、可能产生的后果，划分冲突事件中伙伴协议冲突方之间的责权，协调处理冲突事件；服务系统为伙伴协议中的参与各方提供项目相关的全方面信息，记录整个项目实施中发生冲突事件的背景、原因、处理结果，为项目后期运行提供一定支持。

9. 综合项目交付模式（IPD模式）

综合项目交付模式是以建筑信息模型（BIM）技术为依托，通过各参与方的早期介入、相互信任、共同决策、风险共担、利益共享等手段使得建设项目的沟通效率得以提高，从而影响建设效率与质量，达到多方共赢的结果。BIM技术的应用是IPD模式实施的前提和技术保障，监理单位、咨询单位、施工方乃至供应商和分包商在概念设计、标准设计阶段的加入是IPD模式实施的重要特点，风险共担、利益共享是IPD模式实施的核心。IPD模式在国内外工程项目中的应用还存在许多问题，在一定程度上影响了该模式的推广应用。

## 1.5  建设工程监理

### 1.5.1  建设工程监理的相关概念

1. 建设工程监理

建设工程监理是指工程监理单位受建设行政单位委托，根据法律法规、工程建设标准、勘察设计文件及合同，在施工阶段对建设工程质量、进度、造价进行控制，对合同、信息进行管理，对工程建设相关方的关系进行协调，并履行建设工程安全生产管理法定职责的服务活动。

2. 工程监理单位

工程监理单位是指依法成立并取得建设行政主管部门颁发的工程监理企业资质证书，从事建设工程监理及相关服务活动的机构。所谓的"相关服务"指工程监理单位受工程建设单位的委托，按照工程监理合同的约定，在建设工程勘察、设计、保修等阶段提供的服务活动。

3. 项目监理机构

项目监理机构是指工程监理单位派驻工程负责履行建设工程监理合同的组织机构。

4. 监理机构人员

监理机构人员包括总监理工程师、总监理工程师代表（必要时设置）、专业监理工程师和监理员。

1）总监理工程师

总监理工程师是指由监理单位法定代表人书面任命，负责履行建设工程监理合同，主持项目监理机构工作的注册监理工程师。注册监理工程师是指取得国务院建设行政主管部门颁发的《中华人民共和国注册监理工程师注册执业证书》和执业印章，从事建设工程监理与相关服务等活动的人员。

2）总监理工程师代表

总监理工程师代表是指由总监理工程师书面授权，代表总监理工程师行使其部分职责和权力，具有工程类注册执业资格或中级及以上专业技术职称、3年以上工程监理实践经验的监理人员。

3）专业监理工程师

专业监理工程师是指由总监理工程师授权，负责实施某一专业或某一岗位的监理工作，有相应监理文件签发权，具有工程类注册执业资格或中级及以上专业技术职称、2年以上工程实践经验的监理人员。

4）监理员

监理员是指从事具体监理工作，具有中专及以上学历，并经监理业务培训的监理人员。

5. 监理规划

监理规划是指导项目监理机构全面开展监理工作的纲领性文件。通过明确工作目标，确定监理工作制度、内容、程序、方法和措施，指导建设工程监理工作的开展。监理规划由总监理工程师在收到工程设计文件后组织编制，并经监理单位技术负责人审批后报送建设单位。监理规划的主要内容包括：工程概况；监理工作的范围、内容、目标、依据、工作制度；监理组织形式、人员配备及进退场计划、监理人员岗位职责；工程进度、质量和造价的控制；安全生产、合同和信息的管理；组织协调；监理工作设施；等等。

6. 监理实施细则

监理实施细则是针对某一专业或方面建设工程监理工作的操作性文件。监理实施细则由专业监理工程师在工程施工开始前，依据监理规划、工程建设标准和设计文件、施工组织设计及施工方案，针对专业性强、危险性大的分部分项工程编制，并经总监理工程师审批。监理实施细则的主要内容包括：专业工程特点；监理工作的流程、要点、方法和措施。

## 1.5.2 工程监理工作的原则、范围、依据

1. 工程监理工作的原则

工程监理单位以公平、独立、诚信、科学为准则开展建设工程监理与相关服务活动。

2. 工程监理工作的范围

监理单位依法对国家重点建设工程，大中型公用事业工程，成片开发建设的住宅小区工程，利用外国政府或者国际组织贷款、援助资金的工程，国家规定必须实行监理的其他工程等实行建设工程监理。

3. 工程监理工作的依据

项目管理机构应遵循事前控制和主动控制原则，依据建设工程的相关法律法规、标准规范、勘察设计文件、工程监理合同及其他合同，实施工程监理并及时准确记录。

### 1.5.3 项目管理机构工程监理的主要工作职责

1. 会议组织

召开、主持或参与相关会议，整理并组织会签会议纪要。如定期召开监理例会，主持或参加专题会议，参加第一次工地会议，等等。

2. 协调管理

建立健全协调管理制度，采用有效方式协调工程建设相关方的关系。审查签认：审查施工单位报审的施工组织设计、专项施工方案，符合要求的，由总监理工程师签认后报建设单位批准；审查开工报审表及相关资料，满足条件的由总监理工程师签署审查意见报建设单位批准，总监理工程师签发开工令。

3. 检查巡视

检查施工单位现场管理规章制度的建立和落实情况；检查施工单位安全生产许可证及各类专业人员的执业资格证件；检查各类设施、设备和机械的安全许可或计量检定证书；巡视检查分部分项工程施工作业情况，监督施工单位严格按批准的设计文件、施工组织计划、施工方案和相关标准组织施工。

4. 问题处置

针对发现的质量问题、安全事故隐患等签发监理通知；情况严重的签发工程暂停令，并及时报告建设单位；施工单位拒不整改或不停止施工的，及时向有关主管部门报送监理报告。

5. 暂停施工事件处理

如实记录暂停施工事件处理的情况。暂停施工原因消失、具备复工条件时，施工单位提出复工申请的，项目监理机构审查复工报审表及有关材料，符合要求的，由总监理工程师及时签发复工令；施工单位未提出复工申请的，由总监理工程师根据工程实际情况指令施工单位恢复施工。

### 1.5.4 工程监理人员的职责

1. 总监理工程师的职责

总监理工程师的职责主要围绕组织、审核、调解而展开，并参与相关工作。

1）组织

确定项目监理机构人员和岗位职责；组织编制并审批监理规划和监理细则；调配监理人员并检查监理人员工作；组织监理月报、监理工作总结、工程质量评估报告的编写和监理资料的整理；组织检查施工单位现场质量、安全生产管理体系的建立和运行情况；组织监理例会、分部工程验收和竣工预验收。

2）审核

组织审查施工组织设计、施工方案、单位工程工程质量检验资料等；组织审核分包单位资格、施工单位的付款申请、竣工结算等；审查处理工程开复工报审表、工程变更、施工单位的竣工申请,签发工程开工、暂停和复工令。

3)调解

调解建设单位与施工单位的合同争议,处理工程索赔。

4)参与

参与或配合工程质量安全事故的调查处理;参与竣工验收。

2. 专业监理工程师的职责

专业监理工程师的职责主要围绕日常事务、检查处置、审查检验而展开,并参与相关工作。

1)日常事务

编制监理实施细则;工程计量;组织编写监理日志及监理月报相关内容;收集、汇总和整理相关监理文件资料。

2)检查处置

检查指导监理员工作,定期向总监理工程师报告监理实施情况;检查进场工程材料、构配件和设备质量;处置发现的质量问题和安全事故隐患。

3)审查检验

审查施工单位提交的相关报审材料并向总监理工程师报告;验收检验批、隐蔽工程、分项工程。

4)参与

参与监理规划编制、分包单位审核、工程变更审查处理、分部工程验收、工程预验收和工程验收。

3. 监理员的职责

监理员的职责主要是检查处置和见证复核。

1)检查处置

检查记录施工单位投入工程的人力、材料、设备的使用和运行状况;检查记录工艺过程和施工工序;处置发现的施工作业问题。

2)见证复核

见证取样、工程计量复核。

### 1.5.5 施工阶段监理的主要工作

建设工程监理可以是工程建设全过程监理,也可以是勘察设计阶段监理、施工阶段监理、保修阶段监理。

勘察设计阶段监理的主要工作包括:设计前的监理准备、工程设计方案比选的组织、使用功能和技术方面的监理、投资方面的监理、工程设计进度控制、勘察设计文件验收等。

施工阶段监理的主要工作包括:工程质量、造价、进度控制及安全生产管理的监理;工程变更、索赔及施工合同争议的处理等。

保修阶段监理的主要工作包括:定期回访、工程质量缺陷的处理等。

1. 工程质量控制

项目监理机构在工程质量控制方面的具体工作如下。

（1）审查施工单位现场质量管理机构和管理制度、专职管理人员和特种作业人员的资格证书。

（2）审查施工单位报审的施工方案，在编审程序和质量保证措施等方面符合相关规定或标准的，由总监理工程师签认。

（3）审查施工单位报审的新材料、新工艺、新技术和新设备的质量认证材料，以及相关验收标准的适用性，必要时要求组织专题论证，符合要求的由总监理工程师签认。

（4）对施工单位测量人员的资格证书和测量设备检定证书，施工单位报验的施工控制测量成果（施工平面控制网、高程控制网、临时水准点）及控制桩保护措施进行检查、复核并签署意见；对施工过程中施工测量放线的成果进行查验。

（5）检查施工单位试验室的资质等级、试验范围、试验室管理制度、试验人员的资格证书、试验设备的计量检定证明，以及定期提交的计量设备检查和检定报告。

（6）从营业执照、企业资质、安全生产许可和工程业绩等方面审核施工单位报送的分包单位资格报审表，专业监理工程师提出审核意见，总监理工程师签发。

（7）审查施工单位报送的工程材料、构配件、设备的质量证明文件，按规定对工程材料进行见证取样、平行检验，对已进场的不合格工程材料、构配件和设备，要求施工单位限期撤场。

（8）巡视施工过程，对关键部位或工序的施工过程进行旁站，并填写旁站记录。

（9）对施工质量进行平行检验；对施工单位报验的隐蔽工程、检验批、分项工程、分部工程进行验收，合格的签认，不合格的严禁进入下一道工序施工；对已覆盖的工程隐蔽部位有疑问的，可要求施工单位采用钻孔探测、剥离等方法重新检验。

（10）发现施工质量问题或质量验收不合格，及时签发监理通知单，要求施工单位整改。整改完毕，根据监理通知回复单复核整改情况并提出复核意见。

（11）凡发现施工单位存在未经批准擅自施工、未按审查通过的工程设计文件施工、未按批准的施工组织设计施工、违反工程建设强制性标准、存在重大质量事故隐患或发生质量事故等任一情形，总监理工程师应及时签发工程暂停令，要求施工单位停工整改，并对整改过程和结果进行检查、验收，符合要求后由总监理工程师签发复工令。

（12）对需返工处理或加固补强的质量事故，要求施工单位报送质量事故调查报告和经设计等单位认可的处理方案，跟踪检查质量事故处理过程并验收处理结果，向建设单位提交质量事故书面报告，整理归档质量事故处理记录。

（13）审查施工单位提交的单位工程竣工验收报审表及竣工资料，组织工程竣工预验收。存在问题的，要求施工单位及时整改；合格的，由总监理工程师签发单位工程竣工验收报审表。

2. 工程造价控制

项目监理机构在工程造价控制方面的具体工作如下。

（1）工程计量和付款签证。专业监理工程师审查施工单位提交的工程款支付申请，对验收合格且符合施工合同约定的工程部位进行工程计量，对工程款支付申请提出审查意见；总监理工程师签发工程款支付证书，并报建设单位。

（2）偏差调整。对工程实际完成量与计划完成量进行比较分析，针对发现的偏差提出调整建议报建设单位。

（3）竣工结算审核。专业监理工程师审查施工单位提交的竣工结算申请，提出审查意见；总监理工程师审核专业监理工程师的审查意见，与建设单位、施工单位协商，达成一致意见的，签发竣工结算文件和最终的工程款支付证书，报建设单位；不能达成一致意见的，按施工合同约定处理。

3. 工程进度控制

项目监理机构在工程进度控制方面的具体工作如下。

（1）审查施工单位报审的施工总进度计划和阶段性施工进度计划，提出审查意见，总监理工程师审核后报建设单位。要求：施工进度计划符合合同工期和总进度控制目标；主要工程项目无遗漏且满足分批动用或配套动用需要；施工顺序符合施工工艺要求；资源供应计划满足施工进度计划需要；与建设单位提供的施工条件（资金、施工图纸、施工场地、物资等）相适应。

（2）专业监理工程师检查记录进度计划实施情况，发现实际进度与计划进度不符时签发监理通知，要求施工单位采取调整措施，确保进度计划的实施。

（3）施工单位原因导致实际进度严重滞后于计划进度时，总监理工程师签发监理通知，要求施工单位采取补救措施，调整进度计划，并向建设单位报告工期延误风险。

4. 安全生产管理

项目监理机构在安全生产管理方面的具体工作如下。

（1）检查施工单位现场安全生产规章制度的建立和落实情况；检查施工单位安全生产许可证及施工单位项目经理资格证、专职安全生产管理人员上岗证和特种作业人员操作证；检查施工机械和设施的安全许可验收手续；定期巡视检查危险性较大的分部分项工程施工作业情况。

（2）审查专项施工方案中的安全技术措施是否符合工程建设强制性标准；要求施工单位按已批准的施工组织设计、专项施工方案组织施工；施工组织设计、专项施工方案需要调整的，按程序重新审查。

（3）在监理过程中发现工程存在安全事故隐患，签发监理通知，要求施工单位整改；情况严重的，签发工程暂停令，并及时报告建设单位；施工单位拒不整改或者不停止施工的，及时向有关主管部门报送监理报告。

（4）参与或配合工程质量安全事故的调查和处理。

5. 工程变更

项目监理机构根据建设单位授权处理施工单位提出的工程变更，具体工作如下。

（1）审查施工单位提出的工程变更申请，提出审查意见。工程变更涉及修改工程设计文件的，由原设计单位修改。必要时组织建设、设计、施工等单位召开工程设计文件修改方案的论证专题会议。

（2）评估工程变更费用及工期影响。根据实际情况、工程变更文件和其他有关资料，组织分析工程变更引起的工程量、工程费用和工期的变化并评估其影响。

（3）组织建设单位和施工单位协商。确定工程变更费用及工期变化，会签工程变更单；在工程变更实施前确定工程变更的计价原则、计价方法或价款。

（4）监督施工单位根据会签批准的工程变更文件实施工程变更。

（5）建设单位与施工单位未就工程变更费用达成协议的，项目监理机构提出一个暂定价格并经建设单位同意，作为临时支付工程款的依据。工程变更款项最终结算时，以建设单位与施工单位达成的协议为依据。

（6）项目监理机构对建设单位要求的工程变更提出评估意见。

6. 索赔

1）费用索赔

项目监理机构依据相关法律法规、勘察设计文件、施工合同文件、工程建设标准、索赔事件的证据等处理费用索赔。

处理施工单位费用索赔程序如下。

（1）受理施工单位在施工合同约定的期限内提交的费用索赔意向通知书。

（2）及时收集与索赔相关的资料，为费用索赔处理提供证据。

（3）受理施工单位在施工合同约定的期限内提交的费用索赔报审表。

（4）审查费用索赔报审表。需施工单位进一步提交详细资料的，在施工合同约定的期限内发出通知。

（5）施工单位的费用索赔要求与工程延期要求相关联时，提出费用索赔和工程延期的综合处理意见，并与建设单位和施工单位协商。

（6）与建设单位和施工单位协商一致后，在施工合同约定的期限内签发费用索赔报审表，并报建设单位。

施工单位费用索赔获得批准有三个必备条件：在施工合同约定的期限内提出费用索赔；索赔事件非施工单位原因造成，不可抗力除外；索赔事件造成施工单位直接经济损失。

因施工单位原因造成的建设单位损失且建设单位提出索赔的，由项目监理机构与建设单位和施工单位协商处理。

2）工程延期及工期延误

项目监理机构按以下程序受理施工单位提出的符合施工合同约定的工程延期要求。

（1）对具有持续性的影响工期事件，审查施工单位提交的阶段性工程临时延期报审表，与建设单位和施工单位协商，签署工程临时延期审核意见并报建设单位。

（2）影响工期事件结束后，审查施工单位提交的工程最终延期报审表，与建设单位和施工单位协商，签署工程最终延期审核意见并报建设单位。

（3）按施工合同约定处理施工单位因工程延期提出的费用索赔。

施工单位工程延期获得批准有三个必备条件：在施工合同约定的期限内提出工程延期；因非施工单位原因造成施工进度滞后；施工进度滞后影响到施工合同约定的工期。

此外，施工单位自身原因产生的工期延误，按施工合同约定处理。

7. 施工合同争议

项目监理机构接到处理施工合同争议要求后的具体工作如下。

（1）了解合同争议情况，与合同争议双方磋商，提出处理方案且由总监理工程师进行协调，当双方未能达成一致时，总监理工程师提出处理合同争议的意见。

（2）施工合同争议处理过程中，对未达到施工合同约定的暂停履行合同条件的，要求施工合同双方继续履行合同。

（3）在施工合同争议的仲裁或诉讼过程中，按仲裁机关或法院要求提供与争议有关的证据。

## 习 题

### 一、单项选择题

1. 根据《建筑工程施工质量验收统一标准》，分项工程质量验收的组织者是（　　）。
   A. 项目经理　　　　　　　　B. 项目技术负责人
   C. 总监理工程师　　　　　　D. 专业监理工程师
2. 建设工程项目决策阶段的管理主体是（　　）。
   A. 投资方和设计方　　　　　B. 投资方和开发方
   C. 开发方和设计方　　　　　D. 开发方和供货方
3. 项目管理规划策划包括项目管理规划大纲和项目管理（　　）。
   A. 实施规划　　B. 决策规划　　C. 规划策划　　D. 配套策划
4. 根据《建设项目工程总承包管理规范》，项目总承包方项目管理工作涉及（　　）。
   A. 项目决策管理、设计管理、施工管理和试运行管理
   B. 项目设计管理、施工管理、试运行管理和项目收尾
   C. 项目决策管理、设计管理、施工管理、试运行管理和项目收尾
   D. 项目设计管理、采购管理、施工管理、试运行管理和项目收尾
5. 关于施工方项目管理的说法，正确的是（　　）。
   A. 可以采用工程施工总承包管理模式
   B. 项目的整体利益和施工方本身的利益是对立关系
   C. 施工方项目管理工作涉及项目实施阶段的全过程
   D. 施工方项目管理的目标应根据其生产和经营的情况确定

### 二、多项选择题

1. 关于设计—采购—建设模式（EPC模式）的说法，正确的有（　　）。
   A. 一般适用于规模较大，工期较长，技术比较复杂的工程
   B. 由于承包总价固定，总承包商在成本和工期方面承担更多的责任和风险，因此获利机会很少
   C. 业主对承包商在质量方面的有效的监控手段较少
   D. 总承包商可把部分工作委托给分包商，但分包商的全部工作都由总承包商对业主负责
   E. 业主可以自组机构或委托专业项目管理公司代表业主实施业主的管理职能，业主风险减少

2. 项目风险管理过程中，项目风险评估包括（　　）。
A. 分析各种风险的损失量　　　　B. 确定风险因素
C. 编制项目风险识别报告　　　　D. 分析各种风险因素发生的概率
E. 确定各种风险的风险量和风险等级
3. 关于施工总承包管理模式的说法，正确的有（　　）。
A. 施工总承包管理模式下，分包合同价对业主是透明的
B. 施工总承包管理的招标可以不依赖完整的施工图
C. 施工总承包管理单位负责对分包单位的质量、进度进行控制
D. 施工总承包管理单位应自行完成主体工程的施工
E. 一般情况下，由施工总承包管理单位与分包单位签订分包合同
4. 根据《建设工程监理规范》，工程建设监理实施细则应包括的内容有（　　）。
A. 监理的工作范围　　　　　　　B. 专业工程的特点
C. 监理工作的流程　　　　　　　D. 监理工作的控制要点
E. 监理工作的目标值
5. 按照我国现行的建设程序，工程项目建设一般包括（　　）等工作。
A. 提出项目建议书　　　　　　　B. 编制可行性研究报告
C. 生产准备　　　　　　　　　　D. 建设项目后评价
E. 工程保修

## 三、简答题

1. 简述项目、工程项目的概念及特征。
2. 建筑市场运行管理机制有哪些？
3. 工程项目管理模式有哪些？
4. 项目管理机构工程监理的主要工作职责有哪些？
5. 施工阶段监理的主要工作有哪些？

在线答题

拓展习题

# 第 2 章

# 工程建设招标投标及建设工程合同

## 知识结构图

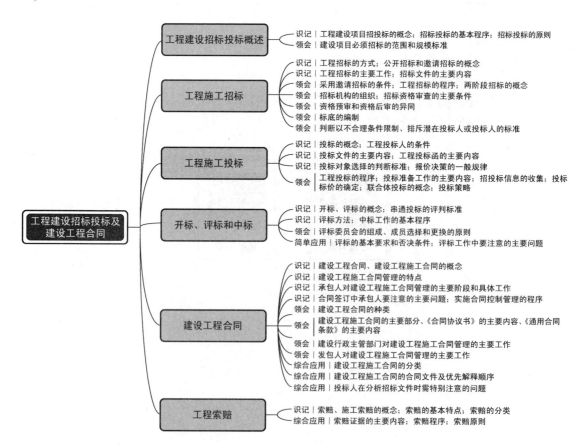

## 2.1 工程建设招标投标概述

### 2.1.1 工程建设项目招标投标的概念

2000年1月1日《中华人民共和国招标投标法》颁布实施，正式确立了招标投标的法律制度，是我国规范招标投标活动，保护国家公共利益和招标投标当事人合法权益的法律基石。随着《工程建设项目施工招标投标办法》（七部委令第30号）、《中华人民共和国招标投标法实施条例》（国务院令第613号）、《电子招标投标办法》（国家发展改革委等八部委令第20号）及其附件《电子招标投标系统技术规范》和《中华人民共和国民法典》等招标投标相关法律制度的实施，以及各部委、地方政府颁布实施的招标投标的相关法规，我国已形成了较为系统的规范工程建设招标投标活动的法律法规体系。

工程建设项目招标投标是指针对工程以及与工程建设有关的货物及服务的招标投标。工程特指建筑工程，包括建筑物和构筑物的新建、改建、扩建及相关的装修、拆除、修缮等；与工程建设有关的货物是指构成工程不可分割的组成部分，且为实现工程基本功能所必需的设备、材料等；与工程建设有关的服务是指为完成工程所需的勘察、设计、监理等。其中，工程施工招标投标是工程建设项目招标投标的最主要部分。

招标投标基本程序包括招标、投标、开标、评标、中标和签订合同六个环节，招标投标法律及相关法规对每个环节的具体程序和时限进行了严格规范的规定。

### 2.1.2 工程建设项目招标的范围及规模标准

1. 建设项目必须招标的范围

根据《中华人民共和国招标投标法》，国家发展和改革委员会出台的《必须招标的工程项目规定》（国家发展和改革委员会令第16号）和《必须招标的基础设施和公用事业项目范围规定》（发改法规规〔2018〕843号）规定了在我国境内进行的工程建设项目必须招标项目的范围：

（1）关系社会公共利益、公众安全的大型基础设施、公用事业项目：能源、交通运输、通信、水利、城市建设等基础设施项目；

（2）全部或者部分使用国有资金投资或者国家融资的项目：使用预算资金200万元人民币以上，并且该资金占投资额10%以上的项目；使用国有企业事业单位资金，并且该资金占控股或者主导地位的项目；

（3）使用国际组织或者外国政府贷款、援助资金的项目：使用世界银行、亚洲开发银行等国际组织贷款、援助资金的项目；使用外国政府及其机构贷款、援助资金的项目。

2. 建设项目必须招标的规模标准

上述规定范围内的项目，其勘察、设计、施工、监理以及与工程建设有关的重要设备、材料等的采购达到下列标准之一的，必须招标：

（1）施工单项合同估算价在400万元人民币以上；

（2）重要设备、材料等货物的采购，单项合同估算价在200万元人民币以上；

（3）勘察、设计、监理等服务的采购，单项合同估算价在100万元人民币以上。

同一项目中可以合并进行的勘察、设计、施工、监理以及与工程建设有关的重要设备、材料等的采购，合同估算价合计达到前款规定标准的，必须招标。

3. 可以不进行招标的工程项目

有下列情形之一的，可不进行招标，但在报送的可行性研究报告、资金申请报告、项目申请报告中须明确提出并说明不招标理由：

（1）涉及国家安全、国家秘密、抢险救灾或者属于利用扶贫资金实行以工代赈、需要使用农民工等特殊情况，不适宜进行招标的项目；

（2）建设项目的勘察、设计，采用不可替代的专利或者专有技术，或者其建筑艺术造型有特殊要求；

（3）承包商、供应商或者服务提供者少于三家，不能形成有效竞争；

（4）采购人依法能够自行建设、生产或者提供；

（5）已通过招标方式选定的特许经营项目投资人依法能够自行建设、生产或者提供；

（6）需要向原中标人采购工程、货物或者服务，否则将影响施工或者功能配套要求；

（7）国家规定的其他特殊情形。

### 2.1.3 招标投标的原则

招标投标活动必须遵循公开、公平、公正和诚实信用的原则。招标投标活动及当事人依法接受有关行政监督部门实施的监督。

1. 公开原则

公开原则要求招标人要公开招标程序、投标人资格条件、评标标准、评标方法及中标结果等信息。既为投标人及时提供准确信息，又为当事人和社会各界实施监督创造条件。

2. 公平原则

公平原则要求招标人给予所有投标人权利享有和义务承担上平等的机会。依法必须进行招标的项目，其招标投标活动不受地区或部门的限制。招标人不得在招标文件中含有标明或倾向特定生产供应者、排斥潜在投标人的内容；不得以不合理条件限制、排斥或歧视潜在投标人；任何单位或个人不得以任何方式干涉招标投标活动。

3. 公正原则

公正原则要求招投标活动必须做到程序公正和标准公正。即必须按照招标投标法律法规所规定的招标投标每个环节的具体程序和法定时限、否决投标的条件组织招标活动；同时评标委员会必须按照招标文件事先确定并公布的评标标准和方法进行评审并推荐中标候选人。

4. 诚实信用原则

诚实信用原则是基本的民法原则。要求参与招投标的当事人诚实守信、善意行使权利和履行义务，不能欺瞒、弄虚作假、言而无信，在追求自身利益的同时努力维持双方利益的平衡、自身利益与社会利益的平衡，以保证交易得以安全实现。

### 2.1.4 电子招标投标

自 2013 年 5 月 1 日《电子招标投标办法》（国家发展改革委等八部委令第 20 号）正式实施起，我国开始全面推进招标投标全流程电子化。电子招标投标本身具备便捷性、信息存储性和全过程信息公开性等优点，有助于规范招投标过程行为，减少围标串标等违规事件发生。我国现有电子招投标系统根据其功能划分，主要分为交易平台、公共服务平台和行政监督平台三个平台。其中交易平台是以数据电文形式完成招标投标交易活动的信息平台，公共服务平台是满足交易平台之间信息交换、资源共享需要，并为市场主体、行政监督部门和社会公众提供信息服务的信息平台，行政监督平台是行政监督部门和监察机关在线监督电子招标投标活动的信息平台。三个平台之间的关系即通过公共服务平台进行招标信息公示，通过交易平台完成招标、投标、开标和评标等具体交易过程，通过行政监督平台进行招投标全流程监督。依法设立的招标投标交易场所、招标人、招标代理机构以及其他依法设立的法人组织可以按行业、专业类别，建设和运营电子招标投标交易平台，并按照标准统一、互联互通、公开透明、安全高效的原则以及市场化、专业化、集约化方向建设和运营。

现有电子招标投标交易平台一般应具备以下主要功能：

（1）在线完成招标投标全部交易过程；

（2）编辑、生成、对接、交换和发布有关招标投标数据信息；

（3）提供行政监督部门和监察机关依法实施监督和受理投诉所需的监督通道；

（4）《电子招标投标办法》（国家发展改革委等八部委令第 20 号）中所规定的其他功能。

通过合格的电子招标投标交易平台建立，可以实现全国范围内公共资源交易平台数据共享和互联互通，一站式完成在线发布招标公告、提供招标文件、提交投标文件、电子开标、电子评标等招标投标全部交易过程；通过建立电子化招标投标平台与财政业务、招标机构内部管理等信息系统的衔接，可以逐步完善和优化合同签订、履约验收、信用评价、用户反馈、提交发票、资金支付等线上流程。通过电子招标投标交易平台建设和电子招标投标交易过程规范，打破了传统意义上的地域差别和空间限制，节约了大量时间和经济成本，同时提升了招投标过程信息交流和信息存储，保障招投标过程透明度和流程规范性。

## 2.2 工程施工招标

工程施工招标人是依法提出招标项目、进行招标的法人或组织。按照国家有关规定需履行项目审批、核准手续的依法必须进行施工招标的工程建设项目，其招标范围、招标方式、招标组织形式应当报项目审批部门审批、核准，项目审批、核准部门应当及时将审批、核准确定的招标内容通报有关行政监督部门。

### 2.2.1　工程施工招标的条件

依法必须招标的工程建设项目应当具备以下条件才能进行施工招标：
（1）招标人已经依法成立；
（2）初步设计及概算应当履行审批手续的，已经批准；
（3）招标范围、招标方式和招标组织形式等应履行核准手续的，已经核准；
（4）有相应资金或资金来源已经落实；
（5）有招标所需的设计图纸及技术资料。

### 2.2.2　工程施工招标的方式

工程施工招标分为公开招标和邀请招标。

公开招标，是指招标人按法定程序，在国家指定的报刊和信息网络上发布招标公告，明示招标项目要求，邀请不特定的法人或其他组织投标，招标人按法律程序或招标文件公开的程序和方法从中择优选择中标人的招标方式。

邀请招标，是指招标人以招标邀请书的方式，邀请三家以上具备承担施工招标项目能力、资信良好的特定法人或其他组织投标，招标人按法律程序或招标文件公开的程序和方法从中择优选择中标人的招标方式。

国有资金占控股或主导地位的依法必须进行招标的工程建设项目，应当公开招标；但有下列情形之一的，经批准可邀请招标：
（1）技术复杂、有特殊要求或者受自然环境限制，只有少量潜在投标人可供选择；
（2）涉及国家安全、国家秘密或者抢险救灾，适宜招标但不宜公开招标；
（3）采用公开招标方式的费用占项目合同金额的比例过大；
（4）国务院发展计划部门确定的国家重点项目和省、自治区、直辖市人民政府确定的地方重点项目不适宜公开招标的，经国务院发展计划部门或者省、自治区、直辖市人民政府批准，可以进行邀请招标。

前款第二项情形，由项目审批、核准部门在审批、核准项目时作出认定；其他项目由招标人申请有关行政监督部门作出认定。

全部使用国有资金投资或者国有资金投资占控股或者主导地位的并需要审批的工程建设项目的邀请招标，应当经项目审批部门批准，但项目审批部门只审批立项的，由有关行政监督部门审批。

### 2.2.3　工程招标程序

工程招标一般包括准备阶段、招标阶段和成交阶段三个阶段。工程招标程序如图2.1所示。

对技术复杂或无法精确确定拟定技术规格的项目，招标人可以分两阶段招标。

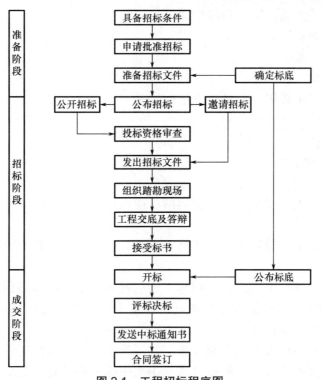

图 2.1　工程招标程序图

第一阶段：投标人按照招标公告或投标邀请书的要求提交不带报价的技术建议，招标人根据投标人提交的技术建议确定技术标准和要求，编制招标文件。

第二阶段：招标人向第一阶段提交技术建议的投标人提供招标文件，投标人按照招标文件的要求提交包括最终技术方案和投标报价的投标文件。

## 2.2.4　工程招标的主要工作

1. 组织招标机构

招标人有权自行选择招标代理机构，委托其办理招标事宜，任何单位和个人不得以任何方式为招标人指定招标代理机构；招标人拥有与招标项目规模和复杂程度相适应的技术经济专业人员，具有编制招标文件和组织评标能力，可自行办理准备事宜，但应向有关行政监督部门备案。

招标代理机构是依法设立、从事招标代理业务并提供相关服务的社会中介组织。招标代理机构在招标人委托范围内开展招标代理业务，任何单位和个人不得非法干涉。招标代理机构不得无权、越权代理，不得明知委托事项违法而进行代理。招标代理机构不得在所代理的招标项目中投标或者代理投标，也不得为所代理的招标项目的投标人提供咨询；未经招标人同意，不得转让招标代理业务。

2. 准备招标文件

招标人要根据施工招标项目的特点和需要编制招标文件。招标文件一般包括以下内容：

（1）招标公告（邀请招标是投标邀请书）；
（2）投标人须知；
（3）合同主要条款；
（4）投标文件格式；
（5）工程量清单（采用工程量清单招标的）；
（6）技术条款；
（7）设计图纸；
（8）评标标准和方法；
（9）投标辅助材料。

招标人要求投标人提交备选投标方案的，应在招标文件中说明并提出相应的评审和比较办法。

采用资格预审对潜在投标人进行资格审查的，还应当发布资格预审公告、编制资格预审文件。

招标公告和投标邀请书都应载明招标人的名称和地址；招标项目的内容、规模、资金来源、实施地点和工期；招标文件或资格预审文件的获取地点、时间及收取的费用；对投标人的资质等级要求；等等。

资格预审公告和招标公告应当在国务院发展改革部门依法指定的媒介发布。招标人通过信息网络或其他媒介发布的招标文件与书面招标文件具有同等法律效力，但出现不一致时以书面招标文件为准，国家另有规定的除外。

招标文件规定的各项技术标准应符合国家强制性标准。

3. 招标资格审查

招标资格审查是指招标人根据招标项目的特点和需要，要求潜在投标人或投标人提供满足其资格要求的文件，并对其进行资格审查的过程。国有资金占控股或主导地位的依法必须进行招标的项目，应组建资格审查委员会进行审查。主要审查潜在投标人或投标人是否符合下列条件：

（1）具有独立订立合同的权利；
（2）具有履行合同的能力，包括专业、技术资格和能力，资金、设备和其他物质设施状况，管理能力，经验、信誉和相应的从业人员；
（3）没有处于被责令停业，投标资格被取消，财产被接管、冻结，破产状态；
（4）在最近三年没有骗取中标和严重违约及重大工程质量问题；
（5）国家规定的其他资格条件。

资格审查分为资格预审和资格后审，即分别在投标前对潜在投标人或开标后对投标人进行资格审查。

根据采取资格预审或资格后审的不同，招标人应当分别在资格预审文件或招标文件中载明资格预审的条件、标准和方法。且在审查中不得改变载明的资格条件或以没有载明的资格条件进行资格审查。

资格预审结束后，招标人应及时向资格预审申请人发出资格预审通知书告知资格预审结果，以及合格者获取招标文件的时间、地点和方法。未通过资格预审的申请人不具有投标资格。通过资格预审的申请人少于三个的，应当重新招标。资格后审不合格者的投标应予否决。

**4. 现场踏勘和答疑**

招标人可根据招标项目的具体情况集体组织潜在投标人踏勘项目现场，介绍工程场地和相关环境情况。对于潜在投标人提出的疑问，招标人可以书面形式或者召开投标预备会的方式解答，同时将解答视为招标文件的一部分，以书面方式通知所有购买招标文件的潜在投标人。

**5. 编制标底**

招标人可根据项目特点自行决定是否编制标底。标底具有唯一性和保密性，标底编制过程和标底在开标前必须保密。标底一般根据批准的初步设计、投资概算，依据有关计价办法，参照工程定额，结合市场供求情况，综合投资、工期和质量等因素确定。任何单位和个人不得强制招标人编制或报审标底，或干预标底的确定。接受委托编制标底的中介机构不得参加受委托编制标底项目的投标，也不得为该项目的投标人编制投标文件或提供咨询。

**6. 保证招标公平性的措施**

为保证招标工作的公平性，在招标文件和资格预审文件的拟定、资格审查、招标过程和评标中，招标人不得以不合理条件限制、排斥潜在投标人或投标人，不得实行歧视待遇。任何单位和个人不得以行政手段或其他不合理方式限制投标人数量。

有以下行为之一的，属于以不合理条件限制、排斥潜在投标人或投标人：

（1）就同一招标项目向潜在投标人或投标人提供有差别的项目信息；

（2）设定的资格、技术、商务条件与招标项目的具体特点和实际需要不相适应或与合同履行无关；

（3）依法必须进行招标的项目以特定行政区域或特定行业的业绩、奖项作为加分条件或中标条件；

（4）对潜在投标人或投标人采取不同资格审查或评标标准；

（5）限定或指定特定的专利、商标、品牌、原产地或供应商；

（6）依法必须进行招标的项目非法限定潜在投标人或者投标人的所有制形式或者组织形式；

（7）以其他不合理条件限制、排斥潜在投标人或投标人。

**7. 电子招标注意要点**

1）电子招标投标交易平台

《电子招标投标办法》（国家发展改革委等八部委令第20号）中指出，电子招标投标交易平台应当依照《中华人民共和国认证认可条例》（国务院令第390号）（2020年修订版）等有关规定进行检测、认证，通过检测、认证的电子招标投标交易平台应当在省级以上电子招标投标公共服务平台上公布。电子招标投标交易平台服务器应当设在中华人民共和国境内，且交易平台运营机构应当是依法成立的法人，拥有一定数量的专职信息技术、招标专业人员。

2）交易平台注册与合同签订

招标人或者其委托的招标代理机构应当在其使用的电子招标投标交易平台注册登记，选择使用除招标人或招标代理机构之外第三方运营的电子招标投标交易平台的，还应当与电子招标投标交易平台运营机构签订使用合同，明确服务内容、服务质量、服务费用等权利和义务，并对服务过程中相关信息的产权归属、保密责任、存档等依法作出约定。

电子招标投标交易平台运营机构不得以技术和数据接口配套为由，要求潜在投标人购买指定的工具软件。

3）发布公告

招标人或者其委托的招标代理机构应当在资格预审公告、招标公告或者投标邀请书中载明潜在投标人访问电子招标投标交易平台的网络地址和方法。依法必须进行公开招标项目的上述相关公告应当在电子招标投标交易平台和国家指定的招标公告媒介同步发布。

4）资格预审文件或招标文件上传或修改

招标人或者其委托的招标代理机构应当及时将数据电文形式的资格预审文件、招标文件加载至电子招标投标交易平台，供潜在投标人下载或者查阅。

数据电文形式的资格预审公告、招标公告、资格预审文件、招标文件等应当标准化、格式化，并符合有关法律法规以及国家有关部门颁发的标准文本的要求。

招标人对资格预审文件、招标文件进行澄清或者修改的，应当通过电子招标投标交易平台以醒目的方式公告澄清或者修改的内容，并以有效方式通知所有已下载资格预审文件或者招标文件的潜在投标人。

5）保证公平性措施

（1）除《电子招标投标办法》（国家发展改革委等八部委令第 20 号）和《电子招标投标系统技术规范》规定的注册登记外，任何单位和个人不得在招标投标活动中设置注册登记、投标报名等前置条件限制潜在投标人下载资格预审文件或者招标文件。

（2）在投标截止时间前，电子招标投标交易平台运营机构不得向招标人或者其委托的招标代理机构以外的任何单位和个人泄露下载资格预审文件、招标文件的潜在投标人名称、数量以及可能影响公平竞争的其他信息。

## 2.3　工程施工投标

投标人是响应招标、参加投标竞争的法人或其他组织。投标是指投标人利用报价的经济手段获得承担工程建设任务资格的过程。具体来说，投标人根据资格预审公告或者招标公告中的方式获取招标文件，然后，投标人必须认真研究招标文件，调查项目所在地的建设环境和施工资源供应情况，掌握好价格、工期、质量、资金、物质等关键因素，根据招标的要求和条件，在满足招标项目工期、质量要求的前提下，选择合适的施工方案并据此对招标项目的成本进行估算，确定合适的标价，编制投标文件，在规定的权限内向招标单位报送投标文件，参加开标并争取中标的过程就是投标。

对于招标文件的获取，如果采用资格预审方式，投标人需要根据资格预审公告提交企业资质材料并接受招标人资格审查，通过资格审查后即可收到招标文件。如果采用资格后审方式，有意愿投标的投标人根据招标人的招标公告到指定时间、地点，持单位介绍信购买招标文件，采用电子招标投标的项目则通过电子招标投标交易平台直接在网上下载获取招标文件资料。

## 2.3.1 工程投标人的条件

工程投标人必须符合国家相关条例和项目所在地的有关规定，一般而言投标人应该具有如下基本条件：

（1）必须持有营业执照，拥有法人资格；
（2）承建工程技术资质（企业等级）符合招标项目要求；
（3）具有承包建筑安装工程施工的能力；
（4）符合项目所在地的有关规定。

投标人具备以上条件并能满足资格审查的条件，就能不受地区或部门的限制参加投标。

与招标人存在利害关系可能影响招标公正性的法人、其他单位或个人不得参加招标。如招标人的任何不具独立法人资格的附属机构，或者为招标项目前期准备或监理工作提供设计、咨询服务的任何法人或附属机构（单位）等，都无资格参加投标。

单位负责人为同一人或存在控股、管理关系的不同单位，不得参加未划分标段的同一招标项目或同一标段的投标，否则投标无效。

## 2.3.2 工程投标程序

工程投标程序如图 2.2 所示。

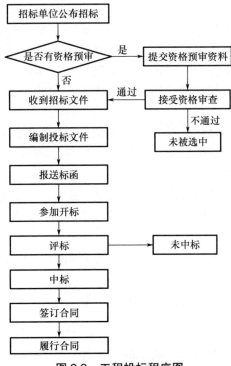

图 2.2　工程投标程序图

### 2.3.3 工程投标文件

工程投标文件是投标人编制的，对招标文件提出的实质性要求和条件作出响应的文件。一般由下列内容组成：

（1）投标函及投标函附录；
（2）法定代表人身份证明或授权委托书；
（3）联合体协议书（如有）；
（4）投标报价；
（5）施工组织设计（含管理机构、拟分包单位、拟派项目负责人、主要技术人员和相关机械设备情况等）；
（6）商务和技术偏差表；
（7）资格审查资料（资格后审）或资格预审更新资料（如需要）。

### 2.3.4 工程投标准备工作及投标函

工程投标准备工作是投标工作的关键，工作内容繁杂，但细节决定成败，其工作质量的高低对投标的成败会产生决定性的影响，应该高度重视。具体工作主要包括以下内容。

1. 建立投标机构，配备专业人员

施工企业应建立常设投标机构，对企业的投标工作进行系统规划、统一领导；不断收集投标信息，总结和积累经验，提高投标工作质量。同时注意培养投标的专业人员，为高质量的投标提供保证。

2. 收集招投标信息

信息是企业在激烈的建筑市场竞争中取得先机的必要条件，在整个投标活动中占有举足轻重的地位。为此企业必须建立有效的信息收集系统，要广泛收集、系统积累，针对投标全过程、全方位收集信息，对信息真伪进行认真辨识，确保收集的信息及时、准确、全面，最后还必须利用好准确的信息帮助作出正确的决策。需要收集的信息主要包括如下内容：

（1）招标项目的资金来源和是否已立项批准，招标单位的信誉度；
（2）建筑市场信息及招标项目所在地的相关情况，涉及交通、运输、通信、劳动力资源、材料供应及现场条件；
（3）国内外相关材料设备的价格和供需情况，税率、贷款利率等；
（4）招标单位的意向和困难，如工期有无特殊要求、施工技术难度高低等；
（5）竞争对手情况、相关协作单位情况；
（6）类似工程的技术方案、价格和工期，可资借鉴的新结构、新材料、新工艺、新设备、新技术；
（7）企业自身的任务情况和可投入的施工力量。

3. 准备企业资格预审资料

资格预审资料既包括对所有项目适用的国家相关法律规定的证明企业资质、实力的材料，又要根据具体招标工程的特殊需要有针对性地提供相关佐证材料，真实而有力地佐证资格审查各方面的考察要求。其基本内容包括：资格预审申请函；获得批准的营业执照和证明文件；企业参加投标的代理人资格证明书；企业正式委托书；企业人力、物力、财力状况；反映企业管理素质、技术力量的资料；反映承建完成的有影响工程的图片和说明；联合体协议书；拟投入的人、材、机情况；企业近些年信用、履约情况；等等。

4. 计算标价

影响中标的主要因素是标价、工期、质量和施工方案，不同工程的侧重点不同，但在保证质量的前提下，工期和标价是中标的关键。因此必须全面测算，认真作价，否则报价高了不易中标；报价低了企业无利可图，甚至导致亏损。

在计算标价前必须认真研究招标文件、施工图和资料，在充分理解工程条件、范围、工程量、工期、施工特点和合同主要条款的基础上，明确合同责任和投标范围，并对特殊材料、设备及时询价，再根据拟采用的施工方案估算工程成本，据此进一步进行风险分析和盈亏预测，最后确定工程报价。工程报价既要确保能中标，又要争取尽可能多的盈利或减少亏损，其必然应建立在准确估算工程成本的基础上。

工程成本估算是工程报价的基础，两项工作紧密联系，但又有不同的目的和要求。工程成本估算是确定完成工程所需的全部生产费用，要求尽可能符合企业和工程实际，是细致的业务性工作，要求项目负责人和工程预算、成本管理人员认真测算，估算越准确，为报价决策提供的依据越可靠。而工程报价是要确定理想的标价，要求既能中标，又要盈利或减少亏损的风险，属于策略性工作，需要经营决策者审时度势，把握时机，才能适时作出正确的决策，这是能否中标乃至企业生存发展的关键一环。

投标标价一般由分部分项工程费、措施项目费、其他项目费、规费和税金组成，可以在估算工程造价的基础上上下浮动。分部分项工程费是指各专业工程的分部分项工程应予列支的各项费用。措施项目费是指为完成建设工程施工发生于该工程施工前和施工过程中的技术、生活、安全、环境保护等方面的费用。其他项目费主要包括暂列金额、计日工费用、总承包服务费。暂列金额是承包人在工程量清单中暂定并包括在合同价款中的一笔款项，一般用于施工和签订时尚未确定或者不可预见的所需材料、工程设备和服务的采购，可能发生的工程变更、合同约定调整因素出现的工程价款调整以及发生的索赔、现场签证确认等费用。计日工费用是指在施工过程中完成发包人施工图纸以外零星项目或工作所需的费用。总承包服务费是指总承包人为配合发包人进行发包，对发包人采购材料、设备进行保管以及现场管理、竣工资料汇总等服务的费用。

5. 编写投标函

投标函是指投标人向招标人提交的对招标文件实质性要求和条件作出响应的概况性函件，其内容和格式必须符合招标文件的规定。

工程投标函一般包括以下内容：

（1）本次所投的项目的具体名称和具体标段；

（2）投标的报价、承诺工期和达到的质量目标；

（3）投标有效期及有效期内的相关承诺；

（4）承诺为本次投标所提交投标保证金金额；

（5）中标后的承诺；

（6）投标函的签署等。

投标函附录一般附于投标函后，共同构成投标文件的重要组成部分，主要对投标文件中涉及的关键性或实质性的条款进行说明。投标人可以在此提出比招标文件要求更有利于招标人的条件。

### 2.3.5 联合体投标

联合体投标是指两个以上法人或其他组织组成联合体，以一个投标人身份共同投标。招标人应当在资格预审公告、招标公告或投标邀请书中明确是否接受联合体投标。联合体各方必须指定牵头人，并向招标人提交由所有联合体成员法定代表人签署的授权书，授权其代表所有联合体成员负责投标和合同实施阶段的主办、协调工作。

联合体应当在提交资格预审申请前组成，资格预审后联合体增减、更换成员，其投标无效；联合体各方在同一项目中以自己名义单独投标或参加其他联合体投标，相关投标均无效。

联合体各方均应当具备承担招标项目的相应能力；国家有关规定或者招标文件对投标人资格条件有规定的，联合体各方均应当具备规定的相应资格条件。由同一专业的单位组成的联合体，按照资质等级较低的单位确定资质等级。

### 2.3.6 投标策略

企业的投标决策涉及两个层面的问题。首先是投标对象的选择，即针对获得的投标信息，决定是否投标；其次是对确定投标的项目确定合理的标价。投标策略的基本原则是要确保决策能够实现经济性和有效性的目标。经济性是指充分利用企业有限资源，发挥企业优势，在积极承揽工程任务，尽力实现企业施工能力与工程任务间平衡的同时，获得良好的经济效益；有效性是指决策方案科学可行，在力求中标的同时，保证企业目标的实现。

1. 投标对象的选择

为减少投标的风险性，避免在无谓的项目上浪费投标准备的人力、物力，企业需要对所获得的招标信息进行深入的分析和判断，以选择合适的项目进行投标。主要从项目的可行性、可靠性和盈利性三个方面对投标对象进行评价。

（1）项目的可行性：企业的现有人力、物力、财力和技术水平是否满足招标工程的要求；工期能否满足招标工程要求；施工难易程度；特殊要求能否解决；有多大把握胜过竞争对手。

（2）项目的可靠性：招标项目是否已获正式批准，资金是否落实；主要材料和设备供应能否保证；业主资信是否良好，协作配合有无障碍。

（3）项目的盈利性：预测项目能否给企业带来近期利润；或即使项目本身无利润，但能否打开局面，争取更多项目，帮助企业实现远期利润目标。

根据以上三方面的分析判断，对实力明显不如竞争对手的项目，企业任务饱满而招标项目利润水平低或风险较大的项目，企业业务范围和经营能力以外的项目，建设单位资金不落实而企业无垫资能力的项目，企业可以考虑放弃。

2. 合理标价的确定

合理标价确定的原则是既要使标价能接近标底，发挥优势，胜过竞争对手；又能获得最大限度的利润。为此在报价决策前，需要完成以下工作：

（1）估计招标工程的标底范围； （2）估计竞争对手可能的报价范围；
（3）分析招标单位的意向及侧重； （4）分析项目的竞争形势和自身任务；
（5）分析工程情况和特点。

报价决策的一般规律为：

（1）企业任务不足或有兴趣的工程报价宜低，反之可高；
（2）一般房屋建筑工程报价宜低，高层建筑、新结构或特殊结构报价宜较高；
（3）工程量大且技术不复杂的工程报价宜低，技术复杂、施工条件不好或零星工程报价可适当提高；
（4）竞争对手多的工程报价宜低，自己有核心技术且竞争对手少的工程可较高；
（5）外资或合资单位的工程因定额差异，质量及管理要求较高，宜适当提高报价。

3. 投标报价技巧

1）不平衡报价法

不平衡报价是指在总报价不变动的前提下，对工程量清单各项目单价进行调整，使得中标后获取较好收益，具体方法如下。

（1）前高后低。适当提高前期工程单价，相应降低后期工程单价。

（2）提高可能增加的工程量项目单价。例如校核工程量清单发现实际项目将增加的项目，图纸内容不明确或有错误，修改后工程量会增加的项目，暂定工程中预计实施的项目，没有工程量只报单价的项目，等等。反之则降低工程单价。

（3）计日工资和零星施工机械台班小时单价等可以稍高于工程单价中相应单价，因为这些单价不在投标价格内，发生中按实计算。

2）多方案报价法

除招标文件另有规定外，投标人不得递交备选投标方案。允许投标人递交备选方案的，可以采用多方案报价法，即用原招标条件报一个价，再基于基本条款变动提出报价可降低的额度；或针对招标文件中的不足，提出可以降低总造价或总工期的有效替代方案，用合理化建议促进方案中标。

3）先亏后盈法

对于大型分期建设工程，在前期工程投标时，可以适当将部分间接费用分摊到后期工程，凭借前期工程经验、现有信誉、前期低利润等拿到后期工程。

投标竞争中策略运用的支撑是企业的实力和信誉。只有企业不断提高经营管理水平；不断更新技术装备，努力构筑企业人力、物力和财力的整体优势；不断开发利用新技术、新工艺和新方法；有效提高质量、控制工期、降低消耗；坚持改善服务态度、信守合同和承诺，才能树立企业信誉，提高企业竞争力，切实提高投标中标率。

## 2.3.7 电子投标

电子招标投标交易平台的运营机构，以及与该机构有控股或者管理关系可能影响招标公正性的任何单位和个人，不得在该交易平台进行的招标项目中投标和代理投标。

1. 投标流程

投标人应当在资格预审公告、招标公告或者投标邀请书载明的电子招标投标交易平台注册登记,如实递交有关信息完成电子招标投标交易平台运营机构验证,并通过该平台递交数据电文形式的资格预审申请文件或者投标文件。

投标人应当在投标截止时间前完成投标文件的传输递交,并可以补充、修改或者撤回投标文件。投标截止时间前未完成投标文件传输的,视为撤回投标文件。投标截止时间后送达的投标文件,电子招标投标交易平台应当拒收。

电子招标投标交易平台收到投标人送达的投标文件,应当及时向投标人发出确认回执通知,并妥善保存投标文件。在投标截止时间前,除投标人补充、修改或者撤回投标文件外,任何单位和个人不得解密、提取投标文件。

2. 投标文件加密

电子招标投标交易平台应当允许投标人离线编制投标文件,并且具备分段或者整体加密、解密功能。

投标人应当按照招标文件和电子招标投标交易平台的要求编制并加密投标文件,未按规定加密的投标文件,电子招标投标交易平台应当拒收并提示。

资格预审申请文件的编制、加密、递交、传输、接收确认等,适用以上投标文件的规定。

## 2.4 开标、评标和中标

### 2.4.1 开标

开标是由招标人主持,邀请所有投标人参加,在提交招标文件截止时间的同一时间以及招标文件中规定的地点公开举行,由投标人或其推选的代表、或公证人检查所有投标截止日期前收到的投标文件密封情况后,由工作人员当众拆封并宣读投标人名称、投标价格及投标文件其他主要内容的过程。招标人应当场对投标人在投标现场提出的异议作出答复,并详细记录开标过程,以存档备查。

未通过资格预审的申请人提交的投标文件、逾期送达或未按招标文件要求密封的投标文件,招标人应当拒收。

依法必须进行招标的项目,提交投标文件的投标人少于三个的,招标人在分析招标失败的原因并采取相应措施后,应当依法重新招标。重新招标后投标人仍少于三个的,属于必须审批、核准的工程建设项目,报经原审批、核准部门批准后可以不再进行招标;其他工程建设项目,招标人可自行决定不再进行招标。

### 2.4.2 评标

评标是由招标人依法组建的评标委员会,依照《中华人民共和国招标投标法》及《中华人民共和国招标投标法实施条例》(国务院令第613号)的规定,按照招标文件规定的评标标准和方法,客观公正地对投标文件进行审查、分析和评价,并提出书面评标报告和中标候选人名单的过程。

1. 评标委员会

评标委员会由招标人代表和相关技术、经济等方面的专家组成，人数为五人以上单数，其中技术、经济方面的专家不得少于成员总数的三分之二。

依法必须进行招标的项目，一般其评标委员会专家成员应当从评标专家库内相关专业的专家名单中以随机抽取方式确定。技术复杂、专业性强或国家特殊要求，采取随机抽取方式确定的专家难以保证胜任评标工作的特殊项目，可由招标人直接确定。

与投标人有利害关系的人、负责监督本项目的行政监督部门工作人员均不得进入相关项目的评标委员会。任何单位和个人不得以任何方式指定或变相指定评标委员会成员。

评标委员会成员有回避事由、擅离职守或因健康等原因不能继续评标的，应及时按既定的专家确定方式进行更换，并由更换后的评标委员会成员重新进行评审。除此之外，招标人不得随意更换依法确定的评标委员会成员。

2. 评标的基本要求

评标过程一般分为初步评审和详细评审。

1）初步评审

初步评审是评标委员会按照招标文件的要求，对投标文件进行形式、资格、响应性评审，判断投标文件是否存在重大偏离或保留，是否对招标文件做了实质性响应，从而筛选符合要求的合格标书进入详细评审环节。

形式评审主要审查投标文件格式、内容是否符合要求，投标人名称是否与营业执照、资质证书、相关许可证一致，法定代表人身份证明或法定代表人的代理人是否有效，联合体投标协议书与牵头人情况以及投标报价是否唯一等内容。

资格评审与资格预审文件中详细审查标准一致，对投标人资质等级、营业执照、类似项目业绩、联合体投标人等内容进行审查。如果已经进行资格预审，则只审查在资格预审申请文件后、投标截止时间前发生的可能影响其资格条件或履约能力的新情况相应材料。

响应性评审主要审查投标内容是否响应招标文件，是否有显著差异或保留，包括招标范围和内容、项目工期、质量要求、投标有效期、投标保证金、投标报价、合同权利、义务以及技术标准和要求等。

如果采用最低评标价法，还需要对施工组织设计和项目管理机构进行审查，主要是对施工方案和技术措施、安全管理体系、环境保护措施、技术负责人、施工设备等内容进行评审。

2）详细评审

详细评审是对初步审查已经合格的投标文件进行综合比较分析，择优选择并确定中标候选人。对于技术部分，主要分析评审施工方案、施工进度计划、施工方法、材料和设备、技术建议和替代方案、管理和技术能力的评价等。对于商务部分进行评审，如果设有标底，一般会参考标底。评审重点在于投标报价构成。

值得注意的是，任何工程项目都有其合理的造价和工期，并不是造价越低越好，工期越短越好。随意压低造价、压缩工期都不利于保证建设工程质量和发挥好投资效益。

3. 评标否决条件

评标中有下列情形之一的,由评标委员会审查后,应当否决其投标:

(1) 投标文件未经投标单位盖章和单位负责人签字;

(2) 投标联合体没有提交共同投标协议;

(3) 投标人不符合国家或招标文件规定的资格条件;

(4) 同一投标人提交两个以上不同投标文件或投标报价,但招标文件要求提交备选投标的除外;

(5) 投标报价低于成本或高于招标文件设定的最高投标限价;

(6) 投标文件没有对招标文件的实质性要求和条件作出响应;

(7) 投标人有串通投标、弄虚作假、行贿等违法行为。

《评标委员会和评标方法暂行规定》(七部委令第12号)(2013年4月修订) 对于否决投标做了补充性说明:在评标过程中,评标委员会发现投标人的报价明显低于其他投标报价或者在设有标底时明显低于标底,使得其投标报价可能低于其个别成本的,应当要求该投标人作出书面说明并提供相关证明材料。投标人不能合理说明或者不能提供相关证明材料的,由评标委员会认定该投标人以低于成本报价竞标,应当否决其投标。

投标人资格条件不符合国家有关规定和招标文件要求的,或者拒不按照要求对投标文件进行澄清、说明或者补正的,评标委员会可以否决其投标。

另外,评标委员会应当根据招标文件,审查并逐项列出投标文件的全部投标偏差。投标偏差分为重大偏差和细微偏差。

下列情况属于重大偏差:

(1) 没有按照招标文件要求提供投标担保或者所提供的投标担保有瑕疵;

(2) 投标文件没有投标人授权代表签字和加盖公章;

(3) 投标文件载明的招标项目完成期限超过招标文件规定的期限;

(4) 明显不符合技术规格、技术标准的要求;

(5) 投标文件载明的货物包装方式、检验标准和方法等不符合招标文件的要求;

(6) 投标文件附有招标人不能接受的条件;

(7) 不符合招标文件中规定的其他实质性要求。

投标文件有上述情形之一的,为未能对招标文件作出实质性响应,按规定作否决投标处理。招标文件对重大偏差另有规定的,从其规定。

4. 串通投标的评判标准

串通投标有投标人串通、招标人与投标人串通等情况,所有的串通投标都是严格禁止的,具体的判定标准如下。

有以下情形之一的,属于投标人串通投标:

(1) 投标人之间协商投标报价等投标文件的实质性内容;

(2) 投标人之间约定中标人;

(3) 投标人之间约定部分投标人放弃投标或中标;

(4) 属于同一集团、协会、商会等组织成员的投标人按照组织要求协同投标;

（5）投标人之间为谋取中标或排斥特定投标人而采取的其他联合行动。

有以下情形之一的，视为投标人串通投标：

（1）不同投标人的投标文件由同一单位或个人编制；

（2）不同投标人委托同一单位或个人办理投标事宜；

（3）不同投标人的投标文件载明的项目管理成员为同一人；

（4）不同投标人的投标文件异常一致或投标报价呈规律性差异；

（5）不同投标人的投标文件相互混装；

（6）不同投标人的投标保证金从同一单位或个人的账户转出。

有以下情形之一的，属于招标人与投标人串通：

（1）招标人在开标前开启招标文件并将有关信息泄露给其他投标人；

（2）招标人直接或间接向投标人泄露标底、评标委员会成员等信息；

（3）招标人明示或暗示投标人压低或抬高投标报价；

（4）招标人授意投标人撤换、修改招标文件；

（5）招标人明示或暗示投标人为特定投标人中标提供方便；

（6）招标人与投标人为谋求特定投标人中标而采取的其他串通行为。

5. 弄虚作假的评判标准

投标人有下列情形之一的，属于招标投标法第三十三条规定的以其他方式弄虚作假的行为：

（1）使用伪造、变造的许可证件；

（2）提供虚假的财务状况或者业绩；

（3）提供虚假的项目负责人或者主要技术人员简历、劳动关系证明；

（4）提供虚假的信用状况；

（5）其他弄虚作假的行为。

6. 评标工作中要注意的问题

评标工作是一项严肃细致的工作，任何的疏忽大意都可能让招标人失去最佳的合作伙伴，也可能让投标人失去公平的竞争机会，因此在工作中对以下几个方面的问题要特别注意。

（1）招标人应向评标委员会提供评标所必需的信息，但不得明示或暗示其倾向或排斥特定的投标人。

（2）设有标底的项目，应在开标时公布，但标底只能作为参考，不得以投标报价是否接近标底作为中标条件，也不得以投标报价超过标底上下浮动作为否决投标的条件。

（3）针对投标文件中有含义不明确的内容、明显文字或计算错误，评标委员会若认为需要投标人作出澄清说明的，应书面通知该投标人。投标人应以书面形式进行澄清和说明，但不得超出投标文件的范围或改变投标文件的实质性内容。

（4）评标完成后，评标委员会向招标人提交书面评标报告和中标人候选人名单，候选人不超过三个，且标明排序。评标报告需评标委员会全体成员签字。评标报告中应注明对评标结果的不同意见，并附持不同意见评标委员会成员的书面说明；评标委员会成员拒绝在评标报告上签字又不说明其不同意见和理由的，视为同意评标结果。

（5）评标委员会经评审，若认为所有投标均不符合招标文件要求，可以否决所有投标，招标人应依照相关法律法规重新招标。

（6）招标人应自收到评标报告之日起3日内公示中标候选人，公示期不少于3日。投标人或其他利害人对评标结果有异议的，应在公示期提出，招标人应在收到异议之日起3日内作出答复，答复前应暂停招标投标活动。

7. 常用的评标方法

选择中标单位应当符合下列条件之一：

第一，能够最大限度地满足招标文件中规定的各项综合评价标准；

第二，能够满足招标文件的实质性要求，并且经评审的投标价格最低，但投标价格低于成本的除外。

根据这两个条件，常用的评标方法有以下两种。

1）最低评标价法

开标后，评标委员会以投标人标书的报价为基数，将报价以外的其他评审要素按预先规定的折算办法换算成货币价值加减到投标报价上，从而形成评标价，以评标价最低的标书为最优。

最低评标价法横向量化评审要素，在一定程度上简化了评比内容，适用于具有通用技术、性能标准或对技术、性能没有特殊要求的招标项目。

2）综合评估法

综合评估法是对投标报价、施工组织设计、项目管理机构、工期质量等综合分析并比较，一般适用于工程规模大、施工较为复杂的项目。

（1）定性评估法。评标委员会对详细评审内容进行分项定性分析、综合考虑，经过评议后，用记名或无记名投票表决的方式确定投标人。定性评估法评估标准弹性较大，尺度不确定，操作简单但缺乏科学性。

（2）定量评估法。将评标内容分成若干评价因素，确定各项因素的权重以及评分标准，开标后评标委员会采用无记名方式打分，最后统计投标人的得分，得分最高为最优投标方案。

8. 电子开标、评标

电子评标应当在有效监控和保密的环境下在线进行。根据国家规定应当进入依法设立的招标投标交易场所的招标项目，评标委员会成员应当在依法设立的招标投标交易场所登录招标项目所使用的电子招标投标交易平台进行评标。

电子开标应当按照招标文件确定的时间，在电子招标投标交易平台上公开进行，所有投标人均应当准时在线参加开标。

开标时，电子招标投标交易平台自动提取所有投标文件，提示招标人和投标人按招标文件规定方式按时在线解密。解密全部完成后，应当向所有投标人公布投标人名称、投标价格和招标文件规定的其他内容。因投标人原因造成投标文件未解密的，视为撤销其投标文件；因投标人之外的原因造成投标文件未解密的，视为撤回其投标文件，投标人有权要求责任方赔偿因此遭受的直接损失。部分投标文件未解密的，其他投标文件的开标可以继续进行。招标人可以在招标文件中明确投标文件解密失败的补救方案，投标文件应按照招标文件的要求作出响应。

评标中需要投标人对投标文件澄清或者说明的，招标人和投标人应当通过电子招标投标交易平台交换数据电文。

电子招标投标交易平台应当生成开标记录并向社会公众公布，但依法应当保密的除外。

## 2.4.3 中标

1. 确定中标人

招标人只能在评标委员会推荐的候选人中确定中标人，一般应确定排名第一的候选人为中标人。按《住房和城乡建设部关于进一步加强房屋建筑和市政基础设施工程招标投标监管的指导意见》（建市规〔2019〕11号），要逐步推行评定分离方法，即由招标人按照科学、民主决策原则，建立健全内部控制程序和决策约束机制，根据报价情况和技术咨询建议，择优确定中标人，实现招标投标过程的规范透明，结果的合法公正，依法依规接受监督。

排名第一的中标候选人放弃中标，因不可抗力不能履行合同，不按招标文件要求提交履约保证金，或被查出存在影响中标结果的违法行为等情形，不符合中标条件的，招标人可以按照评标委员会提出的中标候选人名单顺序依次确定其他中标候选人为中标人，也可重新招标。

中标候选人的经营、财务状况发生较大变化或存在违法行为，投标人认为可能影响履约能力，应当在发出中标通知书前由原评标委员会按照招标文件规定的标准和方法审查确认。

2. 发出中标通知

确认中标人后，向中标人发出中标通知书，同时通知所有未中标投标人中标结果。中标通知书具有法律效力，中标通知书发出后，无论招标人改变中标结果，还是中标人放弃中标项目，均应依法承担法律责任。

3. 向行政主管部门报备

依法必须进行招标的项目，招标人应在确定中标人之日起十五日内向有关行政监督部门提交包括招标范围、招标方式、招标文件内容、评标委员会组成、评标报告和中标结果等内容的书面报告。

合同中确定的建设规模、建设标准、建设内容、合同价格应控制在批准的初步设计及概算文件范围内；确需超出规定范围的，应在中标合同签订前，报原项目审批部门审查同意，凡应报经审查而未报的，在初步设计及概算调整时，原项目审批部门一律不予承认。

4. 签订合同

招标人与中标人应在投标有效期内并在发出中标通知书之日起三十日内，按照招标投标法律法规的规定签订书面合同。合同的标的、价款、质量、履行期限等主要条款应与招标文件和中标人的投标文件的内容一致，其不得再行订立背离合同实质性内容的其

#### 5. 合同分包

中标人应按照合同履行义务，完成中标项目，不得向他人转让中标项目，也不得将中标项目肢解后分别向他人转让。但根据合同约定或经招标人同意，可以将中标项目的部分非主体、非关键工作分包给具备相应资格条件的他人完成，但不得再次分包。中标人就分包项目向招标人负责，分包人就分包项目承担连带责任。

对于不具备分包条件或不符合分包规定的，招标人有权在签订合同或中标人提出分包要求时予以拒绝。招标人、监理人员或行政监督部门发现中标人违反合同约定进行转包或违法分包的，可要求其改正；拒不改正的，可终止合同，并报请有关行政监督部门查处。

#### 6. 电子中标要求

完成评标后，评标报告的提交，确定中标候选人后中标候选人和中标结果的公示与公布，中标通知书和中标结果通知书的发出，投标人或其他利害关系人对资格预审文件、招标文件、开标和评标结果的异议和招标人的答复以及合同的签订都应当通过电子招标投标交易平台以数据电文的形式进行。

鼓励招标人、中标人等相关主体及时通过电子招标投标交易平台递交和公布中标合同履行情况的信息。

资格预审申请文件的解密、开启、评审、发出结果通知书等，适用以上关于投标文件的规定。

招标投标活动中的下列数据电文应当按照《中华人民共和国电子签名法》和招标文件的要求进行电子签名并进行电子存档：

（1）资格预审公告、招标公告或者投标邀请书；
（2）资格预审文件、招标文件及其澄清、补充和修改；
（3）资格预审申请文件、投标文件及其澄清和说明；
（4）资格审查报告、评标报告；
（5）资格预审结果通知书和中标通知书；
（6）合同；
（7）国家规定的其他文件。

## 2.5 建设工程合同

### 2.5.1 建设工程合同的概念及分类

#### 1. 建设工程合同的概念

建设工程合同是承包人进行工程建设，发包人支付价款的合同，包括工程勘察、设计、施工合同。

建设工程合同是承揽合同的一种。承揽合同是指承揽人按照定作人的要求完成工作，交付工作成果，定作人支付报酬的合同。

2. 建设工程合同的种类

根据建设工程活动中不同活动的性质不同，形成了各种不同的建设工程合同，主要类型如下。

（1）监理合同：指建设单位与监理单位签订的，委托监理单位在工程建设项目实施阶段，对业主与第三方签订的其他合同的履行过程进行监督、管理和协调的合同。

（2）勘察设计合同：指建设单位与勘察设计单位为完成一定勘察设计任务，明确相互之间权利义务而签订的合同。

（3）建设工程施工合同：指发包方（建设单位）与承包方（施工单位）为完成双方商定的建筑安装工程，明确相互间权利义务关系而签订的合同。

（4）物质采购合同：指采购方（建设单位或施工单位）与供货方就供应工程所需建筑材料或定型设备所签订的合同。

（5）加工承揽合同：指采购方与供货方为提供工程项目所需的大型复杂设备或加工制造某一特殊用途产品而签订的合同。

（6）运输合同：指托运人与承运人为完成某一货物运输任务而签订的，明确托运人、承运人和收货人之间相互权利和义务关系的合同。

（7）劳务合同和劳动合同：指由使用劳务的单位与提供劳务的单位针对劳动力的招募而签订的，明确劳动力使用数量、使用时间、待遇费用和劳保等问题的合同。

（8）施工企业内部合同：指施工企业内部为完成产值和利润目标、成品或半成品加工、材料供应、人力资源配置、设备租赁等特定任务，公司与分公司、分公司与项目部、项目部与各部门签订的合同。

（9）贷款合同：建设项目贷款合同一般是业主与金融机构签订的合同，后者向业主提供资金保证；按照资金来源不同，可能有银行贷款合同、合资合同、BOT合同等。

## 2.5.2 建设工程施工合同

1. 建设工程施工合同的概念

建设工程施工合同是发包方（建设单位）与承包方（施工单位）为完成双方商定的建筑安装工程，明确相互间权利义务关系而签订的合同。建筑是指对工程进行的建造行为，安装主要是指对与工程有关的线路、管道、设备等设施的装配。

由于建设工程施工合同与其他的建设工程合同相比，在工程项目实施过程中持续时间最长、价格最高、实现过程最复杂，因此，建设工程施工合同是建设工程合同体系中的主干合同，也是最重要和最复杂的合同。建设工程施工合同是工程建设质量控制、投资控制和进度控制的主要依据。同时，加强对建设工程施工合同的管理，对规范建筑市场有着举足轻重的作用。

2. 建设工程施工合同的分类

建设工程施工合同因为项目不同的特点而有不同的种类，按照不同的用途有不同的分类方式。

1）根据合同包括的工作范围划分

（1）施工总承包合同：指承包商承担整个工程项目的全部施工任务，包括土建施工、水电等附属设施安装、设备安装等。

（2）专业承包合同：指单位工程施工承包或特殊专业工程施工承包。单位工程施工承包合同包括土木工程施工合同、电气与机械工程承包合同等；特殊专业工程施工承包是指业主将专业性很强的单位工程分别委托给不同的承包商，如土方工程、桩基础工程、装饰工程等。

（3）分包合同：指承包商将施工承包合同范围内的一些工程或工作委托给其他承包商来完成，他们之间为明确相互的权利义务而签订的合同。分包合同是承包合同的分合同。

2）根据合同的计价方式划分

（1）总价合同：指合同中只确定一个合同总价，承包人以此完成合同中规定的全部工作内容的合同。

（2）单价合同：指按双方认可的分部分项工程单位报价，以及招标文件中所列工程量清单确定各分部分项工程费用的合同。

（3）其他价格形式合同：合同当事人可在专用合同条款中约定其他价格形式合同。

3）根据合同价格调整的方式划分

（1）固定价格合同：指在合同约定的风险范围内不再调整价款的合同。这种合同的关键是风险的约定范围，合同应在专用条款中约定合同价款所包含的风险范围和风险费用的计算方法，以及风险范围以外的合同价款的调整方法。

（2）可调整价格合同：指合同价款可根据双方的约定进行调整的合同。双方在专用合同条款中约定合同价款调整的原则，即要写明调整的范围和条件、对通用合同条款中所列调整因素是否有补充或限制、调整的依据、调整的方法及程序等。根据《建设工程施工合同（示范文本）》（GF—2017—0201），引起合同价款调整的因素有市场价格波动和国家法律法规及相关政策变化。当市场价格波动超过合同当事人约定的范围时，合同价格应当调整，合同当事人可以在专用合同条款中约定选择价格指数、造价信息等方式对合同价格进行调整。基准日期后，因法律变化导致的费用增加由发包人承担，费用减少时应从合同价格中予以扣减。基准日期后，因法律变化造成工期延误时，工期应予以顺延。因承包人原因造成工期延误，在工期延误期间出现法律变化的，由此增加的费用和（或）延误的工期由承包人承担。

（3）成本加酬金合同：指由发包人按照工程项目的实际成本支付承包人费用，并按事先约定的方式支付酬金的合同。合同双方在专用合同条款中约定成本构成和酬金计算方法。按酬金计算方法的不同可分为：成本加固定百分比酬金合同、成本加固定酬金合同、成本加浮动酬金合同和目标成本加奖罚合同。

### 2.5.3 建设工程施工合同的内容

**1. 建设工程施工合同的合同文件及优先解释顺序**

住房和城乡建设部、国家工商行政管理总局2017年修订颁布了《建设工程施工合同（示范文本）》（GF—2017—0201）。合同文件应相互解释，互为说明。除专用合同条款另有约定外，组成建设工程施工合同的文件及优先解释顺序如下：

（1）合同协议书； （2）中标通知书（如有）；
（3）投标函及其附录（如有）； （4）本专用合同条款及其附件；
（5）本通用合同条款； （6）技术标准和要求；
（7）图纸； （8）已标价工程量清单或预算书；
（9）其他合同文件。

上述各项合同文件包括合同当事人就该项合同文件所作出的补充和修改，属于同一类内容的文件，应以最新签署的为准。

在合同订立及履行过程中形成的与合同有关的文件均构成合同文件组成部分，并根据其性质确定优先解释顺序。

2. 建设工程施工合同的主要内容

建设工程施工合同的主要部分是《合同协议书》《通用合同条款》《专用合同条款》。《合同协议书》作为合同文本的第一部分，是发包人与承包人就合同内容协商达成一致意见后，向对方承诺履行合同而签订的正式协议。《通用合同条款》是合同当事人根据《中华人民共和国建筑法》《中华人民共和国民法典》等法律法规的规定，就工程建设的实施及相关事项，对合同当事人的权利义务作出的原则性约定。《专用合同条款》是结合具体工程双方约定的条款，也是对《通用合同条款》的补充、修改、具体化和另行约定的条款。本书仅介绍《合同协议书》和《通用合同条款》的主要内容。

1）《合同协议书》的主要内容

《合同协议书》包括：承发包人全称；工程概况（工程名称、工程地点、工程立项批准文号、资金来源、工程内容、工程承包范围等）；合同工期（计划开工日期、计划竣工日期、工期总日历天数）；质量标准；合同价款；项目经理；组成合同的文件；合同使用词语含义；承包人向发包人作出的按照法律规定及合同约定组织完成工程施工，确保工程质量和安全，不进行转包及违法分包，并在缺陷责任期及保修期内承担相应的工程维修责任的承诺；发包人向承包人作出的按照法律规定履行项目审批手续、筹集工程建设资金并按照合同约定的期限和方式支付合同价款的承诺；签订时间；签订地点；补充协议合同生效（合同生效时间）；合同份数；合同双方的相关信息；等等。

2）《通用合同条款》的主要内容

（1）一般约定。

该单元包括合同中关键词语定义；合同文件组成及解释顺序；合同使用的语言文字和适用法律、标准及规范的约定；图纸提供日期和套数、保密要求、保管的约定、工程量清单错误的修正、知识产权等条款。

（2）参与方一般权利和义务。

该单元包括发包人工作、承包人工作、监理人工作等条款。主要明确了项目参与各方的工作职责、权利义务等。

（3）工程质量。

该单元包括工程质量要求、质量保证措施、隐蔽工程检查、不合格工程的处理、质量争议监测等条款。

主要涉及工程质量标准和质量保证措施的约定，隐蔽工程的质量检验环节程序与双方责任界定，不合格工程处理方法和质量问题争议的鉴定、处理流程及责任划定。

（4）安全文明施工与环境保护。

该单元包括安全文明施工、职业健康和环境保护条款。

主要涉及承包人安全文明施工的生产要求、保证措施和特别安全生产注意事项，安全文明施工费费用承担、预付和使用程序认定；双方安全生产责任的界定；紧急事故和安全事故的处理、上报和认定程序；为保障职业健康，承包人应采取的劳动保护、生活条件、环境保护优化；等等。

（5）工期和进度。

该单元包括施工组织设计、施工进度计划、开工、测量放线、工期延误、不利物质条件、异常恶劣的气候条件、暂停施工、提前竣工等条款。

主要涉及施工组织设计编制内容、提交及其修改程序；施工进度计划的编制及修订；开工准备与通知；测量放线工作内容；由发包人、承包人或不利物质条件导致的工期延误责任处理；暂停施工情形与复工程序的责任划分以及提前竣工的相关约定；等等。

（6）材料与设备。

该单元包括发包人供应材料与工程设备、承包人采购材料与工程设备、材料与工程设备的接收与拒收、材料与工程设备的保管与使用、禁止使用不合格的材料和工程设备、样品、材料与工程设备的替代、施工设备和临时设施、材料与设备专用要求等条款。

主要涉及发包人供应材料与工程设备，承包人采购材料与工程设备，材料与工程设备的接收、拒收、保管、使用、替代，对不合格材料或工程设备的处理及相应责任的认定，样品的报送、封存、保管，施工设备和临时设施的修建与管理以及材料与设备的专用要求，等等。

（7）试验与检验。

该单元包括试验设备与试验人员、取样、材料设备和工程的试验检验以及现场工艺试验等条款。

主要涉及承包人应提供试验设备和试验人员，按照合同要求完成相关试验并交予监理人校定；抽检和自检取样的监督要求、必要的材料和记录；试验和现场工艺检测程序和异议结果的重检程序等。

（8）变更。

该单元包括变更范围、变更权、变更程序、变更估价、承包人的合理化建议、变更引起的工期调整、暂估价、暂列金、计日工等条款。

主要涉及变更范围与变更程序，承包人按照变更通知所需进行的相应变更，变更导致的工程价款、工期的变更及损失的评估及责任认定，承包人施工中不得擅自变更原工程内容及擅自变更后的责任，承包人合理化建议的认定程序；暂估价的确认和执行程序；暂列金额和计日工的处理程序与付款流程。

（9）价格调整。

该单元包括市场价格波动引起的调整、法律变化引起的调整等条款。

主要内容为当市场价格波动时,可以采用价格指数法、国家或当地工程造价管理机构发布的造价信息或专用合同条款约定的其他方式进行价格调整。

(10)合同价格、计量与支付。

该单元包括合同价格形式、预付款、计量、工程进度款支付、支付账户等条款。

主要涉及工程价款的约定;合同价款的确定方式;可调价格合同中合同价款的调整因素及调整程序;工程预付款的预付、扣回约定及发包人延迟预付的责任;已完工程量的计量程序及计量范围;工程款(进度款)的审核、支付与修正,延期支付的协商程序及违约责任,支付分解表的编制与审批;等等。

(11)验收和工程试车。

该单元包括分部分项工程验收、竣工验收、工程试车、提前交付单位工程的验收、施工期运行、竣工退场等条款。

主要涉及分部分项工程的验收程序;竣工验收条件,竣工验收程序,竣工日期的确认原则,竣工验收不合格工程的处理;工程试车的程序与责任分配;提前交付单位工程的验收要求;施工期运行中的责任界定;竣工退场的程序;等等。

(12)竣工结算。

该单元包括竣工结算申请、竣工结算审核、甩项竣工协议、最终结清等条款。

主要涉及工程竣工结算的程序;发包人核实和支付竣工结算价款的最长时限,超出时限未支付竣工结算价款的违约责任和处理途径,由承包人原因引起结算价款不能及时支付的处理约定,对工程竣工结算价款争议的处理约定;甩项竣工的处理程序;最终结清申请单、证书和支付的要求时间与争议处理方式;等等。

(13)缺陷责任与保修。

该单元包括工程保修的原则、缺陷责任期、质量保证金、保修等条款。

主要涉及承包人在缺陷责任期的责任,质量保证金的扣留和退还时间与方式,保修期间保修费用和修复结果处理的程序等。

(14)违约。

该单元包括发包人违约、承包人违约、第三人造成的违约等条款。

主要涉及发包人工程款支付的违约认定和对应的经济损失及延误工期的计算;承包人工期、质量或其他不按合同履行义务的违约认定和相应损失或违约金的计算;违约方承担违约责任后应按另一方要求继续履行合同;因发包人或承包人违约认定解除合同后对应的支付价款赔偿和相应处理;由于第三方造成的违约纠纷和责任分担。

(15)不可抗力。

该单元包括不可抗力的确认、不可抗力的通知、不可抗力后果的承担、因不可抗力解除合同等条款。

主要涉及不可抗力范围的界定,不可抗力发生后的处理程序,不可抗力导致的经济损失和工期延误的分担,因延迟履行合同后发生不可抗力的责任认定,因发生不可抗力解除合同的价款分担,等等。

(16)保险。

该单元包括工程保险、工伤保险、其他保险、持续保险、保险凭证、未按约定投保的补救、通知义务等条款。

主要内容为根据国家要求,建设项目需要依法搭载工程保险、工伤保险和其他保险,例如意外伤害保险,并约定发包人和承包人分别需要负责办理的保险内容并支付相关费用,要求确保按合同条款做到持续保险,并保留保险凭证,另外规定未按约定投保的补救措施和保险事故发生后的通知义务。

(17)索赔。

该单元包括承包人的索赔、对承包人索赔的处理、发包人的索赔、对发包人索赔的处理、提出索赔的期限等条款。

主要涉及索赔需要的正当理由和有效证据,对于承包人和发包人的索赔处理程序及每个环节对应的时限,等等。

(18)争议解决。

该单元包括和解、调解、争议评审、仲裁或诉讼、争议解决条款效力等条款。

主要涉及和解、调解、争议评审、仲裁或诉讼等争议解决方式。

## 2.5.4　建设工程施工合同管理

1. 建设工程施工合同管理的特点

作为施工合同标的物的建筑产品是有别于其他一般商品的特殊产品,其具有固定性、体积庞大和唯一性等特点,这就决定了整个建筑施工生产具有与一般工业生产不同的特点,也让整个建设工程施工合同的管理具有自己的独特性,了解这些特点对我们搞好建设工程施工合同管理具有十分重要的意义。

1)施工合同管理的长期性

工程建设的施工生产是在合同签订后开始,但是,一般在合同签订后到正式开工前有一个较长的施工准备时间;在施工过程中,由于建筑产品生产过程复杂、生产场地限制、使用的建筑材料类型多等原因使施工生产工作量大,持续时间较长,再加上施工过程中可能发生的不可抗力、工程变更、材料供应迟缓等原因导致的工期延误,决定了工程施工本身的工期就很长;再加上工程全部竣工验收后,办理竣工结算和保修的时间。整个合同履行的时间跨度要大于施工工期,且大于一般工业产品的生产时间,因此对应的合同管理具有长期性。

2)施工合同管理的多样性和复杂性

施工合同的当事人只有发包人和承包人,但合同执行过程中却牵涉工程监理、材料供应商、设备供应商、建设行政主管部门等诸多主体,合同中还涉及劳动关系、保险关系、运输关系等多样且复杂的法律关系。为此,施工合同除了具备一般合同的基本内容外,还对安全施工、工程变更、地下障碍物和文物处置、工程分包、不可抗力、保险、担保、专利技术与特殊工艺使用、材料设备供应、运输等作出了规定。因此施工合同管理具有多样性和复杂性。

3)施工合同管理的监督性

施工合同能否正常履行关系到国家经济发展和人民的工作生活,因此国家设立了严格监督机制,通过政府监督、监理等第三方监督及合同主体的相互监督,对涉及合同的各个方面实施严格的监督。

(1) 对合同主体的监督。

依据《中华人民共和国建筑法》等相关法律法规，建设工程施工合同的主体一般要求是法人。发包人一般是经过批准进行工程项目建设的法人，或依法登记的个人合伙、个体经营或个人，必须承认全部合同文件，且愿意履行合同规定义务；承包人必须具备与工程相适应的施工资质，并被发包人所接受。严格禁止无营业执照或无承包资质的单位承包建筑工程，禁止资质等级低的单位越级承包建筑工程。

(2) 对合同签订前提的监督。

建设项目要签订合同必须具备一定的前提。即：初步设计、概算已经批准；项目已列入年度建设计划；已办理用地许可证；设计已经完成，有能够满足需要的设计文件和技术资料；城市内项目已获得规划许可；项目建设资金已落实；招投标程序已经完成。各行政主管部门从不同的角度对即将实施的项目所必须满足的前提条件进行了审查和监督。

(3) 对合同签订过程的监督。

签订合同的所有工程项目必须经过严格的审批程序。相关建设行政主管部门和纪律检查委员会还会依据相关法律法规对签订合同前招投标的所有环节、合同签订的内容等进行不同形式的监督，确保合同是基于平等、自愿、公平和诚实信用的原则下签订的。

(4) 对合同履行过程的监督。

合同履行过程中，合同双方当事人会对合同履行情况进行相互监督；监理制度所推行的第三方监督在工程质量及进度控制等方面发挥了重要的作用；合同主管部门、建设行政主管部门、金融机构等都要对施工合同的履行进行严格的监督。

**2. 建设行政主管部门对建设工程施工合同的管理**

建设行政主管部门对建设工程施工合同的管理工作主要包括以下几个方面：
(1) 宣传贯彻国家与经济合同相关的法律法规、方针政策；
(2) 推行和指导使用国家制定的施工合同示范文本；
(3) 组织培训合同管理人员；
(4) 指导合同管理工作；
(5) 对合同的签订、履行进行审查和考核，依法处理发现的问题，查处违法行为；
(6) 调解合同纠纷等。

**3. 发包人对建设工程施工合同的管理**

建设工程发包人在项目开工后不直接负责项目实施的监督和管理工作，但合同执行中仍然有一系列相关事宜需要执行和处理，主要包括以下几个方面。

1) 施工条件准备

工程开工前和开工后，发包人都有义务要为工程施工的顺利进行创造良好条件。发包人要抓紧完成土地征用、获取施工许可和批准、项目融资、现场"三通一平"等施工必备条件；协调设计文件和技术资料的提供，组织设计变更的论证和审批；协助承包人解决生活物资供应、材料供应、设备运输等问题；根据实际需要与承包人协商，对合同中的部分条款进行必要的变更或修改；等等。

2）工期管理

审核批准承包人提出的施工进度计划并对照进行实际进度检查，对影响进度的因素进行分析并协助解决；同意承包人修改进度计划时要审批修改计划；审批监理工程师提出建议并上报的项目延期报告；等等。

3）质量管理

检验工程使用的材料、设备、半成品及构件质量；监督检验施工质量；验收隐蔽工程和中间验收工程的质量；验收单项竣工工程和全面竣工工程的质量。

4）工程款及结算管理

根据合同规定和核定的工程实际进度，按时划拨工程预备款和工程进度款；在工程竣工并办完竣工结算手续后，按相关部门规定的工程结算办法和施工合同规定的结算程序办理工程价款结算拨付手续，完成工程竣工结算和拨款后，施工合同即履行完毕，终结双方除保修条款规定的保修期权利义务外的所有权利义务。

4. 承包人对建设工程施工合同的管理

承包人对建设工程施工合同的管理是整个施工合同管理的关键，因为是承包人按照合同要求具体组织工程施工生产的实施。对这一实施过程进行的相关管理，直接关系到项目最终能否在合同规定的工期和造价范围内达到合同规定的功能目标和质量标准，并使承包人获得相应的经济效益。

承包人的施工合同管理是始于招投标，终于缺陷责任期结束的全过程管理，即在招投标阶段、合同签订阶段及合同实施阶段有针对性地采取相应措施进行合同的相关管理。

1）招投标阶段的合同管理

招投标是合同签订的前提。合同订立一般要经历要约邀请、要约、承诺和签约等环节。其中要约邀请即发包人发布招标通知或公告；要约即是投标人在规定期间回应招标人要求，发出的以订立合同为目的的，包括合同主要条款的投标文件；承诺即是招标人签发中标通知。这三个环节都是在招投标阶段完成。

在招投标阶段的许多工作不仅会直接影响投标结果，也会对中标后的合同签订和执行工作产生深远的影响。因此在投标准备工作中不能仅仅关注于能否中标，更应该仔细分析招标文件，了解中标项目的特点，发现其中存在的问题和风险，找到应对的措施，这样一方面可以为中标赢得先机，同时又能把握中标后可能面临的困难，并在合同签订中给予充分的考虑，以最大限度地降低合同执行的风险。

特别要注意在招标文件中对后续合同执行有重要影响的以下因素。

（1）合同签订到开工的允许时间、工期、保修期。

（2）投标保函、履约保函和保留金保函的要求。

（3）对保险险种及最低保险金额、工期的要求；工程所在地的保险规范。

（4）支付条款：预付款数量及扣还时间和方法，有无备料款；设备付款方式；进度款付款方法、比例和期限；扣除保留金比例、限额和退还方式；支付货币种类和比例；外汇兑换和汇款规定。

（5）税收：增值税和所得税税率；有无免税和部分免税的优惠条件；临时设备进口关税能否减免。

（6）违约处罚：违约罚金的计算规定；质量优良和提前竣工有无奖励。

（7）不可抗力、争议、仲裁和索赔等条款。

只有对以上这些问题进行认真分析判断后提出的报价和实施方案，才能在满足招标文件要求的同时，最大限度地降低合同执行过程中可能存在的风险。

2）合同签订阶段的合同管理

由于工程建设的特殊性，招标人需要在确定中标人后，与中标人一起根据中标通知书、招标文件和中标人的投标文件进行合同谈判，订立书面合同后，工程合同方能成立并生效。

在此阶段应充分理解拟采用的合同条件，通过合同谈判进行充分的沟通和协商，既考虑对方的利益诉求，同时尽可能降低自己在合同执行中的风险。以遵守国家法律法规并以平等、自愿、公平、诚实信用的原则规范合同的签订。合同签订中要注意以下几点。

（1）合同文字准确、严谨，避免因歧义或误解导致合同执行过程中产生合同争议。

（2）合同条款阐述准确明了，针对性强，真实体现合同双方意愿，有利于指导合同的具体执行过程。

（3）合同条款系统完整，避免合同缺陷和漏洞。

（4）避免签订没有主合同的从合同，没有主合同的从合同是不能成立的。

（5）避免签订违反法律法规的无效合同。

（6）建立完善合同会签审批、合同专用章管理、合同档案管理等制度。

3）合同执行阶段的合同管理

合同执行阶段的合同管理内容繁复，头绪众多，且相互关联，任何方面细微的偏差都有可能导致一系列问题的出现，必须对此高度重视。为提高此阶段的合同管理工作的质量，应做好以下工作。

（1）抓好合同交底。

合同的实施依靠项目部所有成员的努力和奉献，因此，合同管理人员必须对各级项目管理人员和各工作小组负责人进行合同交底，对合同的主要内容进行解释和说明，确保大家熟悉理解合同主要内容、各种规定和管理程序，明了承包人的合同责任和工程范围。

（2）建立合同保证体系。

通过合同保证体系的建立，保证合同在实施过程中的一切日常工作有序进行，确保工程项目的全部合同事件得到有效实现，保证最终实现合同目标。

（3）严格合同变更的相关管理。

对履约过程中发生不得已需要进行的合同变更，必须建立严格的合同变更申请、审批程序，并在实际工作中得到切实的执行。原则上施工过程应该完全响应合同，但施工过程中往往会出现与合同条款不符合的情况，为此承包人应密切注意履行合同的效果，针对发生的偏离及时发出必要的书函，与发包人、监理及设计单位联系，协商解决问题的办法，做好记录并办好相应的签证，为计算工程变更补偿或工程索赔提供最必要的证据。这个过程中的书函管理和签证管理显得尤为重要。

（4）主动实施合同控制管理。

对施工合同实施控制管理的目的，是要将合同履行过程中发生的干扰对项目的负面影响降到最低，及时纠正合同执行的偏离，实现合同目标。实施施工合同控制管理工作的程序主要包括以下六个方面。

① 制定合同实施目标。将满足发包人对工程使用功能要求的目标分解成工程项目具体的质量、成本、工期和安全目标。

② 确定施工合同控制的主要内容。成本控制是要保证按合同成本计划完成工程，防止成本和费用超支；质量控制是要保证完成的工程达到质量标准，实现合同规定的功能要求，顺利通过验收，交付使用；进度控制是要按预定进度计划组织施工，按期交付工程；安全控制是要确保施工安全，不出安全事故。

③ 确定合同控制方法。合同控制方法分为主动控制和被动控制，一般应以主动控制为主，加强合同被动控制。主动控制是预先分析合同目标偏离的可能性，拟定并采取各种预付措施；被动控制是通过实际执行情况与计划的比较分析发现偏差，及时采取措施进行纠正。一般合同控制的措施应该融入各控制目标对应的管理过程中，通过进度、质量、成本和安全等专项管理在施工进程中的不断实施而使合同实施目标得以实现。

④ 合同实施监督。合同实施监督是为保证施工合同实施按合同和合同分析的结果进行而开展的日常事务性管理工作。主要开展的工作包括：协调业主、监理工程师、项目管理各职能人员、各工程小组和分包商之间的工作关系，解决相互合作中出现的问题；根据需要对各相关人员进行合同解释，帮助其理解合同并按合同要求完成工作；会同项目管理的相关人员对各工程小组和分包商的合同实施情况进行例行检查；对合同变更进行规范管理；处理合同管理日常工作。

⑤ 合同实施跟踪。合同实施跟踪是通过收集合同实施的信息和相关工程资料，并进行适时分析处理，对比发现工程实际执行情况与合同的偏离，及时对偏离情况提出警告。它是判断工程实际情况与计划要求是否存在差异的主要手段。合同跟踪的主要对象包括：具体的施工合同事件、工程小组和分包商的工程进度和工作、业主和工程师的工作、工程实施主体状况等。

⑥ 合同诊断。合同诊断是根据合同跟踪的结果，对合同执行情况进行评价、判断并分析预测其发展趋向。主要工作包括：合同执行差异的原因分析、合同差异的责任分析和合同实施趋向的预测。

## 2.6　工程索赔

在工程合同的履行过程中，总会出现一些合同当事人未履行或不符合约定履行合同规定义务，并给对方造成损失的情况，基于此，索赔就是由合同当事人遭受损失的一方依据法律、合同规定和惯例，向未履行或不符合约定履行合同规定义务的另一方提出给予合理补偿要求的行为。

索赔是签订合同的双方各自享有的正当权利，因此既有承包人对发包人的索赔，也有发包人对承包人的索赔（通常称为"反索赔"）。承包人由于非自身原因发生合同规定之外的额外工作或损失所要求进行的费用和时间的补偿称为施工索赔。

### 2.6.1 索赔的基本特点

（1）索赔主体是双向的，是合同双方都享有的具有法律意义的权利主张。

（2）索赔必须以法律和合同为依据。

（3）索赔只能是一方有违约或违约事实，且造成的损害已客观存在的情况下，受损方才能向违约方提出索赔。

（4）索赔应该采用书面文件，明确索赔内容、要求和损失证据等相关内容。

（5）索赔是一种未经确认的单方行为，索赔要求必须经过对方确认才能实现。

### 2.6.2 索赔的分类

索赔存在于工程项目实施的全过程，索赔主体可以是承包人或发包人。索赔可能发生的范围较广泛，从不同角度出发有不同的分类方法，这里主要介绍与处理索赔有关的几种分类。

**1. 按索赔的合同依据分类**

（1）合同中明示的索赔：指承包人以施工合同中的文字规定为依据提出索赔要求，并取得经济补偿。合同中这种有文字规定的条款称为"明示条款"。

（2）合同中默示的索赔：指承包人根据合同中某些条款的含义推论出承包人有索赔权，并据此提出索赔要求，有权得到相应的经济补偿。合同中这种有经济补偿含义的条款被称为"默示条款"或"隐含条款"。

**2. 按合同处理方式分类**

（1）单项索赔：在影响合同执行的干扰事件发生后，承包人就此事件在合同规定的索赔有效期内向发包人提出索赔要求。此方式涉及合同事件单一，责任分析和索赔值计算相对综合索赔而言要容易一些，双方易达成协议，因此应尽可能采用此方式。

（2）综合索赔：在工程竣工结算前，承包人将施工过程中提出但未解决或前期未处理的索赔事件，汇总成总索赔报告，向发包人提出索赔。由于干扰事件交织，影响因素复杂，导致综合索赔的责任分析和索赔值计算比较困难，使索赔谈判和处理变得更加困难。

**3. 按索赔目标分类**

（1）工期索赔：由于非承包人责任原因造成的施工进度延误，承包人要求发包人同意顺延合同工期的索赔。其目的是降低工程延期违约赔偿费的风险，且增加工期缩短获得奖励的机会。

（2）费用索赔：承包人要求对非自身原因产生的施工客观条件改变导致增加的成本开支给予补偿的索赔。其目的是要求经济补偿，以弥补承包人不应承担的经济损失。

**4. 按索赔事件性质分类**

（1）工程延误索赔：由于发包人原因（如未及时交付设计图纸或施工现场，发包人指令暂停工程，不可抗力等）造成承包人不能按原计划施工所引起的索赔。

（2）工程变更索赔：由于发包人或监理工程师指令增加或减少工程量、增加附加工程、修改设计、变更工程顺序等,造成工期延长和费用增加所引起的索赔。

(3)合同终止索赔:由于违约或不可抗力事件等原因造成合同非正常终止,无责任的受害方就其蒙受的经济损失向对方提出的索赔。

(4)施工加速索赔:由于发包人或监理工程师指令承包人加快施工进度,缩短工期,造成承包人额外费用支出所引起的索赔。

(5)意外风险和不可预见因素索赔:因不可抗拒的自然灾害、特殊风险,以及有经验的承包人不能合理预见的不利施工条件或外界障碍等所引起的索赔。

(6)其他索赔:如因货币贬值、汇率波动、物价上涨、工资上涨、政策法规变化等原因引起的索赔。

5. 按索赔依据的范围分类

(1)合同内索赔:以合同条款为依据提出的索赔。

(2)合同外索赔:索赔所涉及内容在合同条款及相关协议中难以找到依据,但可从《中华人民共和国民法典》《中华人民共和国建筑法》或相关部门法规所赋予的权利中获得依据进行的索赔。

(3)道义索赔:无合同或法律依据,只是承包人在施工中确实发生很大损失,而向发包人提出的救助性请求。

### 2.6.3 索赔证据

索赔证据是当事人用来支撑索赔成立的相关证明文件和资料。索赔证据是索赔成功与否的关键,对它的收集整理必须要真实、准确、全面、及时,同时还要具有法律证明力。

常见的索赔证据有:各种工程合同文件;国家颁布实施的法律、行政法规、工程建设强制性标准;施工日志;工程照片及影像资料;来往信函、电话记录;会谈纪要;气象报告和资料;工程进度计划;投标前发包人提供的参考资料和现场资料;工程备忘录;工程结算资料和相关财务报告;各种检查验收报告和技术鉴定报告;等等。

为确保索赔证据的真实性、全面性和法律证明力,承包人在与发包人研究技术问题、进度问题和其他重大问题的会议一定要做好文字记录,并提请与会者签字,作为正式文件资料;要建立业务往来文件档案登记归档制度,确保在处理索赔时能提出反映事实的资料和数据;收集的证据要确凿,所有工程费用和工期索赔都应附该项目现场监理工程师认可的记录、计算资料及相关证明材料。

### 2.6.4 索赔程序和索赔原则

1. 索赔程序

施工索赔事项要依照《建设工程施工合同(示范文本)》(GF—2017—0201)、《建设工程工程量清单计价规范》(GB 50500—2013)等相关法律和施工合同条件的具体规定进行,一般要经历三个阶段:提出索赔要求;报送索赔资料、提交索赔报告;索赔处理。具体程序如图 2.3 所示。

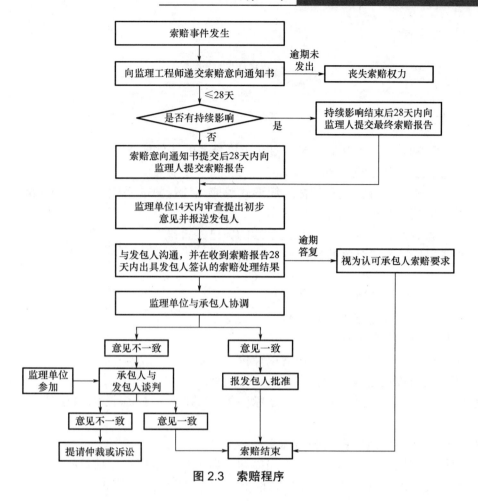

图 2.3 索赔程序

2. 索赔原则

（1）以合同为依据。承包人必须对合同条件、协议条款等认真解读，发生索赔事件时才能第一时间以合同为依据提出索赔要求。

（2）深入理解相关法律法规。对相关法律法规的深入理解可以帮助承包人在发生合同条款规定外的损失时找到索赔的法律依据。

（3）及时提交索赔意向通知书。发生索赔事件后，承包人要在知道或应当知道索赔事件发生28天内根据合同规定及时提出索赔意向通知书。索赔意向通知书包括索赔项目（分部分项工程名称）、索赔事由及其影响、索赔依据、事件发生起算日期、估算损失等内容。索赔意向通知书递交后应经主管监理工程师签字确认，必要时主管监理工程师要和现场监理工程师、施工企业负责人和现场负责人一起到现场核对，使监理工程师通过意向书大致了解索赔事件的起因、地点和索赔方向。

（4）资料的系统积累是索赔的基础。在施工过程中要注意收集整理一切可能涉及索赔论证的资料。

## 习 题

### 一、单项选择题

1. 下列各项不属于建设工程施工招标应该具备的条件的是（　　）。
   A. 招标人已经依法成立
   B. 招标范围、招标方式和招标组织形式等应当履行核准手续的，已经核准
   C. 有相应资金或资金来源已经落实
   D. 技术设计及概算应当履行审批手续的，已经批准

2. 邀请招标的邀请对象的数目不应少于（　　）家。
   A. 2　　　　　　B. 3　　　　　　C. 4　　　　　　D. 5

3. 关于招标价格的说法，正确的是（　　）。
   A. 招标时可以设定最低投标限价
   B. 招标时应当编制标底
   C. 招标的项目应当采用工程量清单计价
   D. 招标时可以设定最高投标限价

4. 根据《中华人民共和国招标投标法》，下列关于招标投标的说法，正确的是（　　）。
   A. 招标人不得修改已发出的招标文件
   B. 招标人采用邀请招标方式，应当向两个以上具备承担招标项目的能力、资信良好的特定的法人或者其他组织发出投标邀请书
   C. 招标分为公开招标、邀请招标和议标三种方式
   D. 投标文件应当对招标文件提出的实质性要求和条件作出响应

5. 建设工程施工招标过程中，若招标人在招标文件发布后，发现有问题需要进一步澄清和修改，正确的说法是（　　）。
   A. 所有澄清文件必须以书面形式进行
   B. 在招标文件要求的提交投标文件截止时间至少 10 天前发出通知
   C. 可以用间接方式通知所有招标文件收受人
   D. 所有澄清和修改文件必须公示

### 二、多项选择题

1. 根据我国有关法律、法规规定，建设工程施工招标应具备的条件包括（　　）。
   A. 招标人已经委托了招标代理单位
   B. 施工图设计已经全部完成
   C. 有相应资金或资金来源已经落实
   D. 应当履行审批手续的初步设计及概算已获批准
   E. 应当履行核准手续的招标范围和招标方式等已获核准

2. 属于《中华人民共和国招标投标法》规定的招标方式包括（　　）。
A. 直接发包　　　　　　　　B. 询价采购
C. 竞争性谈判　　　　　　　D. 邀请招标
E. 公开招标

3. 关于工程施工招标条件的说法，正确的有（　　）。
A. 招标人已经依法成立
B. 初步设计及概算应当履行审批手续的，已经批准
C. 招标范围、招标方式和招标组织形式等应履行核准手续的已获核准
D. 相应资金已在筹备中
E. 有招标所需的设计图纸及技术资料

4. 关于招标项目的说法，正确的有（　　）。
A. 招标人不可以授权评标委员会直接确定中标人
B. 评标委员会成员对其评审意见承担个人责任
C. 履约保证金不得超过中标合同金额的 10%
D. 国有资金控股的依法必须进行招标的项目，排名第一的中标候选人为中标人
E. 招标人可以与投标人就投标价格、投标方案等实质性内容进行谈判

5. 阅读招标文件"投标人须知"时，投标人应重点关注的信息有（　　）。
A. 合同条款
B. 施工技术说明
C. 招标工程的详细范围和内容
D. 投标文件的组成
E. 重要的时间安排

## 三、名词解释题

1. 工程施工投标
2. 联合体投标
3. 开标
4. 评标
5. 建设工程施工合同

## 四、简答题

1. 简述建设项目必须招标的范围和规模标准。
2. 工程项目招标投标的原则是什么？
3. 简述工程投标人必须具备的一般条件。
4. 投标准备有哪些工作？
5. 简述常用的评标方法。

## 五、案例分析题

1.【背景资料】
某开发商投资新建一住宅小区工程，包括住宅楼五幢、会所一幢，以及小区市政管

网和道路设施,总建筑面积 24000m²。经公开招投标,某施工总承包单位中标,双方依据《建设工程施工合同(示范文本)》(GF—2017—0201)签订了施工总承包合同。

施工总承包合同中约定的部分条款如下:(1)合同造价 3600 万元,除涉及变更、钢筋与水泥价格变动,以及承包合同范围外的工作内容据实调整外,其他费用均不调整;(2)合同工期 306 天,自 2020 年 3 月 1 日起至 2020 年 12 月 31 日止,工期奖罚标准为 2 万元 / 天。

在合同履行过程中,发生了下列事件:(1)2020 年 3 月 22 日,施工总承包单位在基础底板施工期间,因连续降雨发生了排水费用 6 万元;(2)2020 年 4 月 5 日,某批次国产钢筋常规检测合格,建设单位以保证工程质量为由,要求施工总承包单位还需对该批次钢筋进行化学成分分析,施工总承包单位委托具备资质的检测单位进行了检测,化学成分检测费用 8 万元,检测结果合格。针对上述问题,施工总承包单位按索赔程序和时限要求,分别提出 6 万元排水费用和 8 万元化学成分检测费用的索赔。

【问题】分别指出事件中施工总承包单位的两项索赔是否成立,并说明理由。

2.【背景资料】

某施工单位在中标某高档办公楼工程中,与建设单位按照《建设工程施工合同(示范文本)》(GF—2013—0201)签订了施工总承包合同,合同中约定施工总承包单位将装饰装修、幕墙等分部分项工程进行专业分包。

施工过程中,监理单位下发针对专业分包工程范围内墙面装饰装修做法的设计变更指令,在变更指令下发后第 10 天,专业分包单位向监理工程师提出该项变更的估价申请。监理工程师审核时发现计算有误,要求施工单位修改。在变更指令下发后的第 17 天,监理工程师再次收到变更估价申请,经审核无误后提交建设单位,但一直未收到建设单位的审批意见。次月底,施工单位在上报已完工程进度款支付时,包含了经监理工程师审核已完成的该项变更所对应的费用,建设单位以未审批同意为由予以扣除,并提出变更设计增加款项只能在竣工结算前最后一期的进度款中支付。

【问题】在墙面装饰装修做法的设计变更估价申请报送及进度款支付过程中都存在哪些错误之处?分别写出正确的做法。

在线答题

拓展习题

# 第 3 章 工程项目管理组织

## 知识结构图

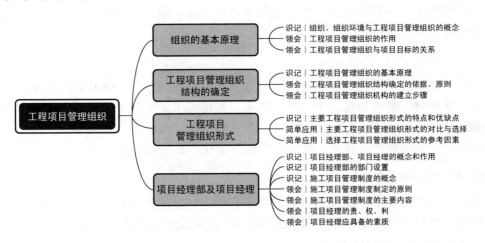

# 3.1 组织的基本原理

## 3.1.1 组织的基本概念

1. 组织

根据《建设工程项目管理规范》（GB/T 50326—2017）的定义，组织是指为实现其目标而具有职责、权限和关系等自身职能的个人或群体。

广义上说，组织是指由诸多要素按照一定方式相互联系起来的系统。狭义上说，组织就是指人们为实现一定的目标，互相协作结合而成的集体或团体，如党团组织、工会组织、企业、军事组织等。在现代社会生活中，组织是人们按照一定的目的、任务和形式编制起来的社会集团，组织不仅是社会的细胞、社会的基本单元，而且是社会的基础。

组织一词还可以分为动词与名词来解释，当作为名词时，是指一个有效的工作集体，组织是为达到某种共同的目标形式而联合起来的人群。作为动词时，组织是指将众多的人组织起来，协调其行为，以实现某个共同目标。组织的宗旨可被表述为包括其愿景、使命、方针和目标。

2. 组织环境

组织环境是对组织建立和实现目标的方法有影响的内部和外部因素的组合。

组织环境可以理解为是一个过程，这个过程确定了影响组织的宗旨和可持续性的各种因素。它既需要考虑内部因素，例如组织的价值观、文化、知识和绩效；还需要考虑外部的因素，例如法律、技术、竞争、市场、文化、社会和经济环境。

3. 组织的必要条件

组织是指人们为了使系统达到它的特定目标，使全体参加者经过分工与协作以及设立不同层次的权力和责任制度，而构成的能够一体化运行的人的组合体。

（1）目标是组织存在的前提。

（2）没有分工与协作就不是组织。

（3）没有不同层次的权力与责任制度就不能实现组织活动和组织目标。

此外，组织是系统的组织，组织是掌握知识、技术、技能的群体人的组织；组织的内部与外部之间必然需要信息沟通；组织是既具有结构性整体、又能一体化运行的活动。

## 3.1.2 工程项目管理组织的概念

1. 工程项目管理组织的定义

工程项目管理组织是指为实施工程项目管理建立的组织机构，以及该机构为实现工程项目管理目标所进行的各项组织工作的简称。

工程项目管理组织作为组织机构，它是根据项目管理目标通过科学设计而建立的组织实体。该机构是由一定的领导体制、部门设置、层次划分、职责分工、规章制度、信息管理系统等构成的有机整体。一个以合理有效的组织机构为框架所形成的权力系统、责任系统、利益系统、信息系统是实施工程项目管理及实现最终目标的组织保证。工程项目管理组织作为组织工作时，它则是通过该机构所赋予的权力，利用其组织力、影响力，在工程项目管理中，合理配置生产要素，协调内外部及人员间关系，发挥各项业务职能的能动作用，确保信息畅通，推进工程项目目标的优化来实现全部管理活动。工程项目管理组织机构及其所进行的管理活动的有机结合才能充分发挥工程项目管理的职能。

工程项目管理组织是在整个工程项目中从事各种管理工作的人员的组合。工程项目的业主、承包商、设计单位、材料设备供应单位都有自己的工程项目管理组织，这些组织之间存在各种联系，有各种管理工作、责任和任务的划分，形成工程项目总体的管理组织系统。

2. 工程项目管理组织的特点

工程项目管理组织不同于一般的企业管理组织、社团管理组织和军队管理组织，它具有自身的特殊性。这个特殊性是由工程项目的特点决定的。工程项目管理组织的特点决定了项目管理组织设置和运行的要求，在很大程度上决定了人们的组织行为，决定了项目沟通、协调和项目信息系统设计。工程项目的特点决定了工程项目管理组织具有如下特点。

1）目的性

工程项目管理组织的建立是为了完成项目目标和任务，所以具有目的性。项目目标和任务是决定组织结构和组织运行的重要因素。

2）临时性

每一个具体的项目都是一次性的、暂时的，所以工程项目管理组织也是一次性的、暂时的，具有临时性的特点，这也是项目管理组织与企业管理组织的重要区别之一。项目管理组织随项目的产生而组建，当项目结束或相应项目任务完成后，项目管理组织就会解散或重新构建其他项目管理组织。

3）可变性

企业组织刚性大，结构不易变动，运行稳定，而工程项目管理组织具有高度的弹性和可变性，这是工程项目管理组织和企业管理组织的另一重要区别。工程项目管理组织的成员会随项目任务的承接和完成，以及工程项目的实施过程而进入或退出工程项目管理组织，或承担不同的角色，工程项目管理组织策略和项目实施计划不同，工程项目管理组织形式也会有所区别。一般工程项目管理组织在早期比较简单，而在项目实施阶段，组织会更为复杂。

4）协调性

工程项目管理组织内应专业分工明确，专业化可使成员提高工作效率，但分工和专业化产生了协调问题，工程项目管理组织内人员必须协调一致，整合组织内个体行为，以求最大效率，因此工程项目管理组织具有协调性的特点。

5）统一指挥性

工程项目管理组织具有临时组合性，项目目标的约束性较强，且项目的不确定性较大，工程项目管理组织领导的权威和统一指挥有助于贯彻命令和形成组织凝聚力，有利于项目目标的实现和项目成功。

6）多方参与性

工程项目是由多方主体共同参与完成整个项目的建设实施过程，例如，一个房地产开发项目可能涉及的参与方包括投资方、开发方、设计单位、监理单位、施工单位、供货单位、分包单位、政府部门等多方组织。不同项目的组织方式虽各有不同，但工程项目多参与方的特点决定了工程项目管理组织大多也具有多方参与性的特点。

7）与企业管理组织之间关系复杂性

在很多情况下项目管理组织是企业组建的，是企业管理组织的一部分。企业管理组织对项目管理组织的影响很大，从企业的经营目标、企业文化到企业资源、利益的分配都影响项目管理组织效率。项目管理组织和企业的责、权、利关系，项目人员和其他资源分配、信息交流等方面有复杂的关系。

### 3.1.3 工程项目管理组织的作用

工程项目管理组织的作用如下。

**1. 组织机构是工程项目管理的组织保证**

项目经理在启动项目实施之前，首先要进行组织准备，建立一个能完成管理任务、使项目经理指挥灵便、运转自如、效率很高的项目组织机构——项目经理部，其目的就是为了提供进行工程项目管理的组织保证。一个好的组织机构，可以有效地完成工程项目管理目标，有效地应对环境的变化，有效地供给组织成员生理、心理和社会需要，形成组织力，使组织系统正常运转，产生集体思想和集体意识，完成项目管理任务。

**2. 形成一定的权力系统以便进行集中统一指挥**

权力由法定和拥戴产生。法定来自于授权，拥戴来自于信赖。法定或拥戴都会产生权力和组织力。组织机构的建立首先是以法定的形式产生权力。权力是工作的需要，是管理地位形成的前提，是组织活动的反映。没有组织机构，便没有权力，也没有权力的运用。权力取决于组织机构内部是否团结一致，越团结，组织就越有权力、越有组织力，所以工程项目管理组织机构的建立要伴随着授权，以便使权力的使用能够实现工程项目管理的目标。项目管理机构要合理分层，层次多，权力分散；层次少，权力集中。所以要在规章制度中把工程项目管理组织的权力阐述明白，固定下来。

**3. 形成责任制和信息沟通体系**

责任制是工程项目管理组织中的核心问题。没有责任也就不能称其为项目管理组织，也就不存在项目管理。一个项目组织能否有效运转，取决于其是否有健全的岗位责任制。工程项目管理组织的每个成员都应肩负一定责任。责任是项目管理组织对每个成员规定的一部分管理活动和生产活动的具体内容。

信息沟通是组织力形成的重要因素。信息产生的根源在组织活动之中，下级（下层）以报告的形式或其他形式向上级（上层）传递信息；同级不同部门之间为了相互协作而横向传递信息。越是高层领导，越需要信息，越要深入下层获得信息，有了充分的信息才能进行有效决策。

### 3.1.4 工程项目管理组织与项目目标的关系

工程项目管理组织的根本目的是实现管理总目标。一个工程项目的目标决定了项目管理的组织结构和组织运行,而项目管理的组织是项目管理的目标能否实现的决定性因素。根据项目管理不同阶段的需求,工程项目管理组织有以下两个任务。

(1)工程项目管理组织应识别项目需求和项目范围,根据自身项目管理能力、相关方约定及项目目标之间的内在联系,确定项目管理目标。

(2)工程项目管理组织应遵循策划、实施、检查、处置的动态管理原理,确定项目管理流程,建立项目管理制度,实施项目系统管理,持续改进管理绩效,提高相关方满意水平,确保实现项目管理目标。

控制项目目标的主要措施包括组织措施、管理措施、经济措施和技术措施,其中组织措施是最重要的措施。如果对一个建设工程的项目管理进行诊断,首先应分析其组织方面存在的问题。

## 3.2 工程项目管理组织结构的确定

### 3.2.1 工程项目管理组织的基本原理

设计、建立和维持合理高效的组织结构,需要一流的智慧,同时也是风险的决策过程。尊重客观规律,有效整合组织的各要素,人尽其才、物尽其用,以使整体功能大于局部功能之和,下列具体原理可资借鉴。

1. 要素有用性原理

一个组织中的基本要素有人力、财力、物力、信息、时间等。在组织活动中应根据各要素作用的大小、主次、好坏进行合理安排和使用,充分发挥各要素的作用,尽最大可能提高各要素的利用率。

2. 主观能动性原理

人是有感情、有思想、有创造力的。组织管理者的重要任务就是把人的主观能动性发挥出来,以取得较好的管理效果。

3. 动态相关性原理

事物在组合过程中,由于相关因子的作用,可能会发生质变,使得整体效应不等于其各局部效应的简单相加。组织系统处在静态状态是相对的,处在动态状态是绝对的。系统内各要素之间既相互联系又相互制约,既相互依存又相互排斥,这种作用可以推动组织的进度与发展。充分发挥组织各要素之间的相互作用是提高组织管理效应的有效途径。

4. 规律效应性原理

规律是指客观事物本质的必然的联系。组织管理者在管理过程中要掌握规律,按规律办事,以达到预期的目标和良好的效应。

## 3.2.2 工程项目管理组织结构确定的依据与原则

**1. 工程项目管理组织结构确定的依据**

确定工程项目管理组织结构主要包括组织设计、组织运行、组织调整三个环节，具体内容见表3-1。

表3-1 工程项目管理组织结构确定的依据及内容

| 管理组织环节 | 依 据 | 内 容 |
| --- | --- | --- |
| 组织设计 | （1）管理目标及任务<br>（2）管理幅度及层次<br>（3）责权对等原则<br>（4）分工协作原则<br>（5）信息管理原理 | （1）设计、选定合理的组织系统（含生产指挥系统、职能部门等）<br>（2）科学确定管理跨度、管理层次，合理设置部门、岗位<br>（3）明确各层次、各单位、各岗位的职责和权限<br>（4）规定组织中各部门之间的相互联系、协调原则和方法<br>（5）建立必要的规章制度<br>（6）建立各种信息流通、反馈的渠道，形成信息网络 |
| 组织运行 | （1）激励原理<br>（2）业务性质<br>（3）分工协作 | （1）做好人员配置、业务衔接，职责、权力、利益明确<br>（2）各部门、各层次、各岗位人员各司其职、各负其责、协同工作<br>（3）保证信息沟通的准确性、及时性，达到信息共享<br>（4）经常对在岗人员进行培训、考核和激励，以提高其素质和士气 |
| 组织调整 | （1）动态管理原理<br>（2）工作需要<br>（3）环境条件变化 | （1）分析组织体系的适应性、运行效率，及时发现不足与缺陷<br>（2）对原组织设计进行改革、调整或重新组合<br>（3）对原组织运行进行调整或重新安排 |

**2. 工程项目管理组织结构设置的原则**

工程项目管理的首要问题是建立一个完善的工程管理组织结构。在设置工程项目管理组织结构时，应遵循以下六项原则。

1）目的性原则

工程项目管理的总目标是设置工程项目管理组织结构的基本出发点和依据。在具体设置工程项目管理组织结构时，首先要有明确的工程项目管理总目标，然后将其分解为各项分目标、各级子目标，再从这些目标出发，因目标设事，因事设机构、定编制，按编制设岗位、定职责、定人员，以职责授权力、定制度。各部门、层次、岗位的设置，管理信息系统的设计，各项责任制度、规章制度的建立都必须服从于各自相应的目标和总目标，做到与目标相一致，与任务相统一。

2）精干高效原则

工程项目管理组织结构的设置应尽量减少层次、简化机构。各部门、各层次、各岗位的职责分明,分工协作,要避免业务量不足,人浮于事或相互推诿,效率低下。人员配置上,要坚持通过考核聘任录用的原则,选聘素质高、能力强、称职敬业的人员,力求一专多能,一人多职,做到精干高效。

3）管理跨度和管理层次统一原则

管理跨度又称管理幅度,是指一个主管人员直接管理的下属人员的数量。跨度大,管理人员接触和要处理的工作关系的数量也随之加大,常会导致应接不暇。跨度太小,又会使管理层次过多,造成人才浪费。

管理层次是指组织中最高领导层到基层人员之间划分成的职位等级的数目,或者说是管理组织体系纵向管理层划分的等级数量。管理层次设置应适当,层次多,所需人员设施多,费用多,信息传递速度慢且容易失真,并会增加协调上的困难。

管理跨度和管理层次之间是相互制约的关系,在组织总人员不变的情况下,管理跨度大,管理层次就少;管理跨度小,管理层次就多,如图3.1所示。因此,应根据工程项目的规模大小和管理人员的素质能力确定合理的管理跨度和管理层次。

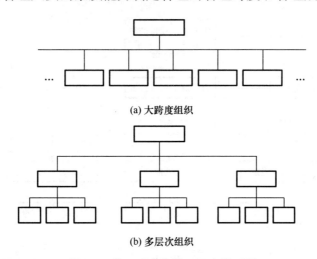

图 3.1　管理跨度和管理层次关系图

4）业务系统化管理原则

工程项目管理活动中,客观存在着不同单位工程之间,不同组织、工种、作业之间,不同职能部门、作业班组,以及和外部单位、环境之间的纵横交错、相互衔接、相互制约的业务关系。设计工程项目管理组织结构时,应使管理组织结构的层次、部门划分、岗位设置、职责权限、人员配备、信息沟通等方面与工程项目施工活动及生产业务、经营管理相匹配,充分体现责、权、利的统一,形成一个上下一致、分工协作的严密完整的组织系统。

5）弹性和流动性原则

工程项目管理组织结构应能适应施工项目生产活动单件性、阶段性、流动性的特点,具有弹性和流动性。在工程项目的不同阶段,当生产对象数量、要求、地点等条件发生改变时,在资源配置的品种、数量发生变化时,管理组织结构都能及时作出相应调整和变动,如对部门设置增减、人员安排合理流动等,以更好地适应工程任务的变化,使工程项目管理组织结构始终保持在精干、高效、合理的水平上。

6）项目管理组织与企业管理组织一体化原则

企业是工程项目管理组织机构的上级领导，企业管理组织是项目管理组织的母体。企业在组建工程项目管理组织机构，以及调整、解散项目管理组织时，项目经理由企业任免，人员一般都是来自企业内部的职能部门，并根据需要在企业管理组织与项目管理组织之间流动，在管理业务上，接受企业有关部门的指导。因而，工程项目管理组织是企业管理组织的有机组成部分，它的组织形式、结构应与企业母体相协调、相适应，体现一体化的原则，以便于企业对其进行领导和管理。

### 3.2.3 工程项目管理组织机构的建立步骤

1. 工程项目管理组织机构的设置程序

工程项目管理组织机构设置的程序如图 3.2 所示。图中虚箭线为组织机构设置目标，实箭线为工作具体内容程序，虚线是设置目标与工作具体内容之间的对应关系。

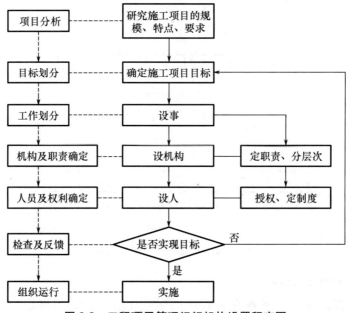

图 3.2　工程项目管理组织机构设置程序图

2. 工程项目管理组织机构的运行

（1）成立项目经理部。

（2）确定项目经理的工作目标。

（3）明确和商定项目经理部门中的人员安排，宣布对项目经理部成员的授权，明确职权使用的限制和有关问题，制定工程项目管理工作任务分配表。

（4）项目经理积极参与解决工程项目管理的具体问题，建立并维持积极、有利的工作环境和工作作风。

（5）建立有效的沟通系统和成员之间的相互依赖和相互协作关系。

（6）维持相对稳定的工程项目管理组织机构。

（7）制订并实施工程项目管理人员的招聘、安置、报酬和福利、培训、提升、绩效评价的计划。

## 3.3 工程项目管理组织形式

工程项目管理组织形式是指在工程项目管理组织中处理管理层次、管理跨度、部门设置和上下级关系的组织结构的类型。工程项目管理组织形式主要有工作队式、部门控制式、矩阵制式、事业部制式和直线职能式等。

### 3.3.1 工作队式项目管理组织（项目型）

1. 构成

工作队式项目管理组织构成如图 3.3 所示。

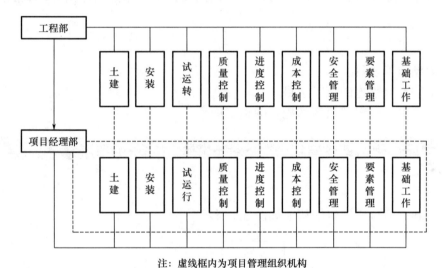

注：虚线框内为项目管理组织机构

图 3.3 工作队式项目管理组织

2. 特点

（1）按照特定对象原则，由企业各职能部门抽调人员组建项目管理组织机构（工作队），不打乱企业原建制。

（2）项目管理组织机构由项目经理领导，有较大独立性。在工程施工期间，项目组织成员与原单位中断领导与被领导关系，不受其干扰，但企业各职能部门可为之提供业务指导。

（3）项目管理组织与项目施工同寿命。项目中标或确定项目承包后，即组建项目管理组织机构；企业任命项目经理；项目经理在企业内部选聘职能人员组成管理机构；项目竣工交付使用后，机构撤销，人员返回原单位。

3. 优点

（1）项目管理组织成员来自企业各职能部门和单位，熟悉业务，各有专长，可优势互补，协同工作，能充分发挥其作用。

（2）各专业人员集中现场办公，减少了扯皮和等待时间，工作效率高，解决问题快。

（3）项目经理权力集中，行政干预少，决策及时，指挥得力。

（4）由于这种组织形式弱化了项目与企业职能部门的结合部，因而项目经理便于协调关系而开展工作。

4. 缺点

（1）组建之初来自不同部门的人员彼此之间不够熟悉，可能配合不力。

（2）由于项目施工的一次性特点，有些人员可能存在项目管理组织为临时性组织的观点。

（3）当人员配置不当时，专业人员不能在更大范围内调剂余缺，往往造成忙闲不均，人才浪费。

（4）对于企业来讲，专业人员分散在不同的项目上，相互交流困难，职能部门的优势难以发挥。

5. 适用范围

（1）大型施工项目。

（2）工期要求紧迫的施工项目。

（3）要求多工种多部门密切配合的施工项目。

### 3.3.2 部门控制式项目管理组织（职能型）

1. 构成

部门控制式项目管理组织构成如图 3.4 所示。

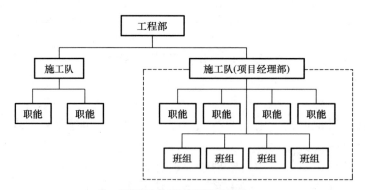

注：虚线框内为项目管理组织机构

图 3.4　部门控制式项目管理组织

2. 特点

（1）按照职能原则建立项目管理组织。

（2）不打乱企业现行建制，即由企业将项目委托给下属某一专业部门或某一施工队。被委托的专业部门或施工队领导在本单位组织人员，并负责实施项目管理。

(3)项目竣工交付使用后,恢复原部门或施工队建制。

3. 优点

(1)利用企业下属的原有专业施工队承建项目,可迅速组建施工项目管理组织机构。

(2)人员熟悉,职责明确,业务熟练,关系容易协调,工作效率高。

4. 缺点

(1)不适应大型项目管理的需要。

(2)不利于精简机构。

5. 适用范围

(1)小型施工项目。

(2)简单施工项目。

(3)专业性较强、不涉及众多部门的施工项目。

### 3.3.3 矩阵制式项目管理组织

1. 构成

矩阵制式项目管理组织构成如图 3.5 所示。

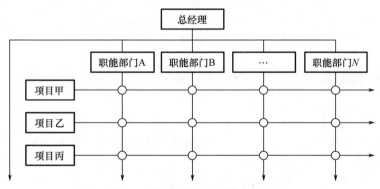

图 3.5 矩阵制式项目管理组织

2. 特点

(1)按照职能原则和项目原则结合起来建立的项目管理组织,既能发挥职能部门的纵向优势又能发挥项目管理组织的横向优势,多个项目管理组织的横向系统与职能部门的纵向系统形成了矩阵结构。

(2)企业专业职能部门是相对长期稳定的,项目管理组织是临时性的。职能部门负责人对项目管理组织中本单位人员负有组织调配、业务指导、业绩考察责任。项目经理在各职能部门的支持下,将参与本项目管理组织的人员在横向上有效地组织在一起,为实现项目目标协同工作,项目经理对其有权控制和使用,在必要时可对其进行调换或辞退。

(3)矩阵中的成员接受原单位负责人和项目经理的双重领导,可根据需要和可能为一个或多个项目服务,并可在项目之间调配,充分发挥专业人员的作用。

**3. 优点**

（1）兼有工作队式和部门控制式两种项目管理组织形式的优点，将职能原则和项目原则结合融为一体，从而实现企业长期例行性管理和项目一次性管理的一致。

（2）能通过对人员的及时调配，以尽可能少的人力实现多个项目管理的高效率。

（3）项目管理组织具有弹性和应变能力。

**4. 缺点**

（1）矩阵制式项目管理组织的结合部多，组织内部的人际关系、业务关系、沟通渠道等都较复杂，容易造成信息量膨胀，引起信息流不畅或失真，需要依靠有力的组织措施和规章制度规范管理。若项目经理和职能部门负责人双方产生重大分歧难以统一时，还需企业领导出面协调。

（2）项目管理组织成员接受原单位负责人和项目经理的双重领导，当领导之间发生矛盾，意见不一致时，当事人将无所适从，影响工作。在双重领导下，若组织成员过于受控于职能部门时，将削弱其在项目上的凝聚力，影响项目管理组织作用的发挥。

（3）在项目施工高峰期，一些服务于多个项目的人员，可能应接不暇而顾此失彼。

**5. 适用范围**

（1）大型、复杂的施工项目，需要多部门、多技术、多工种配合施工，在不同施工阶段，对不同人员有不同的数量和搭配需求，宜采用矩阵制式项目管理组织形式。

（2）企业同时承担多个施工项目时，各项目对专业技术人才和管理人员都有需求。在矩阵制式项目管理组织形式下，职能部门就可根据需要和可能将有关人员派到一个或多个项目上去工作，可充分利用有限的人才对多个项目进行管理。

### 3.3.4 事业部制式项目管理组织

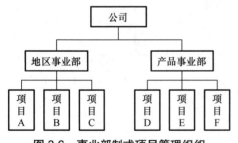

图 3.6 事业部制式项目管理组织

**1. 构成**

事业部制式项目管理组织构成如图 3.6 所示。

**2. 特点**

（1）企业下设事业部，事业部可按地区设置，也可按建设工程类型或经营内容设置，相对于企业，事业部是一个职能部门，但对外享有相对独立经营权，可以是一个独立单位。

（2）事业部中的工程部或开发部，或对外工程公司的海外部下设项目经理部。项目经理由事业部委派，一般对事业部负责，经特殊授权时，也可直接对业主负责。

**3. 优点**

（1）事业部制式项目管理组织能充分调动发挥事业部的积极性和独立经营作用，便于延伸企业的经营职能，有利于开拓企业的经营业务领域。

（2）事业部制式项目管理组织形式，能迅速适应环境变化，提高公司的应变能力。既可以加强公司的经营战略管理，又可以加强项目管理。

4．缺点

（1）企业对项目经理部的约束力减弱，协调指导机会减少，以致有时会造成企业结构松散。

（2）事业部的独立性强，企业的综合协调难度大，必须加强制度约束和规范化管理。

5．适用范围

（1）大型经营型企业承包施工项目时采用。

（2）远离企业本部的施工项目，海外施工项目。

（3）在一个地区有长期市场或有多种专业化施工力量的企业。

### 3.3.5 直线职能式项目管理组织

1．构成

直线职能式项目管理组织构成如图3.7所示。

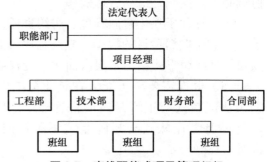

图 3.7　直线职能式项目管理组织

2．特点

（1）直线职能式项目管理组织形式是以直线制为基础、直线指挥系统和职能系统相结合的组织形式。

（2）将企业管理机构和人员分为两类：一类是直线指挥人员，他们拥有对下级指挥和命令的权力并对主管工作负责；另一类是参谋人员和职能机构，他们是直线指挥人员的参谋和助手，无权对下级发布命令进行指挥。

（3）直线职能式项目管理组织结构形式中各职能部门在自己职能范围内独立于其他职能部门进行工作，各职能人员接受相应的职能部门经理或主管的领导。

3．优点

（1）直线职能式项目管理组织形式既能保持统一指挥，又能发挥参谋人员的作用。

（2）分工精细，责任清楚，各部门仅对自己应做的工作负责，效率较高。

（3）组织稳定性较高，在外部环境变化不大的情况下，易于发挥组织的集团效率。

4．缺点

（1）属于典型的"集权式"结构，权力集中于最高管理层，下级缺乏必要的自主权。

（2）各职能部门之间的横向联系较差，容易产生脱节和矛盾。

（3）直线职能式项目管理组织结构建立在高度的"职权分裂"基础上，各职能部门与直线部门之间如果目标不统一，则容易产生矛盾。特别是对于需要多部门合作的事项，往往难以确定责任的归属。

（4）信息传递路线较长，反馈较慢，难以适应环境的迅速变化。

5. 适用范围

（1）独立的施工项目。

（2）中小型施工项目。

## 3.3.6 主要工程项目管理组织形式的对比与选择

1. 工程项目管理组织形式的选择要求

（1）适应施工项目的一次性特点，有利于资源合理配置，动态优化，连续均衡施工。

（2）有利于实现公司的经营战略，适应复杂多变的市场竞争环境和社会环境，能加强施工项目管理，取得综合效益。

（3）能为企业对项目的管理和项目经理的指挥提供条件，有利于企业对多个项目的协调和有效控制，提高管理效率。

（4）有利于强化合同管理、履约责任，有效地处理合同纠纷，提高公司信誉。

（5）要根据项目的规模、复杂程序及其所在地与企业的距离等因素，综合确定施工项目管理组织形式，力求层次简化，责权明确，便于指挥、控制和协调。

（6）根据需要和可能，在企业范围内，可考虑几种项目管理组织形式结合使用。如事业部制式与矩阵制式项目管理组织结合；工作队式与事业部制式项目管理组织结合；但工作队式与矩阵制式不可同时采用，否则会造成管理渠道和管理秩序的混乱。

2. 选择工程项目管理组织形式的参考因素

选择工程项目管理组织形式应考虑企业类型、规模、人员素质、管理水平，并结合项目的规模、类型的要求等诸因素综合考虑，作出决策。表3-2所列内容可供决策时参考。

表3-2 选择工程项目管理组织形式的参考因素

| 工程项目管理组织形式 | 项目类型 | 企业类型 | 企业人员素质 | 企业管理水平 |
| --- | --- | --- | --- | --- |
| 工作队式 | （1）大型施工项目<br>（2）复杂施工项目<br>（3）工期紧的施工项目 | （1）大型综合建筑企业<br>（2）项目经理能力强的建筑企业 | （1）人员素质较高<br>（2）专业人才多<br>（3）技术素质较高 | （1）管理水平较高<br>（2）管理经验丰富<br>（3）基础工作较强 |
| 部门控制式 | （1）小型施工项目<br>（2）简单施工项目<br>（3）只涉及个别少数部门的专业性较强的项目 | （1）小型建筑施工企业<br>（2）工程任务单一的企业<br>（3）大中型直线职能制企业 | （1）人员素质较差<br>（2）技术力量较弱<br>（3）专业构成单一 | （1）管理水平较低<br>（2）基础工作较差<br>（3）项目经理人员较紧缺 |

续表

| 工程项目管理组织形式 | 项目类型 | 企业类型 | 企业人员素质 | 企业管理水平 |
|---|---|---|---|---|
| 矩阵制式 | （1）需多部门、多技术、多工种配合的施工项目<br>（2）管理效率要求高的施工项目 | （1）大型综合建筑企业<br>（2）经营范围广的企业<br>（3）实力强的企业 | （1）人员素质较高<br>（2）专业人员紧缺<br>（3）有一专多能人才 | （1）管理水平高<br>（2）管理经验丰富<br>（3）管理渠道畅通，信息流畅 |
| 事业部制式 | （1）大型施工项目<br>（2）远离企业本部的施工项目<br>（3）事业部制企业承揽的施工项目 | （1）大型综合建筑企业<br>（2）经营能力强的企业<br>（3）跨地区承包企业<br>（4）海外承包企业 | （1）人员素质高<br>（2）专业人才多<br>（3）项目经理的能力强 | （1）经营能力强<br>（2）管理水平高<br>（3）管理经验丰富<br>（4）资金实力雄厚<br>（5）信息管理先进 |
| 直线职能式 | （1）独立的施工项目<br>（2）中小型施工项目 | （1）中小型建筑施工企业<br>（2）管理人员多的企业<br>（3）资金充足的企业 | （1）人员素质较高<br>（2）专业人才多<br>（3）技术素质较高 | （1）管理水平高<br>（2）管理经验丰富<br>（3）资金实力雄厚<br>（4）管理渠道畅通，信息流畅 |

## 3.4 项目经理部及项目经理

在工程项目中，项目经理部一般是指施工企业为了完成工程项目的施工任务而设立的组织；项目经理是由施工企业委托，对工程项目施工过程全面负责的项目管理者。本书中的项目经理部指代施工企业建立的施工项目经理部，项目经理指代施工项目经理。

### 3.4.1 项目经理部

1. 项目经理部的作用

（1）项目经理部是企业在某一施工项目上的一次性管理组织机构，由企业委任的项目经理领导；为项目经理决策提供信息，当好参谋，执行项目经理的决策意图，向项目经理全面负责。

（2）项目经理部对施工项目从开工到竣工的全过程实施管理，对作业层负有管理和服务的双重职能，其工作质量好坏将对作业层的工作质量有重大影响。

（3）项目经理部是代表企业履行工程承包合同的主体，是对最终建筑产品和建设单位全面负责、全过程负责的管理实体。

（4）项目经理部是一个管理组织，要完成项目管理任务和专业管理任务；凝聚管理人员的力量，调动其积极性，促进合作；协调部门之间、管理人员之间的关系，发挥每个人的岗位作用，为共同目标进行工作；贯彻组织责任制，搞好管理；及时沟通部门之间，项目经理部与作业层之间，与公司之间，与环境之间的信息。

2. 项目经理部的设置

1）设置项目经理部的依据

（1）根据所选择的项目管理组织形式组建。

不同的组织形式决定了企业对项目的不同管理方式，提供的不同管理环境，以及对项目经理授予权限的大小。同时对项目经理部的管理力量配备、管理职责也有不同的要求，要充分体现责权利的统一。

（2）根据项目的规模、复杂程度和专业特点设置。

如大型施工项目的项目经理部要设置职能部、处；中型施工项目的项目经理部要设置职能处、科；小型施工项目的项目经理部只要设置职能人员即可。当施工项目的专业性很强时，可设置相应的专业职能部门，如水电处、安装处等。项目经理部的设置应与施工项目的目标要求相一致，便于管理，提高效率，体现组织现代化。

（3）根据施工工程任务需要调整。

项目经理部是弹性的一次性的工程管理实体，不应成为一级固定组织，不设固定的施工队；应根据施工的进展，业务的变化，实行人员选聘进出，优化组合，及时调整，动态管理。项目经理部一般是在项目施工开始前组建，工程竣工交付使用后解体。

（4）适应现场施工的需要设置。

项目经理部人员配置可考虑设专职或兼职，功能上应满足施工现场的计划与调度、技术与质量、成本与核算、劳务与物资、安全与文明施工的需要；不应设置经营与咨询、研究与发展、政工与人事等与项目施工关系较少的非生产性部门。

2）项目经理部的规模

项目经理部的规模等级，一般按项目的规模和类型划分。表3-3 给出了项目经理部规模等级的划分标准，可供参考。

表3-3 项目经理部规模等级

| 项目经理部等级 | 项目规模和类型 | | |
| --- | --- | --- | --- |
| | 群体工程建筑面积 /$10^4 m^2$ | 或单体工程建筑面积 /$10^4 m^2$ | 或各类工程项目投资 / 万元 |
| 一级 | ≥15 | ≥10 | ≥8000 |
| 二级 | 10～15 | 5～10 | 3000～8000 |
| 三级 | 2～10 | 1～5 | 500～3000 |

3）项目经理部的部门设置和人员配置

项目是市场竞争的核心、企业管理的重心、成本管理的中心。为此，项目经理部应优化设置部门、配置人员，全部岗位职责能覆盖施工项目的全方位、全过程，人员应素质高、一专多能、有流动性。表3-4 列出了不同等级的项目经理部的部门设置和人员配置要求，可供参考。

表 3-4  项目经理部的部门设置和人员配置要求

| 项目经理部等级 | 人数 | 项目领导 | 职能部门 | 主要工作 |
|---|---|---|---|---|
| 一级<br>二级<br>三级 | 30～45<br>20～30<br>15～20 | 项目经理<br>总工程师<br>总经济师<br>总会计师 | 经营核算部门 | 预算、资金收支、成本核算、合同、索赔、劳动分配等 |
| | | | 工程技术部门 | 生产调度、施工组织设计、进度控制、技术管理、劳动力配置计划、统计等 |
| | | | 物资设备部门 | 材料工具询价、采购、计划供应、运输、保管、管理、机械设备租赁及配套使用等 |
| | | | 监控管理部门 | 施工质量、安全管理、消防、保卫、文明施工、环境保护等 |
| | | | 测试计量部门 | 计量、测量、试验等 |

3. 施工项目管理制度

1）施工项目管理制度的概念、种类

施工项目管理制度是项目经理部为实现施工项目管理目标，完成施工任务而制定的内部责任制度和规章制度。

（1）责任制度，是以部门单位、岗位为主体制定的制度。责任制度规定了各部门、各类人员应该承担的责任、对谁负责、负什么责、考核标准以及相应的权利和相互协作要求等内容。责任制度是根据职位、岗位划分的，其重要程度不同，责任大小也各不相同。责任制度强调创造性地完成各项任务，其衡量标准是多层次的，可以评定等级。如各级领导、职能人员、生产工人等的岗位责任制度和生产、技术、成本、质量、安全等管理业务责任制度。

（2）规章制度，是以各种活动、行为为主体，明确规定人们行为和活动不得逾越的规范和准则，任何人只要涉及或参与其事都必须遵守。规章制度是组织的法规，更强调约束精神，对谁都同样适用。执行的结果只有是与非，即只有遵守与违反两个衡量标准。如围绕施工项目的生产施工活动制定的专业类管理制度主要有：采购、施工、技术、质量、安全、材料、劳动力、机械设备、成本、风险管理制度等，以及非施工专业类管理制度主要有：有关的合同类制度、分配类制度、核算类制度等。

2）建立施工项目管理制度的原则

建立施工项目管理制度时必须遵循以下原则。

（1）制定施工项目管理制度必须以国家、上级部门、公司制定颁布的与施工项目管理有关的方针政策、法律法规、标准规程等文件精神为依据，不得有抵触与矛盾。

（2）制定施工项目管理制度应符合该项目施工管理需要，对施工过程中例行性活动应遵循的方法、程序、标准、要求作出明确规定，使各项工作有章可循；有关工程技术、计划、统计、核算、安全等各项制度，要健全配套，覆盖全面，形成完整体系。

（3）施工项目管理制度要在企业颁布的管理制度基础上制定，要有针对性，任何一项条款都应该文字简洁、具体明确、可操作、可检查。

（4）施工项目管理制度的颁布、修改、废除要有严格程序。项目经理是总决策者，凡不涉及公司的施工项目管理制度，由项目经理签字决定，报公司备案；凡涉及公司的施工项目管理制度，应由公司经理批准才有效。

3）项目经理部的主要管理制度

项目经理部组建以后，首先进行的组织建设就是立即着手建立围绕责任、计划、技术、质量、安全、成本、核算、奖惩等方面的施工项目管理制度。项目经理部的主要管理制度有：

（1）施工项目管理岗位责任制度；（2）施工项目技术与质量管理制度；
（3）图纸和技术档案管理制度；（4）计划、统计与进度报告制度；
（5）施工项目成本核算制度；（6）材料、机械设备管理制度；
（7）施工项目安全管理制度；（8）文明施工和场容管理制度；
（9）施工项目信息管理制度；（10）例会和组织协调制度；
（11）分包和劳务管理制度；（12）内外部沟通与协调管理制度。

4）项目经理部的解体

企业工程管理部门是项目经理部组建、解体、善后处理工作的主管部门。当施工项目临近收尾时，项目经理部的解体及善后工作即列入议事日程，其工作程序、内容如表 3-5 所示。

表 3-5　项目经理部解体及善后工作的程序和工作内容

| 程序 | 工作内容 |
| --- | --- |
| 成立善后工作小组 | （1）组长：项目经理<br>（2）留守人员：主任工程师、技术、预算、财务、材料各 1 人 |
| 提交解体申请报告 | （1）在施工项目全部竣工验收合格签字之日起 15 天内，项目经理部上报解体申请报告，提交善后留用、解聘人员名单和时间<br>（2）经主管部门批准后立即执行 |
| 解聘人员 | （1）陆续解聘工作业务人员，原则上返回原单位<br>（2）预发两个月岗位效益工资 |
| 预留保修费用 | （1）保修期限一般为竣工使用后 1 年<br>（2）由经营和工程部门根据工程质量、结构特点、使用性质等因素，确定保修费预留比例，一般为工程造价的 1.5%～5%<br>（3）保修费用由企业工程部门专款专用、单独核算、包干使用 |
| 剩余物资处理 | （1）剩余材料原则上让售处理给企业物资设备处，对外让售须经企业主管领导批准；让售价格：按质论价、双方协商<br>（2）自购的通信、办公用小型固定资产要如实建立台账，按质论价、移交企业 |
| 债权债务处理 | （1）留守小组负责在解体后 3 个月内处理完工程结算、价款回收、加工订货等债权债务<br>（2）未能在限期内处理完，或未办理任何符合法规手续的，其差额部分计入项目经理部成本亏损 |
| 经济效益（成本）审计 | （1）由审计部门牵头，预算、财务、工程部门参加，以合同结算为依据，查收入、支出是否正确，财务、劳资是否违反财经纪律<br>（2）要求解体后 4 个月内向经理办公会提交经济效益审计评价报告 |

续表

| 程序 | 工作内容 |
|---|---|
| 业绩审计奖惩处理 | （1）对项目经理和经理部成员进行业绩审计，作出效益审计评估<br>（2）盈余者：盈余部分可按比例提成作为施工项目经理部管理奖<br>（3）亏损者：亏损部分由项目经理负责，按比例从其管理人员风险（责任）抵押金和工资中扣除<br>（4）亏损数额大时，按规定给项目经理行政和经济处分，乃至追究其刑事责任 |
| 有关纠纷裁决 | （1）所有仲裁的依据原则上是双方签订的合同和有关的签证<br>（2）当项目经理部与企业有关职能部门发生矛盾时，由企业办公会议裁决<br>（3）与劳务公司、专业分公司发生矛盾时，按业务分工，由企业劳动部门、经营部门、工程管理部门裁决 |

### 3.4.2 项目经理

**1. 项目经理在企业中的地位**

项目经理是直接负责工程项目施工的组织实施者，在项目管理中具有举足轻重的地位，是项目管理成败的关键。项目经理必须由具有执业资格的建造师担任。

（1）项目经理是施工企业法人代表在项目上的委托代理人。

从企业内部看，项目经理是项目全过程所有工作的总负责人，是项目动态管理的体现者，是项目生产要素合理投入和优化组合的组织者；从对外方面看，作为企业法人代表的企业经理，不直接对每个建设单位负责，而是由项目经理在授权范围内对建设单位直接负责。由此可见，项目经理是项目目标的全面实现者，既要对建设单位的成果性目标负责，又要对企业效益性目标负责。

（2）项目经理是协调各方面关系的桥梁和纽带。

项目经理是协调各方面关系，使之相互紧密协作、配合的桥梁和纽带。项目经理对项目管理目标的实现承担着全部责任，即承担合同责任，履行合同义务，执行合同条款，处理合同纠纷，受法律的约束和保护。

（3）项目经理对项目实施进行信息控制。

项目经理控制和掌握有关项目实施的各种信息。自下、自外而来的信息，通过各种渠道汇集到项目经理的手中。项目经理又通过指令、计划和协议等，对下、对外发布信息，通过信息的集散达到控制的目的，使项目管理取得成功。

（4）项目经理是项目责权利的主体。

项目经理是项目总体的组织管理者，是项目中人、财、物、技术、信息和管理等所有生产要素的组织管理人。

**2. 项目经理应具备的素质**

项目经理是对项目管理实施阶段全面负责的决策者、管理者和组织者。在企业内部,项目经理对企业经理负责;在企业外部,在企业经理授权范围内,项目经理可对业主负责。一个称职的施工项目经理必须在政治水平、管理能力、知识结构、身心健康等方面具备良好的素质,具体内容如表3-6所示。

表3-6 项目经理应具备的素质

| 素质 | 具体内容 |
| --- | --- |
| 政治素质 | （1）具有高度的政治思想觉悟和职业道德,政策性强<br>（2）有强烈的事业心、责任感,敢于承担风险,有改革创新竞争进取精神<br>（3）有正确的经营管理理念,讲求经济效益<br>（4）有团队精神,作风正派,能密切联系群众,发扬民主作风,不谋私利,实事求是,大公无私<br>（5）言行一致,以身作则;任人唯贤,不计个人恩怨;铁面无私,赏罚分明 |
| 管理素质 | （1）对项目施工活动中发生的问题和矛盾有敏锐的洞察力,并能迅速作出正确分析判断和有效解决问题的严谨思维能力<br>（2）在与外界洽谈（谈判）以及处理问题时,有多谋善断的应变能力、当机立断的科学决策能力<br>（3）在安排工作和生产经营活动时,有协调人财物能力,排除干扰实现预期目标的组织控制能力<br>（4）有善于沟通上下级关系、内外关系、同事间关系,调动各方积极性的公共关系能力<br>（5）知人善任、任人唯贤,善于发现人才,具有敢于提拔使用人才的用人能力 |
| 知识素质 | （1）具有大专以上工程技术或工程管理专业学历,受过有关项目经理的专门培训,取得任职资质证书<br>（2）具有可以承担施工项目管理任务的工程施工技术、经济、项目管理和有关法规、法律知识<br>（3）具备资质管理规定的工程实践经历、经验和业绩,有处理实际问题的能力<br>（4）一级项目经理或承担涉外工程的项目经理应掌握一门外语 |
| 身心素质 | （1）年富力强、身体健康<br>（2）精力充沛、思维敏捷、记忆力良好<br>（3）有坚强的毅力和意志品质,健康的情感、良好的心理素质 |

3. 项目经理的责、权、利

1）项目经理的职责

（1）代表企业实施施工项目管理。在管理中,贯彻执行国家和工程所在地政府的有关法律、法规和政策,执行企业的各项规章制度,维护企业整体利益和经济权益。

（2）签订和组织履行《施工项目管理目标责任书》。

（3）主持组建项目经理部和制定项目的各项管理制度。

（4）组织项目经理部编制施工项目管理实施规划。

（5）对进入现场的生产要素进行优化配置和动态管理，推广和应用新材料、新设备、新工艺和新技术。

（6）在授权范围内与承包企业、协作单位、建设单位和监理工程师进行沟通、联系，协调处理好各种关系，及时解决项目实施中出现的各种问题。

（7）严格财经制度，加强成本核算，积极组织工程款回收，正确处理国家、企业、分包单位以及职工之间的利益分配关系。

（8）加强现场文明施工，及时发现和处理例外性事件。

（9）工程竣工后及时组织验收、结算和总结分析，接受审计。

（10）做好项目经理部的解体与善后工作。

（11）协助企业有关部门进行项目的检查、鉴定等有关工作。

2）项目经理的权限

（1）参与企业进行的施工项目投标和施工合同签订等工作。

（2）有权决定项目经理部的组织形式，选择、聘任有关管理人员，明确职责，根据任职情况定期进行考核评价和奖惩，期满辞退。

（3）在企业财务制度允许的范围内，根据施工项目的需要和计划安排，对资金投入和使用作出决策和计划；在企业相关规定的条件下，对项目经理部的计酬方式、分配办法作出决策。

（4）按企业规定选择施工队。

（5）组织指挥施工项目的生产经营管理活动，进行工作部署、检查和调整。

（6）以企业法定代表人代理的身份，处理、调整与施工项目有关的内部、外部关系。

（7）有权拒绝企业经理和有关部门违反合同行为的不合理摊派，并对对方所造成的经济损失有索赔权。

（8）企业法人授予的其他管理权力。

3）项目经理的利益

项目经理最终利益是项目经理行使权力和承担责任的结果，也是市场经济条件下责、权、利、效相互统一的具体体现。项目经理应享有以下利益。

（1）项目经理的工资主要包括基本工资、岗位工资和绩效工资，其中绩效工资应与施工项目的效益挂钩。

（2）在全面完成各项责任目标，完成工程验收结算，并接受企业的考核、审计后，应获得规定的物质奖励和相应的表彰、记功优秀项目经理等荣誉称号和精神奖励。

（3）经企业考核、审计，确认未完成责任目标或造成亏损的，要按有关条款承担责任，并接受经济或行政处罚。

4. 项目经理的选择

1）项目经理的选择方式

项目经理的选择方式有公开竞争招聘制、企业经理委任制、基层推荐内部协调制三种，它们的选择范围、程序和特点各有不同，具体内容如表3-7所示。

表 3-7  项目经理的选择方式

| 选择方式 | 选择范围 | 程序 | 特点 |
| --- | --- | --- | --- |
| 公开竞争招聘制 | （1）面向社会招聘<br>（2）本着先内后外的原则 | （1）个人自荐<br>（2）组织审查<br>（3）答辩演讲<br>（4）择优选聘 | （1）选择范围广<br>（2）竞争性强<br>（3）透明度高 |
| 企业经理委任制 | 限于企业内部的在职干部 | （1）企业经理提名<br>（2）组织人事部门考核<br>（3）企业办公会议决定 | （1）要求企业经理知人善任<br>（2）要求人事部门考核严格 |
| 基层推荐内部协调制 | 限于企业内部 | （1）企业各基层推荐人选<br>（2）人事部门集中各方意见严格考核<br>（3）党政联席办公会议决定 | （1）人选来源广泛<br>（2）有群众基础<br>（3）要求人事部门考核严格 |

2）项目经理的选拔程序

项目经理的选拔程序如图 3.8 所示。

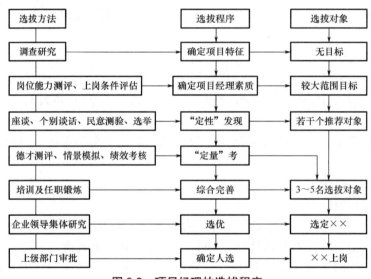

图 3.8  项目经理的选拔程序

5. 项目经理责任制

1）项目经理责任制的含义和作用

（1）项目经理责任制的含义。

项目经理责任制是指以项目经理为主体的施工项目管理目标责任制度。它是以施工项目为对象，以项目经理为主体，以项目管理目标责任书为依据，以求得项目产品的最佳经济效益为目的，实行从施工项目开工到竣工验收交工的施工活动以及售后服务在内的一次性全过程的管理责任制度。

项目经理与项目经理部在施工项目管理中应严格实行项目经理责任制，确保项目目标的实现。项目经理责任制是通过项目经理与项目经理部履行项目管理目标责任书，层层落实目标的责任、权限、利益，从而实现项目管理责任目标。

（2）项目经理责任制的作用。

① 建立和完善以施工项目管理为基础的适应市场经济的责任管理机制。

② 明确项目经理与企业、职工三者之间的责、权、利、效关系。

③ 利用经济手段、法制手段对项目进行规范化科学化管理。

④ 强化项目经理人的责任与风险意识，对工程质量、工期、成本、安全、文明施工等方面全面负责，全过程负责，促使施工项目高速优质低耗地全面完成。

2）项目经理责任制的主体和重点

（1）项目经理责任制的主体。

项目经理责任制的主体，是项目经理个人全面负责，项目管理班子集体全员管理。施工项目管理的成果不仅仅是项目经理个人的功劳。项目管理班子是一个集体，没有集体的团结协作就不会取得成功。由于项目经理明确了分工，使每个成员都分担了一定的责任，大家都对企业负责，共同享受企业的利益。但是由于责任不同、承担风险也不同，所以项目经理责任制的主体必然是项目经理。

（2）项目经理责任制的重点。

项目经理责任制的重点在于管理。如果企业的经理是战略家，那么项目经理就应当是战术家。企业经理决定打不打这一仗，是决策者的责任；而项目经理研究如何打好这一仗，是管理者的责任。因此，项目经理责任制要注重现代化管理的内涵和运用。

3）项目经理责任制管理目标责任体系

（1）项目经理责任制管理目标责任体系的内容

项目经理责任制管理目标责任体系是实现项目经理责任制的重要内容。它包括项目经理与企业经理及有关的部门、人员、分包单位之间的各种类型的责任制，具体内容如表 3-8 所示。

表 3-8　项目经理责任制管理目标责任体系

| 责任状签发人 | 责任状接受人 | 主要内容 |
| --- | --- | --- |
| 企业经理<br>（法人代表） | 项目经理 | （1）双方签订的《施工项目管理目标责任书》是项目经理的任职目标<br>（2）是关于项目施工活动全过程及项目经理部寿命期内重大问题办理而事先形成的具有企业法规性的文件<br>（3）《施工项目管理目标责任书》的主要内容是：<br>① 企业各职能部门与项目经理之间的关系<br>② 项目经理使用施工队的方式；施工项目的材料和机械设备供应方式<br>③ 按中标价与项目可控成本分离的原则确定项目经理目标责任成本<br>④ 施工项目应达到的质量目标、安全目标、进度目标和文明施工目标<br>⑤《施工项目管理制度》规定以外的有法定代表人向项目经理的授权<br>⑥ 企业对项目经理进行奖惩的依据、标准、办法及应承担的风险<br>⑦ 项目经理解职及项目经理部解体的条件及办法<br>⑧《施工项目管理目标责任书》争议的行政解决办法<br>⑨ 对跨年度施工的项目，还应以企业当年下达给项目经理部的综合计划指标为依据，签订《年度项目经理经营责任状》 |

续表

| 责任状签发人 | 责任状接受人 | 主要内容 |
|---|---|---|
| 项目经理 | 项目经理部内部人员 | （1）建立以项目经理为中心的分工负责岗位（横向）管理目标责任制<br>（2）将各岗位工作职责具体化、规范化，形成分工协作的业务管理系统<br>（3）与各岗位业务人员签订上岗责任状，明确各自的责、权、利 |
| 项目经理部 | 水电专业队<br>土方运输队<br>劳务分包队 | （1）签约双方是合同关系，是以施工项目分包单位为对象的（纵向）经济责任制<br>（2）通常以承包工程为对象，以施工预算为依据签订目标责任书<br>（3）责任书中应明确对承包任务的质量、工期、成本、文明施工等目标要求<br>（4）责任书中还应明确考核标准，争议纠纷处理办法等责、权、利、效规定 |
| 各分包队 | 作业班组 | 规定了分包队内部作业班组对质量、进度、安全等方面的管理要求 |
| 项目经理部 | 企业各职能部门 | 企业各职能部门为施工项目提供服务、指导、协调、控制、监督保证的业务管理责任 |

（2）项目经理责任制管理目标责任的考核。

在项目经理责任期内，企业成立由主管生产经营的领导、三总师（总工程师、总会计师、总经济师）及经营、工程、安全、质量、财会、审计等有关部门组成的专门的考核领导小组，依据《施工项目管理目标责任书》（或《年度项目经理经营责任状》）对项目经理在考核期内的生产经营业绩、履行责任制情况等进行考核。

通常是每月由经营管理部门按统计报表和文件规定，进行政审性考核；每季度由考委会按纵横考评结果和经济效益综合考核；年末进行全面考核。

项目经理部下属的各类责任制，由项目经理部组织，按双方所签订责任状进行月、季和全年考核。

4）项目经理资质管理

（1）项目经理资质等级及申请条件。

项目经理是岗位职务，实行持证上岗制度，从事施工项目管理的项目经理必须持有《建筑业企业项目经理资质证书》，才能承担与之资质等级相符合的工程项目管理。

（2）项目经理资质考核和注册。

① 项目经理资质考核的内容。

根据建设部1995年颁发的《建筑施工企业项目经理资质管理办法》规定，项目经理资质考核的内容有：

申请人的技术职称证书、项目经理培训合格证书；

申请人从事施工项目管理工作简历和主要业绩；

有关方面对申请人的施工项目管理水平、完成情况（包括工期、效益、工程质量、施工安全）的评价；

其他有关情况。

② 项目经理资质的注册。

建筑业企业项目经理资质考核通过后，由相应的建设行政主管部门认定注册，颁发相应等级的资质证书。其中一级项目经理须报建设部认可后方能颁发。

（3）项目经理资质复查和管理。

① 项目经理资质管理部门每两年对《建筑施工企业项目经理资质证书》持有者复查一次，并根据项目经理在这期间的工作业绩情况，作出合格、不合格、不在岗三种复查结论：

项目经理履行项目承包合同，且未发生工程建设重大事故的，为"合格"；

项目经理未能履行项目承包合同，或发生过一起三级工程建设重大事故，或发生过两起以上四级工程建设重大事故，或发生过重大违法行为的，均为"不合格"；

项目经理在工程项目施工管理工作中，未担任项目经理岗位职务的，为"不在岗"。

② 连续两次复查结论为"不合格"者，降低资质等级一级；连续两次复查结论为"不在岗"者，须重新认定注册后方可担任项目经理职务。

③ 项目经理达到上一级资质等级条件的，可随时提出升级申请，并须经考核和注册。

④ 项目经理因管理不善，发生二级工程建设重大事故，或两起以上三级工程建设重大事故的，降低资质等级一级。在降低资质等级期间，再发生一起四级以上工程建设重大事故，给予项目经理吊销资质证书的处罚。

⑤ 被降低资质等级的项目经理，须两年后，经检查合格方可申请恢复原资质等级。被吊销资质等级的项目经理，须三年后，才能申请项目经理资质注册。

## 习 题

### 一、单项选择题

1. 关于项目的组织，下列说法正确的是（　　）。
A. 组织是目标实现的决定性因素　　B. 组织是目标实现的重要因素
C. 组织是目标实现的唯一因素　　D. 组织工作是对项目参与人员的工作分配

2. 某工程项目采用事业部制式项目管理组织，以下哪个选项不属于该组织系统特点（　　）。
A. 企业对项目经理部约束力较强　　B. 事业部的独立性较强
C. 对外享有相对独立经营权　　D. 经授权后事业部可以直接对业主负责

3. 根据我国现行管理体制，施工方项目经理（　　）。
A. 是施工企业法定代表人
B. 是施工企业法定代表人在工程项目上的代表人
C. 是一个技术岗位，而不是管理岗位
D. 须在企业项目管理领导下主持项目管理工作

4. 《施工项目管理目标责任书》的主要内容不包括（　　）。
A. 企业各职能部门与项目经理之间的关系　　B. 组织的经营方针和目标
C. 项目经理使用作业队伍的方式　　D. 项目的材料和机械设备供应方式

5. 关于直线职能式项目管理组织，以下说法错误的是（　　）。
A. 各职能部门在自己职能范围内独立工作
B. 直线职能式项目管理组织稳定性较高
C. 各职能部门之间横向联系较差

D. 信息传递路线短，反馈较快，可以迅速使用环境变化

## 二、多项选择题

1. 项目经理在承担项目施工管理过程中，需履行的职责有（　　）。
   A. 贯彻执行国家和工程所在地政府的有关法律、法规和政策
   B. 调配并管理进入工程项目的各种生产要素
   C. 对工程项目施工进行有效控制
   D. 严格财务制度，加强财务管理
   E. 确保工程质量和工期，实现安全、文明生产

2. 项目经理在承担项目施工管理过程中，在企业法定代表人授权范围内，行使的管理权力有（　　）。
   A. 选择施工队　　　　　　　B. 进行合理的经济分配
   C. 组织项目管理班子　　　　D. 购置设备
   E. 调配进入项目的人、财、物

3. 项目经理在项目管理方面的主要任务是（　　）。
   A. 施工安全管理　　　　　　B. 施工投资控制
   C. 施工质量控制　　　　　　D. 工程合同管理
   E. 工程信息管理

4. 在建设项目的组织系统中，常用的工程项目管理组织形式有（　　）。
   A. 项目结构式　　　　　　　B. 矩阵制式
   C. 直线职能式　　　　　　　D. 项目合同式
   E. 工作队式

5. 关于项目管理机构负责人权限的说法正确的有（　　）。
   A. 参与项目部　　　　　　　B. 主持项目管理机构工作
   C. 组建项目经理部　　　　　D. 选择工程分包人
   E. 选择物资供应单位

## 三、名词解释题

1. 工程项目管理组织
2. 工程项目管理组织形式
3. 施工项目管理制度
4. 管理跨度
5. 管理层次

在线答题

拓展习题

## 四、简答题

1. 工程项目管理组织结构的确定应遵循哪些原则？
2. 事业部制式项目管理组织的适用范围是什么？
3. 工程项目管理组织作为组织机构有哪些作用？
4. 简述矩阵制式项目管理组织的优缺点。
5. 项目经理有哪些职责？

# 第 4 章
## 工程项目进度管理

**知识结构图**

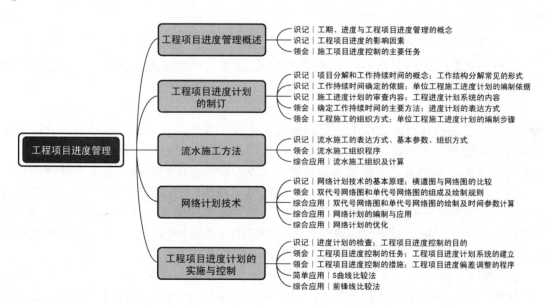

## 4.1 工程项目进度管理概述

### 4.1.1 基本概念

"进度"指为进行工程建设而进行的相关工作的进展速度,是动态的概念。"工期"指建设一个项目或一个单项工程从正式开工到全部建成投产时所经历的时间,是静态的概念。"进度"和"工期"既有联系也有区别。本章进度管理主要讲述施工项目管理的相关内容。

**1. 工程进度**

工程进度一般用工程形象进度表征,即按工程的主要组成部分,用文字或实物工程量的百分数,简明扼要地表明施工工程在一定时点上(通常是期末)达到的形象部位和总进度。工程进度是考核施工单位完成施工任务的主要指标之一,其主要作用是反映工程现在的完成情况(即百分比),并与施工组织设计中编制的计划进行比较,检查进度是超前还是滞后,以指导后续工作的安排。工程形象进度的具体表现形式需要用数字来体现。

**2. 工期**

工期是建设工程施工合同的主要内容之一,主要有约定工期、实际工期、定额工期及合理工期四个类型。

1)约定工期

约定工期是指在合同协议书约定的承包人完成工程所需的期限,包括按照合同约定所做的期限变更。在建设工程施工过程中,工程的价款、质量和工期是施工管理的三个最主要的方面,工期又对工程质量和价款(成本)有着直接的影响,在施工管理中有着重要的地位。常见的约定工期的方式有两种:第一种是约定工程日期总天数,通常出现在签订合同之时无法确定具体开工日的情况;第二种是约定开工日和竣工日,两者之间的时间段为约定工期。对于实际开工日晚于约定的开工日的情况,当事人主张按照约定的工期长度顺延竣工日的,也有可能得到支持。

2)实际工期

实际工期是一项工程从实际开工之日,到工程按照约定的质量标准或者国家规定的质量标准完工,并通过竣工验收之日的全部有效施工期限。如果工程未完工,则是从实际开工之日到实际停工之日;如果工程已完工,按照实际开工日、实际竣工日为计算标准,并考虑合理的工期顺延等因素。

3)定额工期

定额工期是指从开工之日起,到完成全部工程内容并达到国家验收标准之日止的日历天数(包括法定节假日)。建筑安装工程工期定额,是依据国家建筑工程质量检验评定标准中施工及验收规范有关规定,结合各施工条件,本着平均、经济合理的原则制定的,工期定额是编制施工组织设计、安排施工计划和考核施工工期的依据,是编制招标标底和投标标书及签订建筑安装工程合同的重要依据。

4）合理工期

合理工期可以认为是在一般水平的施工技术、经验和管理水平下，普通施工条件的工程在完成一定的工程量时正常所需的建设工期，类似于《中华人民共和国民法典》中的"合理期限"。合理工期很难做统一的定义，只能针对特定时间段、区域和特定的项目做推断。合理工期的意义在于，对建设工程施工合同中有关违反工程建设强制性标准、任意压缩合理工期、降低工程质量标准的约定内容，应认定为无效。

3. 工程项目进度管理

工程项目进度管理是指对工程项目建设实施各阶段的工作内容、工作程序、持续时间和衔接关系，根据进度总目标及资源优化配置的原则，编制进度计划并付诸实施，然后在进度计划执行过程中经常检查实际进度是否按计划要求进行，对出现的偏差情况进行分析，采取补救措施或调整、修改原计划后再付诸实施，如此循环，直到工程竣工验收交付使用。工程项目进度管理的最终目的是确保工程项目按预定时间动用或提前交付使用，工程实施阶段进度管理的总目标是控制建设工期。

4. 施工项目进度控制

施工项目进度控制是指施工单位在施工过程中对建设工程项目的进度控制。即在要求的工期内，编制出施工进度计划，并将该计划付诸实施，在执行该计划的施工过程中经常检查实际施工进度，收集、统计、整理施工现场的进度信息，并不断比较分析实际进度与计划进度，若出现偏差，则及时分析产生偏差的原因和对后续工作的影响程度，采取必要的措施或调整修改进度计划及相关计划，并再次付诸实施，如此不断地循环，直至最终实现项目预期目标。此过程是一个循环渐进的动态控制过程。

5. 施工项目进度控制原理

项目进度是由从开始到竣工的一系列施工活动在时间轴上的展开情况表达的。工期目标包括：总进度计划实现的总工期目标、各分项进度计划（采购、设计、施工等）或子项进度计划实现的工期目标以及各阶段进度计划实现的里程碑目标。通过计划进度目标与实际进度完成目标值的比较，找出偏差及其原因，采取措施调整纠正，从而实现对项目进度的控制。进度控制是目标控制，是反复循环的过程，体现运用进度控制系统控制工程建设进展的动态过程。

1）动态控制原理

工程项目进度控制是一个动态的循环控制。从项目施工开始，实际进度出现运动轨迹，计划进入执行的动态循环之中。实际进度按照计划进行时，两者相吻合；实际进度与计划不一致时，会产生超前或落后的偏差，此时，应当及时分析偏差原因，采取措施，调整计划，使实际进度与计划进度在新的起点上重合，并尽量使项目按调整后的计划继续进行。进度控制就是采用这种动态循环的控制方法。

2）系统原理

进行工程项目进度控制时，首先，要编制项目的进度计划组织实施；其次，要自上而下设立检查、统计、分析及调整系统，形成一个纵横相连的项目进度控制体系；最后，为了实现工程项目工期总目标，还需要对实现目标进行局部进度控制及总控。因此，进度控制实际上就是用系统的理论和方法解决问题。

3）封闭循环原理

项目进度控制的全过程包括计划、实施、检查、比较分析、确定调整措施、再计划。从编制项目施工进度计划开始，通过对实施过程跟踪检查，搜集实际进度信息，比较、分析实际进度与计划进度间的偏差，找寻原因，确定调整措施，修改原计划，形成一个封闭的循环系统。

4）信息原理

信息是项目进度控制的依据。施工的实际进度自上而下传递给基层项目进度控制的工作人员，再经过加工，将实际信息逐级向上反馈到主控制室，主控制室整理分析各信息作出决策，调整进度计划，使其符合预定的工期目标。施工项目进度控制的过程就是信息传递和反馈的过程。

5）弹性原理

工程项目施工进度计划周期长、影响因素多，这就要求计划编制人员根据统计经验估计各种因素的影响程度和出现的可能性，并在确定进度目标后分析风险，使施工进度计划具有弹性。在进行施工项目进度控制时，可以利用这些弹性，缩短工作时间，或者改变搭接关系，通过缩短剩余计划工期的方法，达到预期的计划目标。

6）网络计划技术原理

网络计划技术不仅可以用于编制进度计划，而且可以用于计划的优化、管理和控制。网络计划技术是一种科学有效的进度管理方法，是项目进度控制，特别是复杂项目进度控制的完整的计划管理和分析计算的理论基础。

工程项目的实施进度受许多因素影响，项目管理者需事先对影响进度的各种因素进行调查，预测其对进度可能产生的影响，编制可行的进度计划，指导工程项目按计划实施。然而在计划执行过程中，必然会出现新的情况，导致难以按照原定的进度计划执行。这就要求项目管理者在实行进度控制的过程中，掌握动态控制原理，不断进行检查，将实际情况与计划安排进行对比，找出偏离计划的原因，特别是找出主要原因，然后采取相应措施。

6. 施工项目进度变更

进度变更管理是项目管理机构根据进度管理报告提供的信息，采取组织、技术、经济和沟通协调等措施来纠正进度计划执行中的偏差，对进度计划进行变更调整。进度计划的变更调整分为两种情况：一是通过对关键线路的压缩调整来追回部分耽误的工期，尽可能实现既定的工期目标，由此可能涉及工程量（或工作量）调整、工作起止时间改变、工作关系改变和资源供应调整等方面；二是当采取一系列纠偏措施后仍不能实现既定的工期目标时，需要变更计划目标或变更工作方案，并根据实际情况重新编制进度计划，报原计划审批部门批准后执行。无论哪一种进度计划的变更都涉及资源供应计划和其他相关工作的调整变更，因此需要做好相关各方的沟通协调，确保变更后的进度计划得以顺利实施。产生进度变更（如延误）后，受损方可按合同及有关索赔规定向责任方进行索赔。进度变更（如延误）索赔应由发起索赔方提交工期影响分析报告，以得到批准确认的进度计划为基准申请索赔。

### 4.1.2 工程项目进度控制的意义

工程项目进度控制是工程项目控制的重点内容之一。在工程建设三大目标控制关系中，质量是根本，成本是关键，而进度是中心。由于工程项目建设具有复杂、周期长、参与单位多等特点，因此，编制合理的进度计划，特别是在施工中对进度计划实施动态控制是保证工程按期或提前发挥经济效益和社会效益的决定因素。进度控制以达到按期完成工程、节约工程成本为目的。

### 4.1.3 影响工程项目进度的因素

工程项目施工过程是一个复杂的过程，涉及面广，影响因素很多，任何一个方面出现问题，都可能对工程项目的施工进度产生影响，相关各方应分析了解这些因素，并尽可能地加以控制，以弥补和减少这些因素的影响。

1. 外部环境影响

1）建设单位的影响

建设单位的要求变更和资金提供是影响工程进度的主要因素。

2）设计单位的影响

工程设计资料及图纸提供的时间和质量是工程进度的主要干扰因素。若设计单位不按时交图，就会拖延工期；若设计质量不好，其错误和变更均会打乱原定施工进度计划，致使施工返工或停顿。

3）其他相关单位的影响

与工程项目施工有关的政府主管职能部门、通信部门、供电和供水部门等的工作都将对施工进度产生影响，施工单位必须与有关部门相互协调配合，才能控制施工进度，若无法协调控制的，则应在进度计划中留有机动时间。

2. 内部环境影响

1）资源供应的影响

施工中需要的人员、材料、机具设备能否按需求供应，会对施工进度产生影响。

2）资金的影响

足够的资金是施工顺利进行的保证，建设单位应按期支付给施工单位工程费用，施工单位应组织好其他来源资金。

3）施工条件的影响

施工现场的施工条件比设计和签订合同时预计得更困难（如地质断层、地下水位过高、流砂等水文地质条件的变化），将会影响施工进度。

4）技术影响

若施工单位未能完全领会设计意图和技术要求，或低估了施工中可能遇到的技术问题，或未考虑解决设计、施工问题所进行的科研和试验的时间，均可能影响施工进度。

5）施工组织影响

施工单位组织不当、劳动力和施工机械的调配不当、不适应施工现场的变化，均可能影响进度计划的实现。

其他不可预见事件，如施工中出现恶劣的自然条件、自然灾害、工程事故、疫情、战争等都将影响进度计划的实现。

## 4.2 工程项目进度计划的制订

### 4.2.1 项目分解及工作持续时间的确定

1. 项目分解

项目分解是通过系统的方法将总目标和任务所定义的项目分解开来，得到不同层次的项目单元。其基本思路是以项目目标体系为主导，以工程系统范围和项目的总任务为依据，由上而下、由粗到细地进行。在项目分解过程中，甚至在整个项目的系统分析过程中，应尽可能让相关部门的专家、将来项目相关任务的承担者参加，并听取他们的意见，这样才能保证项目分解的科学性和实用性，进而保证整个进度计划的科学性。

工作结构分解是指对工程项目的主要工作任务以及工程项目技术系统进行综合分解，最后得到工程项目的实施活动。工作结构分解的主要内容是将一个项目分解成易于管理的几个部分或几个细目，以确保找出完成项目工作范围所需的所有工作要素。工作结构分解是一种在项目全范围内分解和定义各层次工作包的方法，按照项目发展的规律，依据一定的原则和规定，进行系统化的、相互关联的和协调的层次分解。结构层次越往下，则项目组成部分的定义越详细，最后将形成一份层次清晰、可以具体组织项目实施的工作依据。

工作结构分解是一个树形结构，以实现项目最终成果所需进行的工作为分解对象，依次逐级分解，形成越来越详细的若干级别（层次）、类别，并以编码标识的若干大小不同的项目单元。

工作结构分解常见的层次有以下六个级别。
（1）总项目； （2）单体项目；
（3）项目任务； （4）子任务；
（5）工作包； （6）作业层。

2. 工作持续时间的确定

工作持续时间的确定是编制工程项目进度计划的一项重要基础工作，要求客观正确。如果工作持续时间定得太短，则会造成被动紧张的局面；相反，则会延长工期。工作持续时间是在一定的条件下，直接完成该工作所需时间与必要停歇时间之和，单位可为日、周、旬、月等。工作持续时间是计算其他网络参数和确定项目工期的基础。

在确定工作持续时间时，不应受到工作的重要性及项目完成期限的限制，而要在考虑各种资源供应、技术、工艺、现场条件、工作量、工作效率、劳动定额等因素的情况下，将工作置于独立的正常状态下进行估计。以下是工作持续时间确定的依据和主要方法。

1）工作持续时间确定的依据
（1）工作详细列表。
（2）项目的约束和限制条件。
（3）资源需求。工作持续时间受到分配给该工作的资源情况以及该工作实际所需要的资源情况的制约。例如，当人力资源减少一半时，工作持续时间将可能增加一倍。

（4）历史信息。类似的历史项目工作资料有助于确定项目的工作持续时间，这些历史信息包括项目文件、工作时间历史数据等。

2）确定工作持续时间的主要方法

工作持续时间通常涉及众多因素，一般难以用一个通用的计算方法来计算，常用的方法有定量计算法、经验法、专家判断法和类比估计法等。

（1）定量计算法。

定量计算法是在确定了工作的工程量或工作量的基础上，根据作业人员的工作效率或人数确定工作持续时间的方法，该方法比较正确可靠，但前提条件是能比较正确地确定工作的工程量或工作量，并能正确地确定工作效率。

（2）经验法。

经验法是根据成功、成熟经验来估计工作的持续时间，其结果也具有一定的不确定性和风险。

（3）专家判断法。

专家判断法是由专家根据历史经验、信息及专家自己的判断能力来估计工作持续时间，其结果具有一定的不确定性和风险。

（4）类比估计法。

类比估计法是根据以前类似项目的工作持续时间来估计当前项目的工作持续时间。在缺乏项目的详细信息时，类比估计法是一种比较有效的方法。

## 4.2.2 工程进度计划的表达方式

工程进度计划的表示方法有多种，常用的有横道图、网络图和香蕉图。

1. 横道图

横道图也称甘特图，是美国人甘特（Gantt）在20世纪20年代提出的。由于其形象、直观，且易于编制和理解，因而长期以来被广泛应用于工程进度管理之中。

用横道图表示的工程进度计划，一般包括两个基本部分，即左侧的工作名称及工作持续时间等基本数据部分和右侧的横道线部分。图4.1所示为某桥梁工程施工进度横道图。该计划明确地表示出了各项工作的划分、工作的开始时间和完成时间、工作的持续时间、工作之间的相互搭接关系，以及整个工程项目的开工时间、完工时间和总工期。

| 序号 | 工作名称 | 持续时间(天) | 进度(天) |||||||||||
|---|---|---|---|---|---|---|---|---|---|---|---|---|---|
| | | | 5 | 10 | 15 | 20 | 25 | 30 | 35 | 40 | 45 | 50 | 55 |
| 1 | 施工准备 | 5 | | | | | | | | | | | |
| 2 | 预制梁 | 20 | | | | | | | | | | | |
| 3 | 运输梁 | 5 | | | | | | | | | | | |
| 4 | 东侧桥台基础 | 25 | | | | | | | | | | | |
| 5 | 东侧桥台 | 10 | | | | | | | | | | | |
| 6 | 东侧桥台后填土 | 5 | | | | | | | | | | | |
| 7 | 西侧桥台基础 | 25 | | | | | | | | | | | |
| 8 | 西侧桥台 | 10 | | | | | | | | | | | |
| 9 | 西侧桥台后填土 | 5 | | | | | | | | | | | |
| 10 | 架梁 | 5 | | | | | | | | | | | |
| 11 | 与路基连接 | 5 | | | | | | | | | | | |

图4.1 某桥梁工程施工进度横道图

利用横道图表示工程进度计划，存在下列不足。

（1）不能明确地反映出各项工作之间错综复杂的相互关系，因而在计划执行过程中，当某些工作的进度由于某种原因提前或拖延时，不便于分析其对其他工作及总工期的影响程度，不利于工程进度的动态控制。

（2）不能明确地反映出影响工期的关键工作和关键线路，也就无法反映出整个工程项目的关键所在，因而不便于进度控制人员抓住主要矛盾。

（3）不能反映出工作所具有的机动时间，看不到计划的潜力所在，无法进行最合理的组织和指挥。

（4）不能反映工程费用与工期之间的关系，因而不便于缩短工期和降低工程成本。

由于横道图存在上述不足，因此给工程进度控制工作带来很大不便。即使项目管理人员在编制计划时已充分考虑各方面的问题，在横道图上也不能全面地反映出来，特别是当工程项目规模大、工艺关系复杂时，横道图就很难充分暴露矛盾。而且在横道图执行过程中，对其进行调整也是十分烦琐和费时的。由此可见，利用横道图控制工程进度有较大的局限性。

2. 网络图

工程进度计划用网络图来表示，可以使工程进度得到有效控制。国内外实践证明，网络计划技术是用于计划和控制工程进度的最有效工具。无论是工程设计进度管理，还是施工进度管理，均可应用网络计划技术。

网络计划技术自20世纪50年代末诞生以来，已得到迅速发展和广泛应用，其种类也越来越多。但总的说来，网络计划可分为确定型和非确定型两类。如果网络计划中各项工作及其持续时间和各工作之间的相互关系都是确定的，就是确定型网络计划；反之则属于非确定型网络计划，如计划评审技术（PERT）、图示评审技术（GERT）、风险评审技术（VERT）、决策关键线路法（DN）等均属于非确定型网络计划。在一般情况下，工程进度计划主要应用于确定型网络计划，常用的有双代号网络计划、单代号网络计划、双代号时标网络计划、单代号时标网络计划。

3. 香蕉图

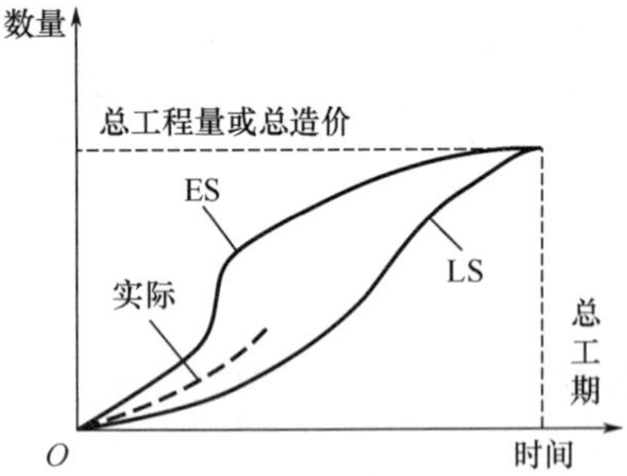

香蕉图是以工程网络计划为基础绘制的。由于在工程网络计划中，工作的开始时间有最早开始时间和最迟开始时间两种，如果按照工程网络计划中每项工作的最早开始时间绘制整个工程项目的计划累计完成工程量或造价，即可得到一条S曲线（ES曲线）；而如果按照工程网络计划中每项工作的最迟开始时间绘制整个工程项目的计划累计完成工程量或造价，又可得到一条S曲线（LS曲线），两条S曲线组合在一起，即成为香蕉图，如图4.2所示。

图4.2 香蕉图

与S曲线法相同，香蕉曲线同样可用来控制工程造价和工程进度。其控制程序如下。

（1）根据工程项目具体要求，编制工程网络计划，并计算工作时间参数。

（2）根据工程网络计划，在以横坐标表示时间、纵坐标表示累计完成的工程量或造价的坐标体系中，绘制代表工程数量或造价的 ES 曲线和 LS 曲线。

（3）根据工程进展情况，在同一坐标体系中绘制工程数量或造价的实际累计 S 曲线。

（4）将实际 S 曲线与计划香蕉曲线进行比较，以此判断工程进度偏差或造价偏差。如果实际 S 曲线落在香蕉曲线范围之内，则说明实际造价或进度处于控制范围之内；否则，说明工程造价或进度出现偏差，需要分析原因，并采取措施进行调整。

（5）投资计划或进度计划作出调整后，需要重新绘制调整后的香蕉曲线，以便在下一步控制过程中进行对比分析。

### 4.2.3 工程进度计划过程及工程进度计划系统

1. 单位工程施工进度计划的编制

1）单位工程施工进度计划的编制依据

单位工程施工进度计划的编制依据有：工程项目设计文件，施工总进度计划、施工方案，主要材料和设备的供应能力，施工人员的技术素质和劳动效率，施工现场条件、气候条件、环境条件，已建成同类工程的实际进度和经济指标，等等。

2）单位工程施工进度计划的编制步骤

（1）熟悉并审查施工图纸，研究有关资料，调查施工条件。

施工单位（承包商）项目部技术负责人在收到施工图及取得有关资料后，应组织工程技术人员及有关施工人员全面地熟悉和详细审查图纸，并参加建设、监理、施工等单位有关工程技术人员参加的图纸会审，由设计单位技术人员进行设计交底，在弄清设计意图的基础上，研究有关技术资料，同时进行施工现场的勘察，调查施工条件，为编制施工进度计划做好准备工作。

（2）划分施工过程并计算工程量。

编制单位工程施工进度计划时，应按照所选的施工方案确定施工顺序，将分部工程或施工过程（分项工程）逐项填入施工进度表的分部分项工程名称栏中，其项目包括从准备工作起至交付使用时为止的所有土建施工内容。对于次要的、零星的分项工程则不列出，可并入"其他工程"，在计算劳动量时，给予适当的考虑即可。水、暖、电及设备一般另做一份相应专业的单位工程施工进度计划，在土建单位工程施工进度计划中只列分部工程总称，不列详细施工过程名称。

编制单位工程施工进度计划时，应当根据施工图和建筑工程预算工程量的计算规则来计算工程量。若已编制的预算文件中所采用的预算定额和项目划分与施工过程项目一致时，就可以直接利用预算工程量；当项目不一致时，则应依据实际施工过程项目重新计算工程量。计算工程量时应注意以下问题。

① 注意工程量的计算单位。直接利用预算文件中的工程量时，应使各施工过程的工程量计算单位与所采用的施工定额的单位一致，以便在计算劳动量、材料量、机械台班数量时可直接套用定额。

② 工程量计算应结合所选定的施工方法和所制定的安全技术措施进行，以使计算的工程量与施工实际相符。

③ 工程量计算时应按照施工组织要求，分区、分段、分层进行计算。

（3）套用施工定额，确定各施工过程的劳动量和机械台班需求量。

根据所划分的施工过程（施工项目）和选定的施工方法，套用施工定额，以确定劳动量及机械台班数量。

施工定额有两种形式，即时间定额 $H$ 和产量定额 $S$。时间定额是指完成单位建筑产品所需的时间；产量定额是指在单位时间内所完成建筑产品的数量。二者互为倒数。

若某施工过程的工程量为 $Q$，则该施工过程所需劳动量或机械台班数量可由式（4-1）进行计算。

$$P=\frac{Q}{S} \quad 或 \quad P=Q\times H, \quad H=\frac{1}{S} \tag{4-1}$$

式中　　$P$——某施工过程所需劳动量、工日或机械台班数量；

　　　　$Q$——施工过程工程量；

　　　　$S$——施工过程的产量定额；

　　　　$H$——施工过程的时间定额。

当施工进度计划中所列项目与施工定额中的项目内容不一致时，如施工项目是由同一工种，但材料、做法和构造都不同的施工过程合并而成时，施工定额可采用加权平均定额，其计算公式如下。

$$S'=\frac{\sum_{i=1}^{n}Q_i}{\sum_{i=1}^{n}P_i} \tag{4-2}$$

$$\sum_{i=1}^{n}P_i=P_1+P_2+\cdots+P_n=\frac{Q_1}{S_1}+\frac{Q_2}{S_2}+\cdots+\frac{Q_n}{S_n} \tag{4-3}$$

$$\sum_{i=1}^{n}Q_i=Q_1+Q_2+\cdots+Q_n \tag{4-4}$$

式中　　$S'$——某施工项目加权平均产量定额；

　　　　$\sum_{i=1}^{n}P_i$——该施工项目总劳动量；

　　　　$\sum_{i=1}^{n}Q_i$——该施工项目总工程量。

对于某些采用新技术、新工艺、新材料、新方法的施工项目，其定额未列入定额手册时，可参照类似项目或进行实测来确定。"其他工程"项目所需的劳动量，可根据其内容和数量，并结合施工现场的实际情况以占总劳动量的百分比计算，一般为10%～15%。水、暖、电、设备安装等工程项目，在编制施工进度计划时，一般不计算劳动量或机械台班数量，仅表示出与一般土建单位工程进度相配合的关系。

（4）确定工作班制。

在编制施工进度计划时，考虑到施工工艺要求或施工进度要求，需选择好工作班制。通常采用一班制生产，有时因工艺要求或施工进度的需要，也可采用两班制或三班制连续作业，如浇筑混凝土即可采用三班连续作业。

（5）确定施工过程的持续时间。

本部分详见 4.2.1 节相关内容。

（6）编制施工进度计划的初始方案。

编制施工进度计划的初始方案时，必须考虑各分部分项工程合理的施工顺序，尽可能按流水施工进行组织与编制，力求使主要工种的施工班组连续施工，并做到劳动力、资源计划的均衡。施工进度计划的编制方法与步骤如下。

① 安排主要分部工程并组织其流水施工。主要分部工程尽可能采用流水施工方式编制施工进度计划，或采用流水施工与搭接施工相结合的方式编制施工进度计划，尽可能使各工种连续施工，同时也能做到各种资源消耗的均衡。

② 安排其他各分部工程的施工或组织流水施工。其他各分部工程的施工应与主要分部工程相结合，同样也应尽可能地组织流水施工。

③ 按工艺的合理性和施工过程尽可能搭接的原则，将各施工阶段的流水作业图表搭接起来，即得到单位工程施工进度计划的初始方案。

（7）检查与调整施工进度计划的初始方案。

① 施工顺序的检查与调整。

施工进度计划中施工顺序的检查与调整主要考虑以下几点：各个施工过程的先后顺序是否合理，主导施工过程是否最大限度地进行了流水与搭接施工，其他的施工过程是否与主导施工过程相配合，是否影响到主导施工过程的实施，以及各施工过程中的技术组织间歇时间是否满足工艺及组织要求，如有错误之处，应给予调整或修改。

② 施工工期的检查与调整。

施工进度计划安排的施工工期应满足规定的工期或合同中要求的工期。不能满足时，则需重新安排施工进度计划或改变各分部分项工程持续时间等。

③ 劳动力消耗的均衡性。

对单位工程或各个工种而言，每日出勤的工人人数应力求不发生过大的变动，也就是劳动力消耗应力求均衡，劳动力消耗的均衡性是用劳动力消耗动态图（图 4.3）表示的。它是根据施工进度计划中各施工过程所需要的班组人数统计而成的，一般画在施工进度水平图表中对应的施工进度计划的下方。

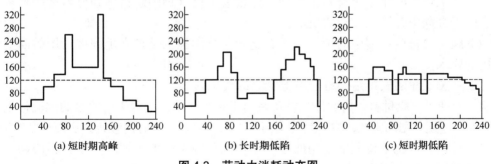

(a) 短时期高峰　　(b) 长时期低陷　　(c) 短时期低陷

图 4.3　劳动力消耗动态图

在劳动力消耗动态图上不允许出现短时期的高峰或长时期的低陷情况。图 4.3（a）所示为短时期高峰，即短时期工人人数多，这表明相应增加了为工人服务的各种临时设施；图 4.3（b）所示为长时期低陷，说明在长时期内所需工人人数少，如果工人不调出则会发生窝工现象，如工人调出则各种临时设施不能充分利用；图 4.3（c）所示为短时期低陷,甚至是很大的低陷,这是允许的,因为这种情况不会发生什么显著影响,只要把少数工人的工作量重新安排,窝工现象就可以消除。

劳动消耗的均衡性可用劳动力均衡性系数 $K$ 进行评价。

$$K=\frac{最高峰施工期间工人人数}{施工期间每天平均工人人数} \qquad (4-5)$$

最理想的情况是 $K$ 接近于 1,在 2 以内为好,超过 2 则不正常。

④ 主要施工机械的利用程度。

在编制施工进度计划中,主要施工机械通常是指混凝土搅拌机、灰浆搅拌机、自行式起重机、塔式起重机等。在编制的施工进度计划中,要求机械利用程度高,可以充分发挥机械效率,节约资金。

应当指出,上述编制施工进度计划的步骤并不是孤立的,有时是相互联系,串在一起的,有时还可以同时进行。但由于建筑施工受客观条件影响的因素很多,如气候、材料供应、资金等,使其经常不符合设计的安排,因此在工程进行中应随时掌握施工情况,经常检查,不断进行计划的调整与修改。

(8)施工进度计划的审核。

具体审核内容主要有:总目标的设置是否满足合同规定要求;各项分目标是否与总目标保持协调一致;开工日期、竣工日期是否符合合同要求;施工顺序安排是否符合施工程序的要求;编制施工总进度计划时,有无漏项,分期施工的项目是否与资源供应计划相协调;劳动力、原材料、构配件、设备及施工机具的供应计划是否与施工进度计划相协调,且建设资源使用是否均衡;业主的资金供应是否满足施工进度的要求;施工进度计划与设计图纸的供应计划是否一致;施工进度计划与业主供应的材料和设备,特别是进口设备到货是否衔接;分包工程计划与总包工程计划是否衔接;各专业施工计划相互是否协调;计划安排是否合理,有无违约或导致索赔的可能;等等。

**2. 施工进度计划的审查**

项目监理机构审查施工进度计划的主要内容如下。

(1)施工进度安排是否符合工程项目建设总进度计划中总目标和分目标的要求,是否符合施工合同中开竣工日期的规定。

(2)施工总进度计划中的项目是否有遗漏,分期施工是否满足分批动用的需要和配套动用的要求。

(3)施工顺序的安排是否符合施工工艺的要求。

(4)劳动力、原材料、构配件、设备及施工机具、水、电等生产要素的供应计划是否能保证施工进度计划的实现,供应是否均衡、需求高峰期是否有足够能力实现计划供应。

(5)总包、分包单位分别编制的各项单位工程施工进度计划之间是否相协调,专业分工与计划衔接是否明确合理。

(6)建设单位负责提供的施工条件(包括资金、施工图纸、施工场地、采供的物资等),在施工进度计划中安排得是否明确、合理,是否有造成因建设单位违约而导致工程延期和费用索赔的可能。

如果项目监理机构在审查施工进度计划过程中发现问题,应及时向施工单位提出书面修改意见(也称整改通知书),其中重大问题应及时向建设单位汇报。

编制和实施施工进度计划是施工单位的责任。施工单位之所以将施工进度计划提交给项目监理机构审查，是为了听取项目监理机构的建设性意见。项目监理机构对施工进度计划的审查或批准，并不解除施工单位对施工进度计划的任何责任和义务。此外，对项目监理机构来讲，审查施工进度计划的主要目的是防止施工单位计划不当，以及为施工单位保证实现合同规定的进度目标提供帮助。如果强制地干预施工单位的进度安排，或支配施工中所需要劳动力、设备和材料，将是一种错误行为。

尽管施工单位向项目监理机构提交施工进度计划是为了听取建设性意见，但施工进度计划一旦经过项目监理机构确认，即应当视为合同文件的一部分，它是以后处理施工单位提出的工程延期或费用索赔的重要依据。

3. 工程进度计划系统

按工程项目各参与方划分，工程进度计划系统包括：建设单位进度计划系统、监理单位进度计划系统、勘察设计单位进度计划系统和施工单位进度计划系统。

1）建设单位进度计划系统

在建设工程实施阶段，建设单位编制（也可委托监理单位编制）的进度计划系统包括工程项目建设总进度计划和工程项目年度计划。

（1）工程项目建设总进度计划。

工程项目建设总进度计划是指初步设计被批准后，根据初步设计，对工程项目从开始建设（设计、施工准备）至竣工投产（动用）全过程的统一部署。其主要目的是安排各单位工程的建设进度，合理分配年度投资，组织各方面的协作，保证初步设计所确定的各项建设任务的完成。

工程项目建设总进度计划包括文字和表格两部分。文字部分说明工程项目的概况和特点，安排工程建设总进度的原则和依据，建设投资来源和资金年度安排情况，技术设计、施工图设计、设备交付和施工力量进场时间的安排，道路、供电、供水等方面的协作配合及进度的衔接，计划中存在的主要问题及采取的措施，需要上级及有关部门解决的重大问题，等等。表格部分包括：工程项目一览表，其作用是将初步设计中确定的建设内容，按照单位工程归类并编号，明确其建设内容和投资额，以便各部门按统一的口径确定工程项目投资额，并以此为依据对其进行管理；工程项目建设总进度计划表，其作用是根据初步设计中确定的建设工期和工艺流程，具体安排单位工程的开工日期和竣工日期；投资计划年度分配表，其作用是根据工程项目总进度计划安排各个年度的投资，以便预测各个年度的投资规模，为筹集建设资金及制定分年用款计划提供依据；工程项目进度平衡表，其作用是明确各种设计文件交付日期、主要设备交货日期、施工单位进场日期、水电及道路接通日期等，以保证工程建设中各个环节相互衔接，确保工程项目按期投产或交付使用。

（2）工程项目年度计划。

工程项目年度计划是依据工程项目建设总进度计划和批准的设计文件进行编制的。该计划既要满足工程项目建设总进度计划的要求，又要与当年可能获得的资金、设备、材料、施工力量相适应。应根据分批配套投产或交付使用的要求，合理安排本年度建设的工程项目。

工程项目年度计划主要包括文字和表格两部分内容。文字部分说明编制年度计划的依据和原则，建设进度、本年度计划投资额及计划建设规模，施工图、设备、材料、施工力量等建设条件的落实情况，动力资源情况，对外部协作配合项目建设进度的安排或要求，需要上级主管部门协助解决的问题，计划中存在的其他问题，以及为完成计划而采取的各项措施，等等。表格部分包括：年度计划项目表，其作用是确定年度施工项目的投资额和年末形象进度，并阐明建设条件（图纸、设备、材料、施工力量）的落实情况；年度竣工投产交付使用计划表，其作用是阐明各单位工程的建设规模、投资额、新增固定资产、新增生产能力等建设总规模及本年计划完成情况，并阐明其竣工日期。

2）监理单位进度计划系统

监理单位除对施工单位进度计划进行监控外，也应有自身的进度计划，以便更有效地控制建设工程实施进度。监理单位进度计划系统包括工程监理总进度计划及其分解计划。

（1）工程监理总进度计划。工程监理总进度计划是在工程监理委托合同范围内，对工程进度控制总目标进行规划，明确工程建设各个阶段的进度安排。

（2）工程监理总进度分解计划。按工程进展阶段分解，工程监理总进度计划包括设计准备阶段进度计划、施工阶段进度计划、动用前准备阶段进度计划；按时间分解，工程监理总进度计划包括年度计划、季度计划、月度计划。

3）勘察设计单位进度计划系统

勘察设计单位进度计划系统包括勘察设计总进度计划、阶段性勘察设计进度计划和勘察设计作业进度计划。

（1）勘察设计总进度计划。勘察设计总进度计划主要用来安排自勘察设计准备开始至施工图设计完成的总勘察设计时间内所包含的各阶段工作的开始时间和完成时间，从而确保勘察设计进度控制总目标的实现。

（2）阶段性勘察设计进度计划。阶段性勘察设计进度计划包括：勘察设计准备工作进度计划、勘察工作进度计划、初步设计（技术设计）工作进度计划和施工图设计工作进度计划。这些计划用来控制各阶段的勘察设计进度，从而实现阶段性勘察设计进度目标。在编制阶段性勘察设计进度计划时，必须考虑勘察设计总进度计划对各个勘察设计阶段的时间要求。

（3）勘察设计作业进度计划。为了控制各专业的勘察设计进度，并作为勘察设计人员承担勘察设计任务的依据，应根据施工图设计工作进度计划、单位工程设计工日定额及所投入的设计人员数，编制勘察设计作业进度计划。

4）施工单位进度计划系统

施工单位进度计划系统包括施工准备工作计划、施工总进度计划、单位工程施工进度计划及分部分项工程进度计划。

（1）施工准备工作计划。施工准备工作计划的主要任务是为建设工程施工创造必要的技术和物资条件，统筹安排施工力量和施工现场。施工准备的工作内容通常包括：技术准备、物资准备、劳动组织准备、施工现场准备和施工场外准备。为落实各项施工准备工作，加强检查和监督，应根据各项施工准备工作的内容、时间和人员，编制施工准备工作计划。

（2）施工总进度计划。施工总进度计划是根据施工部署中施工方案和工程项目的开展程序，对全工地所有单位工程作出的时间安排。其目的在于确定各单位工程及全工地性工程的施工期限及开竣工日期，进而确定施工现场劳动力、材料、成品、半成品、施工机械的需要数量和调配情况，以及现场临时设施的数量、水电供应量和能源、交通需求量。

（3）单位工程施工进度计划。详见 8.3.4 节相关内容。

（4）分部分项工程进度计划。分部分项工程进度计划是针对工程量较大或施工技术比较复杂的分部分项工程，在依据工程具体情况所制订的施工方案的基础上，对其各施工过程所作出的时间安排。例如，大型基础土方工程、复杂的基础加固工程、大体积混凝土工程、大型桩基工程、大面积预制构件吊装工程等，均应编制详细的进度计划，以保证单位工程施工进度计划的顺利实施。

此外，为了有效地控制建设工程施工进度，施工单位还应编制年度施工计划、季度施工计划和月（旬）作业计划，将施工进度计划逐层细化，形成一个旬保月、月保季、季保年的计划体系。

### 4.2.4 工程施工的组织方式

一个工程的施工过程组织是指对工程系统内所有生产要素进行合理的安排，以最佳的方式将各种生产要素结合起来，使其形成一个协调的系统，从而达到节省作业时间、降低物资资源耗费、提高产品和服务质量的目标。

合理组织施工过程，应考虑以下基本要求：①施工过程的连续性；②施工过程的协调性；③施工过程的均衡性；④施工过程的平行性；⑤施工过程的适应性。

工程项目组织施工的基本方式有依次施工、平行施工和流水施工三种。这三种组织施工的方式各有特点，使用的范围各异。

拟建三栋相同的建筑物，其基础工程量相等，都是由挖土方、做垫层、砌基础和回填土四个施工过程组成，每个施工过程的施工天数均为 3 天。其中，挖土方的工作队由 8 人组成，做垫层的工作队由 8 人组成，砌基础的工作队由 12 人组成，回填土的工作队由 6 人组成。

1. 依次施工

依次施工组织方式是将拟建工程项目的整个建造过程分解成若干个施工过程，按照一定的施工顺序，前一个施工过程完成后，后一个施工过程才开始施工，或前一个工程完成后，后一个工程才开始施工。它是一种最基本、最原始的施工组织方式（表 4-1）。

表 4-1 依次施工

| 工程编号 | 分项工程名称 | 施工进度（天） | | | | | | | | | | | |
|---|---|---|---|---|---|---|---|---|---|---|---|---|---|
| | | 3 | 6 | 9 | 12 | 15 | 18 | 21 | 24 | 27 | 30 | 33 | 36 |
| I | 挖土方 | — | | | | | | | | | | | |
| | 做垫层 | | — | | | | | | | | | | |
| | 砌基础 | | | — | | | | | | | | | |
| | 回填土 | | | | — | | | | | | | | |

续表

| 工程编号 | 分项工程名称 | 施工进度（天） | | | | | | | | | | | |
|---|---|---|---|---|---|---|---|---|---|---|---|---|---|
| | | 3 | 6 | 9 | 12 | 15 | 18 | 21 | 24 | 27 | 30 | 33 | 36 |
| Ⅱ | 挖土方 | | | | | ── | ── | | | | | | |
| | 做垫层 | | | | | | ── | | | | | | |
| | 砌基础 | | | | | | | ── | | | | | |
| | 回填土 | | | | | | | | ── | | | | |
| Ⅲ | 挖土方 | | | | | | | | ── | ── | | | |
| | 做垫层 | | | | | | | | | ── | | | |
| | 砌基础 | | | | | | | | | | ── | | |
| | 回填土 | | | | | | | | | | | ── | |

从表 4-1 中可看出，依次施工组织方式具有以下特点：同时投入的劳动资源较少，施工现场的组织、管理比较简单，材料供应单一；没有充分利用工作面去争取时间，工作队及工人不能连续作业，工期较长，劳动生产率低，难以在短期内提供较多的产品，不能适应大型工程的施工。

2. 平行施工

在拟建工程项目任务十分紧迫、工作面允许以及保证供应的条件下，可以组织几个相同的队伍，在同一时间、不同空间上进行施工（表 4-2）。

表 4-2 平行施工

| 工程编号 | 分项工程名称 | 施工进度（天） | | | | | | | | | | | |
|---|---|---|---|---|---|---|---|---|---|---|---|---|---|
| | | 3 | 6 | 9 | 12 | 15 | 18 | 21 | 24 | 27 | 30 | 33 | 36 |
| Ⅰ | 挖土方 | ── | | | | | | | | | | | |
| | 做垫层 | | ── | | | | | | | | | | |
| | 砌基础 | | | ── | | | | | | | | | |
| | 回填土 | | | | ── | | | | | | | | |
| Ⅱ | 挖土方 | ── | | | | | | | | | | | |
| | 做垫层 | | ── | | | | | | | | | | |
| | 砌基础 | | | ── | | | | | | | | | |
| | 回填土 | | | | ── | | | | | | | | |
| Ⅲ | 挖土方 | ── | | | | | | | | | | | |
| | 做垫层 | | ── | | | | | | | | | | |
| | 砌基础 | | | ── | | | | | | | | | |
| | 回填土 | | | | ── | | | | | | | | |

从表 4-2 中可看出，平行施工组织方式具有以下特点：最大限度地利用了工作面，争取了时间，缩短了工期；但在同一时间内需要提供的相同劳动资源成倍增加，施工现场组织、管理复杂。因此，只有在工程规模较大或工期较紧的情况下采用才是合理的。

3. 流水施工

流水施工组织方式是将拟建工程项目的整个建造过程分解成若干个施工过程,也就是分成若干个工作性质相同的分部分项工程或工序;同时,将拟建工程项目在平面上分成若干个劳动量大致相等的施工段;在竖向上划分成若干个施工层,按照施工过程分别建立相应的施工班组;各施工班组按照一定的施工顺序投入施工,完成第一个施工段上的施工任务后,在施工班组的人数、使用的机具和材料不变的情况下,依次地、连续地投入到第二个、第三个等后续施工段施工,在规定的时间内,完成同样的施工任务;不同的施工班组在工作时间上最大限度地、合理地搭接起来,保证拟建工程项目的施工全过程在时间上、空间上,有节奏、连续、均衡地进行施工,直至完成全部的施工任务(表4-3)。

表 4-3  流水施工

| 工程编号 | 分项工程名称 | 施工进度(天) | | | | | | | | | | | |
|---|---|---|---|---|---|---|---|---|---|---|---|---|---|
| | | 3 | 6 | 9 | 12 | 15 | 18 | 21 | 24 | 27 | 30 | 33 | 36 |
| Ⅰ | 挖土方 | | | | | | | | | | | | |
| | 做垫层 | | | | | | | | | | | | |
| | 砌基础 | | | | | | | | | | | | |
| | 回填土 | | | | | | | | | | | | |
| Ⅱ | 挖土方 | | | | | | | | | | | | |
| | 做垫层 | | | | | | | | | | | | |
| | 砌基础 | | | | | | | | | | | | |
| | 回填土 | | | | | | | | | | | | |
| Ⅲ | 挖土方 | | | | | | | | | | | | |
| | 做垫层 | | | | | | | | | | | | |
| | 砌基础 | | | | | | | | | | | | |
| | 回填土 | | | | | | | | | | | | |

从表4-3中可看出,流水施工组织方式具有以下特点:生产工人和生产设备从一个施工段转移到另一个施工段,代替了施工对象的流动;流水施工既在施工对象的水平方向流动(平面流水),又沿施工对象的垂直方向流动(层间流水);在同一施工段上,各施工过程保持了顺序施工的特点,不同施工过程在不同的施工段上又最大限度地保持了平行施工的特点;同一施工过程保持了连续施工的特点,不同施工过程在同一施工段上尽可能保持连续施工;单位时间内生产资源的供应和消耗基本较均衡,有利于资源供应的组织工作;科学地利用了工作面,争取了时间,工期较为合理。

## 4.3　流水施工方法

### 4.3.1　流水施工的表达方式

流水施工的表达方式主要有水平指示图表、垂直指示图表和网络图3种。

1）水平指示图表

流水施工水平指示图表即横道图，如图 4.4 所示。在水平指示图表中，横坐标表示流水施工的持续时间；纵坐标表示开展流水施工的施工过程、施工班组的编号和数目；呈梯形分布的水平线段表示流水施工的开展情况。图 4.4 中，$T$ 为流水施工计划总工期，是最后一个施工班组或者最后一个施工过程完成施工段全部任务的持续时间；$n$ 为施工班组数或施工过程数；$m$ 为施工段数；$K$ 为流水步距；$t$ 为流水节拍；Ⅰ、Ⅱ、Ⅲ、Ⅳ、Ⅴ为施工过程的编号；①、②、③、④为施工段的编号。

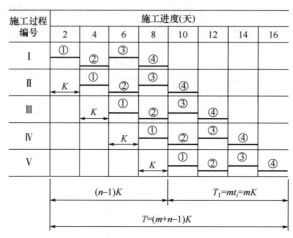

图 4.4　水平指示图表

水平指示图表的优点是，绘图简单，施工过程及其先后顺序清楚，时间和空间状况形象直观，水平线段的长度可以反映流水施工进度，使用方便。在实际工程中，常用水平图表编制施工进度计划。

2）垂直指示图表

垂直指示图表又称斜线图，如图 4.5 所示。在垂直指示图表中，横坐标表示流水施工的持续时间；纵坐标表示开展流水施工所划分的施工段编号，施工段编号自下而上排列；几条斜线段表示各施工班组或施工过程开展流水施工的情况（图中各符号的含义同图 4.4）。

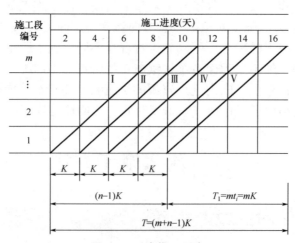

图 4.5　垂直指示图表

垂直指示图表的优点是，施工过程及其先后顺序清楚，时间和空间状况形象直观，斜向进度线的斜率可以明显表示出各施工过程的施工速度。利用垂直指示图表研究流水施工的基本理论比较方便，但编制实际工程进度计划不如横道图方便，一般不用其表示实际工程的流水施工进度计划。

3）网络图

有关流水施工网络图的表达方式，详见4.4节网络计划技术相关内容。

## 4.3.2 流水施工组织及计算

1. 流水施工的基本参数

由流水施工的基本概念及组织流水施工的条件可知：施工过程的分解、流水施工段的划分、施工班组的组织、施工过程间的搭接、各流水施工段上的作业时间5个方面的问题是流水施工中需要解决的主要问题。为此，流水施工基本原理中将上述问题归纳为工艺、空间和时间3个参数，它们被称为流水施工基本参数。

1）工艺参数

在组织流水施工时，用以表达流水施工在施工工艺上的开展顺序及其特点的参数，称为工艺参数。通常，工艺参数包括施工过程数和流水强度两种。

（1）施工过程数。

施工过程数是指参与一组流水的施工过程数目。施工过程划分的数目多少、粗细程度一般与下列因素有关。

① 施工计划的性质与作用。

对工程施工控制性计划、长期计划及建筑群体规模大、结构复杂、施工工期长的工程的施工进度计划，其施工过程划分可粗些、综合性大些，一般划分至单位工程或分部工程；对中小型单位工程及施工工期不长的工程的施工进度计划，其施工过程划分可细些、具体些，一般划分至分项工程；对月度作业计划，有些施工过程还可分解为工序，如支模板、绑扎钢筋等。

② 施工方案及工程结构。

施工过程的划分与工程的施工方案及工程结构形式有关。如厂房的柱基础与设备基础挖土如同时施工，可合并为一个施工过程；若先后施工，可分为两个施工过程。承重墙与非承重墙的砌筑也是如此。砌体结构、大墙板结构、装配式框架与现浇钢筋混凝土框架等不同的结构体系，其施工过程划分及其内容也各不相同。

③ 劳动组织及劳动量大小。

施工过程的划分与施工班组的组织形式有关。如现浇钢筋混凝土结构的施工，如果是单一工种组成的施工班组，可以划分为支模板、绑扎钢筋、浇筑混凝土3个施工过程；同时为了组织流水施工的方便或需要，也可合并成一个施工过程，这时施工班组由多工种混合班组组成。

施工过程的划分还与劳动量大小有关。劳动量小的施工过程，当组织流水施工有困难时，可与其他施工过程合并。如做垫层劳动量较小时，可与挖土方合并为一个施工过程，这样可以使各个施工过程的劳动量大致相等，以便组织流水施工。

④ 施工过程内容和工作范围。

一般来说，施工过程可分为下述 4 类：

A. 加工厂（或现场外）生产各种预制构件的施工过程；

B. 各种材料及构配件、半成品的运输过程；

C. 直接在工程对象上操作的各个施工过程（安装砌筑类施工过程）；

D. 大型施工机具安置及砌砖、抹灰、装修等脚手架搭设施工过程（不构成工程实体的施工过程）。

前两类施工过程，一般不应占用施工工期，只配合工程实体施工进度的需要，及时组织生产和供应到现场，所以一般可以不划入流水施工过程；第三类施工过程必须划入流水施工过程；第四类施工过程要根据具体情况，如果需要占用施工工期，则可划入流水施工过程。

（2）流水强度。

流水强度是指某施工过程在单位时间内所完成的工程量，一般以 $V_i$ 表示。

① 机械施工过程的流水强度按下式计算。

$$V_i = \sum_{i=1}^{x} R_i S_i \quad (4-6)$$

式中　$V_i$——某施工过程机械操作的流水强度；

　　　$R_i$——投入施工的某种施工机械台班数量；

　　　$S_i$——投入施工的该种施工机械的产量定额（台班生产率）；

　　　$x$——投入同一施工过程的主导施工机械种类数。

② 人工施工过程的流水强度按下式计算。

$$V_i = R_i S_i \quad (4-7)$$

式中　$V_i$——某施工过程人工操作的流水强度；

　　　$R_i$——投入施工的某专业施工班组人数；

　　　$S_i$——投入施工的每个工人每班的产量定额。

2）空间参数

在组织流水施工时，用以表达流水施工在空间布置上所处状态的参数，称为空间参数。空间参数主要有：工作面、施工段数和施工层数。

（1）工作面。

某专业工种的工人在从事建筑产品施工生产过程中所必须具备的活动空间，称为工作面。它的大小是根据相应工种单位时间内的产量定额、工程操作规程和安全规程等的要求确定的。工作面确定是否合理，直接影响到专业工种工人的劳动生产效率，为此必须认真加以对待，合理确定。主要工种工作面参考数据如表 4-4 所示。

表 4-4　主要工种工作面参考数据

| 工作项目 | 每个技工的工作面 | 说明 |
| --- | --- | --- |
| 砖基础 | 7.6m/人 | 以 $1\frac{1}{2}$ 砖计，2 砖乘以 0.8，3 砖乘以 0.55 |
| 砌砖墙 | 8.5m/人 | 以 1 砖计，$1\frac{1}{2}$ 砖乘以 0.71，2 砖乘以 0.57 |

续表

| 工作项目 | 每个技工的工作面 | 说明 |
|---|---|---|
| 毛石墙基 | 3m/人 | 以60cm计 |
| 毛石墙 | 3.3m/人 | 以40cm计 |
| 混凝土柱、墙基础 | 8$m^3$/人 | 机拌、机捣 |
| 混凝土设备基础 | 7$m^3$/人 | 机拌、机捣 |
| 现浇钢筋混凝土柱 | 2.45$m^3$/人 | 机拌、机捣 |
| 现浇钢筋混凝土梁 | 3.20$m^3$/人 | 机拌、机捣 |
| 现浇钢筋混凝土墙 | 5$m^3$/人 | 机拌、机捣 |
| 现浇钢筋混凝土楼板 | 5.3$m^3$/人 | 机拌、机捣 |
| 预制钢筋混凝土柱 | 3.6$m^3$/人 | 机拌、机捣 |
| 预制钢筋混凝土梁 | 3.6$m^3$/人 | 机拌、机捣 |
| 预制钢筋混凝土屋架 | 2.7$m^3$/人 | 机拌、机捣 |
| 预制钢筋混凝土平板、空心板 | 1.91$m^3$/人 | 机拌、机捣 |
| 预制钢筋混凝土大型屋面板 | 2.62$m^3$/人 | 机拌、机捣 |
| 混凝土地坪及面层 | 40$m^2$/人 | 机拌、机捣 |
| 外墙抹灰 | 16$m^2$/人 |  |
| 内墙抹灰 | 18.5$m^2$/人 |  |
| 卷材屋面 | 18.5$m^2$/人 |  |
| 防水水泥砂浆屋面 | 16$m^2$/人 |  |
| 门窗安装 | 11$m^2$/人 |  |

（2）施工段数和施工层数。

施工段数和施工层数是指工程对象在组织流水施工中所划分的施工区段数目。一般把平面上划分的若干个劳动量大致相等的施工区段称为施工段；把建筑物垂直方向划分的施工区段称为施工层。

划分施工区段的目的，在于保证不同的施工班组能在不同的施工区段上同时进行施工，消灭由于不同的施工班组不能同时在一个工作面上工作而产生的互等、停歇现象，为流水施工创造条件。

划分施工段的基本要求如下。

① 施工段的数目要合理。施工段数过多势必会减少人数，工作面不能充分利用，拖长工期；施工段数过少，则会引起劳动力、机械和材料供应的过分集中，有时还会造

成"断流"现象。

② 各施工段的劳动量（或工程量）要大致相等（相差宜在15%以内），以保证各施工班组连续、均衡、有节奏地施工。

③ 要有足够的工作面，使每一施工段所能容纳的劳动力人数或机械台班数量能满足合理劳动组织的要求。

④ 要有利于结构的整体性。施工段分界线宜划在伸缩缝、沉降缝以及对结构整体性影响较小的位置。

⑤ 以主导施工过程为依据进行划分。例如在砌体结构房屋的施工中，就是以砌砖、楼板安装为主导施工过程来划分施工段；而对于整体的钢筋混凝土框架结构房屋，则是以钢筋混凝土工程作为主导施工过程来划分施工段。

⑥ 当组织流水施工的工程对象有层间关系、分层分段施工时，应使各施工班组能连续施工。即施工过程的施工班组做完第一段能立即转入第二段，施工完第一层的最后一段能立即转入第二层的第一段。因此，每层的施工段数必须大于或等于其施工过程数。

3）时间参数

在组织流水施工时，用以表达流水施工在时间排列上所处状态的参数，称为时间参数。它包括流水节拍、流水步距、平行搭接时间、技术间歇时间与组织间歇时间、工期。

（1）流水节拍。

流水节拍是指从事某一施工过程的施工班组在一个施工段上完成施工任务所需的时间，用符号 $t_i$ 表示（$i=1,2\cdots$）。

① 流水节拍的确定。

流水节拍的大小直接关系到投入的劳动力、机械和材料量的多少，决定着施工速度和施工节奏，因此合理确定流水节拍，具有重要意义。流水节拍可按下列3种方法确定。

第一种：定额计算法。这是根据各施工段的工程量和现有能够投入的资源量（劳动力人数、机械台班数量和材料量等），按公式（4-8）或公式（4-9）进行计算。

$$t_i = \frac{Q_i}{S_i R_i N_i} = \frac{P_i}{R_i N_i} \quad (4\text{-}8)$$

或

$$t_i = \frac{Q_i H_i}{R_i N_i} = \frac{P_i}{R_i N_i} \quad (4\text{-}9)$$

式中　$t_i$——某施工过程的流水节拍；

$Q_i$——某施工过程在某施工段上的工程量；

$S_i$——某施工班组的计划产量定额；

$H_i$——某施工班组的计划时间定额；

$P_i$——在一施工段上完成某施工过程所需的劳动量（工日数）或机械台班数量（台班数），按公式（4-10）计算。

$$P_i = \frac{Q_i}{S_i} = Q_i H_i \tag{4-10}$$

在公式（4-8）和公式（4-9）中，$S_i$ 和 $H_i$ 应是施工企业的工人或机械所能达到的实际定额水平。

第二种：经验估算法。它是根据以往的施工经验来进行估算。一般为了提高其准确程度，往往先估算出该流水节拍的最长、最短和最可能三种时间，然后据此求出期望时间作为某施工班组在某施工段上的流水节拍。因此，本法也称为三种时间估算法，一般按公式（4-11）计算。

$$t_i = \frac{a + 4c + b}{6} \tag{4-11}$$

式中　$t_i$——某施工过程在某施工段上的流水节拍；
　　　$a$——某施工过程在某施工段上的最短估算时间；
　　　$b$——某施工过程在某施工段上的最长估算时间；
　　　$c$——某施工过程在某施工段上的最可能估算时间。

第三种：工期计算法。对某些施工任务在规定日期内必须完成的工程项目，往往采用倒排进度法，即根据工期要求先确定流水节拍 $t_i$，然后应用公式（4-8）和公式（4-9）求出所需的施工班组人数或机械台班数量。但在这种情况下，必须检查劳动力和机械供应的可能性，物资供应能否与之相适应。具体步骤如下。

根据工期倒排进度，确定某施工过程的工作延续时间。

确定某施工过程在某施工段上的流水节拍。若同一施工过程的流水节拍不等，则用经验估算法；若流水节拍相等，则按公式（4-12）计算。

$$t_i = \frac{T_i}{m} \tag{4-12}$$

式中　$t_i$——某施工过程的流水节拍；
　　　$T_i$——某施工过程的工作持续时间；
　　　$m$——施工段数。

② 确定流水节拍应考虑的因素。

A. 施工班组人数应符合该施工过程最小劳动组合人数的要求。所谓最小劳动组合，就是指某一施工过程进行正常施工所必需的最低限度的队组人数及其合理组合。如模板安装就要按技工和普工的最少人数及合理比例组成施工班组，人数过少或比例不当都将引起劳动生产率的下降，甚至无法施工。

B. 工作面的大小或某种条件的限制。施工班组人数不能太多，每个工人的工作面要符合最小工作面的要求，否则就不能发挥正常的施工效率或不利于安全生产。

C. 各种机械台班的效率或机械台班产量的大小。

D. 各种材料、构配件等施工现场堆放量、供应能力及其他有关条件的制约。

E. 施工及技术条件的要求。例如，浇筑混凝土时，有时为了连续施工要按照三班制工作的条件决定流水节拍，以确保工程质量。

F. 在确定一个分部工程各施工过程的流水节拍时，首先应考虑主要的、工程量大的施工过程的节拍,再确定其他施工过程的节拍值。

G. 节拍值一般取整数,必要时可保留 0.5 天(台班)的小数值。

(2)流水步距。

流水步距是指两个相邻的施工过程的施工班组相继进入同一施工段开始施工的最小时间间隔(不包括技术与组织间歇时间)。

流水步距的大小对工期有着较大影响。一般来说,在施工段不变的条件下,流水步距越大,工期越长;流水步距越小,工期越短。流水步距还与前后两个相邻施工过程流水节拍的大小、施工工艺技术要求、施工段数目、流水施工的组织方式有关。

流水步距的数目等于 $n-1$ 个参加流水施工的施工过程(队组)数。

① 确定流水步距的基本要求。

A. 主要施工班组连续施工的需要。流水步距的最小长度,必须使主要施工班组进场以后不发生停工、窝工现象。

B. 施工工艺的要求。保证每个施工段的正常作业程序,不发生前一个施工过程尚未全部完成,而后一个施工过程提前介入的现象。

C. 最大限度搭接的要求。流水步距要保证相邻两个施工班组在开工时间上最大限度地、合理地搭接。

D. 要满足保证工程质量,满足安全生产、成品保护的需要。

② 确定流水步距的方法。

确定流水步距的方法很多,简捷、实用的方法主要有图上分析计算法(公式法)和累加数列法(潘特考夫斯基法)。

累加数列法适用于各种形式的流水施工,且较为简捷、准确。累加数列法没有计算公式,它的文字表达式为"累加数列错位相减取大差"。其计算步骤如下。

A. 将每个施工过程的流水节拍逐段累加,求出累加数列。

B. 根据施工顺序,对所求相邻的两累加数列错位相减。

C. 根据错位相减的结果,确定相邻施工班组之间的流水步距,即相减结果中数值最大者。

(3)平行搭接时间。

在组织流水施工时,有时为了缩短工期,在工作面允许的条件下,如果前一个施工班组完成部分施工任务后,能够提前为后一个施工班组提供工作面,使后者提前进入前一个施工段,两者在同一施工段上平行搭接施工,这个搭接时间称为平行搭接时间,通常以 $C_{i,i+1}$ 表示。

(4)技术间歇时间。

在组织流水施工时,除要考虑相邻施工班组之间的流水步距外,有时根据建筑材料或现浇构件等的工艺性质,还要考虑合理的工艺等待间歇时间,这种相邻两个施工过程在时间上不能衔接施工而必须留出的时间间隔,称为技术间歇时间。如混凝土构件浇筑后的养护时间、砂浆抹灰面和油漆的干燥时间等。技术间歇时间用 $Z_{i,i+1}$ 表示。

(5)组织间歇时间。

在流水施工中,由于施工技术或施工组织的原因,造成的在流水步距以外增加的间歇时间,称为组织间歇时间。如墙体砌筑前的墙身位置弹线,施工人员、机械转移,回填土前地下管道检查验收等。组织间歇时间用 $G_{i,i+1}$ 表示。

（6）工期。

工期是指完成一项工程任务或一个流水组织施工所需的时间。一般可采用公式（4-13）计算完成一个流水组的工期。

$$T = \sum K_{i,i+1} + T_n + \sum Z_{i,i+1} + \sum G_{i,i+1} - \sum C_{i,i+1} \tag{4-13}$$

式中　　$T$ ——流水组的施工工期；

$\sum K_{i,i+1}$ ——流水施工中各流水步距之和；

$T_n$ ——流水施工中最后一个施工过程的持续时间；

$Z_{i,i+1}$ ——第 $i$ 个施工过程与第 $i+1$ 个施工过程之间的技术间歇时间；

$G_{i,i+1}$ ——第 $i$ 个施工过程与第 $i+1$ 个施工过程之间的组织间歇时间；

$C_{i,i+1}$ ——第 $i$ 个施工过程与第 $i+1$ 个施工过程之间的平行搭接时间。

2. 流水施工的组织方式

建筑工程的流水施工要求有一定的节拍，才能步调和谐、配合得当。流水施工的节奏是由节拍所决定的。由于建筑工程的多样性，各分部分项的工程量差异较大，要使所有的流水施工都组织成统一的流水节拍是很困难的。在大多数情况下，各施工过程的流水节拍不一定相等，甚至同一个施工过程本身在各施工段上的流水节拍也不相等，因此形成了不同节奏特点的流水施工。

根据流水施工节奏特点的不同，流水施工的组织方式分为有节奏流水施工和无节奏流水施工两大类，如图4.6所示。

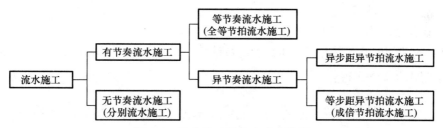

图4.6　流水施工组织方式分类图

1）有节奏流水施工

有节奏流水施工是指同一施工过程在各施工段上的流水节拍都相等的一种流水施工方式。当各施工段劳动量大致相等时，即可组织有节奏流水施工。

根据不同施工过程之间的流水节拍是否相等，有节奏流水施工又可分为等节奏流水施工和异节奏流水施工。

（1）等节奏流水施工。

等节奏流水施工是指同一施工过程在各施工段上的流水节拍都相等，并且不同施工过程之间的流水节拍也相等的一种流水施工方式。即各施工过程的流水节拍均为常数，故也称为全等节拍流水施工或固定节拍流水施工。

① 等节奏流水施工的特点。

A. 各施工过程在各施工段上的流水节拍彼此相等，如有 $n$ 个施工过程，流水节拍为

$t_i$,则 $t_1 = t_2 = t_3 = \cdots = t_{n-1} = t_n = t$（常数）。

B. 流水步距彼此相等，而且等于流水节拍值，即 $K_{1,2} = K_{2,3} = K_{3,4} \cdots K_{n-1,n} = K = t$（常数）。

C. 各施工班组在各施工段上能够连续作业，施工段之间没有空闲时间。

D. 施工班组数（$n_1$）等于施工过程数（$n$）。

② 等节奏流水施工段数目（$m$）的确定。

A. 无层间关系时，施工段数（$m$）按划分施工段的基本要求确定即可。

B. 有层间关系时，为了保证各施工班组连续施工，应取 $m \geq n$。此时，每层施工段空闲数为 $m-n$，一个空闲施工段的时间为 $t$，则每层的空闲时间为 $(m-n)t = (m-n)K$。

若一个楼层内各施工过程间的技术、组织间歇时间之和为 $\sum Z_1$，楼层间技术、组织间歇时间为 $Z_2$。如果每层的 $\sum Z_1$ 均相等，$Z_2$ 也相等，则保证各施工班组能连续施工的最小施工段数（$m$）的确定如下。

$$(m-n)K = \sum Z_1 + Z_2$$
$$m = n + \frac{\sum Z_1}{K} + \frac{Z_2}{K}$$
（4-14）

式中　$m$——施工段数；
　　　$n$——施工过程数；
　　　$\sum Z_1$——一个楼层内各施工过程间的技术与组织间歇时间之和；
　　　$Z_2$——楼层间技术与组织间歇时间；
　　　$K$——流水步距。

③ 等节奏流水施工工期计算。

A. 不分施工层时，可按公式（4-15）进行计算。因为 $\sum K_{i,i+1} = (n-1)t$，$T_n = mt$，$K = t$，根据一般工期计算公式得：

$$T = (n-1)K + mK + \sum Z_{i,i+1} - \sum C_{i,i+1} = (m+n-1)K + \sum Z_{i,i+1} - \sum C_{i,i+1}$$
（4-15）

式中　$T$——流水施工总工期；
　　　$m$——施工段数；
　　　$n$——施工过程数；
　　　$t$——流水节拍；
　　　$K$——流水步距；
　　　$Z_{i,i+1}$——$i, i+1$ 两施工过程之间的技术与组织间歇时间；
　　　$C_{i,i+1}$——$i, i+1$ 两施工过程之间的平行搭接时间。

B. 分施工层时，可按公式（4-16）进行计算。

$$T = (mr + n - 1)K + \sum Z_1 - \sum C_1$$
（4-16）

式中　$\sum Z_1$——同一施工层中技术与组织间歇时间之和；

$\sum C_1$ ——同一施工层中平行搭接时间之和；

其他符号含义同前。

④ 等节奏流水施工的组织方法。

首先，划分施工过程，将劳动量小的施工过程合并到相邻施工过程中，以使各流水节拍相等；其次，确定主要施工过程的施工班组人数，计算其流水节拍；最后，根据已定的流水节拍，确定其他施工过程的施工班组人数及其组成。

等节奏流水施工一般适用于工程规模较小、建筑结构比较简单、施工过程不多的房屋或某些构筑物。常用于组织一个分部工程的流水施工。

（2）异节奏流水施工。

异节奏流水施工是指同一施工过程在各施工段上的流水节拍都相等，不同施工过程之间的流水节拍不一定相等的流水施工方式。异节奏流水施工又可分为异步距异节拍流水施工和等步距异节拍流水施工两种。

① 异步距异节拍流水施工。

A. 异步距异节拍流水施工的特点。

a. 同一施工过程流水节拍相等，不同施工过程之间的流水节拍不一定相等。

b. 各个施工过程之间的流水步距不一定相等。

c. 各施工班组能够在施工段上连续作业，但有的施工段之间可能有空闲。

d. 施工班组数（$n_1$）等于施工过程数（$n$）。

B. 流水步距的确定。

$$K_{i,\ i+1} = \begin{cases} t_i & （当\ t_i \leqslant t_{i+1}\ 时） \\ mt_i - (m-1)t_{i+1} & （当\ t_i > t_{i+1}\ 时） \end{cases} \quad （4\text{-}17）$$

式中　$t_i$——第 $i$ 个施工过程的流水节拍；

$t_{i+1}$——第 $i+1$ 个施工过程的流水节拍。

流水步距也可由前述"累加数列法"求得。

C. 异步距异节拍流水施工工期计算。

$$T = \sum K_{i,i+1} + mt_n + \sum Z_{i,i+1} - \sum C_{i,i+1} \quad （4\text{-}18）$$

式中　$t_n$——最后一个施工过程的流水节拍；

其他符号含义同前。

② 等步距异节拍流水施工。

等步距异节拍流水施工也称为成倍节拍流水施工，是指同一施工过程在各个施工段上的流水节拍相等，不同施工过程之间的流水节拍不完全相等，但各个施工过程的流水节拍之间存在整数倍（或公约数）关系的流水施工方式。为加快流水施工进度，按最大公约数的倍数组建每个施工过程的施工班组，以形成类似于等节奏流水的等步距异节奏流水施工方式。

A. 等步距异节拍流水施工的特点。

a. 同一施工过程流水节拍相等，不同施工过程流水节拍之间存在整数倍（或公约数）关系。

b. 流水步距彼此相等，且等于流水节拍值的最大公约数。

c. 各专业施工班组都能够保证连续作业，施工段没有空闲。

d. 施工班组数（$n_1$）大于施工过程数（$n$）。

B. 流水步距的确定。

$$K_{i,i+1} = K_b \quad (4-19)$$

式中　　$K_b$——成倍节拍流水步距，取流水节拍的最大公约数。

C. 每个施工过程的施工班组数确定。

$$b_i = \frac{t_i}{K_b} \quad (4-20)$$

$$n_1 = \sum b_i \quad (4-21)$$

式中　　$b_i$——某施工过程所需施工班组数；

　　　　$n_1$——专业施工班组总数目；

其他符号含义同前。

D. 施工段数目（$m$）的确定。

a. 无层间关系时，可按划分施工段的基本要求确定施工段数目（$m$），一般取 $m = n_1$。

b. 有层间关系时，每层最少施工段数目可按公式（4-22）确定。

$$m = n_1 + \frac{\sum Z_1}{K_b} + \frac{Z_2}{K_b} \quad (4-22)$$

式中　　$\sum Z_1$——一个楼层内各施工过程间的技术与组织间歇时间；

　　　　$Z_2$——楼层间技术与组织间歇时间；

其他符号含义同前。

E. 等步距异节拍流水施工工期计算。

a. 无层间关系时：

$$T = (m + n_1 - 1)K_b + \sum Z_{i,i+1} - \sum C_{i,i+1} \quad (4-23)$$

或

$$T = (n_1 - 1)K_b + m^{zh}t^{zh} + \sum Z_{i,i+1} - \sum C_{i,i+1} \quad (4-24)$$

b. 有层间关系时：

$$T = (mr + n_1 - 1)K_b + \sum Z_1 - \sum C_1 \quad (4-25)$$

或

$$T = (mr - 1)K_b + m^{zh}t^{zh} + \sum Z_{i,i+1} - \sum C_{i,i+1} \quad (4-26)$$

式中　　$r$——施工层数；

　　　　$m^{zh}$——最后一个施工过程的最后一个施工班组通过的段数；

　　　　$t^{zh}$——最后一个施工过程的流水节拍；

其他符号含义同前。

2）无节奏流水施工

无节奏流水施工是指同一施工过程在各个施工段上流水节拍不完全相等的一种流水施工方式，也叫作分别流水施工。

在实际工程中，通常每个施工过程在各个施工段上的工程量彼此不等，各专业施工班组的生产效率相差较大，导致大多数的流水节拍也彼此不相等，因此有节奏流水施工，尤其是全等节拍流水施工和成倍节拍流水施工往往是难以组织的。而无节奏流水施工则是利用流水施工的基本概念，在保证施工工艺、满足施工顺序要求的前提下，按照一定的计算方法，确定相邻专业施工班组之间的流水步距，使其在开工时间上最大限度地、合理地搭接起来，形成每个专业施工班组都能连续作业的流水施工方式。它是流水施工的普遍形式。

（1）无节奏流水施工的特点。

① 每个施工过程在各个施工段上的流水节拍不尽相等。

② 各个施工过程之间的流水步距不完全相等且差异较大。

③ 各施工班组能够在施工段上连续作业，但有的施工段之间可能有空闲时间。

④ 施工班组数等于施工过程数。

（2）流水步距的确定。

流水施工的流水步距通常采用"累加数列法"确定。

（3）无节奏流水施工工期计算。

$$T = \sum K_{i,i+1} + \sum t_n + \sum Z_{i,i+1} - \sum C_{i,i+1} \tag{4-27}$$

式中　$\sum K_{i,i+1}$ ——流水步距之和；

　　　$\sum t_n$ ——最后一个施工过程的流水节拍之和；

其他符号含义同前。

（4）无节奏流水施工的组织。

无节奏流水施工的实质是：各专业施工班组连续作业，流水步距经计算确定，使各专业施工班组之间在一个施工段内不相互干扰（不超前，但可能滞后），或做到前后施工班组之间的工作紧紧衔接。因此，组织无节奏流水施工的关键就是正确计算流水步距。

## 4.3.3 流水施工组织程序及其内容

1. 流水施工组织程序

合理组织流水施工，就是要结合各个工程的不同特点，根据实际工程的施工条件和施工内容，合理确定流水施工的各项参数。组织流水施工通常按照下列工作程序进行。

1）确定施工顺序、划分施工过程

组织一个施工阶段的流水施工时，往往可按施工顺序划分成许多个分项工程。例如基础工程施工阶段可划分成挖土方、做垫层、砌基础、铺设防潮层和回填土等分项工程。其中有些分项工程是由多工种组成的，如钢筋混凝土分项工程由模板、钢筋和混凝土三部分组成，这些分项工程仍有一定的综合性，由此组织的流水施工具有一定的控制作用。

组织某些多工种组成的分项工程流水施工时，往往要按专业工种划分成若干个由专业工种（专业班组）进行施工的施工过程，如支模板、绑扎钢筋、浇筑混凝土等，然后组织这些专业班组的流水施工。此时，施工活动的划分比较彻底，每个施工过程都具有相对的独立性（各工种不同），彼此之间又具有依附和制约性（施工顺序和施工工艺），这样组织的流水施工具有一定的实用意义。

为了合理组织流水施工，施工过程数目 $n$ 要确定得适当，施工过程划分得过粗或过细，都达不到好的流水效果。

2）确定施工层，划分施工段

为了合理组织流水施工，需要按建筑的空间情况和施工过程的工艺要求，确定施工层数 $j$，以便于在平面上和空间上组织连续均衡的流水施工。划分施工层时，要求结合工程的具体情况，主要根据建筑物的高度和楼层来确定。例如砌筑工程的施工高度一般为 1.2～1.4m，所以可按 1.2～1.4m 划分；而室内抹灰、木装饰、油漆和水电安装等，可按结构层划分施工层。

3）确定施工过程的流水节拍

流水节拍的大小对工期影响较大。减小流水节拍最有效的方法是提高劳动效率（增大产量定额 $S_i$ 或减小时间定额 $Z_i$）。增加工人数（$R_i$）也是一种方法，但劳动人数增加到一定程度必然会达到最小工作面，此时的流水节拍即为最小的流水节拍，正常情况下不可能再缩短。同样，根据最小劳动组合可确定最大的流水节拍。据此，就可确定完成该施工过程最多可安排和至少应安排的工人数。然后根据现有条件和施工要求确定合适的人数，以求得流水节拍，该流水节拍总是在最大和最小流水节拍之间。

4）确定流水施工的组织方式及专业施工班组数

根据计算出的各个施工过程的流水节拍的特点、施工工期要求和资源供应条件，确定流水施工的组织方式，即有节奏或无节奏流水施工。

根据确定的流水施工的组织方式，得出各个施工过程的专业施工班组数。

5）确定流水步距

流水步距可根据流水形式确定。流水步距的大小对工期影响也较大，在可能的情况下组织搭接施工也是缩短流水步距的一种方法。

6）组织流水施工、计算工期

按照不同的流水施工组织方式的特点及相关时间参数计算流水施工的工期。根据流水施工原理和各施工段及施工工艺间的关系组织形成整个工程完整的流水施工，并绘制出流水施工进度的计划图。

2. 流水施工内容

在建筑施工中，需要组织许多施工过程的活动，在组织这些施工过程的活动中，把在施工工艺上互相联系的施工过程组成不同的专业组合（如基础工程、主体工程以及装饰工程等），然后对各专业组合，按其组合的施工过程的流水节拍特点（节奏性），分别组织成独立的流水组进行分别流水。这些流水组的流水参数可以是不相等的，组织流水的方式也可能有所不同。最后将这些流水组按照工艺要求和施工顺序依次搭接起来，即成为一个工程对象的工程流水或一个建筑群的流水施工。需要指出，所谓专业组合是指围绕主导施工过程的组合，其他的施工过程不必都纳入流水组，而只作为调剂项目与各流水组依次搭接。在更多情况下，考虑到工程的复杂性，在编制施工进度计划时，往往只运用流水作业的基本概念，合理选定几个主要参数，保证几个主导施工过程的连续性。对其他非主导施工过程，只力求使其在施工段上尽可能各自保持连续施工即可。各施工过程之间只有施工工艺和施工组织上的约束，不一定步调一致。这样，对不同专业组合或几个主导施工过程进行分别流水的组织方式就有极大的灵活性，且往往更有利于计划的实现。

1）基础工程

基础工程包括基槽开挖、混凝土垫层施工、绑扎基础钢筋、支设基础模板、浇筑基础混凝土、回填土等施工过程。其中土方采用机械开挖，考虑到工作面及土方运输的需要，将机械挖土与其他手工操作的施工过程分开考虑，不纳入流水。混凝土垫层劳动量较小，为了不影响其他施工过程的流水施工，将其安排在挖土施工过程完成之后，不纳入流水。

2）主体工程

主体工程包括柱子钢筋绑扎，安装柱、梁、板模板，浇筑柱子混凝土、梁、板、楼梯钢筋绑扎，浇筑梁、板、楼梯混凝土，搭脚手架，拆模板，砌空心砖墙等施工过程，其中后3个施工过程属平行穿插施工过程，只根据施工工艺要求尽量搭接施工即可，不纳入流水施工。主体工程由于有层间关系，要保证施工过程流水施工，必须使施工段数 $m=$ 施工过程数 $n$，否则施工班组会出现窝工现象。本工程中平面上划分为2个施工段，主导施工过程是安装柱、梁、板模板。要组织主体工程流水施工，就要保证主导施工过程连续作业，为此将其他次要施工过程综合为一个施工过程来考虑其流水节拍，且其流水节拍值不得大于主导施工过程的流水节拍，以保证主导施工过程的连续性。

3）屋面工程

屋面工程包括屋面保温层、找平层和防水层3个施工过程。考虑屋面防水要求高，所以不分段施工，即采用依次施工的方式。

4）装饰工程

装饰工程包括顶棚墙面中级抹灰、外墙面砖、楼地面及楼梯地砖、一层顶棚龙骨吊顶、铝合金窗扇安装、胶合板门安装、内墙涂料、油漆等施工过程。其中一层顶棚龙骨吊顶属穿插施工过程，不参与流水作业，因此参与流水的施工过程数 $n=7$。

装饰工程采用自上而下的施工起点流向。结合装饰工程的特点，把每层房屋视为一个施工段，共4个施工段，其中抹灰工程是主导施工过程。

## 4.4 网络计划技术

### 4.4.1 网络计划技术的基本原理

1. 网络计划技术的产生与应用

网络计划技术是20世纪50年代后期以来，随着计算机在大型工程项目计划管理中的应用而开发出来的一种新的计划管理技术。网络计划技术亦称网络计划法，1965年华罗庚教授将网络计划法引入国内，由于其具有统筹兼顾、合理安排的思想，所以又称为统筹法。它是关键线路法（CPM）、计划评审技术（PERT）和其他以网络图形式表达的各类计划管理新方法的总称。这种网络图能全面地反映整个工作的流程以及计划内各项具体工作之间的相互关系和进度；通过计算时间参数，可以找出关键的线路与可利用的机动时间，以便于对计划进行优化；同时，可利用计划反馈的各种信息，对计划过程进行管理和控制，以取得可能达到的最好效果。因此，它是生产管理中一种有效的科学管理方法。

2. 网络计划技术的基本原理

在建筑工程施工中，网络计划技术主要是用来编制工程项目施工的进度计划和建筑施工企业的生产计划，并通过对计划的优化、调整和控制，达到缩短工期、提高效率、节约劳动力、降低消耗的项目施工目标。

网络计划技术的基本原理是：首先应用网络图形来表达一项计划（或工程）中各项工作的开展顺序及其相互间的关系，然后通过时间参数计算找出计划中的关键工作及关键线路，继而通过不断改进网络计划，寻求最优方案，并付诸实施，最后在执行过程中进行有效的控制和监督。

网络计划技术的表达形式是网络图，所谓网络图是指由箭线、节点、线路组成的，用来表示工作流程的有向、有序的网状图形。根据图中箭线和节点所代表的含义不同，网络图可分为双代号网络图和单代号网络图两大类。用网络图表达任务构成、工作顺序并加注工作时间参数的进度计划称为网络计划。网络计划的种类很多。按表达方式的不同，网络计划可划分为双代号网络计划（图4.7）和单代号网络计划（图4.8）；按网络计划终点节点个数的不同，网络计划可划分为单目标网络计划和多目标网络计划；按参数类型的不同，网络计划可划分为肯定型网络计划和非肯定型网络计划；按工序之间衔接关系的不同，网络计划可划分为一般网络计划和搭接网络计划；按计划时间的表达不同，网络计划可分为时标网络计划（图4.9）和非时标网络计划；按计划的工程对象不同和使用范围大小，网络计划可分为局部网络计划、单位工程网络计划和综合网络计划。

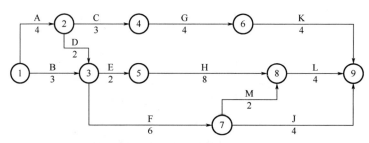

图4.7　双代号网络计划

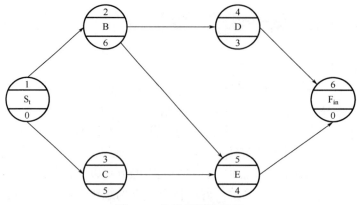

图4.8　单代号网络计划

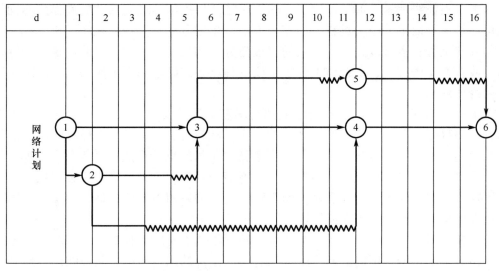

图 4.9 时标网络计划

## 4.4.2 双代号网络计划

以箭线（工作）及其两端节点的编号表示工作的网络图称为双代号网络图。在双代号网络图中，箭线代表工作（工序、活动或施工过程），通常将工作名称写在箭线的上边（或左侧），将工作的持续时间写在箭线的下边（或右侧），在箭线前后的衔接处画上用圆圈表示的节点并编上号码，并以节点编号 $i$ 和 $j$ 来代表一项工作名称。用这种方法将计划中的全部工作根据它们的先后顺序和相互关系从左到右绘制而成的网状图形，表示的计划叫作双代号网络计划（图 4.10）。

双代号网络图

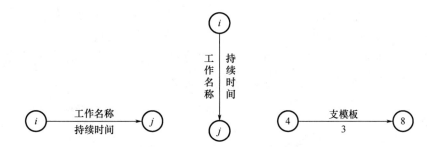

图 4.10 双代号网络图中工作的表示方法

1. 双代号网络图的组成

双代号网络图是由箭线（工作）、节点（事件）和线路三要素组成。其含义和特点如下。

1）箭线（工作）

双代号网络图中，用箭线表示一项工作，从箭尾到箭头表示这一工作的过程，其长度一般不按比例绘制，它的长度及方向原则上可以是任意的。箭线表达的内容有以下几个方面。

（1）一根箭线表示一项工作或一个施工过程。根据网络计划的性质和作用不同，工作既可以是一个简单的施工过程，如挖土方、做垫层等分项工程，或者基础工程、主体工程等分部工程；也可以是一项复杂的工程任务，如教学楼、宿舍中的建筑工程等单位工程，或者教学楼工程、宿舍楼工程等单项工程。如何确定一项工作的范围取决于所绘制的网络计划的作用。

（2）一根箭线表示一项工作所消耗的时间和资源（人力、物力）。工作通常可以分为两种：一种是需要时间和资源（如开挖土方、浇筑混凝土）或只消耗时间而不消耗资源（如混凝土的养护、抹灰层干燥等，由于技术组织间歇所引起的"等待"时间）的工作，称为实工作；另一种是既不消耗时间也不消耗资源的工作，这意味着这项工作实际上并不存在，只是为了正确地表达工作之间的逻辑关系而引入的，称为虚工作，用实箭线下边标出持续时间为 0 或虚箭线表示。

（3）在无时间坐标的网络图中，箭线的长度不代表时间的长短，画图时原则上是任意的，但必须满足网络图的绘制规则。在有时间坐标的网络图中，其箭线的长度必须根据完成该项工作所需时间的长短按比例绘制。

（4）箭线方向表示工作进行的方向和前进的路线，箭尾表示工作的开始，箭头表示工作的结束。

（5）箭线可以画成直线、折线和斜线。必要时，箭线也可以画成曲线，但应以水平、垂直直线为主。

2）节点（事件）

双代号网络图中箭线端部的圆圈或其他形状的封闭图形就是节点（事件）。它表示工作之间的逻辑关系，节点表达的内容有以下几个方面。

（1）节点表示前面工作结束和后面工作开始的瞬间，所以节点不需要消耗时间和资源。

（2）箭线的箭尾节点表示该工作的开始，箭线的箭头节点表示该工作的结束。

（3）根据节点在网络图中的位置不同，节点可以分为起点节点、终点节点和中间节点 3 种。起点节点意味着一项工程或任务的开始；终点节点意味着一项工程或任务的完成；网络图中的其他节点称为中间节点，中间节点既是前项工作的箭头节点（结束节点），也是后项工作的箭尾节点（开始节点），如图 4.11 所示。

图 4.11 节点示意图

（4）在网络图中，对一个节点来讲，可能有许多箭线通向该节点，这些箭线被称为"内向箭线"；同样也可能有许多箭线由同一节点发出，这些箭线被称为"外向箭线"。

（5）网络图中的每个节点都有自己的编号，以便赋予每项工作以代号，便于计算网络图的时间参数和检查网络图是否正确。节点编号，原则上说，只要不重复、不漏编，每根箭线的箭头节点编号大于箭尾节点的编号即可，即 $i < j$。但一般的编号方法是，网络图的第一个节点编号为1，其他节点编号按自然数从小到大依次连续水平或垂直编排，最后一个节点的编号就是网络图节点的个数。有时也采取不连续编号的方法以留出备用节点号。

3）线路

双代号网络图中从起点节点开始，沿箭头方向顺序通过一系列箭线与节点，最后到达终点节点的通路称为线路。一个网络图中从起点节点到终点节点，一般都存在许多条线路，如图 4.12 中有 4 条线路，每条线路都包含若干项工作，这些工作的持续时间之和就是该线路的时间长度，即线路上总的工作持续时间。其中，线路上总的工作持续时间最长的线路称为关键线路（也称临界线路、主要矛盾线）。位于关键线路上的工作称为关键工作。关键工作完成的快慢直接影响整个计划工期的实现。关键工作在网络图上通常用黑粗箭线、双箭线或彩色箭线表示。图 4.12 中线路①→②→④→⑤→⑥→⑦总的工作持续时间最长，即为关键线路，其余线路称为非关键线路。

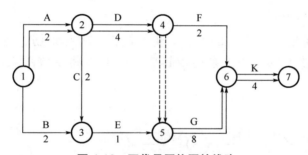

图 4.12　双代号网络图的线路

有时在一个网络图上也可能出现几条关键线路，即这几条关键线路总的持续时间相等。关键线路并不是一成不变的，在一定条件下，关键线路和非关键线路可以互相转化。例如，当采取技术、组织措施，缩短关键工作的持续时间，或者非关键工作持续时间延长时，就有可能使关键线路发生改变。

非关键线路上的工作，都有若干机动时间（时差），它意味着工作完成日期容许适当挪动而不影响计划工期。时差的意义就在于可以使非关键工作在时差允许范围内放慢施工进度，将部分人、财、物转移到关键工作上去，以加快关键工作的进程；或者在时差允许范围内改变开始和结束时间，以达到均衡施工的目的。

网络计划中，关键工作的比重往往不宜过大，网络计划越复杂，工作和节点就越多，关键工作所占比重越小，这样有利于集中精力抓住主要矛盾，保证顺利完成任务。

2. 双代号网络图的绘制

1）双代号网络图的绘制规则

（1）正确表达各项工作之间的逻辑关系。在绘制双代号网络图时，首先要清楚各项工作之间的逻辑关系，用网络形式正确表达出某一项工作必须在哪些工作完成后才能进行，这项工作完成后可以进行哪些工作，哪些工作应与该工作同时进行。绘出的图形必须保证任何一项工作的紧前工作和紧后工作不多也不少。

为了说明虚工作的作用，现举一个例子：设某钢筋混凝土工程包括支模板、绑扎钢筋和浇筑混凝土这 3 项施工过程，根据施工方案决定采取分 3 个施工段流水作业，试绘制其双代号网络图。

首先考虑在每一个施工段上，支模板、绑扎钢筋和浇筑混凝土都应按工艺关系依次作业，其逻辑关系表达如图 4.13 所示。

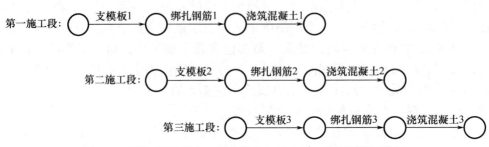

图 4.13　某钢筋混凝土工程不同施工段上的工艺逻辑关系表达

再考虑通过增加竖向虚工作的方法，将支模板、绑扎钢筋、浇筑混凝土这 3 项施工过程在不同施工段上的组织关系连接起来，图 4.13 将变成图 4.14 所示的双代号网络图。

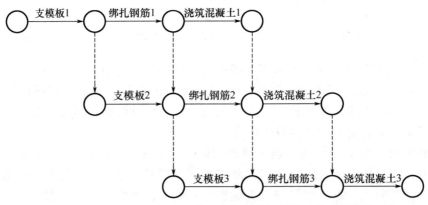

图 4.14　某钢筋混凝土工程双代号网络图（逻辑关系表达错误示例）

在图 4.14 中，各项工作的工艺关系、组织关系都已连接起来。但是由于绑扎钢筋 1 与绑扎钢筋 2 之间的虚工作的出现，使得支模板 3 也变成了绑扎钢筋 1 的紧后工作了，绑扎钢筋 3 与浇筑混凝土 1 的关系也是如此。事实上，支模板 3 与绑扎钢筋 1 和绑扎钢筋 3 与浇筑混凝土 1 之间既不存在工艺关系，也不存在组织关系，因此，图 4.14 是逻辑关系表达错误的双代号网络图。应该在支模板 2 和绑扎钢筋 2 的后边再分别增加一个横向虚工作，将支模板 3 与绑扎钢筋 1 和绑扎钢筋 3 与浇筑混凝土 1 的连接断开，再将多余的竖向虚工作去掉，形成正确的双代号网络图，如图 4.15 所示。

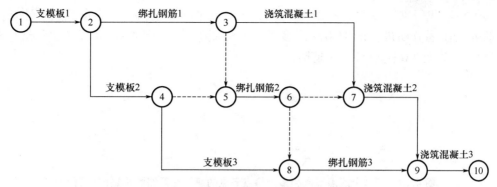

图 4.15 某钢筋混凝土工程双代号网络图

（2）双代号网络图中不允许出现循环回路。所谓循环回路是指从一个节点出发，顺箭线方向又回到原出发点的循环线路。图 4.16 所示的网络图中，从节点②出发经过节点③和节点⑤又回到节点②，形成了循环回路，这在双代号网络图中是不允许的。

（3）在双代号网络图中不允许出现带有双向箭头或无箭头的连线。图 4.16 中，节点④到节点⑦或节点⑦到节点⑧的表示方式是不允许的。

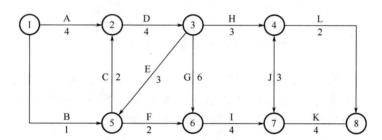

图 4.16 有循环回路和双向箭头的双代号网络图（错误示例）

（4）在双代号网络图中不允许出现没有箭尾节点和没有箭头节点的箭线，如图 4.17 所示。

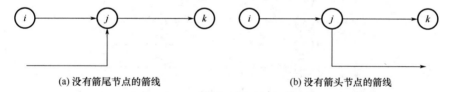

(a) 没有箭尾节点的箭线　　(b) 没有箭头节点的箭线

图 4.17 没有箭尾节点和没有箭头节点的箭线（错误示例）

（5）在双代号网络图中，一项工作只有唯一的一条箭线和相应的一对节点编号。严禁在箭线上引入或引出箭线，如图 4.18 所示。

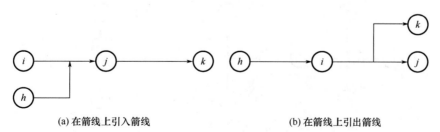

(a) 在箭线上引入箭线　　(b) 在箭线上引出箭线

图 4.18 在箭线上引入和引出箭线（错误示例）

（6）在双代号网络图中，一般只允许出现一个起点节点和一个终点节点（计划任务中有部分工作要分期进行的网络图或多目标网络图除外）。图4.19所示有多个起点节点和多个终点节点的双代号网络图是错误的。

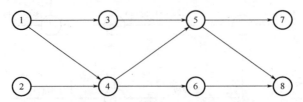

图4.19　有多个起点节点和多个终点节点的双代号网络图（错误示例）

（7）在双代号网络图中，不允许出现同样代号的多项工作。如图4.20（a）所示，A和B两项工作有同样的代号，这是不允许的。如果它们的所有紧前工作和所有紧后工作都一样，可采用增加一项虚工作的方法来处理，如图4.20（b）所示，这也是虚工作的又一个作用。

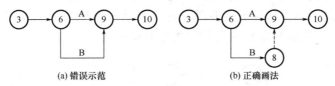

图4.20　同样代号工作的处理方法

（8）在双代号网络图中，当网络图的起点节点有多条外向箭线或终点节点有多条内向箭线时，为使图形简洁，可用母线法绘制，如图4.21所示。这种方法仅限于无紧前工作或无紧后工作的工作，其他工作是不允许这样绘制的。

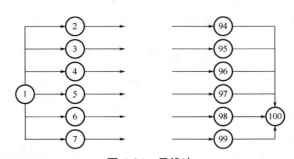

图4.21　母线法

（9）在双代号网络图中，应尽量避免箭线交叉，当交叉不可避免时，可采取过桥法、断线法或指向法等表示，如图4.22所示。

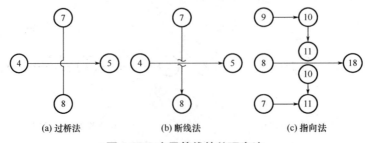

图4.22　交叉箭线的处理方法

2）双代号网络图的逻辑关系

工作之间相互制约或依赖的关系称为逻辑关系。工作之间的逻辑关系包括工艺关系和组织关系。

（1）工艺关系。

工艺关系是指生产工艺上客观存在的先后顺序关系，或者是非生产性工作之间由工作程序决定的先后顺序关系。例如，建筑工程施工时，先做基础，后做主体；先做结构，后做装修。工艺关系是不能随意改变的。如图4.23所示，挖土方→做垫层→砌基础→回填土为工艺关系。

（2）组织关系。

组织关系是指在不违反工艺关系的前提下，人为安排的工作先后顺序关系。例如，建筑群中各个建筑物的开工顺序的先后、施工对象的分段流水作业等。组织顺序可以根据具体情况，按质量、安全、经济、高效的原则统筹安排。如图4.23所示，挖土方1→挖土方2、做垫层1→做垫层2等为组织关系。

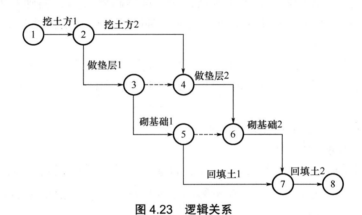

图4.23　逻辑关系

（3）紧前工作、紧后工作和平行工作（图4.24）。

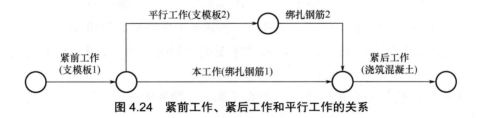

图4.24　紧前工作、紧后工作和平行工作的关系

① 紧前工作。

紧排在本工作之前的工作称为本工作的紧前工作。本工作和紧前工作之间可能有虚工作。图4.23中，挖土方1是挖土方2的组织关系上的紧前工作；做垫层1和做垫层2之间虽有虚工作，但做垫层1是做垫层2的组织关系上的紧前工作；挖土方1则是做垫层1的工艺关系上的紧前工作。

② 紧后工作。

紧排在本工作之后的工作称为本工作的紧后工作。本工作和紧后工作之间也可能有虚工作。图4.23中，做垫层2是做垫层1的组织关系上的紧后工作，做垫层1是挖土方 1 的工艺关系上的紧后工作。

③ 平行工作。

工程施工时还经常出现可与本工作同时进行的工作称为平行工作。平行工作其箭线也平行地绘制。图 4.23 中，挖土方 2 是做垫层 1 的平行工作。

（4）双代号网络图绘制要点。

绘制双代号网络图的一般过程是，首先根据绘制规则绘出草图，再进行调整，最后绘制成型，并进行节点编号。绘制草图时，主要注意各项工作之间的逻辑关系的正确表达，要正确应用虚工作，使应该连接的工作连接，不应该连接的工作区分断开。初步绘出的网络图往往比较凌乱，节点、箭线的位置和形式较难合理，这就需要进行整理，使节点、箭线的位置和形式合理化，保证网络图条理清晰、美观。

3. 双代号网络图时间参数计算

网络计划技术的核心是找出关键线路。计算网络计划时间参数，其目的是：确定关键线路和关键工作，便于施工中抓住重点，向关键线路要时间；明确非关键工作及其在施工中的机动时间，便于挖掘潜力，统筹全局，部署资源；确定网络计划技术的总工期，做到工程进度心中有数。

时间参数的计算方法可分为工作计算法和节点计算法两种。每一种又可分为分析计算法（公式法）、图上计算法、表上计算法、矩阵法和电算法等。在此仅介绍图上计算法。

1）双代号网络图时间参数及其含义

（1）节点的时间参数。

① 节点的最早时间（$ET_i$），指节点（也称事件）的最早可能发生时间。

② 节点的最迟时间（$LT_i$），指在不影响工期的前提下，节点的最迟发生时间。

（2）工作的时间参数。

① 工作的持续时间（$D_{i-j}$），指完成该工作所需的工作时间。

② 工作的最早开始时间（$ES_{i-j}$），指该工作最早可能开始的时间。

③ 工作的最早完成时间（$EF_{i-j}$），指该工作最早可能完成的时间。

④ 工作的最迟开始时间（$LS_{i-j}$），指在不影响工期的前提下，该工作最迟必须开始的时间。

⑤ 工作的最迟完成时间（$LF_{i-j}$），指在不影响工期的前提下，该工作最迟必须完成的时间。

⑥ 工作的总时差（$TF_{i-j}$），指在不影响总工期的前提下，该工作所具有的最大机动时间。

⑦ 工作的自由时差（$FF_{i-j}$），指在不影响其紧后工作最早开始时间的前提下，该工作所具有的机动时间。

（3）网络计划的工期。

① 计算工期（$T_c$），指通过计算求得的网络计划的工期。

② 计划工期（$T_p$），指完成网络计划的计划（打算）工期。

③ 要求工期（$T_r$），指合同规定或业主、企业上级要求的工期。

2）时间参数的标注方法

用图上计算法计算双代号网络图时间参数时，往往用时间参数的六时标注法或四时标注法将其计算结果直接标注在双代号网络图上。

3）按节点计算法计算时间参数

确定各工作的机动时间、关键工作和关键线路，可采用节点为对象，也可采用工作为对象。实际上，节点并不占用时间，它仅表示工作在某时刻开始或结束的瞬时点。

（1）节点的最早时间（$ET_i$）。

通常令无紧前节点的起点节点的最早时间等于零，即 $ET_i = 0$。其余节点的最早时间计算从起点节点开始，自左向右逐个节点计算，直至终点节点。终点节点的最早时间即为整个网络计划的计算工期（$T_c$）。而有紧前节点的节点最早时间等于所有紧前节点最早时间与由紧前节点到达本节点之间工作的持续时间之和的最大值，即

当 $i = 1$ 时，$ET_i = 0$；

当 $i \neq 1$ 时，$ET_j = \max\left[ET_i + D_{i-j}\right]$。

式中，$i = 1$ 表示该节点为网络计划的起点节点；节点 $i$ 为节点 $j$ 的紧前节点；$D_{i-j}$ 为紧前节点与本节点之间工作的持续时间。

当工期无要求时，可令计划工期 $T_p = T_c$；当工期有要求时，应令计划工期 $T_p \leqslant T_r$。即

$$T_c = ET_n \tag{4-28}$$

式中，$n$ 表示网络计划的终点节点。

（2）节点的最迟时间（$LT_i$）。

网络计划终点节点的最迟时间等于计划工期 $T_p$；其他节点的最迟时间等于所有紧后节点的最迟时间减去由本节点与紧后节点之间工作的持续时间之差的最小值，即

当 $i = n$ 时，$LT_i = T_p$；

当 $i \neq n$ 时，$LT_i = \min\left[LT_j - D_{i-j}\right]$。

式中，$LT_i$ 表示本节点 $i$ 的紧后节点的最迟时间。

（3）工作的最早开始时间、最早完成时间、最迟完成时间、最迟开始时间。

① 工作的最早开始时间等于本工作的开始节点的最早时间，即 $ES_{i-j} = ET_i$。

② 工作的最早完成时间等于本工作的开始节点的最早时间加上本工作的持续时间，即 $EF_{i-j} = ET_i + D_{i-j}$。

③ 工作的最迟完成时间等于本工作的结束节点的最迟时间，即 $LF_{i-j} = LT_j$。

④ 工作的最迟开始时间等于本工作的结束节点的最迟时间减去本工作的持续时间，即 $LS_{i-j} = LT_j - D_{i-j}$。

（4）工作的总时差（$TF_{i-j}$）。

工作的总时差等于本工作的结束节点的最迟时间减去本工作开始节点的最早时间与本工作的持续时间之和的差，即

$$TF_{i-j} = LT_j - (ET_i + D_{i-j}) \tag{4-29}$$

（5）工作的自由时差（$FF_{i-j}$）。

工作的自由时差等于紧后工作开始节点的最早时间的最小值减去本工作开始节点的最早时间与本工作的持续时间之和的差，即

$$FF_{i-j} = \min[ET_j] - (ET_i + D_{i-j}) \tag{4-30}$$

式中，$ET_j$ 表示本工作 $i-j$ 的紧后工作开始节点的最早时间。

4）按工作计算法计算时间参数

（1）工作的最早开始时间（$ES_{i-j}$）。对于无紧前工作的工作，通常令其最早开始时间等于零；有紧前工作的工作，其最早开始时间等于所有紧前工作的最早完成时间的最大值，即

当 $i=1$ 时，$ES_{i-j} = 0$；

当 $i \neq 1$ 时，$ES_{i-j} = \max[EF_{h-i}] = \max[ES_{h-i} + D_{h-i}]$。

式中，$i=1$ 表示该工作的开始节点为网络计划的起点节点；工作 $h-i$ 表示本工作 $i-j$ 所有的紧前工作。

因此，计算工作最早开始时间时，应顺着箭头方向从最左边的第一项无紧前工作的工作开始，依次进行累加，直到最后一个工序。可简单地归纳为"从左到右，沿线累加，逢圈取大"。

（2）工作的最早完成时间（$EF_{i-j}$）。工作的最早完成时间等于本工作的最早开始时间与其持续时间之和，即

$$EF_{i-j} = ES_{i-j} + D_{i-j} \tag{4-31}$$

（3）网络计划的工期。

① 计算工期（$T_c$）。网络计划的计算工期等于所有无紧后工作的最早完成时间的最大值，即

$$T_c = \max[EF_{i-n}] \tag{4-32}$$

式中，$n$ 表示网络计划的终点节点。

② 计划工期（$T_p$）。网络计划的计划工期要分两种情况而定，即

当工期无要求时，可令 $T_p = T_c$；

当工期有要求时，可令 $T_p \leq T_x$。

（4）工作的最迟完成时间（$LF_{i-j}$）。工作的最迟完成时间也需要分两种情况：对于无紧后工作的工作，其最迟完成时间等于计划工期；而有紧后工作的工作，其最迟完成时间等于所有紧后工作最迟开始时间的最小值，即

当 $j=n$ 时，$LF_{i-j} = T_p$；

当 $j \neq n$ 时，$LF_{i-j} = \min[LF_{j-k} - D_{j-k}] = \min[LS_{j-k}]$。

式中，工作 $j-k$ 表示本工作 $i-j$ 的所有紧后工作。

因此，计算工作最迟完成时间时，应逆着箭头方向从结束于终点节点的无紧后工作的工作开始，可归纳为"从右到左，逆线相减，逢圈取小"。这里"逢圈取小"指的是有多个紧后工作的工作，它的最迟结束时间应取多个紧后工作最迟开始时间的最小值。

（5）工作的最迟开始时间（$LS_{i-j}$）。工作的最迟开始时间等于本工作的最迟完成时间减去本工作的持续时间，即

$$LS_{i-j} = LF_{i-j} - D_{i-j} \quad (4\text{-}33)$$

（6）工作的总时差（$TF_{i-j}$）。工作的总时差等于本工作的最迟开始时间与最早开始时间之差，或本工作的最迟完成时间与最早完成时间之差，即

$$TF_{i-j} = LS_{i-j} - ES_{i-j} \text{ 或 } TF_{i-j} = LF_{i-j} - EF_{i-j} \quad (4\text{-}34)$$

（7）工作的自由时差（$FF_{i-j}$）。工作的自由时差也要分两种情况计算：对无紧后工作的工作，其自由时差等于计划工期减去本工作的最早完成时间；而对于有紧后工作的工作，其自由时差等于所有紧后工作的最早开始时间的最小值减去本工作的最早完成时间。即

当 $j = n$ 时，$FF_{i-j} = T_p - EF_{i-j}$；

当 $j \neq n$ 时，$FF_{i-j} = \min\left[ES_{j-k}\right] - EF_{i-j}$。

5）关键工作和关键线路的确定

（1）关键工作的确定。

网络计划中总时差最小的工作就是关键工作。当计划工期等于计算工期时，总时差为0的工作就是关键工作；当计划工期小于计算工期时，关键工作的总时差为负值，说明应采取更多措施以缩短计算工期；当计划工期大于计算工期时，关键工作的总时差为正值，说明计划已留有余地，进度控制比较主动。

（2）关键线路的确定。

网络计划中，自始至终全部由关键工作（必要时经过一些虚工作）组成或线路上总的工作持续时间最长的线路应为关键线路。将关键工作自左向右依次首尾相连而形成的线路就是关键线路。

关键线路可能不止一条。如果网络图中存在多条关键线路，则说明该网络图的关键工作较多，必须加强管理，严格控制，确保各项工作如期完成，保证总工期按期完成。关键线路上的总的持续时间就是总工期 $T$。

### 4.4.3 单代号网络计划

**1. 单代号网络图的组成**

单代号网络图是网络计划的另一种表示方法，是由箭线、节点和线路组成的。单代号网络图是以节点及其编号表示一项工作，如图4.25所示。单代号网络图可以将一项计划中的工作按先后顺序和逻辑关系从左到右绘制成图形，通过箭线表示工作之间的先后顺序和逻辑关系，如图4.26所示。

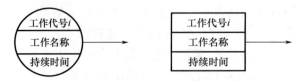

图 4.25　单代号网络图中节点的表示方法

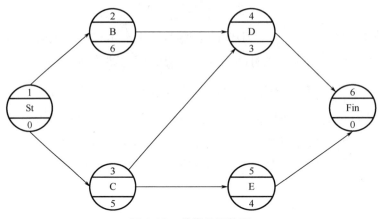

图 4.26　单代号网络图

1）箭线

单代号网络图中的箭线表示紧邻工作之间的逻辑关系，既不消耗时间，也不消耗资源，与双代号网络计划中虚箭线的含义相同。箭线应画成水平直线、折线或斜线。箭线水平投影的方向应自左向右，表示工作的进行方向。箭线的箭尾节点编号应小于箭头节点的编号。单代号网络图中不设虚箭线。

2）节点

单代号网络图中，每一个节点及其编号表示一项工作。该节点宜用圆圈或矩形表示，节点所表示的工作名称、持续时间和工作代号等应标注在节点之内，如图 4.25 所示。节点必须编号，此编号即该工作的代号，由于代号只有一个，故称"单代号"。节点编号标注在节点内，可连续编号，亦可间断编号，但严禁重复编号。一项工作必须有唯一的一个节点和唯一的一个编号。

3）线路

单代号网络图的线路与双代号网络图的线路的含义是相同的，即从网络计划的起始节点到结束节点之间的若干通道。其中，从网络计划的起始节点到结束节点之间持续时间最长的线路或由关键工作所组成的线路就为关键线路。

2. 单代号网络图的绘制规则

单代号网络图的绘制规则与双代号网络图的绘制规则基本相似，简述如下。

（1）单代号网络图必须正确表述一定的逻辑关系。逻辑关系包括工艺关系和组织关系。

（2）单代号网络图中不允许出现循环回路。

（3）单代号网络图中不允许出现双向箭线或没有箭头的连线。

（4）单代号网络图中不允许出现没有箭尾节点的箭线或没有箭头节点的箭线。没有箭尾节点的箭线和没有箭头节点的箭线都是没有意义的。

（5）绘制单代号网络图时，箭线不宜交叉，当交叉不可避免时，可采用过桥法或指向法绘制。

（6）单代号网络图中应只有一个起点节点和终点节点。当单代号网络图中出现多项没有紧前工作的工作节点和多项没有紧后工作的工作节点时，应在网络计划的两端分别设置一项虚工作，作为该网络计划的起点节点（St）和终点节点（Fin），如图4.26所示。虚拟的起点节点和虚拟的终点节点所需时间为零。

3. 单代号网络图的时间参数计算

单代号网络图绘制完成，在确定了各项工作的持续时间 $D_i$ 以后，便可着手进行时间参数的计算。单代号网络计划的时间参数包括工作最早开始时间 $ES_i$，工作最早完成时间 $EF_i$，计算工期 $T_c$，计划工期 $T_p$，相邻两项工作时间间隔 $LAG_{i,j}$，工作最迟完成时间 $LF_i$，工作最迟开始时间 $LS_i$，工作总时差 $TF_i$ 和自由时差 $FF_i$。

1）单代号网络计划时间参数的标注形式

当用圆圈表示工作时，时间参数在图上的标注形式可采用图4.27（a）所示的标注；当用方框表示工作时，时间参数在图上的标注形式可采用图4.27（b）所示的标注。

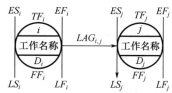

(a) 圆圈节点时间参数标注

(b) 方框节点时间参数标注

图4.27　单代号网络计划时间参数的标注形式

2）单代号网络计划时间参数计算公式

单代号网络计划时间参数计算公式与双代号网络计划时间参数计算公式基本相同，只是工作的时间参数的下角标由双角标变为单角标。

（1）工作的最早开始时间（$ES_i$）。

当 $i=1$ 时，通常令 $ES_i=0$；

当 $i \neq 1$ 时，$ES_i = \max[ES_h + D_h]$。

式中，下角标 $i$ 表示本工作；下角标 $h$ 表示本工作的所有紧前工作。

（2）工作的最早完成时间（$EF_i$）。

$$EF_i = ES_i + D_i \quad (4\text{-}35)$$

（3）网络计划的工期。

$$T_c = EF_n \quad (4\text{-}36)$$

式中，$n$ 表示网络计划的终点节点。

当工期无要求时，$T_p = T_c$；当工期有要求时，$T_p \leq T_r$。

（4）相邻两项工作 $i$ 和 $j$ 之间的时间间隔 $LAG_{i,j}$ 的计算。

相邻两项工作之间存在着时间间隔，$i$ 工作与 $j$ 工作的时间间隔记为 $LAG_{i,j}$。时间间隔指相邻两项工作之间，后项工作的最早开始时间 $ES_j$ 与前项工作的最早完成时间 $EF_i$ 之差，其计算公式为：$LAG_{i,j} = ES_j - EF_i$。

终点节点与其前项工作的时间间隔为 $LAG_{i,n} = T_p - EF_i$。

式中，$n$ 表示终点节点，也可以是虚拟的终点节点 Fin。

（5）工作的最迟完成时间（$LF_i$）。

当 $i = n$ 时，$LF_i = T_p$；

当 $i \neq n$ 时，$LF_i = \min[LS_j]$。

式中，下角标 $j$ 表示本工作的所有紧后工作。

（6）工作的最迟开始时间（$LS_i$）。

$$LS_i = LF_i - D_i \tag{4-37}$$

（7）工作的总时差（$TF_i$）。

$$TF_i = LS_i - ES_i \text{ 或 } TF_i = LF_i - EF_i \tag{4-38}$$

（8）工作自由时差（$FF_i$）。

工作自由时差（$FF_i$）的计算方法是，首先计算相邻两项工作之间的时间间隔（$LAG_{i,j}$），然后取本工作与其所有紧后工作的时间间隔的最小值作为本工作的自由时差。相邻两项工作之间的时间间隔 $LAG_{i,j}$ 等于紧后工作的最早开始时间 $ES_j$ 与本工作的最早完成时间 $EF_i$ 之差，即

$$LAG_{i,j} = ES_j - EF_i \tag{4-39}$$

$$FF_i = \min[LAG_{i,j}] = \min[ES_j - EF_i] \text{ 或 } FF_i = \min[ES_j - ES_i - D_i] \tag{4-40}$$

3）单代号网络计划关键工作和关键线路的确定

（1）关键工作的确定。

单代号网络计划关键工作的确定方法与双代号网络计划的关键工作的确定方法相同，即总时差为最小的工作为关键工作。

（2）关键线路的确定。

网络计划中从起点节点开始到终点节点均为关键工作，且所有工作的间隔时间均为 0 的线路应为关键线路。在肯定型网络计划中，关键线路是指线路上工作总持续时间最长的线路。关键线路在网络图中宜用粗箭线、双箭线或彩色箭线在图上标注关键线路上的箭线。

## 4.4.4 双代号时标网络计划的编制和应用

时标网络计划是以时间坐标为尺度编制的网络计划。本节介绍双代号时标网络计划（简称时标网络计划）。它的工作以实箭线表示，自由时差以波形线表示，虚工作以虚箭线表示。与非时标网络计划相比较，时标网络计划有以下特点。

（1）主要时间参数一目了然，具有横道图计划的优点，使用方便。

（2）由于箭线长短受时标制约，绘图比较麻烦，修改网络计划的工作持续时间时必须重新绘图。

（3）绘图时可以不进行计算。只有在图上没有直接表示出来的时间参数，如总时差、最迟开始时间和最迟完成时间，才需要进行计算。所以，使用时标网络计划可大大节省计算量。

双代号时标网络计划把横道进度计划的直观、形象等优点吸纳到网络进度计划中，可以在图上直接分析出各种时间参数和关键线路，便于编制资源需求计划，是建筑工程施工中广泛采用的一种计划表达形式。

1. 双代号时标网络计划的绘制步骤与方法

时标网络计划一般从工作的最早开始时间绘制。

1）绘制时标图表

在图表上，每一格所代表的时间应根据具体计划的需要确定。当计划期较短时，可采用一格代表一天或两天绘制；当计划期较长时，可采用一格代表5天、一周、一旬、一个月等绘制。按自然数（1，2，3…）排列的时标称为绝对坐标；按年、月、日排列的时标称为日历坐标；按星期排列的时标称为星期坐标。

2）将网络计划绘制到时标图表上

在绘制时标网络计划之前，一般需要先绘制出不带时标的网络计划，然后将其按下列方法绘制到时标图表上，形成时标网络计划。时标网络计划的绘制方法有直接绘制法和间接绘制法两种。

（1）直接绘制法。

直接绘制法是不用计算网络计划的时间参数，直接在时间坐标上进行绘制的方法。绘制步骤和方法如下。

① 将网络计划的起点节点定位在时标图表的起始时刻上。

② 按工作持续时间的长短，在时标图表上绘制出以网络计划起点节点为开始节点的工作箭线。

③ 其他工作的开始节点必须在该工作的所有紧前工作箭线都绘出后，定位在这些紧前工作箭线最晚到达的时刻线上，当某项工作的箭线长度不足以达到该节点时，用波形线补足，箭头画在波形线与节点连接处。

④ 用上述方法自左向右依次确定其他节点位置，直到网络计划的终点节点定位绘完。网络计划的终点节点是在无紧后工作的工作箭线全部绘出后，定位在最晚到达的时刻线上。

（2）间接绘制法。

间接绘制法是先计算网络计划的时间参数，再根据时间参数在时间坐标上进行绘制的方法。绘制步骤和方法如下。

① 先绘制双代号网络图,计算节点的最早时间参数,确定关键工作及关键线路。
② 根据需要确定时间单位并绘制时标横轴。
③ 根据节点的最早时间确定各节点的位置。
④ 依次在各节点间绘出箭线及时差。绘制时先绘关键工作、关键线路,再绘非关键工作;如实箭线长度不足以达到工作的完成节点,用波形线绘制工作和虚工作的自由时差来补足,箭头画在波形线与节点连接处。
⑤ 用虚箭线连接各有关节点,将有关的工作连接起来。当虚箭线有时差且其末端有垂直部分时,其垂直部分用虚线绘制。

2. 双代号时标网络计划的绘制示例

【例 4.1】试将图 4.28 所示的双代号无时标网络计划绘制成带有绝对坐标、日历坐标、星期坐标的时标网络计划。假定开工日期为 2018 年 4 月 11 日(星期三),根据有关规定,每星期安排 6 个工作日(即星期日休息)。

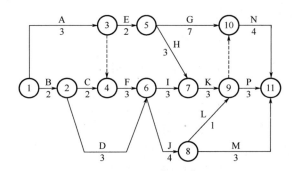

图 4.28 双代号无时标网络计划

【解】首先按要求绘制时标图表,然后根据直接绘制法将图 4.28 所示的双代号无时标网络计划绘制到时标图表上,如图 4.29 所示。

| 绝对坐标 | 1 | 2 | 3 | 4 | 5 | 6 | 7 | 8 | 9 | 10 | 11 | 12 | 13 | 14 | 15 | 16 | 17 |
|---|---|---|---|---|---|---|---|---|---|---|---|---|---|---|---|---|---|
| 日历坐标 | 11 | 12 | 13 | 14 | 16 | 17 | 18 | 19 | 20 | 21 | 23 | 24 | 25 | 26 | 27 | 28 | 30 |
| 星期坐标 | 三 | 四 | 五 | 六 | 一 | 二 | 三 | 四 | 五 | 六 | 一 | 二 | 三 | 四 | 五 | 六 | 一 |

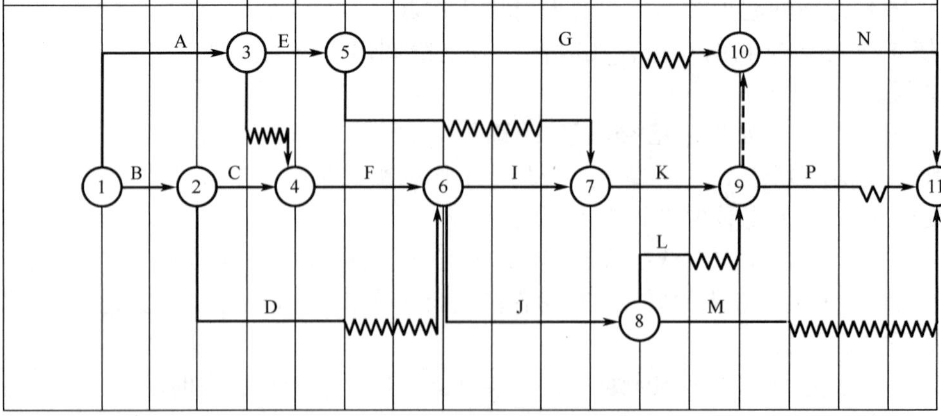

图 4.29 双代号时标网络计划绘制结果

【例 4.2】试将图 4.30 所示的双代号无时标网络计划绘制成带有绝对坐标的时标网络计划。

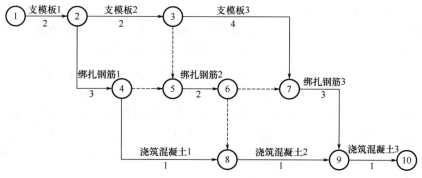

图 4.30 双代号无时标网络计划

【解】本例采用间接绘制法，其具体过程与直接绘制法相同，如图 4.31 所示。

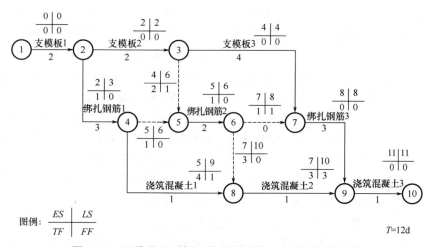

图 4.31 双代号无时标网络计划的各工作时间参数计算

双代号时标网络计划绘制结果如图 4.32 所示。

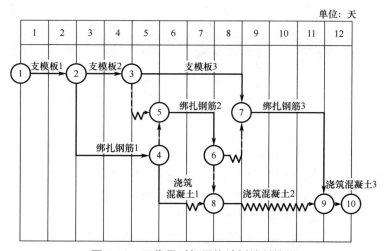

图 4.32 双代号时标网络计划绘制结果

3. 时标网络计划的分析

下面结合图4.32，对时标网络计划进行分析。

1）虚工作（虚箭线）分析

在网络计划中，各项（实）工作之间的逻辑关系有工艺关系和组织关系两种。在绘制双代号网络计划过程中，有时需要引用虚工作（虚箭线）表达这两种连接关系。根据虚工作的概念，它是不需要时间的，而在时标网络计划中，有的虚工作（虚箭线）却占有了时间长度，如图4.32中的虚工作（虚箭线）③→⑤和⑥→⑦。连接组织关系的虚工作（虚箭线）占有时间长度，意味着该段时间内作业人员出现间歇（可能是窝工）；连接工艺关系的虚工作（虚箭线）占有时间长度，意味着该段时间内工作面发生空闲。在划分工作面（施工段）、安排各项工作的持续时间时，应尽量避免这些现象出现。

2）时间参数分析

（1）网络计划的工期。时标网络计划的终点节点到达的时刻即为网络计划的工期，如图4.32的节点⑩所在的时刻12，即为工期（既是计划工期，也是计算工期）。

（2）节点的时间参数。在按上述绘制方法绘制的双代号时标网络计划中，每个节点的所在时刻即为该节点的最早时间。在不影响工期的前提下，将每个节点最大可能地向右推移（要保持各项工作的持续时间不变，但作业的起止时间可以变化），所能到达的时刻即为该节点的最迟时间，如图4.32中，节点⑤的最早时间为5d，最迟时间为6d。

（3）工作的时间参数。在时标网络计划中，每根箭线的水平长度即为它所代表工作的持续时间。按上述绘制方法绘制的时标网络计划，称为早时标网络计划（即每项工作箭线均按最早开始时间绘制）。在早时标网络计划中，每项工作开始节点所在的时刻即为该工作的最早开始时间；每根箭线结束点所在的时刻即为该工作的最早完成时间；每项箭线后面的波形线长度即为该工作的自由时差。在不影响工期的前提下，将每项工作箭线最大可能地向后推移之后，该工作箭线的开始时刻即为该工作的最迟开始时间，工作箭线结束点所到的时刻即为该工作的最迟完成时间，每项工作箭线从最早开始时刻到最迟开始时刻之间的距离就是该工作的总时差。如图4.32中，工作④→⑧的最早开始时间为5d，最早完成时间为6d，自由时差为1d，最迟开始时间为9d，最迟完成时间为10d，总时差为4d。

### 4.4.5 网络计划的优化

网络计划的优化是指在满足既定约束条件下，通过对网络计划的不断调整处理，寻求最优网络计划方案，达到既定目标的过程。网络计划的优化分为工期优化、资源优化和费用优化3种。

1. 网络计划的工期优化

所谓工期优化，是指网络计划的计算工期$T_c$不满足要求工期$T_r$时，在不改变网络计划各项工作之间逻辑关系的前提下，通过压缩关键工作的持续时间以满足要求工期目标的过程。

1）缩短关键工作的持续时间应考虑的因素

（1）缩短对质量和安全影响不大的关键工作的持续时间。

（2）有充足备用资源的工作。

（3）缩短所需增加费用最少的关键工作的持续时间。

2）工期优化步骤

进行工期优化时，常遵循"向关键线路上的关键工作要时间"的原则，依照如下步骤进行。

（1）计算并找出网络计划的计算工期、关键线路及关键工作。

（2）按要求工期计算应缩短的持续时间。

（3）确定各关键工作能缩短的持续时间。

（4）按上述因素选择关键工作，压缩其持续时间，并重新计算网络计划的计算工期。

（5）当计算工期 $T_c$ 仍然超过要求工期 $T_r$ 时，则重复以上步骤，直至计算工期满足要求工期为止。

（6）当所有关键工作的持续时间都已达到其能缩短的极限而工期仍不能满足要求时，应对原组织方案进行调整或对要求工期 $T_r$ 重新审定。

2. 网络计划的资源优化

资源是指完成工作或工程所需的人力、材料、机械设备和资金的统称。网络计划不仅要进行工期优化，还应考虑资源的平衡问题，甚至还要适当调整工期，以保证资源的合理使用。资源优化的目的是在一定资源的条件下，寻求最短工期，或在一定工期的条件下，使得投入的资源最少或均衡。因此，资源优化有"工期固定，资源均衡"和"资源有限，工期最短"两种类型。

1）资源优化的内容

（1）计算各工作的恰当持续时间和合理的资源用量。

（2）当某一资源被多项工作使用时，要统筹规划、合理安排。

（3）为使资源合理使用、配备，必要时适当调整（缩短或延长）总工期。

（4）单一资源优化分别进行，然后在此基础上综合进行资源优化。

2）"工期固定，资源均衡"优化

在网络计划编制、计算之后，必须根据各工作的资源需要量、持续时间和时间参数，考虑各工作的机动时间（总时差），进行资源均衡处理。

所谓工期固定，是指要求工程在国家颁布的工期定额、合同工期或指令性工期指标范围内完成。一般情况下，网络计划的工期不能超过有关规定。在工期规定下求资源均衡安排问题，就是希望资源高峰值减小到最低程度。目前多用"削高峰法"，借助于横道图加以分析并实现优化。

3）"工期固定，资源均衡"资源优化的主要原则

（1）优先保证关键工作对资源的需求。

（2）充分利用总时差，合理错开各工作的开工时间，尽可能使资源连续均衡的使用。

4）"工期固定，资源均衡"资源优化的具体步骤

（1）计算出网络计划中各工作的时间参数。

（2）依照各工作最早开始时间、各工作的持续时间，画出各工作的时间横道图表。

（3）绘出资源用量的时间分布图。

（4）若资源用量时间分布图不均衡，采取适当推后某些具有总时差的工作的开工时间，使资源用量趋于均衡或基本均衡。

5)"资源有限,工期最短"的优化

"资源有限,工期最短"的优化问题,必须在网络计划编制后进行。由于不能改变各工作之间的先后顺序关系,因而采用数学方法求解此类问题十分复杂,而且通常只能达到较优,不能达到最优。

3. 网络计划的费用优化

1)时间和费用的关系

工程的成本是由直接费用和间接费用组成的,而直接费用是由人工费、材料费及机械费等构成。采用施工方案不同,费用差异也很大。同样是钢筋混凝土框架结构的建筑,可以采用预制装配方案,也可以采用现浇方案。采用现浇方案时,可以采用塔式起重机及吊斗作为混凝土运输的主要设备,也可以采用混凝土泵或其他运输方法;模板可以用木模板,也可以用定型钢模板等。间接费用包括施工组织管理的全部费用。在考虑工程总成本时,还应考虑可能因拖延工期而被罚款的损失或提前竣工而得到的奖励,甚至也应考虑因提前投产而获得的收益等。

费用优化是网络计划优化的重要内容。所谓网络计划的费用优化,是指综合考虑工程的总工期和总费用二者的关系,寻求既使总工期尽可能短,又使工程总费用最低的一种方法。网络计划的费用优化又称"工期–成本"优化。

间接费用和直接费用与工期的关系如图 4.33 所示。图中的总费用为直接费用与间接费用叠加而成。总费用曲线在 p 点为最小费用 $C_p$,所对应的 $T_p$ 为最优工期。

由于间接费用基本与工期呈正线性关系,计算方便,所以在费用优化中,主要分析直接费用与工期的关系。图 4.34 表示的是直接费用与工期的关系。图中 $T_0$ 和 $T_n$ 分别为完成工作的最短和正常持续时间,$C_0$ 和 $C_n$ 为 $T_0$ 和 $T_n$ 相应的直接费用。通过图 4.34 可求出缩短单位时间直接费用的增长率(即费用率)$G$。

$$G = \frac{C_0 - C_n}{T_n - T_0} = \frac{赶工费用 - 正常费用}{正常时间 - 赶工时间} \tag{4-41}$$

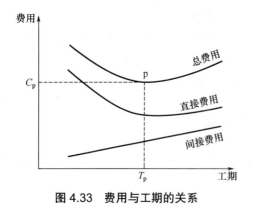

图 4.33　费用与工期的关系　　　　图 4.34　直接费用与工期的关系

2)费用优化的步骤

(1)按各工作正常持续时间,求出网络计划的关键线路、工期、直接费用和总费用。

(2)在赶工时间限制内,压缩直接费用增长率最小的关键工作的持续时间,并计算其直接费用。

（3）计算总费用，与上次结果比较。若大于上次计算的总费用，则停止计算，说明上次结果为最优；否则，进行上一步骤。

3) 费用优化应遵循的原则

（1）压缩直接费用增长率最小的关键工作的持续时间，以使直接费用增加最少，来缩短总工期。

（2）在网络图中存在多条关键线路时，若继续进行优化，就需要同时缩短这些线路中某些关键工作的持续时间。

（3）同时压缩多个并行关键工作的持续时间时，既要考虑赶工时间的限制，又要考虑这些工作持续时间的时间差数的限制，应取这两个限制的最小值。

## 4.5　工程项目进度计划的实施与控制

进度计划是工程管理人员在工程实施之前作出的计划安排，但在计划执行过程中往往呈现出波动性、多变性和不均衡性的特点，使人们难以实施原定的计划。为此，工程管理人员必须掌握动态控制原理，在计划执行过程中不断检查进度和工程实际进展情况，并将实际情况与计划安排进行比较，找出偏离计划的信息，然后在分析偏差及其产生原因的基础上，通过采取措施，使之能正常实施。如果采取措施后，仍不能维持原计划，则需要对原进度计划进行调整或修改，再按新的进度计划实施。这样在进度计划的执行过程中不断地进行检查和调整，以保证工程项目进度计划得到有效的实施和控制。

工程项目是在动态条件下实施的，因此进度控制也必须是一个动态的管理过程。进度控制主要包括以下内容。

（1）进度目标的分析和论证。其目的是论证进度目标是否合理，进度目标是否可能实现。如果经过科学的论证，目标不可能实现，则必须调整目标。

（2）在收集资料和调查研究的基础上编制进度计划。

（3）进度计划的跟踪检查与调整。它包括定期跟踪检查所编制进度计划的执行情况，若其执行有偏差，则采取纠偏措施，并视必要调整进度计划。

### 4.5.1　工程项目进度计划的检查

进度计划的检查工作是为了检查实际施工进度，收集整理有关资料并与计划对比，为进度分析和计划调整提供信息。检查时主要依据施工进度计划、作业计划及施工进度实施记录。检查时间及间隔时间要根据单位工程的类型、规模、施工条件和对进度执行要求的程度等确定。

通过跟踪检查实际施工进度，得到相关的数据。整理统计检查数据后，采取横道图比较法、列表比较法、S曲线比较法、香蕉曲线比较法、前锋线比较法等方法，得出实际进度与计划进度是否存在偏差，形成实际施工进度检查报告。

在施工进度计划完成后，应及时进行施工进度控制总结，为进度控制提供反馈信息。总结时依据的资料有：施工进度计划、施工进度计划执行的实际记录、施工进度计划检查结果及调整资料。

检查的内容包括：工程量的完成情况，工作时间和执行情况，资源使用和与进度的匹配情况，上次检查提出问题的整改情况。施工项目进度计划的检查过程分为调查、整理、对比分析等步骤。采用逐日进度报表、作业状况报表、现场实地检查等方法对施工全过程进行跟踪监测，收集资料。将调查资料整理加工成与施工进度计划具有可比性的反映实际施工进度的资料。将实际进度与计划进度对比，计算出计划的完成程度与存在的差距，并经常结合与计划表达方法一致的图形一起进行对比分析。

1. S 曲线比较法

S 曲线比较法是以横坐标表示时间，纵坐标表示累计完成任务量，绘制一条按计划时间累计完成任务量的 S 曲线；然后将工程项目实施过程中各检查时间实际累计完成任务量的 S 曲线也绘制在同一坐标系中，进行实际进度与计划进度比较的一种方法。

从整个工程项目实际进展的全过程来看，单位时间投入的资源量一般是开始和结束阶段比较少，中间阶段较多。与其相对应，单位时间完成的任务量也呈同样的变化规律，如图 4.35 所示。而随着工程进展累计完成的任务量则呈 S 形变化，如图 4.36 所示。由于其形似英文字母"S"，S 曲线因此而得名。S 曲线可以反映整个工程项目进度的快慢信息。

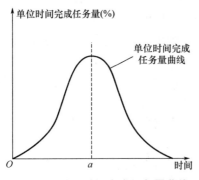

图 4.35　单位时间完成任务量曲线

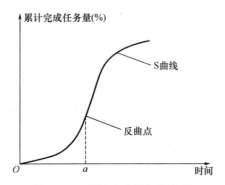

图 4.36　累计完成任务量曲线

在工程项目实施过程中，按照规定时间将检查收集到的实际累计完成任务量绘制在原计划 S 曲线上，即可得到实际进度 S 曲线，如图 4.37 所示。通过比较实际进度 S 曲线和计划进度 S 曲线，可以获得如下信息。

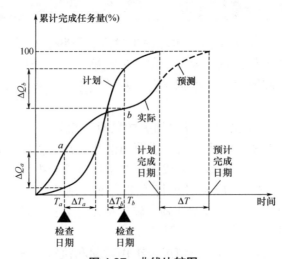

图 4.37　曲线比较图

1）工程项目的实际进展情况

如果工程实际进展点落在计划 S 曲线左侧，表明此时实际进度比计划进度超前，如图 4.37 中的 $a$ 点；如果工程实际进展点落在 S 曲线右侧，表明此时实际进度拖后，如图 4.37 中的 $b$ 点；如果工程实际进展点正好落在 S 曲线上，则表明此时实际进度与计划进度一致。

2）工程项目实际进度超前或拖后的时间

在 S 曲线比较图中可以直接读出实际进度比计划进度超前或拖后的时间。如图 4.37 所示，$\Delta T_a$ 表示 $T_a$ 时刻实际进度超前的时间；$\Delta T_b$ 表示 $T_b$ 时刻实际进度拖后的时间。

3）工程项目实际超额或拖欠的任务量

在 S 曲线比较图中也可以直接读出实际进度比计划进度超额或拖欠的任务量。如图 4.37 所示，$\Delta Q_a$ 表示 $T_a$ 时刻超额完成的任务量；$\Delta Q_b$ 表示 $T_b$ 时刻拖欠的任务量。

4）后期工程进度预测

如果后期工程按原计划速度进行，则可作出后期工程计划 S 曲线，从而可以确定工期拖延预测值 $\Delta T$。

2. 前锋线比较法

前锋线比较法是通过绘制某检查时刻工程项目的实际进度前锋线，进行工程实际进度与计划进度比较的方法，它主要适用于时标网络计划。所谓前锋线，是指在原时标网络计划上，从检查时刻的时标点出发，用点画线依次将各项工作实际进展位置点连接而成的折线。前锋线比较法就是通过实际进度前锋线与原进度计划中各工作箭线交点的位置来判断工作的实际进度与计划进度的偏差，进而判定该偏差对后续工作及总工期的影响程度的一种方法。

采用前锋线比较法进行实际进度与计划进度的比较，其步骤如下。

1）绘制时标网络计划

工程项目实际进度前锋线需要在时标网络计划图上标示，故在绘制实际进度前锋线之前需要先绘制时标网络计划。为了表达清楚，可在时标网络计划图的上方和下方都设时间坐标。

2）绘制实际进度前锋线

一般从时标网络计划图上方时间坐标的检查日期开始绘制，依次连接相邻工作的实际进展位置，最后与时标网络计划图下方坐标的检查日期相连接。

工作实际进展位置点的标定方法有两种。

（1）按该工作已完成任务量比例进行标定：假设工程项目中各项工作均为匀速进展，根据实际进度检查时刻该工作已完成任务量占其计划完成总任务量的比例，在工作箭线上从左至右按相同的比例标定其实际进展位置点。

（2）按尚需作业时间进行标定：当某些工作的持续时间难以按实物工程量来计算而只能凭经验估算时，可以先估算出检查时刻到该工作全部完成尚需作业的时间，然后在该工作箭线上从右向左逆向标定其实际进展位置点。

3）进行实际进度与计划进度的比较

前锋线可以直观地反映出检查日期有关工作实际进度与计划进度之间的关系。对某项工作来说，其实际进度与计划进度之间的关系可能存在以下三种情况。

（1）工作实际进展位置点落在检查日期的左侧，表明该工作实际进度拖后，拖后时间为二者之差。

（2）工作实际进展位置点与检查日期重合，表明该工作实际进度与计划进度一致。

（3）工作实际进展位置点落在检查日期的右侧，表明该工作实际进度超前，超前时间为二者之差。

4）预测进度偏差对后续工作及总工期的影响

通过实际进度与计划进度的比较确定进度偏差后，还可根据工作的自由时差和总时差预测该进度偏差对后续工作及总工期的影响。由此可见，前锋线比较法既适用于工作实际进度与计划进度之间的局部比较，又可用来分析和预测工程项目整体进度状况。值得注意的是，以上比较是针对匀速进展的工作。

【例4.3】某工程网络图如图4.38所示。第5天下班后检查，发现A工作已经完成，B工作进行了1天，C工作进行了2天，D工作尚未开始。试用前锋线比较法进行工程进度的检查比较，并根据检查的结果进行调整。

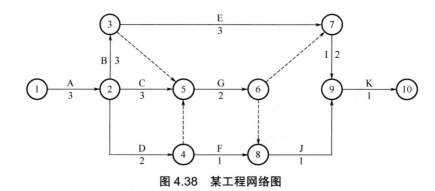

图4.38 某工程网络图

【解】（1）根据图4.38所示工程网络图绘制时标网络图，如图4.39所示。

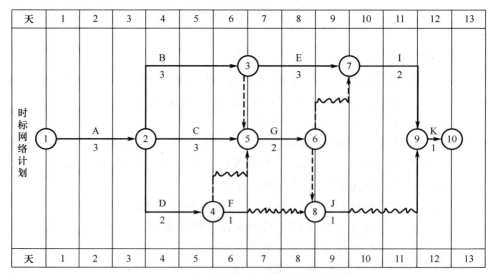

图4.39 某工程时标网络图

（2）在时标网络图中绘出工程实际进度的前锋线，如图4.40所示。

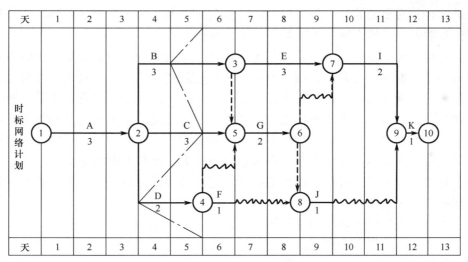

图 4.40 某工程实际进度前锋线

（3）根据实际进度的前锋线比较实际进度与计划进度，结果见表 4-5。

（4）根据实际进度前锋线，画出调整前的时标网络计划，如图 4.41 所示。

（5）按照工期优化的方法压缩关键线路，将 E 工作的持续时间压缩 1 天，画出调整后的时标网络计划，如图 4.42 所示。

表 4-5　前锋线检查比较表

| 工作代号 | 工作名称 | 检查时尚需时间 | 到计划最迟完成时尚需时间 | 有总时差 | 尚有总时差 | 情况判断 |
| --- | --- | --- | --- | --- | --- | --- |
| 2—3 | B | 2 | 1 | 0 | 1 | 拖延 1 天 |
| 2—5 | C | 1 | 2 | 1 | 1 | 正常 |
| 2—4 | D | 2 | 2 | 2 | 2 | 正常 |

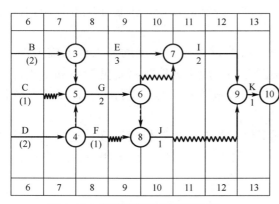

图 4.41　调整前的时标网络计划

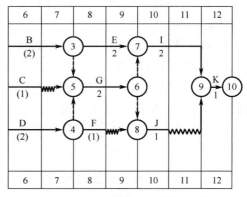

图 4.42　调整后的时标网络计划

## 4.5.2　工程项目进度计划的调整

**1. 工程项目进度控制的目的**

进度控制的目的是通过控制以实现工程的进度目标。如只重视进度计划的编制，而不重视进度计划必要的调整,则进度可能无法得到控制。为了实现进度目标,进度控制的过程也是随着项目的进展,不断调整进度计划的过程。

施工方是工程实施的一个重要参与方,许许多多的工程项目,特别是大型重点建设工程项目,工期要求十分紧迫,施工方的工程进度压力非常大。数百天的连续施工,一天两班制施工,甚至24小时连续施工时有发生。盲目赶工会导致施工质量问题和施工安全问题,并且会引起施工成本的增加。因此,施工进度控制不仅关系到施工进度目标能否实现,还直接关系到工程的质量和成本。在工程施工实践中,必须树立和坚持一个最基本的工程管理原则,即在确保工程质量的前提下,控制工程的进度。

为了有效地控制施工进度,尽可能摆脱因进度压力而造成工程组织的被动,施工方有关管理人员应深化理解:

(1) 整个工程项目的进度目标如何确定;
(2) 有哪些影响整个工程项目进度目标实现的主要因素;
(3) 如何正确处理工程项目进度和工程质量的关系;
(4) 施工方在整个工程项目进度目标实现中的地位和作用;
(5) 影响施工进度目标实现的主要因素;
(6) 施工进度控制的基本理论、方法、措施和手段等。

2. 工程项目进度控制的任务

业主方进度控制的任务,是控制整个项目实施阶段的进度,包括控制设计准备阶段的工作进度、设计工作进度、施工进度、物资采购工作进度,以及项目动用前准备阶段的工作进度。

设计方进度控制的任务,是依据设计任务委托合同对设计工作进度的要求控制设计工作进度,这是设计方履行合同的义务。另外,设计方应尽可能使设计工作的进度与招标、施工和物资采购等工作进度相协调。在国际上,设计方进度计划主要是各设计阶段的设计图纸(包括有关的说明)的出图计划,在出图计划中标明每张图纸的名称、图纸规格、负责人和出图日期。出图计划是设计方进度控制的依据,也是业主方控制设计进度的依据。

施工方进度控制的任务是依据施工任务委托合同对施工进度的要求控制施工进度,这是施工方履行合同的义务。在进度计划编制方面,施工方应视项目的特点和施工进度控制的需要,编制深度不同的控制性、指导性和实施性施工的进度计划,以及按不同计划周期(年度、季度、月度和旬)的施工计划等。

供货方进度控制的任务是依据供货合同对供货的要求控制供货进度,这是供货方履行合同的义务。供货进度计划应包括供货的所有环节,如采购、加工制造、运输等。

3. 工程项目进度计划系统的建立

1) 工程项目进度计划系统的内涵

工程项目进度计划系统是由多个相互关联的进度计划组成的系统,它是项目进度控制的依据。由于各种进度计划编制所需要的必要资料是在项目进展过程中逐步形成的,因此项目进度计划系统的建立和完善也有一个过程,它是逐步形成的。图4.43是一个工程项目进度计划系统的示例,这个计划系统有4个计划层次。

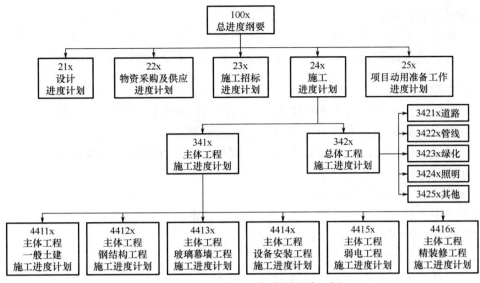

图 4.43　工程项目进度计划系统示例

2）不同类型的工程项目进度计划系统

根据项目进度控制不同的需要和不同的用途，业主方和项目各参与方可以构建多个不同的工程项目进度计划系统，如：

（1）由多个相互关联的不同计划深度的进度计划组成的计划系统；

（2）由多个相互关联的不同计划功能的进度计划组成的计划系统；

（3）由多个相互关联的不同项目参与方的进度计划组成的计划系统；

（4）由多个相互关联的不同计划周期的进度计划组成的计划系统。

图 4.43 的工程项目进度计划系统示例的第二层次是多个相互关联的不同项目参与方的进度计划组成的计划系统；其第三层次和第四层次是多个相互关联的不同计划深度的进度计划组成的计划系统。

（1）由不同深度的计划构成进度计划系统，包括总进度规划（计划）、项目子系统进度规划（计划）、项目子系统中的单项工程进度计划等。

（2）由不同功能的计划构成进度计划系统，包括控制性进度规划（计划）、指导性进度规划（计划）、实施性（操作性）进度计划等。

（3）由不同项目参与方的计划构成进度计划系统，包括业主方编制的整个项目实施的进度计划、设计方编制的进度计划、施工和设备方编制的安装进度计划、采购和供货方编制的进度计划等。

（4）由不同周期的计划构成进度计划系统，包括 5 年建设进度计划，年度、季度、月度和旬计划等。

3）工程项目进度计划系统中的内部关系

在工程项目进度计划系统中各进度计划或各子系统进度计划编制和调整时必须注意其相互间的联系和协调，如：

（1）总进度规划（计划）、项目子系统进度规划（计划）与项目子系统中的单项工程进度计划之间的联系和协调；

（2）控制性进度规划（计划）、指导性进度规划（计划）与实施性（操作性）进度计划之间的联系和协调；

（3）业主方编制的整个项目实施的进度计划、设计方编制的进度计划、施工和设备安装方编制的进度计划与采购和供货方编制的进度计划之间的联系和协调等。

4. 计算机辅助工程项目进度控制

国外有很多用于进度计划编制的商业软件，自20世纪70年代末期和80年代初期开始，我国也开始研制进度计划的软件，这些软件都是在工程网络计划原理的基础上编制的。应用这些软件可以实现计算机辅助工程项目进度计划的编制和调整，以确定工程网络计划的时间参数。

计算机辅助工程网络计划编制的意义如下。

（1）解决工程网络计划计算量大，而手工计算难以承担的困难。

（2）确保工程网络计划计算的准确性。

（3）有利于工程网络计划及时调整。

（4）有利于编制资源需求计划等。

正如前文所述，进度控制是一个动态编制和调整计划的过程，初始的进度计划和在项目实施过程中不断调整的计划，以及与进度控制有关的信息应尽可能对项目各参与方透明，以便各方为实现项目的进度目标协同工作。为使业主方各工作部门和项目各参与方更方便快捷地获取进度信息，可利用项目信息门户作为基于互联网的信息处理平台辅助进度控制。

5. 工程项目进度控制的措施

1）工程项目进度控制的组织措施

正如前文所述，组织是目标能否实现的决定性因素，为实现项目的进度目标，应充分重视健全项目管理的组织体系。在项目组织结构中应有专门的工作部门和符合进度控制岗位资格的专人负责进度控制工作。

进度控制的主要工作环节包括进度目标的分析和论证、编制进度计划、定期跟踪进度计划的执行情况、采取纠偏措施以及调整进度计划。这些工作任务和相应的管理职能应在项目管理组织设计的任务分工表和管理职能分工表中标示并落实。

（1）应编制项目进度控制的工作流程，如：定义项目进度计划系统的组成；各类进度计划的编制程序、审批程序和计划调整程序，等等。

（2）进度控制工作包含了大量的组织和协调工作，而会议是组织和协调的重要手段，应进行有关进度控制会议的组织设计，以明确会议的类型，各类会议的主持人及参加单位和人员，各类会议的召开时间，各类会议文件的整理、分发和确认，等等。

2）工程项目进度控制的管理措施

工程项目进度控制的管理措施涉及管理的思想、管理的方法、管理的手段、承发包模式、合同管理和风险管理等。科学和严谨的管理显得十分重要。为实现进度目标，不但应进行进度控制，还应注意分析影响工程进度的风险，并在分析的基础上采取风险管理措施，以减少进度失控的风险量。常见的影响工程进度的风险，有组织风险、管理风险、合同风险、资源（人力、物力和财力）风险、技术风险等。

重视信息技术（包括相应的软件、局域网、互联网以及数据处理设备）在进度控制中的应用。虽然信息技术对进度控制而言只是一种管理手段，但它的应用有利于提高进度信息处理的效率,有利于提高进度信息的透明度,有利于促进进度信息的交流和项目各参与方的协同工作。

3)工程项目进度控制的经济措施

工程项目进度控制的经济措施涉及资金需求计划、资金供应条件和经济激励措施等。为确保进度目标的实现,应编制与进度计划相适应的资源需求计划(资源进度计划),包括资金需求计划和其他资源(人力和物力资源)需求计划,以反映工程实施的各时段所需要的资源。通过资源需求的分析,可发现所编制的进度计划实现的可能性;若资源条件不具备,则应调整进度计划。资金需求计划也是工程融资的重要依据。

资金供应条件包括可能的资金总供应量、资金来源(自有资金和外来资金)以及资金供应的时间。在工程预算中应考虑因加快工程进度所需要的资金,其中包括为实现进度目标将要采取的经济激励措施所需要的费用。

4)工程项目进度控制的技术措施

工程项目进度控制的技术措施涉及对实现进度目标有利的设计技术和施工技术的选用。不同的设计理念、设计技术路线、设计方案会对工程进度产生不同的影响。在设计工作的前期,特别是在设计方案评审和选用时,应对设计技术与工程进度的关系进行分析比较。在工程进度受阻时,应分析是否存在设计技术的影响因素,为实现进度目标有无设计变更的可能性。

施工方案对工程进度有直接的影响,在决策其选用时,不仅应分析技术的先进性和经济的合理性,还应考虑其对进度的影响。在工程进度受阻时,应分析是否存在施工技术的影响因素,为实现进度目标有无改变施工技术、施工方法和施工机械的可能性。

6. 工程项目进度偏差调整的程序

在实施进度监测过程中,一旦发现实际进度偏离计划进度,即出现进度偏差时,必须认真分析产生偏差的原因及其对后续工作和总工期的影响,必要时采取合理、有效的进度计划调整措施,确保进度总目标的实现。

1)分析进度偏差产生的原因

通过实际进度与计划进度的比较,发现进度偏差时,为了采取有效措施调整进度计划,必须深入现场进行调查,分析产生进度偏差的原因。

2)分析进度偏差对后续工作和总工期的影响

当查明进度偏差产生的原因之后,要分析进度偏差对后续工作和总工期的影响程度,以确定是否应采取措施调整进度计划。进度偏差的大小及其所处的位置不同,对后续工作和总工期的影响程度是不同的,分析时需要利用网络计划中工作总时差和自由时差进行判断。

3)确定后续工作和总工期的限制条件

当出现的进度偏差影响到后续工作或总工期而需要采取进度调整措施时,应当首先确定可调整进度的范围,主要指关键节点、后续工作的限制条件以及总工期允许变化的范围。

4)采取措施调整进度计划

采取进度调整措施,应以后续工作和总工期的限制条件为依据,确保要求的进度目标得到实现。

5）实施调整后的进度计划

计划调整之后，应采取相应的组织、经济、技术和管理措施执行，并继续监测其执行情况。

## 习 题

### 一、单项选择题

1. 某单代号网络计划如图 4.44 所示，工作 A、D 之间的时间间隔是（    ）天。

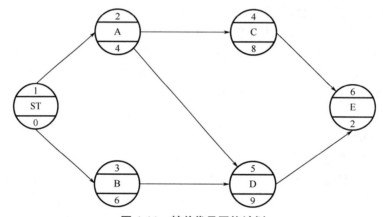

图 4.44　某单代号网络计划

A. 0　　　　　　　　B. 1　　　　　　　　C. 2　　　　　　　　D. 3

2. 某工作之间的逻辑关系如图 4.45 所示，下列描述正确的是（    ）。

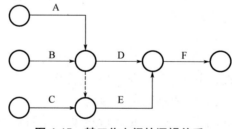

图 4.45　某工作之间的逻辑关系

A. 工作 A、B 均完成后同时进行工作 C、D
B. 工作 A、B 均完成后进行工作 D
C. 工作 A、B、C 均完成后同时进行工作 D、E
D. 工作 B、C 完成后进行工作 E

3. 某双代号网络计划中，假设计划工期等于计算工期，且工作 M 的开始节点和完成节点均为关键节点。关于工作 M 的说法，正确的是（    ）。

A. 工作 M 是关键工作　　　　　　B. 工作 M 的自由时差为零
C. 工作 M 的总时差等于自由时差　D. 工作 M 的总时差大于自由时差

4. 某双代号网络计划中，工作 M 的最早开始时间和最迟开始时间分别为第 12 天和第 15 天，其持续时间为 5 天。工作 M 有 3 项紧后工作，它们的最早开始时间分别为第 21 天、第 24 天和第 28 天，则工作 M 的自由时差为（　　）天。

A. 1　　　　　B. 3　　　　　C. 4　　　　　D. 8

5. 某双代号网络计划中，工作 A 有两项紧后工作：B 和 C。工作 B 和工作 C 的最早开始时间分别为第 13 天和第 15 天，最迟开始时间分别为第 19 天和第 21 天；工作 A 与工作 B 和工作 C 的间隔时间分别为 0 天和 2 天。如果工作 A 实际进度拖延 7 天，则（　　）。

A. 对工期没有影响　　　　　　　B. 总工期延长 2 天
C. 总工期延长 3 天　　　　　　　D. 总工期延长 1 天

## 二、多项选择题

1. 下列项目进度控制的措施中，属于经济措施的有（　　）。

A. 编制工程网络计划　　　　　　B. 编制资源需求计划
C. 分析影响进度的资源风险　　　D. 采取激励措施
E. 分析资金供应条件

2. 关于横道图进度计划的说法，正确的有（　　）。

A. 便于进行资源化和调整　　　　B. 能直接显示工作的开始和完成时间
C. 计划调整工作量大　　　　　　D. 可将工作简要说明直接放在横道上
E. 有严谨的时间参数计算，可使用计算机自动编制

3. 某双代号网络计划如图 4.46 所示，存在的绘图错误有（　　）。

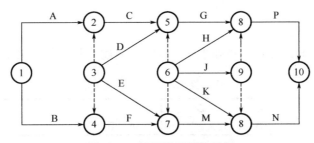

图 4.46　某双代号网络计划

A. 有多个起点节点　　　　　　　B. 有多个终点节点
C. 存在循环回路　　　　　　　　D. 有多余虚工作
E. 节点编号有误

4. 下列工程项目进度控制措施中，属于技术措施的有（　　）。

A. 建立图纸审查、工程变更管理制度
B. 深化设计，选用对实现目标有利的设计方案
C. 编制与进度计划相适应的资金保证计划
D. 优化施工方案，合理选用机械设备
E. 优化工作之间的逻辑关系，缩短持续时间

5. 某双代号网络计划如图 4.47 所示，存在的绘图错误有（　　）。

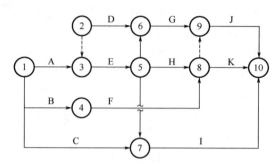

图 4.47　某双代号网络计划

A. 存在多个起点节点　　　　　　B. 存在多个终点节点
C. 存在相同节点编号的工作　　　D. 存在没有箭尾节点的箭线
E. 存在多余的虚工作

## 三、简答题

1. 简述项目进度控制的原理。
2. 简述项目进度控制的目的。
3. 为了有效地控制施工进度，尽可能摆脱因进度压力而造成工程组织的被动，施工方有关管理人员应深刻理解哪些要点？
4. 简述项目进度控制的依据。
5. 简述动态控制原理。

## 四、计算题

1. 已知某工作之间的逻辑关系如表 4-6 所示，描述绘制过程并绘制其双代号网络图。

表 4-6　某工作之间的逻辑关系

| 工作 | A | B | C | D | E | F | G |
|---|---|---|---|---|---|---|---|
| 紧前工作 | — | — | A | A、B | A、B | C、D、E | D、E |

2. 已知某双代号网络计划如图 4.48 所示，利用直接绘制法绘制其时标网络计划。

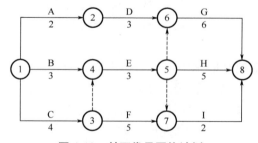

图 4.48　某双代号网络计划

3. 已知某网络计划工作逻辑关系及持续时间如表 4-7 所示。若计划工期等于计算工期。试计算各项工作的 6 个时间参数。

表 4-7 某网络计划工作逻辑关系及持续时间

| 工作 | 紧前工作 | 紧后工作 | 持续时间/天 |
|---|---|---|---|
| $A_1$ | — | $A_2$、$B_1$ | 2 |
| $A_2$ | $A_1$ | $A_3$、$B_2$ | 2 |
| $A_3$ | $A_2$ | $B_3$ | 2 |
| $B_1$ | $A_1$ | $B_2$、$C_1$ | 3 |
| $B_2$ | $A_2$、$B_1$ | $B_3$、$C_2$ | 3 |
| $B_3$ | $A_3$、$B_2$ | $D$、$C_3$ | 3 |
| $C_1$ | $B_1$ | $C_2$ | 2 |
| $C_2$ | $B_2$、$C_1$ | $C_3$ | 4 |
| $C_3$ | $B_3$、$C_2$ | $E$、$F$ | 2 |
| $D$ | $B_3$ | $G$ | 2 |
| $E$ | $C_3$ | $G$ | 1 |
| $F$ | $C_3$ | $I$ | 2 |
| $G$ | $D$、$E$ | $H$、$I$ | 4 |
| $H$ | $G$ | — | 3 |
| $I$ | $F$、$G$ | — | 3 |

4. 某项目的合同工期为 38 周,其施工总进度计划如图 4.49 所示(时间单位:周),各工作可以缩短的时间及其增加的赶工费如表 4-8 所示。现建设单位要求将总工期缩短 2 周,试问如何调整计划才能既实现建设单位的要求又能使支付施工单位的赶工费用最少?

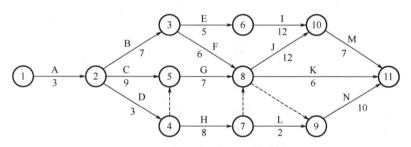

图 4.49 某项目的施工总进度计划

表 4-8 各工作可以缩短的时间及其增加的赶工费

| 分部工程名称 | A | B | C | D | E | F | G | H | I | J | K | L | M | N |
|---|---|---|---|---|---|---|---|---|---|---|---|---|---|---|
| 可缩短时间/周 | 0 | 1 | 1 | 1 | 2 | 1 | 1 | 0 | 2 | 1 | 1 | 0 | 1 | 3 |
| 增加的赶工费/(万元/周) | — | 0.7 | 1.2 | 1.1 | 1.8 | 0.5 | 0.4 | — | 3.0 | 2.0 | 1.0 | — | 0.8 | 1.5 |

5. 某分部工程划分为 A、B、C、D 四个施工过程,分三段组织施工,各施工过程的流水节拍均为 3 天,且施工过程 B 完成后需要 1 天的技术间歇时间。试计算总工期,绘制施工进度横道图。

在线答题

拓展习题

# 第 5 章

# 工程项目成本管理

## 知识结构图

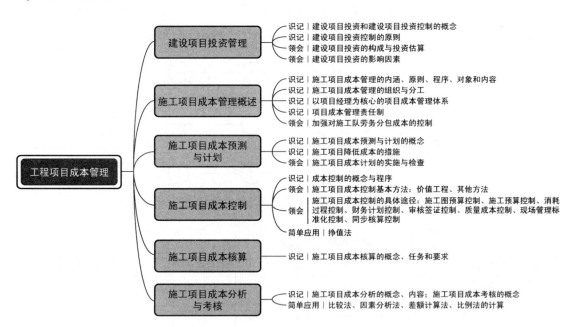

工程项目的资金管理，从建设方角度来看，主要关注建设项目的投资能否达到预期目的；从施工方角度来看，主要关注施工项目的成本是否得到合理控制。本章首先介绍建设项目的投资管理，然后重点介绍施工项目的成本管理。

# 5.1 建设项目投资管理

## 5.1.1 建设项目投资管理概述

**1. 建设项目投资的概念**

投资，是经济组织为获取预期利润而投入某项计划的全部资源，涉及资金、人力、技术和信息等。狭义上的建设项目投资是指建设方（投资方）为完成工程项目建设并达到使用要求或生产条件，在建设期内预计或实际投入的总费用。

**2. 建设项目投资的构成**

根据国家发展改革委和建设部发布的《建设项目经济评价方法与参数（第三版）》，建设项目总投资包括建设投资、建设期利息和流动资金，如图 5.1 所示。

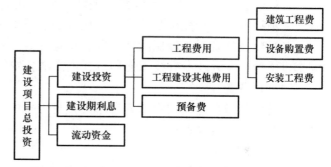

图 5.1 建设项目总投资构成

1）建设投资

建设投资由工程费用、工程建设其他费用和预备费组成。

（1）工程费用。

工程费用包括建筑工程费、设备购置费和安装工程费。

① 建筑安装工程费。

建筑安装工程费包括建筑工程费和安装工程费两部分。根据住房和城乡建设部与财政部印发的《建筑安装工程费用项目组成》（建标〔2013〕44 号），建筑安装工程费按照费用构成要素划分，由人工费、材料费、施工机具使用费、企业管理费、利润、规费和税金组成。

人工费：是指按工资总额构成规定，支付给从事建筑安装工程施工的生产工人和附属生产单位工人的各项费用。内容包括：计时工资或计件工资、奖金、津贴补贴、加班加点工资、特殊情况下支付的工资。

材料费：是指施工过程中耗费的原材料、辅助材料、构配件、零件、半成品或成品、工程设备的费用。内容包括：材料原价、运杂费、运输损耗费、采购及保管费。

施工机具使用费：是指施工作业所发生的施工机械、仪器仪表使用费或其租赁费。

企业管理费：是指建筑安装企业组织施工生产和经营管理所需的费用。内容包括：管理人员工资、办公费、差旅交通费、固定资产使用费、工具用具使用费、劳动保险和职工福利费、劳动保护费、检验试验费、工会经费、财产保险费、财务费、税金、其他费用。其他费用包括技术转让费、技术开发费、投标费、业务招待费、绿化费、广告费、公证费、法律顾问费、审计费、咨询费、保险费等。

利润：是指施工企业完成所承包工程获得的盈利。

规费：是指按国家法律、法规规定，由省级政府和省级有关权力部门规定必须缴纳或计取的费用。包括：养老保险费、失业保险费、医疗保险费、生育保险费、工伤保险费、住房公积金。其他应列而未列入的规费，按实际发生计取。

税金：是指国家税法规定的应计入建筑安装工程造价内的增值税、城市维护建设税、教育费附加以及地方教育附加。

②设备购置费。

设备购置费是指为工程建设项目购置或自制的达到固定资产标准的设备、工具、器具的费用。

（2）工程建设其他费用。

工程建设其他费用是指建设期发生的与土地使用权取得、整个工程项目建设以及未来生产经营有关的，除工程费用、预备费、增值税、资金筹措费、流动资金以外的费用。

工程建设其他费用主要包括土地使用费和其他补偿费、建设管理费、可行性研究费、专项评价费、研究试验费、勘察设计费、场地准备费和临时设施费、引进技术和进口设备材料其他费、工程保险费、联合试运转费、特殊设备安全监督检验费、市政公用配套设施费、专利及专有技术使用费、生产准备费等。

（3）预备费。

预备费是指在建设期内因各种不可预见因素的变化而预留的可能增加的费用，包括基本预备费和涨价预备费。

2）建设期利息

建设期利息是指筹措债务资金时在建设期内发生并按规定允许在投产后计入固定资产原值的利息，即资本化利息。建设期利息包括银行借款和其他债务资金的利息，以及其他融资费用。其他融资费用是指某些债务融资中发生的手续费、承诺费、管理费、信贷保险费等费用，一般情况下应将其单独计算并计入建设期利息。

3）流动资金

流动资金是指运营期内长期占用并周转使用的营运资金，不包括运营中需要的临时性营运资金。

3.建设项目投资估算

建设项目投资估算按照工作阶段的作用和精度要求不同可分为估算（可行性研究阶段）、概算（初步设计阶段）、预算（施工图设计之后）。可行性研究阶段进行的建设项目投资估算，其结果是判别接受或拒绝该项目的依据之一。一般采用以下方法。

1）生产规模指数估算法

该方法利用已知的投资指标估算同类型不同规模的工厂或设备投资。

假设工厂或设备投资为 $Y$、已知的同类型的工厂或设备投资为 $a$、规模倍数为 $x$、指数为 $n$，产量与投资按下列关系变化：

$$Y = ax^n \tag{5-1}$$

当 $x_1$ 为第一种规模，$x_2$ 为第二种规模时，则 $Y_1$ 为第一种规模的投资，$Y_2$ 为第二种规模的投资，则有：

$$Y_2 = Y_1 \left(\frac{x_2}{x_1}\right)^n \tag{5-2}$$

在以提高设备生产能力扩大生产规模时，$n = 0.6 \sim 0.7$；在以增加设备数量扩大生产规模时，$n = 0.8 \sim 1.0$。

2）工程系数法

$$建设项目投资 = 估算系数 \times 根据经验估算的设备总价值 \tag{5-3}$$

估算系数按照工厂类型的不同而不同。一般固体处理过程企业：按设备交货价格系数 =3.10，按设备安装价格系数 =2.16。固体–流体处理过程企业：按设备交货价格系数 =3.63，按设备安装价格系数 =2.56。流体处理过程企业：按设备交货价格系数 =4.74，按设备安装价格系数 =3.30。

3）按比例投资估算法

该方法依据已建成同类工程主要设备投资占项目建设总投资的比例进行投资估算，见公式（5-4）。

$$建设项目总投资 = \frac{主要设备或主要生产车间投资}{占建设项目总投资的比例} \tag{5-4}$$

### 5.1.2 建设项目投资的影响因素

对于建设单位而言，工程项目投资管理需要通过控制工程项目各个阶段的投资支出实现。投资控制的基础是明确工程项目投资在各个阶段的影响因素。一般而言，80% 的建设项目投资费用在规划决策和设计阶段就已经确定。

1. 规划决策阶段

1）项目性质

建设项目的性质多种多样，按功能可分为住宅、工业建筑、商业建筑、教育建筑、医疗建筑等。建筑项目的性质决定了投资逻辑和目标，从而影响建设项目的投资预期。

2）项目规模

对于建设项目而言，建设项目投资与项目规模正相关（很大程度上是线性关系）；而投资收益预期与投资额正相关，即项目规模越大，总投资越大，投资收益越高。然而，盲目追求项目规模的扩大并不能带来投资收益的无限增长，受人口规模、项目定位、消费能力等因素的影响，当规模到达一定极限时，单位规模花费的投资额基本不变，带来的投资收益却会下降。因此，必须通过合理控制项目规模来控制投资额，从而提高经济效益。

3）建设标准

建设项目的标准不仅指建设过程所必须依据的技术标准，还包括工艺装备、建筑标准、配套工程、环境保护、劳动定员等方面的要求。建设标准对评估造价合理性、指导建设具有重要意义，应从我国当前经济发展水平出发，根据地区、规模、等级、功能等因素综合考虑制定，各类指标能定量的尽量定量，不能定量的应有定性衡量原则。

4）建设地区与地点

建设地区与地点对工程项目投资的影响主要体现在地区经济发展水平、当地消费力、劳动力水平、场地适用程度、地质水文条件、交通便利条件、基础设施配套情况等。对于生产性项目还需考虑上下游产业链集聚条件、原料燃料提供地、产品消费地等因素。部分工程项目的建设还需考虑当地的环保条件，如风景保护区的建设施工不得破坏当地的自然环境。

5）方案选择

此处的方案包括技术方案、设备方案和工程方案。其中技术方案和设备方案对项目运营期的成本影响很大，必须在项目规划决策阶段就做好全套方案。工程方案是在上述项目性质和规模、建设地点确定的基础上，研究主要建筑物和构筑物的建造方案，其中也包括了建设标准的制定。以上方案都直接影响投资的额度和比例分配。

2. 设计阶段

1）勘察设计方案

勘察设计方案决定了项目的总体平面布置、建筑物或构筑物的平立剖面、结构选型等，不同设计方案在合规性、合理性、经济性、创新性等方面的表现各有不同，进而直接影响投资额度和运营收益。其中，地质勘察数据直接影响基础设计方案的经济性，对上部结构设计方案的确定也起到了关键作用。在地质条件不够好或是地形地貌复杂的地区，因勘察数据的不准确造成的设计变更屡见不鲜，往往给投资方带来巨额损失。

2）设计目标

在设计阶段，明确设计目标对控制投资具有重要作用。设计方案在深化和具体化过程中，一定要时刻遵循既定的建设标准，随意的降低或刻意的拔高都将导致投资的变动。

3）设计变更情况

施工图投入使用后，会因为种种原因出现要求设计变更的情况，造成经济损失。这些设计变更中有一些是合理的，可能是不可预见的情况造成的，但也有一些是设计过程中的漏洞导致的，这些变更应该避免。避免设计变更的具体措施包括引入设计监理、加强标准设计应用和做好地质勘察工作等。

3. 施工阶段

1）施工单位水平

施工现场的管理工作主要由施工单位统筹，因此施工单位在安全、质量、技术、进度、成本等方面的管理水平直接决定了工程项目是否能安全、经济、保质保量地在预定时间内完成。选择一个信誉优良、水平高超的施工单位对项目投资的控制具有关键作用。

2）工程计量

施工阶段投资控制的重要环节是工程进度款的支付，其前提是对质量合格的项目进行准确的工程计量，避免超付。

3）工程索赔

施工过程中，若出现合同规定外的自然、社会、业主因素等，引起工程事故或工期拖延，就会产生合同外的经济签证和费用索赔，造成损失。

### 5.1.3 建设项目投资控制原则

建设项目投资控制，是指为在投资计划值内实现项目目标而对建设项目活动中的投资进行的策划、控制和管理。虽然业主或承包商进行建设项目投资的主要目的是实现经济效益，但不能把建设项目投资控制仅仅局限在控制实际投资额度上，而是要综合考虑建设项目的其他预期目标能否实现，如工程质量、项目进度等。

建设项目投资控制应遵循以下原则。

1. 动态控制原则

建设项目的投资控制不是一成不变的，投资控制目标一定是围绕建设项目的目标控制展开的。建设项目的周期很长，在项目的实施过程中可能因估计不足或其他现实原因出现目标调整的情况，投资额度和控制手段必然随之调整，即基于项目目标的动态控制。此外，在建设项目开展过程中，各个时间节点可能出现实际投资额与计划投资额不符的情况，此时应分析偏差原因，及时采取控制措施，实现全过程动态控制。

2. 分阶段控制原则

在建设项目的不同阶段，投资的影响因素各异，每个阶段的投资控制目标也有所不同。具体来说，在项目的规划决策阶段，通过投资估算进行投资控制，此时的估算较为模糊，一般不太准确；在设计阶段，通过限额设计和设计概算进行投资控制，其中设计概算基于技术设计和施工图设计获得；到施工阶段，基于施工图预算或工程承包合同价格进行投资控制。

3. 多种有效措施控制原则

建设项目投资控制是一项综合运用经济、管理、技术、法律等多方面知识的专业工作。在投资控制的具体实践中，应遵循多种有效措施并用的原则。常用的控制措施包括：充分运用经济技术分析方法正确处理二者关系；在重大复杂项目中进行科技攻关降低总投资额度；采用主动控制方法提前避免投资失控风险；等等。

4. 立足全寿命周期控制原则

建设项目的建设投资仅占其全寿命周期总费用的一小部分。对于投资商来说，在建设项目投资的前期阶段，就应该考虑到项目运行和维护所需的费用，尤其是工业和商业项目，考虑全寿命周期的投资控制对于预期利润目标的实现至关重要。

## 5.2 施工项目成本管理概述

工程项目的成本管理是指为实现工程项目成本目标对生产经营所消耗的人力、物力和财力进行的预测、计划、控制、核算、分析和考核活动。

### 5.2.1 施工项目成本管理的内涵

在施工阶段，施工项目成本是施工企业为完成施工项目的建筑安装工程任务所耗费的各项生产费用的总和。费用是指项目运营期内发生的与生产经营有关的各项耗费，其中符合规定的部分才构成成本,即在运营期内为生产产品或提供服务所发生的核定认可的全部费用称为总成本费用。各行业成本构成不完全相同,应根据各行业规定确定。成本估算应依据国家现行的企业会计制度规定的成本和核算方法,同时须遵循国家税收制度中准予在所得税前列支科目规定进行计算。

建设工程施工项目成本管理应从工程投标报价开始,直至项目竣工结算完成为止,贯穿于施工项目实施的全过程。根据工程项目成本管理的定义,成本管理分为成本预测与计划、成本控制、成本核算、成本分析和成本考核等方面。成本管理的每一个环节都是相互联系和相互作用的:成本预测是成本计划的前提条件,成本计划是成本决策目标的具体化;成本控制是成本计划实施的监督手段,成本核算是成本控制的依据;成本分析和成本考核是对成本计划是否实现的检验,也是其他项目成本预测与计划的基础。

### 5.2.2 施工项目成本管理的原则

1. 全面管理原则

项目成本管理是全员参与的管理;项目成本管理是全过程的管理。

组织应建立、健全项目全面成本管理责任体系,明确业务分工和职责关系,把管理目标分解到各项技术工作和管理工作中。项目全面成本管理责任体系应包括两个层次。

(1)组织管理层。负责项目全面成本管理的决策,确定项目的合同价格和成本计划,确定项目管理层的成本目标。

(2)项目经理部。负责项目成本的管理,实施成本控制,实现项目管理目标责任书中的成本目标。项目经理部的成本管理应包括成本计划、成本控制、成本核算、成本分析和成本考核。

施工项目成本的形成过程,伴随着施工生产全过程,因此,为对施工项目成本自始至终进行有效的控制,就必须随着项目施工进展的各个阶段连续进行成本控制,不能疏漏、间断和时松时紧。成本控制是全过程控制,包括施工准备阶段的成本控制,现场施工阶段的成本控制及竣工阶段的成本控制。而在施工准备阶段仅仅是预测计划,竣工阶段成本显然已成定局,所发生的偏差已不可能纠正,因此整个控制工作的重心应放在中间阶段,即现场施工阶段。

2. 动态控制原则

在施工项目施工准备阶段,根据外部环境条件和项目要求所确定的成本目标、成本计划、成本控制方案,这是在对未发生的事进行预测的基础上得到的。而具体施工过程中各种影响因素的变化,均可能使实际成本偏离计划。为此必须实行动态控制,根据实施状况,对出现的"例外"问题进行重点检查、深入分析,并采取相应措施,不断纠正成本形成过程中的偏差,保证最终实现成本目标。

3. 目标管理原则

成本目标管理是把计划的目标、任务、措施等加以分解,从纵、横向分别落实到执行计划的部门、单位,甚至个人,形成一个目标成本体系,实现纵向一级保一级,横向关联部门明确责任,加强协作,使项目进展中每个参与单位部门均承担各自成本控制的责任,并坚决执行。同时不断对目标执行结果进行检查、评价目标和修正目标,形成成本目标管理的 P（计划）、D（实施）、C（检查）、A（处理）循环。

4. 节约原则

节约人力、物力、财力的消耗，是提高经济效益的核心，也是成本控制的最基本的原则。为此，要严格执行成本开支范围、费用开支标准和有关财务制度，对各项成本费用的支出进行限制和监督；提高施工项目科学管理的水平，优化施工方案，提高生产效率，节约人、财、物的消耗；采取预防成本失控的措施，防止浪费的发生。

5. 责、权、利相结合的原则

在项目施工过程中，项目经理、工程技术人员、管理人员及各单位和施工班组都对成本控制负有一定责任，从而形成整个项目的成本控制责任网络；与此同时，各部门、单位、班组还应享有相应的成本控制的权力，即在规定范围内决定某些成本费用的使用，以行使对项目成本的实质性控制；最后项目经理还要定期检查和考评各层次成本控制的业绩，并与工资分配挂钩，实行奖罚。只有责、权、利相结合的成本控制，才是真正的施工项目成本控制。

### 5.2.3 施工项目成本管理的程序

施工项目成本管理应遵循下列程序。
（1）掌握生产要素的市场价格和变动状态。
（2）确定项目合同价。
（3）编制项目成本计划，确定项目成本实施目标。
（4）进行项目成本控制。
（5）进行项目过程成本分析。
（6）进行项目过程成本考核。
（7）编制项目成本报告。
（8）项目成本管理资料归档。

### 5.2.4 施工项目成本管理的对象和内容

1. 以施工项目成本形成过程作为项目成本管理的对象

（1）工程投标阶段：根据工程概况和招标文件，对项目成本进行预测，提出投标决策建议。

（2）施工准备阶段：根据设计目标和其他资料，通过多方案技术经济评价，选择经济、合理、先进、可行的施工方案，编制实施性施工组织设计、具体的成本计划及成本控制的措施，对项目成本进行事前控制。

（3）施工阶段：根据施工预算、各种消耗定额成本费用开支标准、已确定的成本计划和成本控制措施，对实际发生的项目成本费用进行控制。

（4）竣工交付使用及保修期阶段：应对竣工验收费用和保修费用进行控制。

2. 以施工项目的职能部门、施工队和施工班组作为项目成本管理对象

日常所发生的成本，均发生在各个职能部门、施工队和施工班组。为此，应以职能部门、施工队、施工班组作为项目成本的管理对象，既要接受项目经理和企业相关部门

的指导、监督、检查和考评,他们也应对自己承担的责任成本进行自我管理。

3. 以分部分项工程作为项目成本的管理对象

工程项目可分为许多分部分项工程,其项目成本也分布于每一个分部分项工程中,每一个分部分项工程成本管理的好坏均会对整个项目成本产生影响。为此,应以分部分项工程作为项目成本管理对象,根据项目管理的技术措施和组织措施,编制施工预算,作为对分部分项工程成本管理的依据。

### 5.2.5 施工项目成本管理的组织与分工

根据建筑产品成本运行规律,成本管理责任体系应包括组织管理层和项目管理层。组织管理层的成本管理除生产成本以外,还包括经营管理成本;项目管理层应对生产成本进行管理。组织管理层贯穿于项目投标、实施和结算过程,体现效益中心的管理职能;项目管理层则着眼于执行组织确定的项目成本管理目标,发挥现场生产成本控制中心的管理职能。

施工项目的成本管理,不仅仅是专业成本人员的责任,所有的项目管理人员,特别是项目经理,均要按照自己的业务分工各负其责。为保证项目成本管理工作的顺利进行,需要把所有参与项目建设的人员都组织起来,并按各自的分工开展工作。

1. 建立以项目经理为核心的项目成本管理体系

项目管理要求实行项目经理承包责任制,即要求项目经理对项目建设的进度、质量、成本、安全和现场管理等全面负责,其中成本管理应放在首位,因为只有控制成本,才能获得项目的经济效益,完成预期的成本目标。

因此,以项目经理部为中心,把项目成本控制目标进行层层分解,变成具体的成本控制指标;用合同、责任制等形式确定横向各参与建设单位的成本控制的任务、责任、权力和利益,用内部分包合同和各项制度确定纵向各参与施工队、施工班组,甚至个人在成本控制中的任务、责任、权力、利益。用每一个部门、每一个施工队、每一个施工班组和每个人成本控制指标的实现来保证最终成本控制目标的实现。

2. 建立项目成本管理责任制

项目成本管理责任制,是指各项目管理人员在处理日常业务中,对成本管理应尽的责任。它针对项目不同层次、不同岗位的管理人员规定了他们在成本管理中应承担的责任,具体说明如下。

1)项目经理的成本管理责任

该责任包括:对项目成本的总体控制,保证对外及对内分包金额之和小于总承包金额;控制材料采购成本;控制项目经理部机关管理成本;完成对公司的承包指标;控制暂设费、调迁费、福利基金等集中管理的成本。

2)合同预算员的成本管理责任

该责任包括:编好施工图预算,认真研究合同规定的"开口"项目,努力增加工程收入;收集工程变更资料,及时收回垫付资金;参与对外经济合同谈判和决策;严格控制经济合同中的数量、单价和金额,真正做到以收定支。

3)工程技术人员的成本管理责任

该责任包括:合理规划施工现场平面布置,为文明施工、减少浪费创造条件;严格执行工程技术规范和预防措施，确保工程质量，降低质量成本；积极采用实用、有效的技术组织措施和合理化建议，为降低成本寻找新途径；严格执行安全操作规程，确保安全生产，将事故损失降到最低；抓组织措施，控制工期，增加产值，降低间接成本。

4）材料人员的成本管理责任

该责任包括：降低材料、构件的采购（加工）成本，减少采购（加工）过程中的管理损耗；保证按时按量配套供应材料，防止停工待料造成损失；严格执行限额领料制度，做好余料回收和利用；做好周转材料的清点、回收、整理、堆场、退场等工作，提高周转材料的周转速度，节约租金；合理安排材料储备，在保证供应的前提下，减少资金占用。

5）机械管理人员的成本管理责任

该责任包括：根据工程特点和施工方案，合理选择机械型号，安排机械施工，加强机械维修保养，以提高机械完好率和利用率，从而降低机械成本。

6）行政管理人员的成本管理责任

该责任包括：合理安排项目管理人员和后勤服务人员，控制工资性支出和非生产性开支，管理好行政办公用物资；在勤俭节约的前提下，满足职工的生活需要。

7）财务核算员的成本管理责任

该责任包括：严格审核各项成本费用，控制成本支出；建立月度财务收支计划制度，平衡调度，控制资金使用；建立辅助制度，及时向相关管理人员反馈信息；开展成本分析，提出存在的问题和解决方法的建议，以便项目经理部采取针对性措施纠正项目成本偏差；协助项目经理检查、考核各部门和各单位责任成本执行情况。

8）定额员或劳资管理人员的成本管理责任

该责任包括：签发并管理承包任务书，减少非生产用工和无产值用工，管理好班组，控制用工和人工费支出。

3. 加强对施工队劳务分包成本的控制

1）项目经理部对施工队劳务分包成本的控制

项目经理部通过劳务合同把施工任务分包给施工队，项目经理部只有权对施工队责成任务的进度、质量、安全和现场管理标准进行监督，同时按合同规定支付劳务费用，而无权过问施工队内部成本的节超，因此，它对施工队分包成本的控制仅指以下情况。

（1）工程量和劳动定额的控制。劳务费是以实物工程量和劳动定额为依据计算的，当工程设计和施工工艺在实际施工中发生变更时，工程量和劳动定额会与劳务合同产生出入，应按实调整承包金额。对此，要强调技术签证，严格控制合同金额增加，以便通过工程结算，从甲方那里取得补偿。

（2）计日工的控制。对零星任务所用计日工的数量和成本应严格控制，所采用的方法有：对工作量较大的任务，可先确定科学的定额，在定额的范围内控制计日工的数量；或按定额用工的一定比例由施工队包干，并在劳务合同中明确规定。

（3）坚持奖罚制度。项目经理部要根据施工队完成施工任务的业绩，对照劳务合同规定的标准，认真考核，分清优劣，有奖有罚。

2）落实施工班组的责任成本

施工班组的责任成本就是分部分项工程的成本。它既与施工队的效益有关，又是项目成本不可分割的一部分，一般由施工队以施工任务单和限额领料单的形式落实到生产班组,并由施工队负责回收和结算,以控制施工班组的责任成本,是项目管理中最基本的基础管理。

当施工队签发施工任务单下达施工任务时,也向施工班组提出了进度、质量、安全和文明施工的具体要求及施工注意事项,这些是施工班组完成责任成本的约束条件。施工任务单结算中,要联系责任成本的实际完成情况进行综合考评。

## 5.3 施工项目成本预测与计划

施工项目成本预测与计划是施工项目成本的事前控制,是在掌握成本资料的基础上,对施工项目成本进行预算和估算;分析、研究、制定降低成本措施的方向和途径;并通过成本预测与计划的编制作出成本控制的安排,也即是提出一个可行的成本控制的实施纲要和作业设计,其程序如图 5.2 所示。

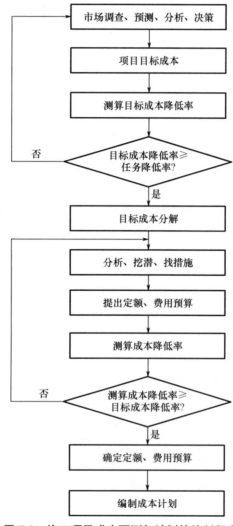

图 5.2 施工项目成本预测与计划的编制程序

## 5.3.1 施工项目成本预测

施工项目成本预测是指通过取得的历史资料，采用经验总结、统计分析、数学模型的方法对成本进行判断和推测；是在分析项目施工过程中各种经济与技术要素对成本升降的影响基础上，对项目成本水平变化趋势及规律作出推算，预测施工项目的实际成本。成本预测可为投标决策提供依据，是编制成本计划的基础，更是成本控制的重要环节。

目前采用的成本预测方法有：时间序列法，回归分析法，量本利分析法，经验判断法，主观概率法，德尔菲法，成本试算法，等等。

对施工项目成本控制目标进行预测的步骤如下。

（1）进行施工项目成本估算，即根据市场价格、概算定额、预算定额，估计可以得到补偿的社会平均水平的成本。市场经济要求企业根据实物估价法进行科学的计算，它既是合同价格的基础，又是成本决策的依据，是量入为出的标准。

（2）根据合同承包价格计算施工项目的承包成本，并与估算成本比较，一般承包成本应低于估算成本，若高于估算成本，应对工程索赔和降低成本作出可行性分析。

（3）依据施工企业的利润目标，提出企业降低成本的总目标，即计算出企业的总成本降低率，并据此提出施工项目降低成本的要求。

（4）根据施工项目降低成本要求、企业同类工程的成本降低水平及合同承包成本，确定成本降低额，计算出成本降低率。此成本降低率应满足大于或等于企业总成本降低率的条件，以保证降低成本总目标的实现。

（5）根据确定的成本降低率，计算出施工项目降低成本目标及成本控制目标，并据此定出项目经理部的责任成本额。

## 5.3.2 制定降低施工项目成本的措施

为了达到前面确定的施工项目的成本降低目标和成本目标，保证企业成本降低总目标的实现，仅在纸上计算、预测是不行的，它必须要通过一些降低成本的途径和方法来实现。为此，必须分析、研究影响工程成本的因素，制定降低施工项目成本的措施。各施工项目由于工程特点不同，因而对项目成本的影响因素也不同。因此，应针对具体施工项目进行具体分析，采取有效的措施来实现降低成本的目标。降低成本的途径如下。

1. 降低材料成本

材料成本在项目成本中比重最大，而且有较大的成本节约潜力。其中应把品种少，而所占成本比重大的 A 类材料作为重点，更易显出成效。在降低材料成本的措施设计中，价值工程的应用，为其提供了有效的手段。在材料的日常管理中，应注意节约采购成本；认真计量验收；严格执行材料消耗定额；推广使用新技术、新工艺、新材料；扩大材料代用；合理储备材料，减少资金占用；加强现场管理，合理堆放，减少搬运、仓储等损耗。

2. 组织均衡施工，提高劳动生产率

提高劳动生产率，可以减少单位工程用工，增加单位时间完成的工程数量。这不仅减少了单位工程成本中的人工费和生产工人辅助工资,同时由于组织均衡施工,加快了施工速度,还减少了项目管理人员的工资和办公费、现场临时设施费、施工机械和周转材料的租赁费等按时间计算的成本费用。但要注意由于加速施工所引起的成本增加,若甲方有赶工要求的,应将赶工费列入施工图预算。

3. 提高机械利用率

降低机械使用费的途径是合理组织机械施工,提高机械利用率和机械效率。为此首先应综合考虑机械性能、操作运行和台班成本等因素,选择适合项目施工特点的施工机械;其次要组织好工序、工种机械的施工,最大限度地发挥机械效能;同时要严格按规程操作机械,做好机械维修保养工作,保证机械始终保持完好状态,这是提高机械利用率的基础。

4. 制订先进、经济、合理的施工方案

施工方案的确定包括:施工程序和施工顺序、施工起点流向、主要分部分项工程的施工方法和施工机械。施工方案不同,工期会不同,所需机具也不同,因而发生的成本也不同。因此,正确选择施工方案是降低成本的关键。为此,应以合同为依据,结合项目的规模、性质、复杂程度、现场条件、装备情况、人员素质等因素综合考虑,制订几个可行的施工方案,再进行多方论证评价,从中优选一个最合理、最经济的施工方案。

5. 认真会审图纸,提出修改意见

对设计图纸要认真审阅,特别是结构复杂、施工难度高的项目,要从保证工程质量、方便施工、有利于加快工程进度、降低消耗等方面综合考虑,提出积极的修改意见,取得业主和设计单位同意后,修改设计图纸。

6. 发挥激励机制,激发职工增产节约的积极性

发挥激励机制,应从项目施工的实际情况出发,选择适合项目和企业特点的激励机制。选择激励机制的基本原则是要能真正起到促进增产节约的作用。如对关键工序施工的关键班组实行重奖;对材料操作损耗特别大的工序,由施工班组直接承包;实行钢模零件和脚手螺丝的有偿回收;等等。

7. 落实技术组织措施

从项目的技术和组织方面进行全面的设计,确定降低成本的措施。技术措施要以技术优势来取得经济效益,从施工作业所涉及的生产要素方面进行设计,以降低消耗为宗旨;组织措施主要从施工管理方面进行筹划,以降低固定成本,消灭非生产性损失,提高生产效率和组织管理效果为宗旨。

### 5.3.3 编制施工项目成本计划

1. 施工项目成本计划的编制依据

项目经理部编制施工项目成本计划的依据如下。

(1) 合同文件。

(2) 项目管理实施规划。

（3）可研报告和相关设计文件。
（4）市场价格信息。
（5）相关定额。
（6）类似项目的成本资料。

2. 施工项目成本计划的编制要求

项目经理部编制施工项目成本计划应满足下列要求。
（1）由项目经理部负责编制，报组织管理层批准。
（2）自下而上分级编制并逐层汇总。
（3）反映各成本项目指标和降低成本指标。
（4）进行成本动态控制，实现成本实施目标。
（5）进行项目成本核算和工程价款结算，及时收回工程款。
（6）进行项目成本分析。
（7）进行项目成本考核，编制成本报告。
（8）积累项目成本资料。

3. 施工项目成本计划的编制步骤

施工项目成本计划一般由项目经理部进行编制，从而规划出实现成本承包目标的实施方案。施工项目成本计划的关键是合理设计降低成本的措施，其编制步骤如下。

（1）按前面确定的成本控制目标和降低成本目标进行成本目标分解。即按分部分项工程对施工项目的成本控制目标和降低成本目标进行分解，确定分部分项工程的目标成本。

（2）按分部分项工程的目标成本实行施工项目内部成本承包，确定各承包队的承包责任成本及核算原则。

（3）组织各承包队，在优化的施工方案的指导下，确定降低成本的技术组织措施，计算各项措施降低成本的效果并汇总，然后与成本控制目标、降低成本目标相比较，反复对降低成本措施进行修改，直至计划成本降低率大于或等于目标成本降低率，才最终确定编制明细和具体的成本计划。

（4）编制降低成本的技术组织措施计划表、降低成本计划表和施工项目成本计划表。

（5）根据项目建设时间的长短和参加建设人数的多少，编制间接费用预算，并对上述预算进行明细分解，以项目经理部有关部门责任成本的形式落实。

### 5.3.4 施工项目成本计划的实施与检查

1. 施工项目成本计划实施的主要环节

（1）根据成本计划所作的具体安排，落实执行降低成本的各项措施，做好施工任务单的验收和限额领料单的结算。

（2）将施工任务单和限额领料单的结算资料进行对比，计算分部分项工程的成本差异，分析产生差异的原因，并采取纠偏措施。

（3）收集、整理月度成本原始资料，正确计算月度成本，分析月度计划成本和实际成本的差异，分析有利差异的原因，特别重视不利差异、盈亏比例异常现象的原因分析，并采取措施尽快消除异常现象。

（4）在月度成本核算的基础上实行责任成本核算。即利用原有会计核算的资料，重新按责任部门或责任者归集成本费用，每月结算一次，与责任成本进行对比，由责任者自行分析成本差异和产生差异的原因，自行采取纠正措施，为全面实现责任成本创造条件。

（5）经常检查对外经济合同履行情况，为顺利施工提供物质保证，防止发生经济损失。

（6）加强施工项目成本计划执行情况的检查与协调。

（7）在竣工验收阶段搞好扫尾工作，缩短扫尾时间。认真清理成本，为结算创造条件，及时办理工程结算，在保修期间搞好成本控制和核算。

2. 施工项目计划执行情况检查与协调

项目经理部应定期检查成本计划的执行情况，并在检查后及时分析，采取措施，控制成本支出，保证成本计划的实现。

（1）项目经理部应根据承包成本和计划成本，绘制月度成本折线图，即在成本计划实施过程中，按月在同一图上打点，形成实际成本折线，如图 5.3 所示。

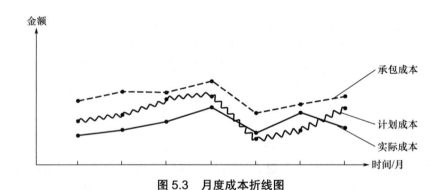

图 5.3　月度成本折线图

从图 5.3 中可看出成本发展动态，还可用以分析成本偏差。成本偏差有三种：

① 实际偏差 = 实际成本 − 承包成本；
② 计划偏差 = 承包成本 − 计划成本；
③ 目标偏差 = 实际成本 − 计划成本 = 实际偏差 + 计划偏差。

目标偏差越小，说明控制效果越好。

（2）根据成本偏差，用因果分析图分析产生偏差的原因，然后设计纠偏措施，制定对策，协调成本计划。对策要列成对策表，落实执行责任，如表 5-1 所示。对责任执行情况还应进一步考核。

表 5-1　成本控制纠偏对策表

| 计划成本 | 实际成本 | 目标偏差 | 解决对策 | 责任人 | 最终解决时间 |
|---|---|---|---|---|---|
| ⋮ | ⋮ | ⋮ | ⋮ | ⋮ | ⋮ |

## 5.4 施工项目成本控制

### 5.4.1 施工项目成本控制概述

施工项目成本控制是施工企业成本控制的中心，是增加企业利润、扩大社会积累的主要途径。施工项目成本控制，是指在项目成本形成过程中（即施工过程中）运用一定的技术和管理手段对生产经营所消耗的人力、物资和成本费用进行组织、监督、调节和限制，及时纠正将要发生和已经发生的偏差，把各项施工成本控制在计划成本的范围内，以保证成本目标实现的一个系统过程。

施工项目成本控制的结果也是施工项目工作质量的综合反映。施工项目成本降低，表明施工过程中物化劳动和活劳动消耗的节约，从而反映了劳动生产率的提高、固定资产利用率的提高和材料消耗率的降低。

施工项目成本控制是推行项目经理承包责任制的动力。成本目标是项目经理承包责任制中经济承包目标的综合体现，项目经理要实现这一目标，就必须利用生产要素、市场机制，管好项目，控制消耗，将质量、工期、成本三大目标结合起来综合控制。这样，不仅实现了成本控制，还带动了施工项目的全面管理。

### 5.4.2 施工项目成本控制程序

项目经理部应依据合同文件、成本计划、进度报告、工程变更与索赔资料等资料进行成本控制。成本控制应遵循下列程序：

（1）收集实际成本数据；
（2）实际成本数据与成本计划目标进行比较；
（3）分析成本偏差及原因；
（4）采取措施纠正偏差；
（5）必要时修改成本计划；
（6）按照规定的时间间隔编制成本报告。

### 5.4.3 施工项目成本控制基本方法

成本控制宜运用价值工程和挣值法。

**1. 价值工程**

我国国家标准《价值工程 第1部分：基本术语》（GB/T 8223.1—2009）中对价值工程的定义是："价值工程是通过各相关领域的协作，对研究对象的功能和费用进行系统分析，持续创新，旨在提高研究对象价值的一种管理思想和管理技术。"价值工程是一门管理技术理论，其基本思想是以最少的费用换取所需要的功能。

价值工程涉及功能、寿命周期成本和价值三个基本要素。

价值工程的创始人麦尔斯把功能定义为：对于"这是干什么用的"或"这是干什么所必需的"，这种问题的答案就是功能。衡量功能大小的方法包括性能指标和货币单位两种。

产品寿命周期的总成本是价值工程的研究对象，其定义是从产品的策划、设计、采购、生产、经营、维护、使用和处置直至报废的整个时期发生的所有费用与成本。

价值工程中产品的价值是产品功能与产品寿命周期成本两者的比值。价值与功能成正比，与寿命周期成本成反比。也就是说，产品的价值随功能提高而上升，随寿命周期成本增高而降低。

挣值法在成本控制中的应用

2. 挣值法

挣值法，也称赢得值法，是一种进度–成本综合控制方法。将进度纳入成本控制是为了防止出现工程进度异常导致的成本状态掌握不准确的情况，如成本计划是一个月完成 200 万元的工作量，但实际花费了 210 万元，但从这两个数字并不能看出本月是超支还是结余，因为可能是进度超前导致成本提前支出，也可能是进度并未超前而成本支出超限。

挣值法实质上是一种通过用成本表征进度偏差来监控成本使用情况的方法。

1）挣值法的三个基本参数

（1）计划工作量的预算成本（budgeted cost for work scheduled，BCWS）。

BCWS 是指在项目某个实施阶段内完成计划工作量所需的预算成本，用成本的方式反映了计划工作量。

$$BCWS = 计划工作量 \times 预算单价 \qquad (5-5)$$

（2）已完成工作量的实际成本（actual cost for work performed，ACWP）。

ACWP 是指项目某个实施阶段内实际完成工作量所消耗的成本，反映的是项目执行情况。

$$ACWP = 已完成工作量 \times 实际单价 \qquad (5-6)$$

（3）已完成工作量的预算成本（budgeted cost for work performed，BCWP）。

BCWP 是指项目某个实施阶段内实际已完成的工作量按预算定额计算的成本。对于施工单位来说，BCWP 是完成一定工作量后从业主方得到的费用，因此被称为挣值或赢得值。

$$BCWP = 已完成工作量 \times 预算单价 \qquad (5-7)$$

显然，以上三个参数均是与时间相关的函数，此处的时间可以是时间段，也可以是时间点，对应的成本分别是成本增加量和成本累积量，但必须注意计算三个参数的时间起止点必须一致。

2）挣值法的四个评价指标

（1）成本偏差（cost variance，CV）。

$$CV = BCWP - ACWP = 已完成工作量 \times (预算单价 - 实际单价) \qquad (5-8)$$

CV 反映的是已完成工作量产生的预算成本与实际成本之差。若 CV>0，说明成本控制得好，目前尚有结余；若 CV<0，说明实际成本高于预算，需要加以控制；若 CV=0，说明成本按计划执行。

（2）进度偏差（schedule variance，SV）。

$$SV=BCWP-BCWS=预算单价 \times（已完成工作量-计划工作量）\quad （5-9）$$

SV 反映的是用预算单价计算的支出成本与计划成本之差。从进度监控的角度，SV 的符号更重要，若 SV>0，说明已完成工作量大于计划工作量，目前进度超前；若 SV<0，说明已完成工作量小于计划工作量，即进度落后；若 CV=0，说明进度按计划执行。

（3）成本绩效指数（cost performance index，CPI）。

$$CPI=BCWP/ACWP \quad （5-10）$$

CPI 与 CV 反映的都是成本控制状况，但侧重点不同：CPI 能表现成本的相对偏差程度，而 CV 直接给出了成本偏差数额。若 CPI>1，说明成本结余；若 CPI<1，说明成本超支；若 CPI=1，说明成本按计划执行。

（4）进度绩效指数（schedule performance index，SPI）。

$$SPI=BCWP/BCWS \quad （5-11）$$

与 CPI 类似，SPI 反映的是进度的偏差程度。若 SPI>1，说明进度超前；若 SPI<1，说明进度落后；若 SPI=1，说明进度按计划执行。

【例 5.1】某项目进展到第 5 周时，对前 4 周的工作情况进行统计，如表 5-2 所示。问题：（1）计算前 4 周每项工作的挣值及第 4 周末的挣值；（2）计算第 4 周末的合计计划工作量的预算成本、已完成工作量的实际成本；（3）计算第 4 周末的成本偏差、进度偏差；（4）计算第 4 周末的成本绩效指数、进度绩效指数并进行分析。

表 5-2  某项目前 4 周的工作情况统计 （单位：万元）

| 工作代号 | 计划工作量的预算成本 | 已完成工作量（%） | 已完成工作量实际成本 | 挣值 |
|---|---|---|---|---|
| A | 1000 | 60 | 700 | |
| B | 300 | 100 | 300 | |
| C | 120 | 100 | 120 | |
| D | 1200 | 40 | 600 | |
| 合计 | | | | |

【解】（1）计算前 4 周每项工作的挣值（BCWP）及第 4 周末的挣值（BCWP）。

工作 A 的 BCWP：$1000 \times 60\% = 600$（万元）

工作 B 的 BCWP：$300 \times 100\% = 300$（万元）

工作 C 的 BCWP：$120 \times 100\% = 120$（万元）

工作 D 的 BCWP：$1200 \times 40\% = 480$（万元）

合计的 BCWP：600+300+120+480=1500（万元）

（2）计算第 4 周末的合计计划工作量的预算成本（BCWS）、已完成工作量的实际成本（ACWP），见表 5-3 中"合计"值。

表 5-3　某项目前 4 周的工作情况统计计算表　　　　　　　　　　（单位：万元）

| 工作代号 | 计划工作量的预算成本 | 已完成工作量（%） | 已完成工作量的实际成本 | 挣值 |
|---|---|---|---|---|
| A | 1000 | 60 | 700 | 600 |
| B | 300 | 100 | 300 | 300 |
| C | 120 | 100 | 120 | 120 |
| D | 1200 | 40 | 600 | 480 |
| 合计 | 2620 | | 1720 | 1500 |

（3）计算第 4 周末的成本偏差（CV）、进度偏差（SV）。
CV=BCWP-ACWP=1500-1720=-220<0，成本超支；
SV=BCWP-BCWS=1500-2620=-1120<0，进度落后。
（4）计算 4 周末的成本绩效指数（CPI）、进度绩效指数（SPI）。
CPI=BCWP/ACWP=1500/1720≈0.872<1，成本超支；
SPI=BCWP/BCWS=1500/2620≈0.573<1，进度落后。
因此，项目状况不好，必须加快进度并控制成本。

3）挣值的度量方法

挣值法可以准确反映任一时间节点进度 - 成本状况的前提是准确地计算挣值。虽然理论上的计算公式非常简单，但实际执行时仍有诸多困难，主要原因是工程量的计算规则并不是固定的，需要根据不同作业的特点选取合适的方法，常见的 4 种简化计算方法如下。

（1）线性增长计量：成本按比例平均分配给整个工期，按完成量的百分比计入挣值。该方法认为单位时间内完成的工程量固定，适用于环节少、简单重复的施工作业。

（2）50-50 规则：作业开始计入 50% 的成本，作业结束计入 50%。该方法简单便捷，适用于工期短、进度依赖其他环节或前期工作量较大的施工作业。

（3）工程量计量：直接按工程量完成比例计算挣值。该方法适用于工程量计数简单的施工作业，如打桩。

（4）节点计量：将某工程分为多个阶段，并根据工程量大小赋予每个节点挣值，每完成一个节点计入对应的挣值。该方法较为复杂，但计算更准确，适用于环节多、工序繁杂、牵涉面广的施工作业。

4）挣值法的表达

在使用挣值法的过程中，需要计算和呈现各个关键参数与评价参数，并研究这些参数随时间的变化规律，从而实现成本监控。常见的表达方式包括表格法、横道图法、曲线法等。

表格法就是将各个参数列在表格中，更细致的做法是将各个分项的计算过程也呈现其中。该方法可以较为清晰全面地反映某一时间点的成本 - 进度状况，缺点是表格的制作过程较为烦琐，且不能直观反映各类参数随时间的变化规律。

横道图法就是用不同的横道标识相关参数，优点是能较为直观地反映各类成本的绝对偏差，缺点是能表达的信息量不大，适用于高层管理决策。

曲线法将三个重要参数关于时间的函数曲线画在成本-时间坐标系内，如图 5.4 所示。曲线法的优点是可以较为清晰地表达各类成本随时间的变化趋势，且截取任一时间点就可以得知该时刻三个成本参数（ACWP、BCWS、BCWP）的大致数值与相对大小关系，也很容易判断 CV 和 SV 数值的大致量级；缺点是 CV 和 SV 的符号不能马上判定，但其实只要记住两个计算公式的被减数都是挣值，即 BCWP，就可以很快判定 CV 和 SV 的符号。一般来说，图中三条曲线越接近越好，说明成本控制较好，基本按计划进行。图 5.4 中的曲线关系为 ACWP>BCWS>BCWP，CV<0，SV<0，说明该项目的成本和进度控制均不理想，且成本超支的程度比进度滞后的程度更为严重。

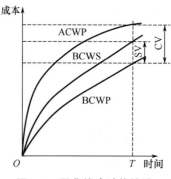

图 5.4　用曲线表达挣值法

3. 其他成本-进度同步跟踪方法

1）横道图法

此法即是在前述横道图进度计划控制图中，在计划进度线上方标注计划成本，实际进度线下方标注实际成本，成本前均用"C"标注，如图 5.5 所示。

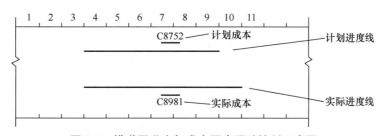

图 5.5　横道图进度与成本同步跟踪控制示意图

图 5.5 可以反映每道工序实际施工时间与计划施工时间的比较及对后道工序的影响；反映实际成本与计划成本的比较（节超）；在整个进度计划上还可反映整个施工阶段的进度和成本情况。

2）网络图法

由于网络图在施工进度的安排上更具逻辑性，而且可随时进行优化和调整，因此对每道工序的成本控制也更为有效。

其表示方法是在双代号网络图每一工序的箭杆下方标注计划施工时间，箭杆上方"C"后面标注计划成本，实际施工的时间和成本则在箭杆附近的方格中按实填写，如图 5.6 所示。

从网络图中可看到每道工序的计划进度与实际进度、计划成本与实际成本的对比情况，同时可以清楚地看出当天控制进度、控制成本的方向。

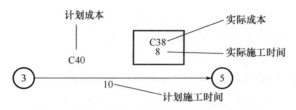

图 5.6 网络进度与成本同步跟踪控制示意图

### 5.4.4 施工项目成本控制的具体途径

前面介绍的成本控制基本方法侧重于描述和监控成本使用的情况，而在成本控制不佳的情况下应通过具体的管理途径来实现成本的有效控制。施工项目成本控制的具体途径如下。

**1. 以施工图预算控制成本支出**

在施工项目成本控制中，可按施工图预算实行以收定支，具体处理方法如下。

（1）人工费控制。项目经理部与施工队签订劳务合同时，应结合市场价格和政府相关要求注意控制人工费用。

（2）材料费控制。对材料成本进行控制的过程中，"三材"（钢筋、水泥、木材）价格随行就市，地方材料的采购成本用其预算价格控制；材料消耗数量通过"限额领料单"控制。当市场价格大幅上涨，发生预算价格与市场价格严重背离而使采购成本失控时，应向定额管理部门反映，同时争取甲方按实补贴。

（3）周转材料使用费控制。周转材料的预算使用费与实际使用费计算方法不同，只能以周转材料预算使用费的总量来控制实际使用费的总量。

（4）施工机械使用费控制。施工机械使用费控制的关键是控制机械实际利用率。若机械实际利用率低于预算定额的取定水平，而且预算定额所设定的施工机械原值和折旧率有很大滞后，会使施工图预算的机械使用费往往小于实际发生的机械使用费，使机械费超支。因此，若取得甲方同意，可在承包合同中规定一定的机械费补贴，从而可用施工图预算的机械使用费和增加的机械费补贴来控制机械费支出。

（5）构件加工费和分包工程费控制。构件加工与分包均要用经济合同来明确双方的权利和义务，签订合同时，必须坚持以施工图预算控制合同金额，不允许合同金额超过施工图预算。

**2. 以施工预算控制人力和物资资源的消耗**

资源消耗数量的货币表现就是成本费用，因此，控制了资源消耗，也就等于控制了成本费用。用施工预算控制资源消耗的实施步骤如下。

（1）在项目开工前，根据设计图纸计算工程量，并按照企业定额或参考施工预算定额编制整个工程项目或分阶段的施工预算，作为指导和管理施工的依据。若遇设计或施工方法变更，应由预算员对施工预算作统一调整。

（2）对施工班组的任务安排，应严格按施工预算签发施工任务单和限额领料单，并向工人进行技术交底。

（3）在施工任务执行过程中，施工班组应根据实际完成的工程量和实耗人工、材料做好原始记录,作为施工任务单和限额领料单的结算依据。

(4)任务完成后,根据回收的施工任务单和限额领料单进行结算,并按结算内容支付报酬(包括奖金)。

为保证施工任务单和限额领料单的正确性,要求对其执行情况进行认真验收、检查和逐项对比。为此,在签发施工任务单和限额领料单时要按照施工预算的统一编号对每一分项工程工序名称进行编号,以便对号检索对比,分析节超。

3. 建立资源消耗台账,实行资源消耗的中间控制

资源消耗台账属于成本核算的辅助记录,它包括人工耗用台账、材料耗用台账、结构构件耗用台账、周转材料使用台账、机械使用台账等,分别记录各种资源的控制量、每月实际耗用数及逐月实际耗用的累计数等。

项目成本控制人员应于每月初根据资源消耗台账的记录,分别填制各种资源的消耗情况信息表,向项目经理和相关部门反馈。

当项目经理和相关部门收到各种资源情况信息表后,应立即根据本月资源消耗数,联系本月实际完成工作量,分析资源消耗水平和节超原因。对有节约的资源,应继续从总量上控制以后的资源消耗,保证最终有所节约;对已超支的资源,应根据分析的原因,制定资源节约使用的措施,分别落实到有关人员和施工班组。

4. 建立项目月度财务收支计划制度,以用款计划控制成本费用支出

(1)以月度计划产值作为当月财务收入计划,同时由项目各部门根据月度施工作业计划的具体内容编制本部门的用款计划。

(2)项目成本控制人员根据各部门的月度用款计划进行汇总、平衡、调度,同时提出具体实施意见,经项目经理审批后执行。

(3)在月度财务收支计划执行过程中,项目成本控制人员应根据各部门的实际用款做好记录,并于下月初反馈给相关部门,由各部门自行检查分析节超原因,总结经验教训。对超支幅度大的部门,应以书面分析报告分送项目经理和财务部门,以便采取针对性措施。

5. 建立项目成本审核签证制度,控制成本费用支出

建立以项目为中心的成本核算体系,所有经济业务,不论对内、对外均要与项目直接对口。所发生的经济业务,必须由有关项目管理人员审核,最后经项目经理签订后支付。这是项目成本控制的最后一关,应十分重视。

审核成本费用支出的依据主要有:国家规定的成本开支范围,国家和地方规定的成本开支标准和财务制度,内外部经济合同,等等。

对于一些金额较小的经济业务也可授权财务部门或业务主管部门代为处理。

6. 控制质量成本

质量成本是指项目为保证和提高质量而支出的一切成本费用和未达到质量标准而产生的一切损失费用之和,包括控制成本和故障成本。控制成本包括预防成本和鉴定成本,属质量保证费用,与质量水平成正比;故障成本包括内部和外部的故障成本,属损失性费用,与质量水平成反比。

控制质量成本，首先要进行质量成本核算，即将施工过程中发生的质量成本费用，按预防成本、鉴定成本、内部故障成本和外部故障成本的明细科目归集，然后计算各个时期各项质量成本的发生情况。然后根据质量成本核算的资料进行归纳、比较和分析。最后，根据以上分析资料，对影响质量成本较大的关键因素，采取有效措施，进行质量成本控制。

7. 坚持现场管理标准化，堵塞浪费漏洞

现场管理标准化范围广，如其中现场平面布置管理和现场安全生产管理一旦出现失误就会造成损失和浪费。

首先，若不重视现场平面布置管理，必然造成人力、物力的浪费。如材料构件不按规定地点堆放，就可能造成二次搬运；周转材料若不整修并堆放整齐，就可能引起损坏、变形、报废；任意断水、断电、断路均会影响施工进行，严重的可能造成质量事故。可以说，由此引起的问题和浪费数不胜数，为此，施工项目一定要强化现场平面布置，堵塞一切可能发生的漏洞。

而现场安全生产管理得不好，一旦出现安全事故，造成人员伤亡、机械损坏等，均会产生重大经济损失和影响正常施工，有时造成的损失是无法估量的，为此必须加强安全生产管理，减少和避免不必要的损失。

8. 坚持"三同步"核算，防止项目成本盈亏异常

项目经济核算的"三同步"是指统计核算（产值统计）、业务核算（资源消耗统计）、会计核算（成本会计核算）的"三同步"。根据项目经济活动规律，完成多少产值、消耗多少资源、发生多少成本，三者应该同步，否则，项目成本就势必出现盈亏异常。

"三同步"的检查方法如下：

（1）时间同步：即产值统计、资源消耗统计、成本核算的时间必须统一。

（2）分部分项工程直接费用的同步：即产值统计是否与施工任务单的实际工程量和形象进度相符；资源消耗统计是否与施工任务单的实耗人工和限额领料单的实耗材料相符；机械和周转材料的租费是否与施工任务单的施工时间相符。若不符，应查明原因，予以纠正，直至同步。

其他费用是否同步：即通过统计报表与财务付款逐项核对是否同步，并查明原因。

## 5.5 施工项目成本核算

### 5.5.1 施工项目成本核算概述

施工项目成本核算是指以工程项目为对象，对施工生产过程中的各项成本费用进行审核、记录、汇集和核算，其核算对象根据实际情况可选择以一个单位工程，或一个单位工程中某分部工程，或将几个施工地点、结构类型及开竣工日期相近的单位工程合并作为一个核算对象，等等。但均应以项目经理部为核算中心，形成辐射型项目成本核算体系，如图5.7所示。

项目经理部应根据财务制度和会计制度的有关规定，建立项目成本核算制，明确项目成本核算的原则、范围、程序、方法、内容、责任及要求，并设置核算台账，记录原

始数据。

项目经理部应按照规定的时间间隔进行项目成本核算。项目成本核算应坚持形象进度、产值统计、成本归集三同步的原则。项目经理部应编制定期成本报告。

这一核算体系是以外部市场通行的市场规划和企业内部相应的调控手段相结合的原则运行的，项目经理部与各内部市场主体是租赁买卖关系，一切以经济合同结算关系为基础。

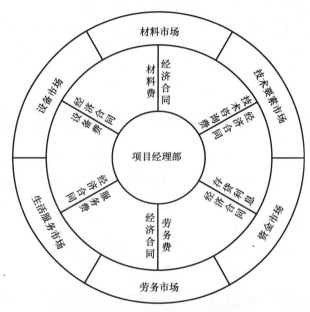

图 5.7　辐射型项目成本核算体系

## 5.5.2　施工项目成本核算的任务

（1）执行国家有关成本开支范围，成本开支标准，工程预算定额和企业施工预算，成本计划的有关规定，控制成本，促使项目合理、节约使用人力、物力和财力。

（2）及时正确地核算施工过程中发生的各种成本费用，计算施工项目的实际成本。

（3）反映和监督施工项目成本计划的完成情况，为项目成本预测，参与项目施工生产、技术和经营决策提供可靠的成本报告和有关资料。

## 5.5.3　施工项目成本核算的要求

为圆满完成上述任务，在施工项目成本核算中要遵守以下基本要求。

（1）划清成本费用支出和非成本费用支出界限：划清资本性支出和收益性支出与其他支出，营业支出与营业外支出的界限。此界限，即是成本开支范围的界限。其中，企业为取得本期收益而在本期内发生的各项支出，应全部作为本期的成本费用。而企业的营业外支出，因与企业施工生产经营无关，不应计入工程成本，为此，应严格按施工企业财务制度划分界限。

（2）正确划分各种成本、费用界限：划清施工项目工程成本和期间费用的界限；划清本期工程成本与下期工程成本的界限；划清不同核算对象之间的成本界限；划清未完工程成本与已完工程成本的界限；等等。只有清楚划分成本的界限，施工项目成本核算才能正确。

（3）加强成本核算的基础工作：建立各种财务物资的收发、领退、转移、报废、清查、盘点、索赔制度；健全原始记录和工程量统计制度；制定和修订各种内部消耗定额及内部指导价格，完善计量、检测、检验设施与制度；等等。

（4）项目成本核算必须有账有据：成本核算中所运用的数据资料必须真实可靠、准确、完整、及时，依据的原始凭证要审核无误、手续齐备，还应设立必要的台账。

（5）要求具备成本核算的内部条件：要求推行施工企业矩阵制式的管理体制，实行管理层与作业层分离的管理模式，并建立企业内部市场（包括劳务、材料、机械设备租赁、材料、技术、资金等市场）。

## 5.6 施工项目成本分析与考核

施工项目的成本分析，即是根据统计核算、业务核算和会计核算提供的资料，对项目成本的形成过程和影响成本升降的因素进行分析，以寻求纠正成本偏差或进一步降低成本的途径；同时，通过对账簿、报表的分析抓住成本实质，提高项目成本的透明度和可控性，为加强成本控制创造条件。

施工项目成本分析要实事求是，坚持用数据说话的原则，注意实效，及时发现问题，分析产生问题的原因，并提出解决问题的办法，真正为生产经营服务。

### 5.6.1 施工项目成本分析内容

施工项目成本分析的内容如下。

1.随项目施工进展而进行的成本分析

1）分部分项工程成本分析

进行预算成本、计划成本和实际成本的"三算"对比，计算实际偏差和目标偏差，分析偏差产生的原因，寻求今后分部分项工程成本的节约途径。

2）月（季）度成本分析

通过实际成本与预算成本的对比，分析当月（季）成本降低水平；通过累计实际成本与累计预算成本对比，分析累计成本降低水平，预测实现项目成本目标的前景；通过实际成本与计划成本的对比，分析成本计划落实情况及成本控制过程中的问题，采取措施，保证成本计划的落实；通过对各成本项目的成本分析，确定成本总量的构成比例和成本管理的薄弱环节；通过主要技术经济指标的实际与计划对比，分析产量、工期质量，"三材"节约率和机械利用率对成本的影响；通过对技术组织措施执行效果的分析，寻求更有效的节约途径。分析其他有利条件和不利条件对成本的影响。

3）年度成本分析

依据年度成本报表，采用与月（季）度成本分析一致的方法，对年度成本进行综合分析，总结一年来成本控制的成绩与不足，针对下一年度的施工进展状况规划切实可行的成本管理措施。

4）竣工成本的综合分析

若施工项目包含几个单位工程，而且每个单位工程均是单独进行成本核算的，此施工项目的竣工成本分析应以各单位工程竣工成本分析资料为基础，再加上项目经理部的经营效益，进行综合分析。其内容包括：竣工成本分析；主要资源节超对比分析；主要技术节约措施及经济效果分析。

2. 按成本项目进行的成本分析

1）人工费分析

项目经理部除按合同支付劳务费以外，还可能用实物工程量增减来调整用工量和人工费，或支付定额人工以外的估工工资及各种奖励费用。因此，项目经理部应根据上述人工费的增减，结合劳务合同管理进行分析。

2）材料费分析

（1）主要材料和结构费用分析。此项费用主要受价格和消耗数量的影响，其影响程度，可用公式（5-12）和公式（5-13）计算。

$$因材料价格变动对材料费的影响 =（预算单价 - 实际单价）\times 消耗数量 \quad (5-12)$$

$$因消耗数量变动对材料费的影响 =（预算用量 - 实际用量）\times 预算价格 \quad (5-13)$$

（2）周转材料使用费分析。在实行周转材料内部租赁制的情况下，项目周转材料费的节约与超支，决定于周转材料的周转利用率和损耗率。

$$周转利用率 = \frac{实际使用数 \times 租用期内的周转次数}{进场数 \times 租用期} \times 100\% \quad (5-14)$$

$$损耗率 = \frac{退场数}{进场数} \times 100\% \quad (5-15)$$

（3）材料采购保管费分析。此项费用属材料的采购成本，一般随材料采购数量增加而增加，为此计算下列指标，用作前后期材料采购保管费的对比分析。

$$材料采购保管费支用率 = \frac{计算期实际发生的采购保管费}{计算期实际采购的材料总值} \times 100\% \quad (5-16)$$

（4）材料储备资金分析。材料储备资金根据日平均用量、材料单价和储备天数计算，一般采用连环替代法分析。

3）机械使用费分析

影响机械使用费的因素主要是机械的完好率和利用率，可用公式（5-17）和公式（5-18）计算。

$$机械完好率 = \frac{报告期机械的完好台班数 + 加班台班数}{报告期制度台班数 + 加班台班数} \times 100\% \quad (5-17)$$

$$机械利用率 = \frac{报告期机械实际工作台班数 + 加班台班数}{报告期制度台班数 + 加班台班数} \times 100\% \quad (5-18)$$

4）其他直接费用分析

此项费用分析主要通过预算与实际数的比较进行，若无预算数，可用计划数代替。

3. 针对特定问题和成本有关事项的分析

1）成本盈亏异常分析

检查成本盈亏异常的原因，应从经济核算的"三同步"入手，通过以下 5 个方面的对比分析来实现。

（1）产值与施工任务单的实际工程量的形象进度是否同步？

（2）资源消耗与施工任务单实耗人工、限额领料单的实耗材料，当期租用的周转材料和施工机械是否同步？

（3）其他费用（如材料价差、井点抽水的台班费等）的产值统计与实际支付是否同步？

（4）预算成本与产值统计是否同步？

（5）实际成本与资源消耗是否同步？

2）工期成本分析

工期成本分析一般采用比较法，即将计划工期成本与实际工期成本进行比较，然后用连环替代法分析各种因素的变动对工期成本差异的影响。

3）资金成本分析

进行资金成本分析通常使用成本支出率指标，分析资金收入中用于成本支出的比重。

$$成本支出率 = \frac{计算期实际成本支出}{计算期实际工程款收入} \times 100\% \quad (5-19)$$

4）技术组织措施执行效果分析

$$措施节约效果 = 措施前的成本 - 措施后的成本 \quad (5-20)$$

但对节约效果的分析，需要联系措施的内容和措施的执行经过、执行难度来进行分析。

5）质量成本分析

质量成本分析根据质量成本核算的资料进行，主要进行质量成本总额的构成内容及比例分析、质量成本各要素之间的比例关系分析、质量成本占预算成本的比例分析等。

6）其他有利和不利因素对成本影响的分析

在项目施工过程中，针对将对项目成本产生影响的各种因素进行具体分析，充分利用有利因素，对不利因素要有预见，采取措施争取转换不利因素。

## 5.6.2 施工项目成本分析方法

施工项目成本分析所采用的基本方法有比较法、因素分析法、差额计算法、比例法等，应根据实际情况加以选用。

1. 比较法

比较法又称对比分析法，被比较的对象是本项目本期的实际经济技术指标。用来比较的对象一般包括目标指标、上期实际指标和本企业先进水平的实际指标。

（1）目标指标就是本项目本期开始时计划达到的指标数额。该指标可反映本期管理水平达到预期的程度，以及目标制定的合理性，为下一期目标的制定和管理措施的调整提供参考。

（2）上期实际指标就是项目上一期实现的指标数额。该指标可反映本期施工管理水平的提高程度。

（3）本企业先进水平的实际指标就是本行业或本企业类似先进项目的实际指标数额。该指标的准确性取决于先进项目与本项目的类似性，主要是为了追求更高的项目管理水平，衡量目前的差距。

2. 因素分析法

因素分析法又称连环置换法，主要作用是衡量各因素对经济技术指标的影响程度。具体步骤如下。

（1）确定分析对象，计算实际数与目标数的差异。

（2）确定该指标受哪些因素影响，并按其相互关系进行排序（先实物量后价值量、先绝对值后相对值）。

（3）以目标数为基础，将各因素的目标数相乘，作为分析替代的基数。

（4）将各个因素的实际数按已确定的排列顺序进行替换计算，并将前一次替换后的实际数保留下来。

（5）将每次替换计算所得的结果，与前一次的计算结果相比较，两者的差异即为该因素对成本的影响程度。

（6）检查：各因素的影响程度数值之和应等于总差异。

下面用一个具体案例来说明如何使用因素分析法。

【例 5.2】某基础混凝土工程资料如表 5-4 所示。

表 5-4 某基础混凝土工程资料

| 项目 | 计划 | 实际 | 差额 |
| --- | --- | --- | --- |
| 产量 /$m^3$ | 500 | 520 | +20 |
| 单价 /（元 /$m^3$） | 700 | 720 | +20 |
| 损耗率 /% | 4 | 2.5 | −1.5 |
| 成本 / 元 | 364000 | 383760 | +19760 |

【解】根据前文步骤进行计算。

（1）分析对象为基础混凝土工程的成本，实际成本与目标成本的差额为 19760 元。

（2）根据资料，基础混凝土工程的成本受产量、单价和损耗率三个因素的影响，上述排序正确，成本 = 产量 × 单价 ×（1+ 损耗率）。

（3）以目标数为基础，将各因素的目标数相乘，即 500 × 700 ×（1+4%）=364000（元），此为分析替代的基数。

（4）将各个因素的实际数按已确定的排列顺序进行替换计算。

第一次替代：用实际产量 520$m^3$ 替代计划产量 500$m^3$，520 × 700 ×（1+4%）= 378560（元）。

第二次替代：在第一次替代的基础上用实际单价720元/$m^3$替代计划单价700元/$m^3$，520×720×（1+4%）=389376（元）。

第三次替代：在第二次替代的基础上用实际损耗率2.5%替代计划损耗率4%，520×720×（1+2.5%）=383760（元）。

（5）计算各因素对成本的影响程度。

产量：378560-364000=14560（元）。

单价：389376-378560=10816（元）。

损耗率：383760-389376=-5616（元）。

（6）检查：各影响因素之和14560+10816+（-5616）=19760（元），与实际差额相等。

3. 差额计算法

差额计算法是因素分析法的一种简化形式，用各因素实际值与目标值的差额来表征该因素对目标指标的影响程度。

4. 比例法

比例法就是用两个以上指标的相对比例作为成本分析的依据。具体而言，比例法分为以下3种类型。

1）相关比例法

相关比例法中的"相关"意为用于计算比例的两个指标具有现实意义上的相关性，但其差值并不具有普遍的分析意义。比如，产值和工资分别代表了产出价值和投入成本的一部分（对于某些行业来说工资是主要的投入成本，如咨询行业），则工资与产值的比例可以反映人力投入对产出的影响程度。

2）构成比例法

构成比例法又称比重分析法或结构对比分析法，主要考察的是总成本的构成情况与各个分项的占比，同时通过计算各个分项的预算成本、实际成本和降低成本的数额及其比例关系来寻求降低成本的途径，构成比例法样表如表5-5所示。

表5-5 构成比例法样表

| 成本项目 | 预算成本 | | 实际成本 | | 降低成本 | | |
| --- | --- | --- | --- | --- | --- | --- | --- |
| | 金额 | 比重/% | 金额 | 比重/% | 金额 | 占本项/% | 占总量/% |
| 人工费 | | | | | | | |
| 材料费 | | | | | | | |
| 机械使用费 | | | | | | | |
| …… | | | | | | | |

3）动态比例法

动态比例法就是将不同时期指标进行对比，通过比例的变化趋势分析该指标的发展趋势和发展速度。常见的计算比例包括基期指数和环比指数，其中前者为当期指标与最早期指标的比例，后者为当期指标与上期指标的比例。动态比例法样表如表5-6所示。

表 5-6 动态比例法样表

| 指标 | 第一季度 | 第二季度 | 第三季度 | 第四季度 |
|---|---|---|---|---|
| 降低成本 / 万元 | a | b | c | d |
| 基期指数 /% | 100% | b/a × 100% | c/a × 100% | d/a × 100% |
| 环比指数 /% | 100% | b/a × 100% | c/b × 100% | d/c × 100% |

### 5.6.3 施工项目成本考核

施工项目成本考核是施工项目成本管理的最后环节，其目的在于贯彻落实责、权、利相结合的原则，提高成本管理水平，更好地完成施工项目的成本目标。对于一次性特点的施工项目还特别要强调施工过程中的中间考核。

施工项目成本考核分两个层次：一是企业对项目经理成本管理的考核；二是项目经理对各部门、施工队和班组的考核。

企业对项目经理成本管理的考核内容包括：项目成本目标和阶段成本目标的完成情况；以项目经理为核心的成本管理责任制落实情况；成本计划的编制和落实情况；对各部门、各施工队和班组责任成本的检查和考核情况；成本管理中责、权、利相结合的执行情况。

项目经理对各部门的考核内容包括：本部门、本岗位责任成本的完成情况和成本管理责任的执行情况。

项目经理对施工队的考核内容包括：对劳务合同规定的承包范围和承包内容的执行情况；劳务合同以外的补充收费情况；对班组施工任务单的管理情况；对班组完成施工任务后的考核情况。

项目经理对班组的考核内容包括：考核班组责任成本的完成情况。

习 题

## 一、单项选择题

1. 下列施工单位发生的各项费用支出中，可以计入施工直接成本的是（ ）。
A. 施工现场管理人员工资　　　B. 组织施工生产必要的差旅交通费
C. 构成工程实体的材料费用　　D. 施工过程中发生的贷款利息

2. 下列施工过程中所发生的费用中，属于施工间接成本的是（ ）。
A. 人工费　　B. 工程设备费　　C. 差旅交通费　　D. 施工机具使用费

3. 根据《企业会计准则》，下列费用中，属于间接费用的是（ ）。
A. 材料装卸保管　　　　　　B. 周转材料摊销费
C. 施工场地清理费　　　　　D. 项目部的固定资产折旧费

4. 在项目管理中，定期进行项目目标的计划值和实际值的比较，属于项目目标控制中的（ ）。
A. 事前控制　　B. 动态控制　　C. 事后控制　　D. 专项控制

5.下列建设工程项目成本管理的任务中,作为建立施工项目成本管理责任制,开展施工成本控制和核算的基础是（　　）。
  A.成本预测　　B.成本复核　　C.成本分析　　D.成本计划

## 二、多项选择题

1.建设工程项目施工成本控制的主要依据包括（　　）。
  A.工程承包合同　　　　　　B.施工成本计划
  C.工程进度报告　　　　　　D.工程变更
  E.工程质量水平

2.挣值法的基本参数包括（　　）。
  A.未完成工作量的预算成本　　B.计划工作量的实际成本
  C.已完成工作量的预算成本　　D.计划工作量的预算成本
  E.已完成工作量的实际成本

3.关于挣值法及相关评价指标的说法，正确的有（　　）。
  A.进度偏差为负值时，表示实际进度快于计划进度
  B.理想状态是已完成工作量的实际成本、计划工作量的预算成本和已完成工作量的预算成本三条曲线靠得很近并平稳上升
  C.成本（进度）偏差适用于同一项目和不同项目比较中采用
  D.采用挣值法可以克服进度、成本分开控制的缺点
  E.挣值法可定量判断进度、成本的执行效果

4.若需对不同的工程项目作成本和进度的比较，适宜采用（　　）等评价指标进行分析。
  A.成本偏差　　　　　　　　B.进度偏差
  C.成本绩效指数　　　　　　D.进度绩效指数
  E.项目完工预算

5.施工项目成本分析的内容有（　　）。
  A.年度成本分析　　　　　　B.分部分项工程成本分析
  C.成本责任者的目标成本分析　D.其他直接费用分析
  E.竣工成本的综合分析

## 三、简答题

1.什么是施工项目成本管理？其管理原则是什么？
2.如何进行施工项目成本预测？
3.如何编制施工项目成本计划？
4.如何实施施工项目成本计划？
5.成本控制的依据有哪些？应遵循什么程序？

## 四、计算题

1.某土方工程总挖方量为 4000m³，预算单价为 45 元/m³，该挖方工程预算总成本为 180000 元。计划用 10 天完成，每天 400m³。开工后第 7 天早晨刚上班时，业主项目

管理人员前去测量，获得了两个数据：已完成挖方量 2000m³，支付给承包单位的工程进度款已达 120000 元。问题：目前该土方工程的进度和成本状况如何？

2. 某工程项目进展到第 5 周后，对前 4 周的工作进行了统计检查，有关统计情况如表 5-5 所示。

表 5-5　某工程项目成本–进度统计表

| 工作代号 | 计划完成预算成本 / 元 | 已完成工作 /% | 实际发生成本 / 元 |
| --- | --- | --- | --- |
| A | 420000 | 100 | 425200 |
| B | 308000 | 80 | 246800 |
| C | 230880 | 100 | 254034 |
| D | 280000 | 100 | 280000 |

问题：

（1）计算前 4 周每项工作的已完成工作的预算成本，计算第 4 周末的合计实际发生成本和计划完成预算成本。

（2）计算前 4 周末的成本偏差与进度偏差，并判断目前工程项目的进度和费用状况如何？

3. 某清单项目计划工程量为 300m³，预算单价为 600 元，已完成工程量为 350m³，实际单价为 650 元。请采用挣值法分析该项目成本执行情况和进度情况。

4. 某单位产品 1 月份成本相关的参数如表 5-6 所示。请用因素分析法计算单位产品人工消耗量变动对成本的影响。

表 5-6　某单位产品成本相关参数

| 项目 | 单位 | 计划值 | 实际值 |
| --- | --- | --- | --- |
| 产品产量 | 件 | 180 | 200 |
| 单位产品人工消耗量 | 工日 / 件 | 12 | 11 |
| 人工单价 | 元 / 工日 | 100 | 110 |

5. 某工程商品混凝土的目标产量为 500m³，单价 720 元 /m³，损耗率 4%。实际产量为 550m³，单价 730 元 /m³，损耗率 3%。请采用因素分析法进行分析，由于单价提高使费用增加了多少元。

在线答题

拓展习题

# 第 6 章 工程项目质量管理

## 知识结构图

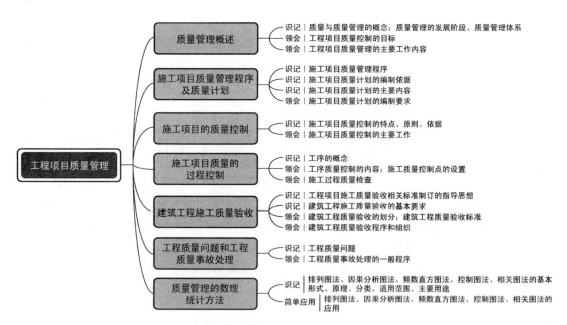

工程项目质量管理是指为保证和提高工程质量，运用一整套质量管理体系、手段和方法所进行的系统管理活动。工程项目质量管理是涵盖工程项目建设全过程的质量管理，其管理的范围贯穿于工程项目建设的全过程。本书重点介绍施工项目质量管理的相关内容。

# 6.1 质量管理概述

党的二十大报告指出"加快建设质量强国"，我们要树立质量第一的强烈意识，下最大气力抓全面提高质量。建设工程项目的质量管理，需要系统有效地应用质量管理和质量控制的基本原理和方法，建立和运行工程项目质量控制体系，落实项目各参与方的质量责任，通过项目实施过程各个环节质量控制的职能活动，有效预防和正确处理可能发生的工程质量事故，在政府的监督下实现建设工程项目的质量目标。

## 6.1.1 质量及质量管理

1. 质量

根据国家标准《质量管理体系 基础和术语》（GB/T 19000—2016/ISO 9000:2015）的定义，质量是指一组固有特性满足要求的程度。施工项目质量是指反映施工项目满足相关标准规定或合同规定的要求，包括其在安全、使用功能、耐久性能、环境保护等方面所有明显和隐含能力的特性总和。

2. 质量管理

质量管理是在质量方面指挥和控制组织的协调的活动。这些活动通常包括制定质量方针和质量目标，并在质量管理体系中通过质量策划、质量保证、质量控制和质量改进等手段来实施全部质量管理职能，从而实现质量目标的所有活动。

## 6.1.2 质量管理的发展阶段

现代质量管理科学已经历了近百年的发展，其间，经历了质量检验控制阶段、质量统计控制阶段、全面质量管理阶段及质量保证阶段。

1. 质量检验控制阶段

20世纪初，质量管理由工人自我管理发展到工长的质量管理。在大型工厂中，工人按工种被划分为班组，以工长为首进行指挥，工长对工人生产的产品质量负责。质量检验制度的特点在于质量检验所验证的是产品质量是否符合标准要求。质量检验制度的主要缺点是质量检验制度是一种事后检验制度。

2. 质量统计控制阶段

质量统计控制的特点在于利用数理统计原理对产品质量进行抽样检验控制；引入允许误差的概念，借助于控制图和工序标准化活动，允许产品在生产过程中各工序的质量在质量标准允许的误差范围内波动；将事后检验转变为事前控制，将产品的最终检验转变为每道生产工序之间的过程控制检验；用抽样检验的方法，有效减少检验工作量，将专职检验人员的质量检验控制活动转移给专职质量控制工程师和技术人员来承担。

3. 全面质量管理阶段

全面质量管理，使企业全体人员都参与到质量管理活动之中，企业的各部门、各管理层、各操作层，每一个人都与质量管理密切相关，建立起从产品研究、设计、生产到售后服务全过程的质量保障体系。把过去的事后检验和最后把关，转变为事前控制，以预防为主，把分散管理转变为全面系统的综合管理，使产品的开发、生产全过程都处于受控状态，提高了质量，降低了成本，使企业获得了丰富的经济效益。

全面质量管理可以分为四个阶段，即计划、实施、检查和处理，简称 PDCA 循环（图 6.1）。PDCA 循环在质量管理中得到了广泛的应用。P、D、C、A 四个英文字母所代表的意义分别为：P（Plan）——计划：包括方针和目标的确定以及活动计划的制定；D（Do）——实施：就是具体运作，实现计划中的内容；C（Check）——检查：就是要总结执行计划的结果，分清哪些对了，哪些错了，明确效果，找出问题；A（Act）——处理：对检查的结果进行处理，认可或否定。成功的经验要加以肯定，或者模式化或者标准化以适当推广；失败的教训要加以总结，以免重现；这一轮未解决的问题放到下一个 PDCA 循环。

图 6.1 PDCA 循环示意图

4. 质量保证阶段

国际标准化组织质量管理和质量保证技术委员会（ISO/TC176），在多年协调努力的基础上，总结了各国质量管理和质量保证经验，经过各国质量管理专家近十年的努力工作，于 1986 年 6 月 19 日正式发布 ISO 8402《质量－术语》标准，1987 年 3 月正式发布 ISO 9000～ISO 9004 系列标准。

ISO 9000 系列标准的发布，使世界主要工业发达国家的质量管理和质量保证概念、原则、方法和程序在国际标准的基础上统一，它标志着质量管理和质量保证走向规范化、程序化的新高度。自 ISO 9000 系列标准发布以来，已有 110 多个国家等效和等同采用。标准化组织在各国迅速发展质量认证制度，以实现 ISO 9000 系列标准为共同目标。

### 6.1.3 质量管理原则

质量管理八项原则是 ISO 9000 族标准的编制基础，是世界各国质量管理成功经验的科学总结。它的贯彻执行能促进企业管理水平的提高，提高顾客对其产品或服务的满意程度，帮助企业达到持续成功的目的。质量管理八项原则具体内容如下。

1. 以顾客为关注焦点

组织（从事一定范围生产经营活动的企业）依存于顾客。因此，组织应当理解顾客当前和未来的需求，满足顾客需求并争取超越顾客期望。组织应提供满足顾客需求和期望的产品。如果没有顾客，组织无法生存。因此，任何一个组织均应始终关注顾客，将理解和满足顾客的需求作为首要工作考虑，并以此安排所有的活动。顾客的需求是不断变化的，为了使顾客满意，以及创造竞争的优势，组织还应了解顾客未来的需求，并争取超越顾客的期望。以顾客为关注焦点可建立起对市场的快速反应机制，增强顾客的满意度和提高顾客的忠诚度，并为组织带来更大的效益。

### 2. 领导作用

质量方针、质量目标构成了组织宗旨的组成部分，即组织预期实现的目标；而组织与产品实现及有关的活动形成了组织的运作方向。当组织的运作方向与组织的宗旨相一致时，组织才能实现其宗旨。领导作用体现在能否将组织的运作方向与组织宗旨统一，使其一致，并创造一个全体员工能充分参与实现组织目标的内部氛围和环境。

### 3. 全员参与

全面质量管理的本质特点为全员参加的质量管理、全过程的质量管理、全组织的质量管理。只有充分发挥全员参与这个优点，才可能真正取得成效。各级人员都是组织之本，只有使他们充分参与，才能发挥他们的才干为组织带来收益。全员充分参与是组织良好运作的必备要求。全员参与的核心是调动人的积极性，当每个人的才干得到充分发挥并能实现创新和持续改进时，组织将会获得最大收益。

### 4. 过程方法

将活动作为相互关联、功能连贯的过程组成的体系来理解和管理时，可以更加有效和高效地得到一致的、可预知的结果。通过利用资源和实施管理，将输入转化为输出的一组活动，可以视为一个过程。一个过程的输出可直接形成下一个或几个过程的输入。为使组织有效运行，必须识别和管理众多相互关联的过程。系统识别和管理组织所应用的过程，特别是这些过程之间的相互作用，可称为过程方法。采用过程方法时考虑了每一个过程，因此资源的投入、管理的方式和具体要求、测量方式等都能互相有机地结合并作出恰当的考虑与安排，从而可以有效地使用资源，降低成本，缩短周期。

### 5. 管理的系统方法

将相互关联的过程作为系统加以识别、理解和管理，有助于组织提高实现目标的有效性和效率。为了成功地领导和运作一个组织，需要采用一种系统和透明的方式进行管理。这里的"系统"是指将组织中为实现目标所需的全部的相互关联或相互作用的一组要素予以综合考虑，要素的集合构成了系统。要素和系统构成部分和整体的关系，一个系统相对于高于它的一级系统，它自己又是要素。因此，产生了子系统、系统与所处环境的联系及影响。系统内要素不是简单的排列，要素的顺序、关联及构成方式决定了系统的结构。质量管理体系的构成要素是过程。一组完备的相互关联的过程的有机组合构成了一个系统。对构成系统的过程予以识别，理解并管理系统，可以帮助组织提高实现目标的有效性及效率。这种管理的系统方法优点是可使过程相互协调，最大限度地实现预期的结果。

### 6. 持续改进

事物是在不断发展的，都会经历一个由不完善，直至更新的过程。人们对过程的结果的要求也在持续改进和提高，例如对产品（包括服务）的质量水平的要求。持续改进是增强满足要求的能力的循环活动。持续改进的对象可以是质量管理体系、过程、产品等。改进可作为过程进行管理。在对该过程的管理活动中应重点关注改进的目标及改进的有效性和效率。改进作为一种管理理念和组织的价值观，在质量管理体系活动中是必不可少的重要要求。

7. 基于事实的决策方法

有效决策是以数据和信息分析为基础的决策。决策作为过程就应有信息或数据输入。决策过程输出即决策方案是否理想，取决于输入的信息和数据以及决策活动本身的水平，决策方案水平也决定了某一结果的成功与否。当输入的信息和数据足够且可靠，便能准确反映事实，为决策奠定了重要的基础。而决策过程中的活动应包括一些必不可少的逻辑活动。例如为决策的活动制定目标，确定需解决的问题，实现目标应进行的活动，决策形成方案的可行性评估，等等。这里包括了决策逻辑思维方法，即依据数据和信息，进行逻辑分析的方法。基于事实的决策方法的优点在于，决策是理智的，增强了依据事实证实过去决策的有效性的能力，也增强了评估、判断和决策的能力。

8. 与供方互利的关系

组织与供方是相互依存的，互利的关系可增强双方创造价值的能力。为了持续成功，组织需要管理与有关相关方（如供方）的关系。组织和供方之间要建立适当的沟通渠道，及时沟通，从而促进问题的迅速解决，避免因延误或争议造成费用的损失。组织可以通过第二方审核的方式，对供方的质量体系进行考察和确认。评价其质量表现、对其提供的样品进行确认性检验等方式也是可行的，要针对具体情况来确定采取何种方法。

## 6.1.4 质量管理体系

建筑施工企业质量管理体系是企业为实施质量管理而建立的管理体系，通过第三方认证机构的认证，提升合规经营能力，为提升企业管理水平和建筑工程品质奠定基础。企业质量管理体系应对标世界一流，按照我国 GB/T 19000 族质量管理体系标准进行建立和认证。该标准是我国按照等同原则，采用国际标准化组织颁布的 ISO 9000 族质量管理体系标准制定的。

1. 企业质量管理体系文件的构成

质量管理体系标准明确要求，企业应有完整和科学的质量管理体系文件，这是企业开展质量管理的基础，也是企业为达到所要求的产品质量，实施质量体系审核、认证，进行质量改进的重要依据。质量管理体系文件主要由质量手册、程序文件、质量计划和质量记录等构成。

1) 质量手册

质量手册是质量管理体系的规范，是阐明一个企业的质量政策、质量体系和质量实践的文件，是实施和保持质量体系过程中长期遵循的纲领性文件。质量手册的主要内容包括：企业的质量方针、质量目标；组织机构和质量职责；各项质量活动的基本控制程序或体系要素；质量评审、修改和控制管理办法。质量手册作为企业质量管理的纲领性文件，应具备指令性、系统性、协调性、先进性、可行性和检查性。

2) 程序文件

各种生产、工作和管理的程序文件是质量手册的支持性文件，是企业各职能部门为落实质量手册要求而规定的细则。企业为落实质量管理工作而建立的各项管理标准、规章制度都属程序文件范畴。各企业程序文件的内容及详略可视企业情况而定。一般有以下六个方面的程序为通用性管理程序，适用于各类企业：（1）文件控制程序；（2）质量记录管理程序；（3）不合格品控制程序；（4）内部审核程序；（5）预防措施控制程序；（6）纠正措施控制程序。除以上六个程序以外，涉及产品质量形成过程各环节控制的程序文件，如生产过程、服务过程、管理过程、监督过程等的控制程序文件，可视企业质量控制的需要而制定，不作统一规定。

3）质量计划

质量计划是为了确保过程的有效运行和控制，在程序文件的指导下，针对特定的项目、产品、过程或合同，而制定的专门质量措施和活动顺序的文件。其内容包括：应达到的质量目标；该项目各阶段的责任和权限；应采用的特定程序、方法和作业指导书；有关阶段的实验、检验和审核大纲；随项目的进展而修改和完善质量计划的方法；为达到质量目标必须采取的其他措施；等等。其中可引用质量手册的部分内容或程序文件中适用于特定情况的部分。

4）质量记录

质量记录是产品质量水平和质量体系中各项质量活动进行及结果的客观反映，对质量体系程序文件所规定的运行过程及控制测量检查的内容如实加以记录，用以证明产品质量达到合同要求及质量保证的满足程度。如在控制体系中出现偏差则质量记录不仅需反映偏差情况，还应反映出针对不足之处所采取的纠正措施及纠正效果。

质量记录应完整地反映质量活动实施、验证和评审的情况，并记载关键活动的过程参数，具有可追溯性的特点。质量记录以规定的形式和程序进行，并应有实施、验证、审核等签署意见。

2. 企业质量管理体系的建立和运行

1）企业质量管理体系的建立

（1）企业质量管理体系的建立，是在确定市场及顾客需求的前提下，按照质量管理原则制定企业的质量方针、质量目标、质量手册、程序文件及质量记录等体系文件，并将质量目标分解落实到相关层次、相关岗位的职能和职责中，形成企业质量管理体系的执行系统。

（2）企业质量管理体系的建立，还包含组织企业不同层次的员工进行培训，使体系的工作内容和执行要求为员工所了解，为全员参与企业质量管理体系的运行打下基础。

（3）企业质量管理体系的建立，需识别并提供实现质量目标和持续改进所需的资源，包括人员、基础设施、环境、信息等。

2）企业质量管理体系的运行

（1）企业质量管理体系的运行是在生产及服务的全过程中，按质量管理体系文件所制定的程序、标准、工作要求及目标分解的岗位职责进行运作。

（2）在企业质量管理体系运行的过程中，按各类体系文件的要求，监视、测量和分析过程的有效性和效率，做好文件规定的质量记录，持续收集、记录并分析过程的数据和信息，全面反映产品质量和过程符合要求，并具有可追溯的效能。

（3）按文件规定的办法进行质量管理评审和考核。对过程运行的评审考核工作，应针对发现的主要问题，采取必要的改进措施，使这些过程达到所策划的结果并实现对过程的持续改进。

（4）落实质量体系的内部审核程序，有组织有计划开展内部质量审核活动，其主要目的包含4个方面：①评价质量管理程序的执行情况及适用性；②揭露过程中存在的问题，为质量改进提供依据；③检查质量体系运行的信息；④向外部审核单位提供体系有效的证据。

为确保系统内部审核的效果，企业领导应发挥决策领导作用，制订审核政策和计划，组织内审人员队伍，落实内审条件，并对审核发现的问题采取纠正措施和提供人、财、物等方面的支持。

### 6.1.5 工程项目质量控制目标及任务

工程项目质量控制的目标，就是实现由项目决策所决定的项目质量目标，使项目的适用性、安全性、耐久性、可靠性、经济性及与环境的协调性等方面满足业主需要并符合国家法律、行政法规和技术标准、规范的要求。项目的质量涵盖设计质量、材料质量、设备质量、施工质量和影响项目运行或运营的环境质量等，各项质量均应符合相关的技术规范和标准的规定，满足业主方的质量要求。

工程项目质量控制的任务，就是对项目的建设、勘察、设计、施工、监理单位的工程质量行为，以及涉及项目工程实体质量的设计质量、材料质量、设备质量、施工安装质量进行控制。

### 6.1.6 工程项目质量管理的主要工作内容

工程项目质量管理是指在工程项目实施过程中，指挥和控制项目参与各方关于质量的相互协调的活动，是围绕着使工程项目满足质量要求，而开展的策划、组织、实施、检查、监督和审核等所有管理活动的总和。它是工程项目的建设、勘察、设计、施工、监理等单位的共同职责。项目参与各方的项目经理必须调动与项目质量有关的所有人员的积极性，共同做好本职工作，才能完成项目质量管理的任务。

1. 建设单位的质量责任和义务

（1）建设单位应当将工程发包给具有相应资质等级的单位，并不得将建设工程肢解发包。

（2）建设单位应当依法对工程建设项目的勘察、设计、施工、监理，以及与工程建设有关的重要设备、材料等的采购进行招标。

（3）建设单位必须向有关的勘察、设计、施工、监理等单位提供与建设工程有关的原始资料。原始资料必须真实、准确、齐全。

（4）建设工程发包单位不得迫使承包方以低于成本的价格竞标，不得任意压缩合理工期；不得明示或者暗示设计单位或者施工单位违反工程建设强制性标准，降低建设工程质量。

（5）实行监理的建设工程，建设单位应当委托具有相应资质等级的工程监理单位进行监理，也可以委托具有工程监理相应资质等级并与被监理工程的施工承包单位没有隶属关系或者其他利害关系的该工程的设计单位进行监理。

（6）建设单位在开工前，应当按照国家有关规定办理工程质量监督手续，工程质量监督手续可以与施工许可证或者开工报告合并办理。

（7）按照合同约定，由建设单位采购建筑材料、建筑构配件和设备的，建设单位应当保证建筑材料、建筑构配件和设备符合设计文件和合同要求。建设单位不得明示或者暗示施工单位使用不合格的建筑材料、建筑构配件和设备。

（8）涉及建筑主体和承重结构变动的装修工程，建设单位应当在施工前委托原设计单位或者具有相应资质等级的设计单位提出设计方案；没有设计方案的，不得施工。房屋建筑使用者在装修过程中，不得擅自变动房屋建筑主体和承重结构。

（9）建设单位收到建设工程竣工报告后，应当组织设计、施工、工程监理等有关单位进行竣工验收。建设工程经验收合格的，方可交付使用。

（10）建设单位应当严格按照国家有关档案管理的规定，及时收集、整理建设项目各环节的文件资料，建立健全建设项目档案，并在建设工程竣工验收后，及时向建设行政主管部门或者其他有关部门移交建设项目档案。

2.勘察、设计单位的质量责任和义务

（1）从事建设工程勘察、设计的单位应当依法取得相应等级的资质证书，在其资质等级许可的范围内承揽工程，并不得转包或者违法分包所承揽的工程。

（2）勘察、设计单位必须按照工程建设强制性标准进行勘察、设计，并对其勘察、设计的质量负责。注册建筑师、注册结构工程师等注册执业人员应当在设计文件上签字，对设计文件负责。

（3）勘察单位提供的地质、测量、水文等勘察成果必须真实、准确。

（4）设计单位应当根据勘察成果文件进行建设工程设计。设计文件应当符合国家规定的设计深度要求，注明工程合理使用年限。

（5）设计单位在设计文件中选用的建筑材料、建筑构配件和设备，应当注明规格、型号、性能等技术指标，其质量要求必须符合国家规定的标准。除有特殊要求的建筑材料、专用设备、工艺生产线等外，设计单位不得指定生产商、供应商。

（6）设计单位应当就审查合格的施工图设计文件向施工单位作出详细说明。

（7）设计单位应当参与建设工程质量事故分析，并对因设计造成的质量事故，提出相应的技术处理方案。

3.施工单位的质量责任和义务

（1）施工单位应当依法取得相应等级的资质证书，并在其资质等级许可的范围内承揽工程，不得转包或者违法分包工程。

（2）施工单位对建设工程的施工质量负责。施工单位应当建立质量责任制，确定工程项目的项目经理、技术负责人和施工管理负责人。建设工程实行总承包的，总承包单位应当对全部建设工程质量负责；建设工程勘察、设计、施工、设备采购的一项或者多项实行总承包的，总承包单位应当对其承包的建设工程或者采购的设备的质量负责。

（3）总承包单位依法将建设工程分包给其他单位的，分包单位应当按照分包合同的约定对其分包工程的质量向总承包单位负责，总承包单位与分包单位对分包工程的质量承担连带责任。

（4）施工单位必须按照工程设计图纸和施工技术标准施工，不得擅自修改工程设计，不得偷工减料。施工单位在施工过程中发现设计文件和图纸有差错的，应当及时提出意见和建议。

（5）施工单位必须按照工程设计要求、施工技术标准和合同约定，对建筑材料、建筑构配件、设备和商品混凝土进行检验，检验应当有书面记录和专人签字；未经检验或者检验不合格的，不得使用。

（6）施工单位必须建立、健全施工质量的检验制度，严格工序管理，做好隐蔽工程的质量检查和记录。隐蔽工程在隐蔽前，施工单位应当通知建设单位和建设工程质量监督机构。

（7）施工人员对涉及结构安全的试块、试件及有关材料，应当在建设单位或者工程监理单位监督下现场取样，并送具有相应资质等级的质量检测单位进行检测。

（8）施工单位对施工中出现质量问题的建设工程或者竣工验收不合格的建设工程，应当负责返修。

（9）施工单位应当建立、健全教育培训制度，加强对职工的教育培训；未经教育培训或者考核不合格的人员，不得上岗作业。

4. 工程监理单位的质量责任和义务

（1）工程监理单位应当依法取得相应等级的资质证书，在其资质等级许可的范围内承担工程监理业务，并不得转让工程监理业务。

（2）工程监理单位与被监理工程的施工承包单位以及建筑材料、建筑构配件和设备供应单位有隶属关系或者其他利害关系的，不得承担该项建设工程的监理业务。

（3）工程监理单位应当依照法律、法规及有关技术标准、设计文件和建设工程承包合同，代表建设单位对施工质量实施监理，并对施工质量承担监理责任。

（4）工程监理单位应当选派具备相应资格的总监理工程师和监理工程师进驻施工现场。未经监理工程师签字，建筑材料、建筑构配件和设备不得在工程上使用或者安装，施工单位不得进行下一道工序的施工。未经总监理工程师签字，建设单位不得拨付工程款，不得进行竣工验收。

（5）监理工程师应当按照工程监理规范的要求，采取旁站、巡视和平行检验等形式，对建设工程实施监理。

## 6.2 施工项目质量管理程序及质量计划

由于项目的质量目标最终是由项目工程实体的质量来体现，而项目工程实体的质量最终是通过施工作业过程直接形成的，设计质量、材料质量、设备质量往往也要在施工过程中进行检验。施工项目质量管理是工程项目质量管理的重点和难点。

### 6.2.1 施工项目质量管理程序

施工项目质量管理应按下列程序实施：确定质量计划；实施质量控制；开展质量检查与处置；落实质量改进。

1. 确定质量计划

质量计划是项目实施规划中与施工组织设计和施工方案相匹配的重要组成文件，其既是对外的质量保证，又是对内的质量控制依据。项目质量计划主要依据合同中的产品质量要求、项目管理规划大纲、项目设计文件、相关法律法规和标准规范以及质量管理的其他要求进行编制。项目质量计划一般包含：质量目标和质量要求、质量管理体系和管理职责、质量管理与协调的程序、法律法规和标准规范、质量控制点的设置与管理、项目生产要素的质量控制、实施质量目标和质量要求所采取的措施，以及项目质量文件管理等内容。质量管理体系是为实现质量管理目标，依据工程产品质量管理需要而建立的，包含组织结构、职责、过程、资源、方法的有机整体。编制完成的质量计划以及执行中修改的质量计划均须按照规定程序上报审批后才能执行。

2. 实施质量控制

质量控制是项目管理机构在项目实施过程中动态跟踪、收集和整理已完成工程（或工作）的实际质量状况数据，与质量标准或要求进行比较发现偏差，分析产生偏差的原因，采取措施对偏差予以纠正和处置，并对处置效果进行复查。对获取质量数据的比较分析既包括对产品要求的比较分析，也包括对质量管理体系适宜性和有效性的证实，在此基础上提出的质量分析报告一般包括：质量是否让有关发包人及其他相关方满意；质量是否符合产品要求；项目实施过程的质量特性、质量变化趋势及采取预防措施的机会；有关供方（分包方、供货方等）的信息；对质量不合格的处置措施；拟采取的质量预防措施等内容。项目的质量控制涉及设计、采购、施工及项目质量创优等方面。

项目设计质量的控制着重于依据设计合同和设计需求进行设计策划并确定设计输入，展开设计并分阶段对设计能力和设计结果进行评审，验证并最终确认设计输出，严格控制设计变更等工作来实现。

采购质量的控制主要通过规范的采购程序、明确的采购要求、合格的供应单位选择、严密的采购合同控制、严格的进货检验及问题处置等工作来实现。

施工质量的控制主要通过施工质量目标分解、施工技术交底与工序控制、施工质量偏差控制、产品或服务的验证、评价和防护等工作来实现。

有质量创优目标的项目主要通过明确质量创优目标、精心策划并制订创优计划、执行高于国家标准的控制准则、实施系统的全面质量管理、收集系统翔实的工程创优资料和相关证据等工作来实现。其中事前策划、细部处理、深化设计和技术创新是质量创优的关键。

3. 开展质量检查与处置

项目管理机构应根据项目管理策划要求，应用相应的检验和监测设备，按照项目质量计划设置的质量控制点实施检验和监测，并根据国家的有关规定对发现的不合格品进行处置。在检测中发现不合格品，需按规定进行标识、记录、评价、隔离，防止非预期的使用或交付；采用返修、加固、返工、让步接收或报废等措施处置不合格品，并保持记录；返修、加固、返工等措施纠正后需再次进行验证，以证明符合要求。

质量控制点一般包括：对施工质量有重要影响的关键质量特性、关键部位或重要影响因素；工艺上有严格要求，对下道工序的活动有重要影响的关键质量特性、部位；严重影响项目质量的材料质量和性能；影响下道工序质量的技术间歇时间；与施工质量密切相关的技术参数；容易出现质量通病的部位；紧缺工程材料、构配件和工程设备或可能对生产安排有严重影响的关键项目；隐蔽工程验收。

**4. 落实质量改进**

项目管理机构通过对项目质量状况的定期检查分析，充分了解发包人及其他相关方对质量的意见，提出质量报告，在明确质量状况、发包人及其他相关方满意程度、产品要求符合性的基础上，确定质量管理改进目标，围绕质量问题提出相应的质量改进措施并组织持续改进。承担项目的组织管理层通过贯彻质量方针和目标、审核质量改进结果、分析质量数据、纠正质量预防措施、培训和考核项目管理机构人员、定期内部审核等持续改进质量措施，促进项目管理机构的质量改进工作，确保质量管理的有效性。

## 6.2.2 施工项目质量计划

施工项目质量计划是指确定施工项目的质量目标并规定必要的作业过程、专门的质量措施和资源，以实现施工项目的质量目标。

**1. 施工项目质量计划的编制依据**

（1）施工企业的《质量手册》及相应的程序文件。

（2）《建筑工程施工质量验收统一标准》（GB 50300—2013）、施工操作规程及作业指导书。

（3）《中华人民共和国建筑法》《建设工程质量管理条例》（国务院令第279号）、环境保护条例及法规。

（4）《建设工程安全生产管理条例》（国务院令第393号）等。

**2. 施工项目质量计划的主要内容**

（1）达到的质量目标。

（2）对此目标不同阶段规定的职责和职权。

（3）实施的步骤、方法、作业文件，包括技术措施和施工方案等。

（4）必要的质量控制手段，施工过程、服务、检验和试验程序及与其相关的支持性文件。

（5）与施工阶段相适应的检验、试验、测量、验证要求和标准。

（6）项目进展、更改和完善质量计划的方法及文件化程序。

（7）为满足质量目标所采用的其他措施。

**3. 施工项目质量计划的编制要求**

施工项目的质量计划应由项目经理主持编制。质量计划作为对外质量保证和对内质量控制的依据文件，应体现施工项目从分部分项工程到单位工程的系统控制过程，同时也要体现从资源投入到完成工程质量最终检验和试验的全过程控制。施工项目质量计划的编制要求主要包括以下几个方面。

1）质量目标

质量目标一般由企业技术负责人、项目经理部管理人员经认真分析项目特点、项目经理部情况及企业生产经营总目标后决定。其基本要求是施工项目竣工交付业主（用户）使用时，质量要达到合同范围内的全部工程的所有使用功能符合设计（或更改）图纸要求；检验批、分项、分部、单位工程质量达到施工质量验收统一标准，合格率100%。

2）管理职责

施工项目质量计划应规定项目经理部管理人员及操作人员的岗位职责。

项目经理是施工项目实施的最高负责人，对工程符合设计、验收规范、标准要求负责，对各阶段按期交工负责，以保证整个工程项目质量符合合同要求。项目经理可委托项目质量副经理（或技术负责人）负责施工项目质量计划和质量文件的实施及日常质量管理工作。项目生产副经理要对施工项目的施工进度负责，调配人力、物力保证施工项目按图纸和规范施工，协调同业主（用户）、分包商的关系，负责审核结果、整改措施和质量纠正措施的落实。

施工队长、工长、测量员、试验员、计量员在项目质量副经理的直接指导下，负责所管施工段或分项施工全过程的质量，使其符合图纸和规范要求，有更改的要符合更改要求，有特殊规定的要符合特殊要求。

材料员、机械员对进场的材料、构件、机械设备进行质量验收和退货、索赔，对业主或分包商提供的物资和机械设备要按合同规定进行验收。

3）资源提供

施工项目质量计划要规定项目经理部管理人员及操作人员的岗位任职标准及考核认定方法；规定施工项目人员流动的管理程序；规定施工项目人员进场培训的内容、考核和记录；规定新材料、新设备、新工艺、新技术的操作方法和操作人员的培训内容；规定施工项目所需的临时设施、支持性服务手段、施工设备及通信设施；规定为保证施工环境所需要提供的其他资源；等等。

4）施工项目实现过程的策划

施工项目质量计划中要规定施工组织设计或专项项目质量计划的编制要点及接口关系；规定重要施工过程技术交底的质量策划要求；规定新材料、新设备、新工艺、新技术的策划要求；规定重要过程验收的准则或技艺评定方法。

5）材料、机械设备等采购过程的控制

施工项目质量计划对施工项目所需的材料、设备等要规定供方产品标准及质量管理体系的要求、采购的法规要求，有可追溯性要求时，要明确其记录、标志的主要方法，等等。

6）产品标识和可追溯性控制

隐蔽工程验收、分部分项工程验收、特殊要求工程的验收必须做可追溯性记录，施工项目的质量计划要对其可追溯性的范围、程序、标识、所需记录及如何控制和分发这些记录等内容作出规定。重要材料（如钢材、构件等）及重要施工设备的运作必须具有可追溯性。

坐标控制点、标高控制点、编号、沉降观察点、安全标志、标牌等是施工项目的重要标识记录，质量计划要对这些标识的准确性控制措施、记录等内容作出详细规定。

7) 施工工艺过程控制

施工项目的质量计划要对工程从合同签订到交付全过程的控制方法作出相应的规定。具体包括：施工项目的各种进度计划的过程识别和管理规定；施工项目实施全过程各阶段的控制方案、措施及特殊要求；施工项目实施过程需用的程序文件、作业指导书；隐蔽工程、特殊工程进行控制、检查、鉴定验收、中间交付的方法及人员上岗条件和要求等；施工项目实施过程需使用的主要施工机械设备、工具的技术和工作运行方案；等等。

8) 搬运、存储、包装、成品保护和交付过程的控制

施工项目的质量计划要对搬运、存储、包装、成品保护和交付过程的控制方法作出相应的规定。具体包括：施工项目实施过程所形成的分部分项工程、单位工程的半成品及成品保护方案、保护措施、交接方式的规定；工程中间交付、工程竣工交付，工程的收尾、维护、验收工作方案、措施、方法的规定；材料、构件、机械设备的运输、装卸、存收的控制方案及措施的规定；等等。

9) 检验、试验和测量过程及设备的控制

施工项目的质量计划要对施工项目所进行和使用的所有检验、试验、测量和计量过程及设备的控制、管理制度等作出相应的规定。

10) 不合格品的控制

施工项目的质量计划要编制作业、分部分项工程不合格品出现的补救方案和预防措施，规定合格品与不合格品之间的标识，并制定隔离措施。

## 6.3　施工项目的质量控制

建设工程项目的施工质量控制，有两个方面的含义：一是指项目施工单位的施工质量控制，包括施工总承包、分包单位，综合的和专业的施工质量控制；二是指广义的施工阶段项目质量控制，即除了施工单位的施工质量控制外，还包括建设单位、设计单位、监理单位及政府质量监督机构，在施工阶段对项目施工质量所实施的监督管理和控制职能。因此，项目管理者应全面理解施工质量控制的内涵，掌握项目施工阶段质量控制的目标、依据与基本环节，以及施工质量计划的编制和施工生产要素、施工准备工作和施工作业过程的质量控制方法。

### 6.3.1　施工项目质量控制的特点

由于工程项目施工生产的技术经济特点不同于一般的制造业，因此，施工项目质量形成的过程也带有明显的特点。主要表现在以下三个方面。

1. 影响质量的因素多

如设计、材料、机械、地形、地质、水文、气象、施工工艺、操作方法、技术措施、管理制度等，这些都直接影响施工项目的质量。

## 2. 容易产生质量波动及变异

施工项目所需的材料性能微小差异、施工机械的正常磨损、施工操作的微小变化、环境微小的波动等，都会引起偶然性因素的质量波动；当施工项目使用的材料规格、品种有误，施工方法不妥，不按规程操作，施工机械出现故障，设计计算出现错误等，都会引起系统性因素的质量变异，从而造成工程质量事故。

## 3. 终检的局限性

施工项目建成后，不可能像某些工业产品那样，通过拆卸或解体来检查其内在的质量。施工项目质量的形成往往是前面的作业结果（隐蔽工程）被后面作业所覆盖，施工项目质量需要进行严格检查确认并留下可证实的验收记录，才能防止质量隐患的产生。已完成的施工项目质量最终呈整体性，无法再作解体复验，因此不允许质量控制和检验把关的滞后性，必须及时、正确而严格地进行过程检查验收。

### 6.3.2 施工项目质量控制的原则

项目质量控制体系的建立过程，实际上就是项目质量总目标的确定和分解过程，也是项目各参与方之间质量管理关系和控制责任的确立过程。为了保证质量控制体系的科学性和有效性，必须明确体系建立的原则、程序和主体。

项目质量控制体系建立的原则如下。

#### 1. 分层次规划原则

项目质量控制体系的分层次规划，是指项目管理的总组织者（建设单位或代建制项目管理企业）和承担项目实施任务的各参与单位，分别进行不同层次和范围的建设工程项目质量控制体系规划。

#### 2. 目标分解原则

项目质量控制系统目标的分解，是根据控制系统内工程项目的分解结构，将工程项目的建设标准和质量总体目标分解到各个责任主体，明示于合同条件，由各责任主体制订出相应的质量计划，确定其具体的控制方式和控制措施。

#### 3. 质量责任制原则

项目质量控制体系的建立，应按照《中华人民共和国建筑法》和《建设工程质量管理条例》（国务院令第279号）有关工程质量责任的规定，界定各方的质量责任范围和控制要求。

### 6.3.3 施工项目质量控制的依据

#### 1. 共同性依据

共同性依据指适用于施工质量管理有关的、通用的、具有普遍指导意义和必须遵守的基本法规。主要包括：国家和政府有关部门颁布的与工程质量管理有关的法律法规性文件，如《中华人民共和国建筑法》《中华人民共和国招标投标法》和《建设工程质量管理条例》（国务院令第279号）等。

2. 专业技术性依据

专业技术性依据指针对不同的行业、不同质量控制对象制定的专业技术规范文件，包括规范、规程、标准、规定等。如：工程建设项目质量检验评定标准；有关建筑材料、半成品和构配件质量方面的专门技术法规性文件；有关材料验收、包装和标志等方面的技术标准和规定；施工工艺质量等方面的技术法规性文件；有关新工艺、新技术、新材料、新设备的质量规定和鉴定意见；等等。

3. 项目专用性依据

项目专用性依据指本项目的工程建设合同、勘察设计文件、设计交底及图纸会审记录、设计修改和技术变更通知，以及相关会议记录和工程联系单等。

### 6.3.4 施工项目质量控制的主要工作

施工质量控制应贯彻全面、全员、全过程质量管理的思想，运用动态控制原理，进行质量的事前控制、事中控制和事后控制。

1. 事前质量控制

事前质量控制即在正式施工前进行的事前主动质量控制，通过编制施工质量计划，明确质量目标，制订施工方案，设置质量管理点，落实质量责任，分析可能导致质量目标偏离的各种影响因素，针对这些影响因素制定有效的预防措施，防患于未然。

事前质量控制要求针对质量控制对象的控制目标、活动条件、影响因素进行周密分析，找出薄弱环节，制定有效的控制措施和对策。

2. 事中质量控制

事中质量控制指在施工质量形成过程中，对影响施工质量的各种因素进行全面的动态控制。事中质量控制也称作业活动过程质量控制，包括质量活动主体的自我控制（简称自控）和他人监控（简称监控）的控制方式。自我控制是第一位的，即作业者在作业过程对自身质量活动行为的约束，以完成符合预定质量目标的作业任务；他人监控是对作业者的质量活动过程和结果，由来自企业内部管理者和企业外部有关方面进行监督检查，如工程监理机构、政府质量监督部门等的监控。

施工质量的自控和监控是相辅相成的系统过程。自控主体的质量意识和能力是关键，是施工质量的决定因素；各监控主体所进行的施工质量监控是对自控行为的推动和约束。因此，自控主体必须正确处理自控和监控的关系，在致力于施工质量自控的同时，还必须接受来自业主、监理等方面对其质量行为和结果所进行的监督管理，包括质量检查、评价和验收。自控主体不能因为监控主体的存在和监控职能的实施而减轻或推脱其质量责任。

事中质量控制的目标是确保工序质量合格，杜绝质量事故发生；控制的关键是坚持质量标准；控制的重点是对工序质量、工作质量和质量控制点的控制。

3. 事后质量控制

事后质量控制也称为事后质量把关，以使不合格的工序或最终产品（包括单位工程或整个工程项目）不流入下道工序、不进入市场。事后质量控制包括对质量活动结果的评价、认定；对工序质量偏差的纠正；对不合格产品进行整改和处理。事后质量控制的重点是发现施工质量方面的缺陷，并通过分析提出施工质量改进的措施，保证质量处于受控状态。

以上三大环节不是互相孤立和截然分开的，它们共同构成有机的系统过程，实质上也就是质量管理 PDCA 循环的具体化，在每一次滚动循环中不断提高要求，达到质量管理和质量控制的持续改进。

## 6.4 施工项目质量的过程控制

### 6.4.1 基本概念

施工过程的质量控制，是在工程项目质量实际形成过程中的事中质量控制，一般可称过程控制。建设工程项目施工是由一系列相互关联、相互制约的作业过程（工序）构成，因此施工质量控制，必须对全部作业过程，即各道工序的作业质量持续进行控制。从项目管理的立场看，工序作业质量的控制，一方面是质量生产者即作业者的自控，在施工生产要素合格的条件下，作业者能力及其发挥的状况是决定作业质量的关键。另一方面是来自作业者外部的各种作业质量检查、验收和对质量行为的监督，也是不可缺少的设防和把关的管理措施。

### 6.4.2 工序质量控制的内容

工序是人、机械、材料设备、施工方法和环境因素对工程质量综合起作用的过程，所以对施工过程的质量控制，必须以工序作业质量控制为基础和核心。因此，工序的质量控制是施工阶段质量控制的重点。只有严格控制工序质量，才能确保施工项目的实体质量。工序质量控制主要包括工序施工条件质量控制和工序施工效果质量控制。

1. 工序施工条件质量控制

工序施工条件是指从事工序活动的各生产要素质量及生产环境条件。工序施工条件质量控制就是控制工序活动的各种投入要素质量和环境条件质量。控制的手段主要有：检查、测试、试验、跟踪监督等。控制的依据主要是：设计质量标准、材料质量标准、机械设备技术性能标准、施工工艺标准以及操作规程等。

2. 工序施工效果质量控制

工序施工效果是工序产品的质量特征和特性指标的反映。对工序施工效果质量的控制，就是控制工序产品的质量特征和特性指标能否达到设计质量标准及施工质量验收标准的要求。工序施工效果质量控制属于事后质量控制，其控制的主要途径是：获取实测数据、统计分析相关数据、判断认定质量等级和纠正质量偏差。

施工过程质量检测试验的内容应依据国家现行相关标准、设计文件、合同要求和施工质量控制的需要确定，主要内容如表 6-1 所示。

表 6-1  施工过程质量检测试验主要内容

| 序号 | 类别 | 检测试验项目 | 主要检测试验参数 | 备注 |
|---|---|---|---|---|
| 1 | 土方回填 | 土工击实 | 最大干密度 | |
| | | 压实程度 | 最优含水率 | |
| 2 | 地基与基础 | 换填地基 | 压实系数/承载力 | |
| | | 加固地基、复合地基 | 承载力 | |
| | | 桩基 | 承载力 | |
| | | | 桩身完整性 | 钢桩除外 |
| 3 | 基坑支护 | 土钉墙 | 土钉抗拔力 | |
| | | 水泥土墙 | 墙身完整性 | |
| | | | 墙体强度 | 设计有要求时 |
| | | 锚杆、锚索 | 锁定力 | |
| 4 | 钢筋连接 | 机械连接现场检验 | 抗拉强度 | |
| | | 钢筋焊接工艺检验、闪光对焊、气压焊 | 抗拉强度 | |
| | | | 弯曲 | 适用于闪光对焊、气压焊接头,适用于气压焊水平连接筋 |
| | | 电弧焊、电渣压力焊、预埋件钢筋T形接头 | 抗拉强度 | |
| | | 网片焊接 | 抗剪力 | 热轧带肋钢筋 |
| | | | 抗拉强度 | 冷轧带肋钢筋 |
| | | | 抗剪力 | |
| 5 | 混凝土 | 混凝土配合比设计 | 工作性 | 指工作度、坍落度和坍落扩展度等 |
| | | | 强度等级 | |
| | | 混凝土性能 | 标准养护试件强度 | |
| | | | 同条件养护试件强度(受冻临界、拆模、张拉、放张和临时负荷等) | 同条件养护28d转标准养护28d试件强度和受冻临界强度试件按冬期施工相关要求增设,其他同条件试件根据施工需要留置 |
| | | | 同条件养护28d转标准养护28d试件强度 | |
| | | | 抗渗性能 | 有抗渗要求时 |
| 6 | 砌筑砂浆 | 砂浆配合比设计 | 强度等级、稠度 | |
| | | 砂浆力学性能 | 标准养护试件强度 | |
| | | | 同条件养护试件强度 | 冬期施工时增设 |
| 7 | 钢结构 | 网架结构焊接球节点、螺栓球节点 | 承载力 | 安全等级一级、$L \geq 40m$ 且有设计要求时 |
| | | 焊缝质量 | 焊缝探伤 | |
| | | 后锚固(植筋、锚栓) | 抗拔承载力 | |
| 8 | 装饰装修 | 饰面砖粘贴 | 粘结强度 | |

## 6.4.3 施工质量控制点的设置

施工质量控制点的设置是施工质量计划的重要组成内容。施工质量控制点是施工质量控制的重点对象。

### 1. 质量控制点的设置

质量控制点应选择那些技术要求高、施工难度大、对工程质量影响大或是发生质量问题时危害大的对象进行设置。一般选择下列部位或环节作为质量控制点。

(1) 对工程质量形成过程产生直接影响的关键部位、环节、工序及隐蔽工程。

(2) 施工过程中的薄弱环节，或者质量不稳定的部位、工序或对象。

(3) 对下道工序有较大影响的上道工序。

(4) 采用新技术、新工艺、新材料的部位或环节。

(5) 对施工质量无把握的、施工条件困难的或技术难度大的工序或环节。

(6) 用户反馈指出的和过去有过返工的不良工序。

建筑工程质量控制点的设置可参考表 6-2。

表 6-2 建筑工程质量控制点的设置

| 分项工程 | 质量控制点 |
| --- | --- |
| 工程测量定位 | 标准轴线桩、水平桩、龙门板、定位轴线、标高 |
| 地基、基础（含设备基础） | 基坑（槽）尺寸、标高、土质、地基承载力、基础垫层标高、基础位置、尺寸、标高、预埋件、预留洞孔的位置、标高、规格、数量，基础杯口弹线 |
| 砌体 | 砌体轴线，皮数杆，砂浆配合比，预留洞孔、预埋件的位置、数量，砌块排列 |
| 模板 | 位置、标高、尺寸，预留洞孔位置、尺寸，预埋件的位置，模板的承载力、刚度和稳定性，模板内部清理及隔离剂情况 |
| 钢筋混凝土 | 水泥品种、强度等级，砂石质量，混凝土配合比，外加剂掺量，混凝土振捣，钢筋品种、规格、尺寸、搭接长度，钢筋焊接、机械连接，预留洞、孔及预埋件规格、位置、尺寸、数量，预制构件吊装或出厂（脱模）强度，吊装位置、标高、支承长度、焊缝长度 |
| 吊装 | 吊装设备的起重能力、吊具、索具、地锚 |
| 钢结构 | 翻样图、放大样 |
| 焊接 | 焊接条件、焊接工艺 |
| 装修 | 视具体情况而定 |

### 2. 质量控制点的重点控制对象

设定了质量控制点，还要根据对重要质量特性进行重点控制的要求，选择质量控制点的重点部位、重点工序和重点的质量因素作为质量控制点的重点控制对象，进行重点预控和监控。质量控制点的重点控制对象主要包括以下几个方面。

(1) 人的行为。某些操作或工序，应以人为重点控制对象，如高空、高温、水下、易燃易爆、重型构件吊装作业及操作要求高的工序和技术难度大的工序等，都应从人的生理、心理、技术能力等方面进行控制。

（2）材料的质量与性能。这是直接影响工程质量的重要因素，在某些工程中应作为控制的重点。如钢结构工程中使用的高强度螺栓、某些特殊焊接使用的焊条，都应重点控制其材质与性能；又如水泥的质量是直接影响混凝土工程质量的关键因素，施工中就应对进场的水泥质量进行重点控制，必须检查核对其出厂合格证，并按要求进行强度、凝结时间和安定性的复验等。

（3）关键操作与施工方法。某些直接影响工程质量的关键操作应作为控制的重点，如预应力钢筋的张拉工艺操作过程及张拉力的控制，是可靠地建立预应力值和保证预应力构件质量的关键。同时，那些易对工程质量产生重大影响的施工方法，也应列为控制的重点，如大模板施工中模板的稳定和组装问题，液压滑模施工时支撑杆稳定问题，装配式混凝土结构构件吊运、吊装过程中吊具、吊点、吊索的选择与设置问题，等等。

（4）施工技术参数。如混凝土的水胶比和外加剂掺量、坍落度、抗压强度，回填土的含水量，砌体的砂浆饱满度，防水混凝土的抗渗等级，建筑物沉降与基坑边坡稳定监测数据，大体积混凝土内外温差及混凝土冬期施工受冻临界强度，装配式混凝土预制构件出厂时的强度等技术参数都是应重点控制的质量参数与指标。

（5）技术间歇。有些工序之间必须留有必要的技术间歇时间，如砌筑与抹灰之间，应在墙体砌筑后留6～10日时间，让墙体充分沉陷、稳定、干燥，然后再抹灰，抹灰层干燥后，才能喷白、刷浆；混凝土浇筑与模板拆除之间，应保证混凝土有一定的硬化时间，达到规定拆模强度后方可拆除；等等。

（6）施工顺序。某些工序之间必须严格控制先后的施工顺序，如对冷拉的钢筋应当先焊接后冷拉，否则会失去冷强；屋架的安装固定，应采取对角同时施焊方法，否则会由于焊接应力导致校正好的屋架发生倾斜。

（7）易发生或常见的质量通病。如混凝土工程的蜂窝、麻面、空洞，墙、地面、屋面工程渗水、漏水、空鼓、起砂、裂缝等，都与工序操作有关，均应事先研究对策，提出预防措施。

（8）新技术、新材料及新工艺的应用。由于缺乏经验，施工时应将其作为重点进行控制。

（9）产品质量不稳定和不合格率较高的工序应列为重点，认真分析，严格控制。

（10）特殊地基或特种结构。对于湿陷性黄土、膨胀土、红黏土等特殊土地基的处理，以及大跨度结构、高耸结构等技术难度较大的施工环节和重要部位，均应予以特别的重视。

## 6.4.4 施工过程质量检查

施工过程质量检查包括施工单位内部的工序作业质量自检、互检、专检和交接检查，以及现场监理机构的旁站检查、平行检验等。施工过程质量检查是施工质量验收的基础，已完检验批及分部分项工程的施工质量，必须在施工单位完成质量自检并确认合格之后，才能报请现场监理机构进行检查验收。施工过程质量检查包括以下几点。

（1）开工前检查。目的是检查是否具备开工条件，开工后能否连续正常施工，能否保证工程质量。对于重要的工序或对工程质量有重大影响的工序，在自检、互检的基础上，还要组织专职人员进行工序交接检查。

（2）隐蔽工程检查。凡是隐蔽工程均应检查认证后方能掩盖。

（3）停工后复工前的检查。因处理质量问题或某种原因停工后，需复工时，亦应经检查认可后方能复工。分项、分部工程完工后，应经检查认可，签署验收记录后，才允许进行下一工程项目施工。

（4）成品保护检查。检查成品有无保护措施，或保护措施是否可靠。

（5）现场巡视检查。深入现场，对施工操作质量进行检查。必要时，还应进行跟班或追踪检查。

## 6.5 建筑工程施工质量验收

施工质量验收是指建筑工程在施工单位自行质量检查评定的基础上，参与建设活动的有关单位共同对检验批、分项、分部、单位工程的质量进行抽样复验，根据相关标准以书面形式对工程质量达到合格与否作出确认。

正确地进行工程项目质量的检查评定和验收，是施工质量控制的重要环节。施工质量验收包括施工过程的质量验收及工程项目竣工质量验收两个部分。

### 6.5.1 工程项目施工质量验收相关标准制定的指导思想

工程项目施工质量验收相关标准制定的指导思想为验评分离、强化验收、完善手段、过程控制。

**1. 验评分离**

验评分离具体指验收与评定分离、验收与评优分离，主要包括以下5点内容。

（1）将验评标准中的质量检验与质量评定的内容分开。

（2）将施工及验收规范中的施工工艺和质量验收的内容分开。

（3）将验评标准中的质量检验与施工规范中质量验收衔接，形成工程质量验收规范。

（4）将施工及验收规范中的施工工艺部分，作为企业标准或行业推荐性标准。

（5）将验评标准中的评定部分，主要是对企业操作工艺水平进行评价，作为行业推荐性标准，为社会及企业的创优评价提供依据。

**2. 强化验收**

建筑工程是一种特殊产品，其特殊性在于产品的群体性、固定性、单一性，生产的协作性、复合性及预约性。建筑产品直接涉及人民生命财产安全、人身健康、环境保护和公众利益。验收环节主要评定其质量是否符合国家标准、规范的规定，是否存在质量安全隐患，加强验收可以防止不合格的建筑产品流向社会。因此，必须强化验收环节。

强化验收是将施工规范中的验收部分与验评标准中的质量检验内容合并起来，形成一个完整的质量验收规范，作为强制性标准。它是工程建设必须达到的最低质量标准，是质量控制的主要环节和内容。强化验收主要体现在：（1）强制性标准；（2）只设合格一个质量等级；（3）质量指标都必须达到规定要求；（4）增加检测项目。

3. 完善手段

工程质量检测一般可分为基本试验项目、施工试验项目、竣工抽样检测项目三个部分。完善手段是指利用先进的技术手段，强化各种材料、设备的检验，强化对工程实体的检验。完善手段主要体现在：（1）完善材料、设备的检验；（2）改进施工阶段的施工试验；（3）竣工工程的抽样检测项目（如安全、使用功能抽样检测），减少或避免人为因素的干扰和主观评价的影响。

4. 过程控制

过程控制是指对施工前准备、物质资源投入、各工序的质量控制到分项工程验收、分部工程验收、单位工程竣工验收等阶段进行全过程控制。工程质量的验收是在施工企业过程控制的基础上，既体现在企业建立过程控制的各项制度中；也体现在基本规定中，如设置过程控制要求，强制中间控制和合格控制，综合质量水平的考核，质量验收的要求和依据文件；还体现在验收规范本身关于检验批、分项、分部（子分部）、单位（子单位）工程的验收，就是加强施工过程质量控制的体现。按质量验收的划分，检验批是最基本的验收单元，不合格的现象都应该在检验批的验收过程中及时发现、及时处理，所有的质量隐患和质量问题都应消除在检验批中，否则将影响分项工程、分部工程、单位工程的质量，这就是通过强化验收促进过程控制的体现。

### 6.5.2 建筑工程施工质量验收的基本要求

建筑工程施工质量验收应符合以下基本要求。

（1）建筑工程施工质量应符合相关行业标准和专业验收规范的规定。
（2）建筑工程施工应符合工程勘察设计文件的要求。
（3）参加工程施工质量验收的各方人员应具备规定的资格。
（4）工程质量的验收均应在施工单位自行检查评定的基础上进行。
（5）隐蔽工程在隐蔽前应由施工单位通知有关单位进行验收，并应形成验收文件。
（6）涉及结构安全的试块试件以及有关材料应按规定进行见证取样检测。
（7）检验批的质量应按主控项目和一般项目验收。
（8）对涉及结构安全和使用功能的重要分部工程应进行抽样检测。
（9）承担见证取样检测及有关结构安全检测的单位应具有相应资质。
（10）工程的观感质量应由验收人员通过现场检查并应共同确认。

### 6.5.3 建筑工程质量验收的划分

建筑工程质量验收应划分为单位（子单位）工程、分部（子分部）工程、分项工程和检验批。

（1）单位工程应按以下原则划分：具备独立施工条件并能形成独立使用功能的建筑物及构筑物为一个单位工程；建筑规模较大的单位工程，可将其能形成独立使用功能的部分划分为一个子单位工程。

（2）分部工程可按专业性质、工程部位确定。当分部工程较大或较复杂时，可按材料种类、施工特点、施工程序、专业系统及类别将分部工程划分为若干子分部工程。

（3）分项工程可按主要工种、材料、施工工艺、设备类别进行划分。

（4）检验批可根据施工、质量控制和专业验收的需要，按工程量、楼层、施工段、变形缝进行划分。

（5）建筑工程的分部工程、分项工程划分宜按相关标准中的规定采用。

（6）施工前，应由施工单位制订分项工程和检验批的划分方案，并由监理单位审核。相关标准及专业验收规范未涵盖的分项工程和检验批，可由建设单位组织监理、施工等单位协商确定。

（7）室外工程可根据专业类别和工程规模按照相关标准中规定划分子单位工程、分部工程和分项工程。

### 6.5.4 建筑工程质量验收标准

**1. 不同工程质量验收合格的标准**

（1）检验批质量验收合格的标准为：①主控项目的质量经抽样检验均应合格；②一般项目的质量经抽样检验合格；当采用计数抽样时，合格点率应符合有关专业验收规范的规定，且不得存在严重缺陷；③具有完整的施工操作依据、质量检查记录。

（2）分项工程质量验收合格的标准为：①所含的检验批的质量均应验收合格；②所含的检验批的质量验收记录应完整。

（3）分部工程质量验收合格的标准为：①所含分项工程的质量均应验收合格；②质量控制资料应完整；③有关安全、节能、环境保护和主要使用功能的抽样检验和结果应符合相应规定；④观感质量应符合要求。

（4）单位工程质量验收合格应符合以下规定：①含分部工程的质量均应验收合格；②质量控制资料应完整；③所含分部工程中有关安全、节能、环境保护和主要使用功能的检验资料应完整；④主要使用功能的抽查结果应符合相关专业验收规范的规定；⑤观感质量应符合要求。

**2. 建筑工程质量验收规定**

建筑工程质量验收应符合标准有关规定。工程质量控制资料应齐全完整。当部分资料缺失时，应委托有资质的检测机构按有关标准进行相应的实体检验或抽样试验。当建筑工程质量不符合要求时，应进行如下处理：（1）经返工或返修的检验批，应重新进行验收；（2）经有资质的检测机构检测鉴定能够达到设计要求的检验批，应予以验收；（3）经有资质的检测机构检测鉴定达不到设计要求，但经原设计单位核算认可能够满足安全和使用功能的检验批，可予以验收；（4）经返修或加固处理的分项工程、分部工程，满足安全及使用功能要求时，可按技术处理方案和协商文件的要求予以验收。

如果分部工程及单位工程通过返修或加固处理仍不能满足安全或重要使用要求的，严禁进行验收。

### 6.5.5 建筑工程质量验收程序和组织

（1）检验批及分项工程应由监理工程师组织施工单位项目专业技术、质量负责人等进行验收。

（2）分部工程应由总监理工程师（建设单位项目负责人）组织施工单位项目负责人和技术、质量负责人等进行验收；勘察、设计单位项目负责人和施工单位技术、质量部门负责人应参加地基与基础分部工程的验收；设计单位项目负责人和施工单位技术、质量部门负责人应参加主体结构、节能分部工程的验收。

（3）单位工程中的分包工程完工后，分包单位应对所承包的工程项目进行自检，并应按相关规定的程序进行验收。验收时，总包单位应派人参加。分包单位应将所分包工程的质量控制资料整理完整，并移交给总包单位。

（4）单位工程完工后，施工单位应组织有关人员进行自检。总监理工程师应组织各专业监理工程师对工程质量进行竣工预验收。存在施工质量问题时，应由施工单位整改。整改完毕后，由施工单位向建设单位提交工程竣工报告，申请工程竣工验收。

（5）当参加验收各方对工程质量验收意见不一致时，可请当地建设行政主管部门或工程质量监督机构协调处理。

（6）建设单位收到工程竣工报告后，应由建设单位项目负责人组织监理、施工、设计、勘察等单位项目负责人进行单位工程验收。

（7）单位工程质量验收合格后，建设单位应在规定时间内将工程竣工验收报告和有关文件，报建设行政主管部门备案。

## 6.6 工程质量问题和工程质量事故处理

### 6.6.1 工程质量问题

**1. 工程质量不合格**

1）质量不合格和质量缺陷

根据我国国家标准《质量管理体系 基础和术语》（GB/T 19000—2016/ISO 9000：2015）的定义，工程产品未满足质量要求，即为质量不合格；而与预期或规定用途有关的质量不合格，称为质量缺陷。

2）质量问题和质量事故

凡是工程质量不合格，影响使用功能或工程结构安全，造成永久质量缺陷或存在重大质量隐患，甚至直接导致工程倒塌或人身伤亡，必须进行返修、加固或报废处理。按照由此造成人员伤亡和直接经济损失的大小区分，在规定限额以下的为质量问题，在规定限额以上的为质量事故。

**2. 工程质量事故**

工程质量事故是指由于建设、勘察、设计、施工、监理等单位违反工程质量有关法律法规和工程建设标准，使工程产生结构安全、重要使用功能等方面的质量缺陷，造成人身伤亡或者重大经济损失的事故。

1）按事故造成损失的程度分级

根据工程质量事故造成的人员伤亡或者直接经济损失，工程质量事故分为4个等级：

（1）特别重大事故，是指造成30人以上死亡，或者100人以上重伤，或者1亿元以上直接经济损失的事故；

（2）重大事故，是指造成10人以上30人以下死亡，或者50人以上100人以下重伤，或者5000万元以上1亿元以下直接经济损失的事故；

（3）较大事故，是指造成3人以上10人以下死亡，或者10人以上50人以下重伤，或者1000万元以上5000万元以下直接经济损失的事故；

（4）一般事故，是指造成3人以下死亡，或者10人以下重伤，或者100万元以上1000万元以下直接经济损失的事故。

该等级划分所称的"以上"包括本数，所称的"以下"不包括本数。

2）按事故责任分类

（1）指导责任事故。

指导责任事故是指由于工程实施指导或领导失误而造成的质量事故。例如，由于工程负责人片面追求施工进度，放松或不按质量标准进行控制和检验，降低施工质量标准，等等。

（2）操作责任事故。

操作责任事故是指在施工过程中，由于实施操作者不按规程和标准实施操作而造成的质量事故。例如，浇筑混凝土时随意加水，或振捣疏漏造成混凝土质量事故，等等。

（3）自然灾害事故。

自然灾害事故是指由于突发的严重自然灾害等不可抗力造成的质量事故。例如地震、台风、暴雨、雷电、洪水等对工程造成破坏甚至倒塌。这类事故虽然不是人为责任直接造成的，但灾害事故造成的损失程度也往往与人们是否在事前采取了有效的预防措施有关，相关责任人员也可能负有一定责任。

## 6.6.2 工程质量事故处理

工程质量事故处理的一般程序如图6.2所示。

1. 事故报告

建设工程发生质量事故时，有关单位应当在24小时内向当地建设行政主管部门和其他有关部门报告。对重大质量事故，事故发生地的建设行政主管部门和其他有关部门应当按照事故类别和等级向当地人民政府、上级建设行政主管部门和其他有关部门报告。如果同时发生安全事故，施工单位应当立即启动生产安全事故应急救援预案，组织抢救遇险人员，采取必要措施，防止事故危害扩大和次生、衍生灾害发生。情况紧急时，事故现场有关人员可直接向事故发生地县级以上政府主管部门报告。

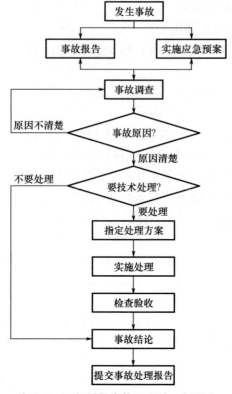

图 6.2 工程质量事故处理的一般程序

事故报告应包括下列内容：
（1）事故发生的时间、地点、项目名称、工程各参建单位名称；
（2）事故发生的简要经过、伤亡人数和初步估计的直接经济损失；
（3）事故原因的初步判断；
（4）事故发生后采取的措施及事故控制情况；
（5）事故报告单位、联系人及联系方式；
（6）其他应当报告的情况。

2. 事故调查

事故调查要按规定区分事故的大小，分别由相应级别的人民政府直接或授权委托有关部门组织事故调查组进行调查。未造成人员伤亡的一般事故，县级人民政府也可以委托事故发生单位组织事故调查组进行调查。事故调查应力求及时、客观、全面，以便为事故的分析与处理提供正确的依据。调查结果要整理撰写成事故调查报告，其主要内容应包括：
（1）事故项目及各参建单位概况；
（2）事故发生经过和事故救援情况；
（3）事故造成的人员伤亡和直接经济损失；
（4）事故项目有关质量检测报告和技术分析报告；
（5）事故发生的原因和事故性质；
（6）事故责任的认定和对事故责任者的处理建议；

（7）事故防范和整改措施。

3. 事故的原因分析

事故的原因分析要建立在事故情况调查的基础上，避免情况不明就主观推断事故的原因。特别是对涉及勘察、设计、施工、材料和管理等方面的质量事故，事故的原因往往错综复杂，因此，必须对调查所得到的数据、资料进行仔细的分析，依据国家有关法律法规和工程建设标准分析事故的直接原因和间接原因，必要时组织对事故项目进行检测鉴定和专家技术论证，去伪存真，找出造成事故的主要原因。

4. 制订事故处理的技术方案

事故的处理要建立在原因分析的基础上，要广泛地听取专家及有关方面的意见，经科学论证，决定事故是否进行技术处理和需要怎样处理。在制订事故处理的技术方案时，应做到安全可靠、技术可行、不留隐患、经济合理、具有可操作性、满足项目的安全和使用功能要求。

5. 事故处理的内容

事故处理的内容包括：事故的技术处理，按经过论证的技术方案进行处理，解决事故造成的质量缺陷问题；事故的责任处罚，依据有关人民政府对事故调查报告的批复和有关法律法规的规定，对事故相关责任者实施行政处罚，负有事故责任的人员涉嫌犯罪的，依法追究刑事责任。

6. 事故处理的检查验收

质量事故的技术处理是否达到预期的目的，是否依然存在隐患，应当通过检查鉴定和验收作出确认。事故处理的质量检查鉴定，应严格按施工验收规范和相关质量标准的规定进行，必要时还应通过实际量测、试验和仪器检测等方法获取必要的数据，以便准确地对事故处理的结果作出鉴定，形成鉴定结论。

7. 提交事故处理报告

事故处理后，必须尽快提交完整的事故处理报告，其内容包括：事故调查的原始资料、测试的数据；事故原因分析和论证结果；事故处理的依据；事故处理的技术方案及措施；实施技术处理过程中有关的数据、记录、资料；检查验收记录；对事故相关责任者的处罚情况和事故处理的结论；等等。

## 6.7 质量管理的数理统计方法

建筑业是现场型的单件性建筑产品生产，数理统计方法直接在现场施工过程质量检验中的应用，受到客观条件的某些限制，但在建筑构件的制造、半成品加工和进场材料的抽样检验、试块试件的检测试验等方面，仍然有广泛的应用。尤其是人们应用数理统计原理所创立的分层法、因果分析图法、排列图法、频数直方图法等定量和定性方法，对施工现场质量管理都有实际的应用价值。本节主要介绍排列图法、因果分析图法、频数直方图法、控制图法、相关图法。

## 6.7.1 排列图法

**1. 排列图法的概念**

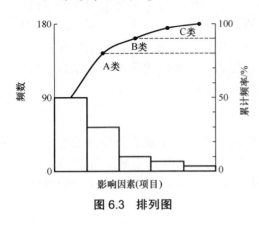

图 6.3 排列图

排列图法是利用排列图寻找影响质量主次因素的一种有效方法。排列图又叫帕累托图或主次因素分析图，它是由两个纵坐标、一个横坐标、几个连起来的直方形和一条曲线所组成的，如图 6.3 所示。

图 6.3 中，左侧纵坐标表示频数，右侧纵坐标表示累计频率，横坐标表示影响质量的各个因素或项目，按影响程度大小从左至右排列，直方形的高度表示某个因素的影响大小。实际应用中，通常按累计频率划分为（0%～80%）、（80%～90%）、（90%～100%）三部分，与其对应的影响因素分别为 A、B、C 三类。A 类为主要因素，进行重点管理；B 类为次要因素，作为次重点管理；C 类为一般因素，按照常规适当加强管理。以上方法称为 ABC 分类管理法。

**2. 排列图法的适用范围**

在质量管理过程中，通过抽样检查或检验试验所得到的关于质量问题、偏差、缺陷、不合格等方面的统计数据，以及造成质量问题的原因分析统计数据，均可采用排列图方法进行状况描述，它具有直观、主次分明的特点。

**3. 排列图法的应用示例**

【例 6.1】某工地现浇混凝土，其结构尺寸质量检查结果是：在全部检查的 8 个项目中不合格点（超偏差限值）有 150 个，为改进并保证质量，应对这些不合格点进行分析，以便找出混凝土结构尺寸质量的薄弱环节。

【解】1）收集整理数据

首先收集混凝土结构尺寸各项目不合格点的数据资料，如表 6-3 所示。统计各检查项目不合格点出现的次数即频数。然后对数据资料进行整理，将不合格点较少的轴线位置、预埋设施中心位置、预留孔洞中心位置三项合并为"其他"项。按不合格点的频数由大到小顺序排列各检查项目，"其他"项排在最后。以全部不合格点数为总数，计算各项的频数和累计频率，结果如表 6-4 所示。

表 6-3　不合格点统计表

| 序号 | 检查项目 | 不合格点数 |
| --- | --- | --- |
| 1 | 轴线位置 | 1 |
| 2 | 垂直度 | 8 |
| 3 | 标高 | 4 |
| 4 | 截面尺寸 | 45 |
| 5 | 电梯井 | 15 |

续表

| 序号 | 检查项目 | 不合格点数 |
|---|---|---|
| 6 | 表面平整度 | 75 |
| 7 | 预埋设施中心位置 | 1 |
| 8 | 预留孔洞中心位置 | 1 |

表 6-4 不合格点项目频数频率统计表

| 序号 | 检查项目 | 频数 | 频率 /% | 累计频率 /% |
|---|---|---|---|---|
| 1 | 表面平整度 | 75 | 50.0 | 50.0 |
| 2 | 截面尺寸 | 45 | 30.0 | 80.0 |
| 3 | 电梯井 | 15 | 10.0 | 90.0 |
| 4 | 垂直度 | 8 | 5.3 | 95.3 |
| 5 | 标高 | 4 | 2.7 | 98.0 |
| 6 | 其他 | 3 | 2.0 | 100.0 |
| 合计 |  | 150 | 100 | — |

2）画排列图

（1）画横坐标。将横坐标按项目数等分，并按项目频数由大到小顺序从左至右排列，该例中横坐标分为六等份。

（2）画纵坐标。左侧纵坐标表示项目不合格点数即频数，右侧纵坐标表示累计频率。要求总频数对应累计频率100%，该例中150应与100%在一条水平线上。

（3）画频数直方形。以频数为高画出各项目的直方形。

（4）画累计频率曲线。从横坐标左端点开始，依次连接各项目直方形右边线及所对应的累计频率值的交点，所得的曲线为累计频率曲线。

（5）记录必要的事项。例如标题、收集数据的方法和时间等。

本例混凝土结构尺寸不合格点排列图如图 6.4 所示。

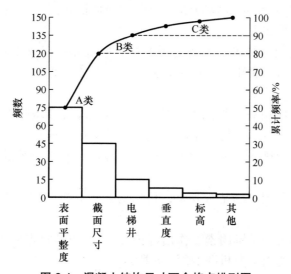

图 6.4 混凝土结构尺寸不合格点排列图

## 6.7.2 因果分析图法

**1. 因果分析图法的概念**

因果分析图法是利用因果分析图来系统整理分析某个质量问题（结果）与其产生原因之间关系的有效工具。因果分析图也称特性要因图，因其形状又常称为树枝图或鱼刺图，其基本原理是对每一个质量特性或问题，采用如图6.5所示的方法，逐层深入排查可能原因，然后确定其中最主要原因，进行有的放矢的处置和管理。

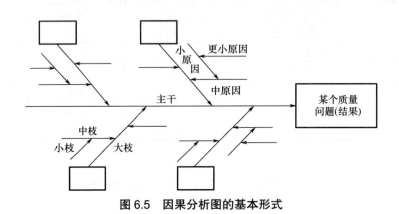

图6.5 因果分析图的基本形式

从图6.5可见，因果分析图由质量特性（即质量结果或某个质量问题）、要因（产生质量问题的主要原因）、枝干（指一系列箭线表示不同层次的原因）、主干（指较粗的直接指向质量结果的水平箭线）等所组成。

**2. 因果分析图法的应用示例**

【例6.2】绘制混凝土强度不足的因果分析图。

【解】因果分析图的绘制步骤与图中箭头方向恰恰相反，是从"结果"开始将原因逐层分解的，具体步骤如下。

（1）明确质量问题的结果。本例分析的质量问题是"混凝土强度不足"，作图时首先由左至右画出一条水平主干线，箭头指向一个矩形框，框内注明研究的质量问题，即结果。

（2）分析确定影响质量特性的主要原因。一般来说，影响质量有五个因素，即人、材料、机械、方法、环境等。另外还可以按产品的生产过程进行分析。

（3）将每种大原因进一步分解为中原因、小原因，直至分解的原因可以采取具体措施加以解决为止。

（4）检查图中的所列原因是否齐全，可以对初步分析结果广泛征求意见，并做必要的补充及修改。

（5）选择出影响大的关键因素，作出标记"△"，以便重点采取措施。

混凝土强度不足的因果分析图如图6.6所示。

# 第6章 工程项目质量管理

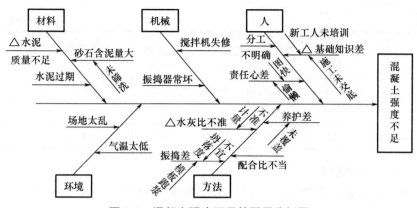

图 6.6 混凝土强度不足的因果分析图

3. 应用因果分析图法的注意事项

（1）一个质量特性或一个质量问题使用一张图分析。
（2）通常采用质量控制小组活动的方式进行，集思广益，共同分析。
（3）必要时可以邀请小组以外的有关人员参与，广泛听取意见。
（4）分析时要充分发表意见，层层深入，排出所有可能的原因。
（5）在充分分析的基础上，由各参与人员采用投票或其他方式，从中选择 1～5 项多数人达成共识的最主要原因。

## 6.7.3 频数直方图法

1. 频数直方图法的主要用途

（1）整理统计数据，了解统计数据的分布特点，即数据分布的集中或离散状况，从中掌握质量能力状态。频数直方图法又称质量分布图法。
（2）观察分析生产过程质量是否处于正常、稳定和受控状态及质量水平是否保持在公差允许的范围内。

2. 频数直方图法的应用示例

【例 6.3】某建筑施工工地浇筑 C30 混凝土，为对其抗压强度进行质量分析，共收集了 50 份混凝土抗压强度试验报告单，经整理如表 6-5 所示。

表 6-5 数据整理表 （单位：N/mm$^2$）

| 序号 | 混凝土抗压强度 | | | | | 最大值 | 最小值 |
|---|---|---|---|---|---|---|---|
| 1 | 39.8 | 37.7 | 33.8 | 31.5 | 36.1 | 39.8 | 31.5 |
| 2 | 37.2 | 38.0 | 33.1 | 39.0 | 36.0 | 39.0 | 33.1 |
| 3 | 35.8 | 35.2 | 31.8 | 37.1 | 34.0 | 37.1 | 31.8 |
| 4 | 39.9 | 34.3 | 33.2 | 40.4 | 41.2 | 41.2 | 33.2 |
| 5 | 39.2 | 35.4 | 34.4 | 38.1 | 40.3 | 40.3 | 34.4 |
| 6 | 42.3 | 37.5 | 35.5 | 39.3 | 37.3 | 42.3 | 35.5 |

（单位：N/mm²） 续表

| 序号 | 混凝土抗压强度 | | | | | 最大值 | 最小值 |
|---|---|---|---|---|---|---|---|
| 7 | 35.9 | 42.4 | 41.8 | 36.3 | 36.2 | 42.4 | 35.9 |
| 8 | 46.2 | 37.6 | 38.3 | 39.7 | 38.0 | 46.2 | 37.6 |
| 9 | 36.4 | 38.3 | 43.3 | 38.2 | 38.0 | 42.4 | 36.4 |
| 10 | 44.4 | 42.0 | 37.9 | 38.4 | 39.5 | 44.4 | 37.9 |

【解】1）收集整理数据

用随机抽样的方法抽取数据，一般要求数据在 50 个以上，如本例题。

2）计算极差 $R$

极差 $R$ 是数据中最大值和最小值之差，本例中：

$$x_{\max} = 46.2 \, \text{N/mm}^2$$

$$x_{\min} = 31.5 \, \text{N/mm}^2$$

$$R = x_{\max} - x_{\min} = (46.2 - 31.5) \text{N/mm}^2 = 14.7 \, \text{N/mm}^2$$

3）对数据分组

对数据分组包括确定组数、组距和组限。

（1）确定组数 $k$。确定组数的原则是，分组的结果能正确地反映数据的分布规律。组数应根据数据多少来确定。组数过少，会掩盖数据的分布规律；组数过多，会使数据过于零乱分散，也不能显示出质量分布状况。一般可参考表 6-6 的经验数值来确定。

表 6-6 数据分组参考值

| 数据总数 $n$ | 数据分组数 $k$ |
|---|---|
| 50～100 | 6～10 |
| 100～250 | 7～12 |
| >250 | 10～20 |

本例中取 $k=8$。

（2）确定组距 $h$。组距是组的区间长度，即一个组数值的范围。各组距应相等，为了使分组结果能覆盖全部变量值，应有：（组距 × 组数）稍大于极差。

组数、组距的确定应结合 $R$、$n$ 综合考虑，适当调整，还要注意数值尽量取整，便于以后的计算分析。

本例题中：

$$h = \frac{R}{k} = \frac{14.7 \, \text{N/mm}^2}{8} = 1.8375 \, \text{N/mm}^2 \approx 2 \, \text{N/mm}^2$$

（3）确定组限。每组数值的极限值，大者为上限，小者为下限，上、下限统称组限。确定组限时应注意使各组组限之间连续，即较低组上限应为相邻较高组下限，这样才不致遗漏组间数据。

对正好处于组限值上的数据，其解决的办法有两种：一是规定每组的其中一个组限为极限，极限值对应数值不含在该组内，如上组限对应数值不计在该组内，而应计入相邻较高组内，即左连续[ )；或者是下组限对应数值不计在该组内，而应计入相邻较低组内，即右连续( ]。二是将组限值较原始数据精度提高半个最小测量单位。

现采取第一种办法：[ ) 划分组限，即每组上限不计入该组内。

首先确定第一组下限：

$$x_{\min} - \frac{h}{2} = 31.5 \text{N}/\text{mm}^2 - \frac{2.0 \text{N}/\text{mm}^2}{2} = 30.5 \text{N}/\text{mm}^2$$

第一组上限 = $30.5\text{N}/\text{mm}^2 + h = 30.5\text{N}/\text{mm}^2 + 2\text{N}/\text{mm}^2 = 32.5\text{N}/\text{mm}^2$

第二组下限 = 第一组上限 = $32.5\text{N}/\text{mm}^2$

第二组上限 = $32.5\text{N}/\text{mm}^2 + h = 32.5\text{N}/\text{mm}^2 + 2\text{N}/\text{mm}^2 = 34.5\text{N}/\text{mm}^2$

依此类推，最高组限为 $44.5 \sim 46.5\text{N}/\text{mm}^2$，分组结果覆盖了全部数据。

4）编制数据频数统计表

统计各组频数，可采用唱票形式进行，频数总和应等于全部数据个数。本例题频数统计结果如表 6-7 所示。

表 6-7 频数统计表

| 组号 | 组限/(N/mm²) | 频数统计 | 频数 | 组号 | 组限/(N/mm²) | 频数统计 | 频数 |
|---|---|---|---|---|---|---|---|
| 1 | 30.5～32.5 | 丁 | 2 | 5 | 38.5～40.5 | 正正 | 9 |
| 2 | 32.5～34.5 | 正一 | 6 | 6 | 40.5～42.5 | 正 | 5 |
| 3 | 34.5～36.5 | 正正 | 10 | 7 | 42.5～44.5 | 丁 | 2 |
| 4 | 36.5～38.5 | 正正正 | 15 | 8 | 44.5～46.5 | 一 | 1 |
| 合 计 ||||||| 50 |

从表 6-7 中可以看出，浇筑 C30 混凝土，50 个试块的抗压强度是各不相同的，这说明质量特性值是有波动的。但这些数据分布是有一定规律的，即数据在一个有限范围内变化，且这种变化有一个集中趋势，即强度值在 36.5～38.5 内的试块最多，可把这个范围即第 4 组视为该样本质量数据的分布中心，距离分布中心越远、数据越少。为了更直观、更形象地表现质量特性值的这种分布规律，应进一步绘制出频数直方图。

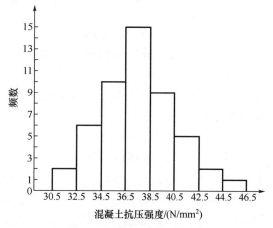

图 6.7 混凝土强度频数直方图

5）绘制频数直方图

在频数直方图中，横坐标表示质量特性值，本例题中为混凝土抗压强度，并标出各组的组限值。根据表 6-7 画出以组距为底，以频数为高的 $k$ 个直方形，便得到混凝土抗压强度的频数直方图，如图 6.7 所示。

3. 频数直方图法的观察分析

1）通过分布形状观察分析

（1）通过分布形状观察分析是指将绘制好的频数直方图形状与正态分布图形状进行比较分析，一看形状是否相似，二看分布区间的宽窄。频数直方图的分布形状及分布区间宽窄是由质量特性统计数据的平均值和标准偏差所决定的。

（2）正常直方图呈正态分布，其形状特点是中间高、两边低、呈对称，如图6.8（a）所示。正常直方图反映生产过程质量处于正常、稳定状态。数理统计研究证明，当随机抽样方案合理且样本数量足够大时，在生产能力处于正常、稳定状态时，质量特性检测数据趋于正态分布。

（3）异常直方图呈偏态分布，常见的异常直方图有折齿形、左缓坡形、孤岛形、双峰形、峭壁形，如图6.8（b）～（f）所示，出现异常的原因可能是生产过程存在影响质量的系统因素，或收集整理数据制作直方图的方法不当所致，要具体分析。

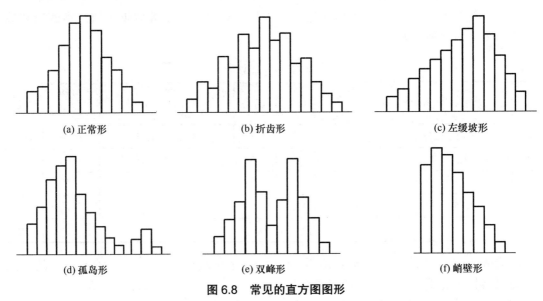

图6.8 常见的直方图图形

2）通过分布位置观察分析

分布位置观察分析是指将直方图的分布位置与质量控制标准的上下限范围进行比较分析，如图6.9所示。

生产过程的质量正常、稳定和受控，还必须在公差标准上、下界限范围内达到质量合格的要求。只有这样的正常、稳定和受控才是经济合理的受控状态，如图6.9（a）所示。图6.9（b）质量特性数据分布偏下限，易出现不合格，在管理上必须提高总体能力。图6.9（c）质量特性数据的分布宽度边界达到质量标准的上下界限，其质量能力处于临界状态，易出现不合格，必须分析原因，采取措施。图6.9（d）质量特性数据的分布居中且边界与质量标准的上下界限有较大的距离，说明其质量能力偏大，不经济。图6.9（e）、（f）的数据分布均已超出质量标准上下界限，这些数据说明生产过程存在质量不合格，需要分析原因，采取措施进行纠偏。

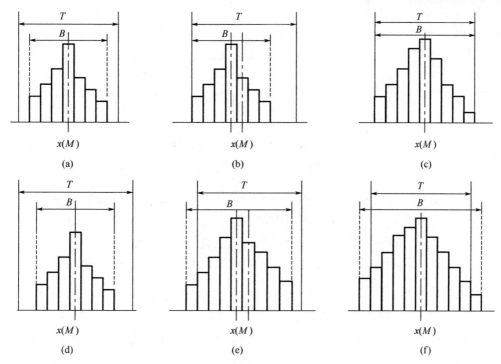

T—质量标准要求界限；B—实际质量特性分布范围；x(M)—质量标准中心

图6.9 实际质量分析与质量标准比较

### 6.7.4 控制图法

**1. 控制图的基本形式及用途**

控制图又称管理图。它是在直角坐标系内画有控制界限，描述生产过程中产品质量波动状态的图形。利用控制图区分质量波动原因，判明生产过程是否处于稳定状态的方法称为控制图法。

1）控制图的基本形式

控制图的基本形式如图6.10所示。横坐标为样本（子样）序号或抽样时间，纵坐标为被控制对象，即被控制的质量特性值。控制图上一般有三条横线：在上面的一条虚线称为上控制界限，用符号 UCL 表示；在下面的一条虚线称为下控制界限，用符号 LCL 表示；中间的一条实线称为中心线，用符号 CL 表示。中心线标志着质量特性值分布的中心位置，上下控制界限标志着质量特性值允许波动范围。

在生产过程中通过抽样取得数据，把样本统计量描在图上来分析判断生产过程状态。如果数据点随机地落在上、下控制界限内，则表明生产过程正常，处于稳定状态，不会产生不合格品；如果数据点超出控制界限，或数据点排列有缺陷，则表明生产条件发生了异常变化，生产过程处于失控状态。

2）控制图的用途

控制图是用样本数据来分析判断生产过程是否处于稳定状态的有效工具。它的用途主要有以下两个。

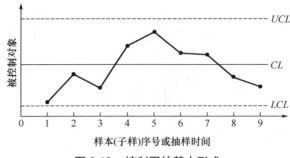

图 6.10 控制图的基本形式

(1) 过程分析,即分析生产过程是否稳定。为此,应随机连续收集数据,绘制控制图,观察数据点分布情况并判定生产过程状态。

(2) 过程控制,即控制生产过程质量状态。为此,要定时抽样取得数据,将其变为数据点描在图上,发现并及时消除生产过程中的失调现象,预防不合格品的产生。

2. 控制图的原理

任何一个生产过程,不论客观条件多么稳定,设备多么精确,工人操作多么熟练,其生产的产品总是会有所差别的,这就是质量特性值的波动性,或称质量数据的差异性。

造成质量数据差异性主要有五个因素:人,包括质量意识、技术熟练程度、疲劳等因素;材料,包括材料成分、外形尺寸、理化性能等因素;机械,包括其精度、维修保养状况等因素;方法,包括生产工艺、操作方法等因素;环境,包括工作地点的温度、湿度、清洁条件、噪声干扰等因素。所有这些因素在生产过程中都同时对产品质量起着影响作用。

上述造成质量特性值波动的五个方面因素,归纳为两类原因:一类是偶然性原因,另一类是系统性原因。偶然性原因是对产品质量经常起作用的因素,其具有随机性的特点,如原材料成分、性能发生微小变化,工人操作的微小变化,等等。这些因素或在技术上难以测量,且难以消除,难以避免,或在经济上不值得消除,通常把这类因素称为正常因素。系统性原因是指如原材料质量规格有显著变化,工人不遵守操作规程,机械设备过度磨损或发生故障,等等。它对质量波动影响很大,会产生次品或废品,而这些因素是容易识别,也是可以避免的。通常把系统性原因称为异常因素。

在生产过程中,如果仅仅存在偶然性原因影响,而不存在异常因素,这时生产过程处于稳定状态,或称为控制状态。其产品质量特性值的波动是有一定规律的,即质量特性值分布服从正态分布。控制图就是利用这个规律,来识别生产过程中的异常因素,控制由系统性原因造成的质量波动,保证工序处于控制状态。

3. 控制图的分类

1) 按用途分类

(1) 分析用控制图。主要是用来调查分析生产过程是否处于控制状态。绘制分析用控制图时,一般需连续抽取 20～25 组样本数据,计算控制界限。

(2) 管理(或控制)用控制图。主要用来控制生产过程,使之经常保持在稳定状态下。

当根据分析用控制图判明生产处于稳定状态时，一般都是把分析用控制图的控制界限延长作为管理用控制图的控制界限，并按一定的时间间隔取样、计算、打点，根据数据点分布情况，判断生产过程是否有异常因素影响。

2）按质量数据特点分类

（1）计量值控制图。它主要适用于质量特性值属于计量值的控制，如时间、长度、质量、强度、成分等连续型变量。常用的计量值控制图有以下几种。

① $\bar{x} - R$ 控制图。这是平均数 $\bar{x}$ 控制图与极差 $R$ 控制图结合使用的一种基本的控制图。$\bar{x}$ 为组的平均值，$R$ 为组的极差值。

② $\tilde{x} - R$ 控制图。这是中位数 $\tilde{x}$ 控制图与极差 $R$ 控制图结合使用的一种控制图。

③ $x - R_s$ 控制图。这是单值 $x$ 控制图与移动极差 $R_s$ 控制图结合使用的一种控制图。

（2）计数值控制图。通常用于控制质量数据中的计数值，如不合格品数、疵点数、不合格品率、单位面积上的疵点数等离散型变量。根据计数值的不同又可分为计件值控制图和计点值控制图。

① 计件值控制图。包括不合格品数 $P_n$ 控制图和不合格品率 $P$ 控制图。

② 计点值控制图。包括缺陷数 $c$ 控制图和单位缺陷数 $u$ 控制图。

4. 控制图控制界限的确定

根据数理统计的原理，考虑经济原则，世界上大多数国家采用"三倍标准偏差法"来确定控制界限，即将中心线定在控制对象的平均值上，以中心线为基准向上、向下各量三倍被控制对象的标准偏差，即为上、下控制界限，如图 6.11 所示。

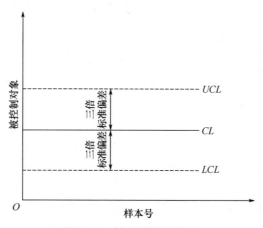

图 6.11 控制界限的确定

采用三倍标准偏差法是因为控制图是以正态分布为理论依据的。采用这种方法可以在最经济的条件下，实现生产过程控制，保证产品的质量。

在用三倍标准偏差法确定控制界限时，其计算公式如下：

$$\text{中心线} \quad CL = E(X) \tag{6-1}$$

$$\text{上控制界限} \quad UCL = E(X) + 3D(X) \tag{6-2}$$

$$\text{下控制界限} \quad LCL = E(X) - 3D(X) \tag{6-3}$$

式中，$X$ 为样本统计量，$X$ 可取 $\bar{x}$（平均值），$\tilde{x}$（中位数），$x$（单值），$R$（极差），$P_n$（不

合格品数），P（不合格品率），c（缺陷数），u（单位缺陷数）等；E(X) 为 X 的平均值；D(X) 为 X 的标准偏差。

5. 控制图的观察分析

绘制控制图的目的是分析判断生产过程是否处于稳定状态。这主要是通过对控制图上数据点的分布情况的观察与分析进行，因为控制图上数据点作为随机抽样的样本，可以反映出生产过程（总体）的质量分布状态。

当控制图同时满足两个条件，一是数据点几乎全部落在控制界限之内，二是控制界限内的数据点排列没有缺陷时，我们就可以认为生产过程基本上处于稳定状态。如果数据点的分布不满足其中任何一条，都应判断生产过程为异常。

1）数据点几乎全部落在控制界限内

数据点几乎全部落在控制界限内，是指应符合下述三个要求。

（1）连续 25 点以上处于控制界限内。

（2）连续 35 点中仅有 1 点超出控制界限。

（3）连续 100 点中不多于 2 点超出控制界限。

2）数据点排列没有缺陷

数据点排列没有缺陷，是指数据点的排列是随机的，而没有出现异常现象。这里的异常现象是指数据点排列出现了"链""多次同侧""趋势或倾向""周期性变动""接近控制界限"等情况。

（1）链，是指数据点连续出现在中心线一侧的现象。出现 5 点链，应注意生产过程发展状况；出现 6 点链，应开始调查原因；出现 7 点链，应判定工序异常，须采取处理措施，如图 6.12 所示。

（2）多次同侧，是指数据点在中心线一侧多次出现的现象，或称偏离。下列情况说明生产过程已出现异常：在连续 11 点中有 10 点在同侧，如图 6.13 所示；在连续 14 点中有 12 点在同侧；在连续 17 点中有 14 点在同侧；在连续 20 点中有 16 点在同侧。

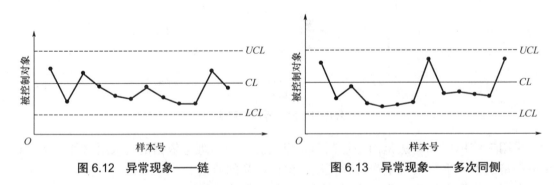

图 6.12 异常现象——链　　　图 6.13 异常现象——多次同侧

（3）趋势或倾向，是指数据点连续上升或连续下降的现象。连续 7 点或 7 点以上的上升或下降排列，就应判定生产过程有异常因素影响，要立即采取措施，如图 6.14 所示。

（4）周期性变动，即数据点的排列显示周期性变化的现象。这样即使所有数据点都在控制界限内，也应认为生产过程为异常，如图 6.15 所示。

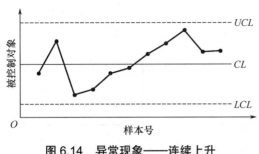

图 6.14　异常现象——连续上升　　　　图 6.15　异常现象——周期性变动

（5）数据点排列接近控制界限，是指数据点落在了 $\bar{x}\pm 2\sigma$ 以外和 $\bar{x}\pm 3\sigma$ 以内。例如，属下列情况的应判定为异常：连续 3 点至少有 2 点接近控制界限；连续 7 点至少有 3 点接近控制界限；连续 10 点至少有 4 点接近控制界限，如图 6.16 所示。

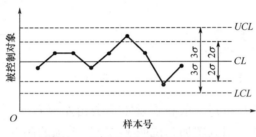

图 6.16　数据点排列接近控制界限

以上是分析用控制图判断生产过程是否正常的准则。如果生产过程处于稳定状态，则把分析用控制图转为管理用控制图。分析用控制图是静态的，而管理用控制图是动态的。随着生产过程的进展，通过抽样取得质量数据，把数据点描在图上，随时观察数据点的变化，一旦数据点落在控制界限外或界限上，即判断生产过程异常，数据点即使在控制界限内，也应随时观察其排列有无缺陷，以对生产过程正常与否作出判断。

### 6.7.5　相关图法

相关图又称散布图，在质量管理中是用来显示两种质量数据之间关系的一种图形。质量数据之间的关系多属相关关系，一般有三种类型：一是质量特性和影响因素之间的关系；二是质量特性和质量特性之间的关系；三是影响因素和影响因素之间的关系。

我们可以用 $x$ 和 $y$ 分别表示影响因素和质量特性值，通过绘制散布图，计算相关系数等，分析研究两个变量之间是否存在相关关系，以及这种关系密切程度如何，进而研究相关程度密切的两个变量，通过对其中一个变量的观察控制来估计控制另一个变量的数值，以达到保证产品质量的目的。这种统计分析方法，称为相关图法。

相关图中的数据点的集合，反映了两种数据之间的散布状况，根据散布状况我们可以分析两个变量之间的关系。归纳起来，有以下六种类型，如图 6.17 所示。

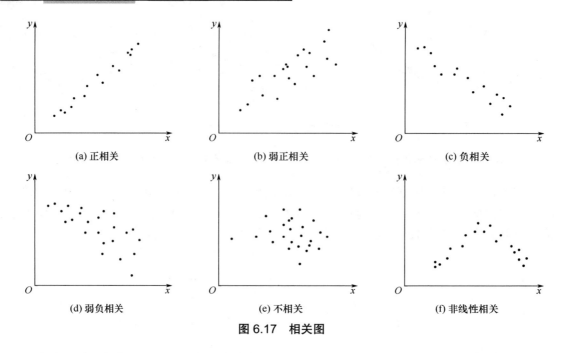

图 6.17 相关图

（1）正相关［图 6.17（a）］。散布点基本形成由左至右向上的分布较集中的一条直线带，即随 $x$ 增加，$y$ 值也相应增加，说明 $x$ 与 $y$ 有较强的制约关系。此时，可通过对 $x$ 控制而有效控制 $y$ 的变化。

（2）弱正相关［图 6.17（b）］。散布点形成由左至右向上分布较分散的直线带。随 $x$ 值的增加，$y$ 值也有增加趋势，但 $x$、$y$ 的关系不像正相关那么明显。说明 $y$ 除受 $x$ 影响外，还受其他更重要的因素影响，需进一步利用因果分析图法分析其他的影响因素。

（3）负相关［图 6.17（c）］。散布点形成由左至右向下的分布较集中的一条直线带，即 $y$ 随 $x$ 增加相应减小，说明 $x$ 与 $y$ 有较强的制约关系，但 $x$ 对 $y$ 的影响与正相关恰恰相反。此时，可通过对 $x$ 控制而有效反向控制 $y$ 的变化。

（4）弱负相关［图 6.17（d）］。散布点形成由左至右向下分布的较分散的直线带，说明 $x$ 与 $y$ 的相关关系较弱，且变化趋势相反，应考虑寻找影响 $y$ 的其他更重要的因素。

（5）不相关［图 6.17（e）］。散布点形成一团或平行于 $x$ 轴的直线带，说明 $x$ 变化不会引起 $y$ 的变化或其变化无规律，分析质量原因时可排除 $x$ 因素。

（6）非线性相关［图 6.17（f）］。散布点呈一条曲线带，即在一定范围内，$x$ 增加，$y$ 也增加；超过这个范围，$x$ 增加，$y$ 则有下降趋势。

## 一、单项选择题

1．"在施工中有针对性地制定和落实有效的施工质量保证措施和质量事故应急预案，可以降低质量事故发生的概率和减少事故损失量"，属于质量风险应对中的（　　）应对策略。

   A. 转移　　　　B. 减轻　　　　C. 规避　　　　D. 自留

2. 下列质量控制点的重点控制对象中，属于施工技术参数类的是（　　）。

   A. 水泥的安定性　　　　　　B. 砌体砂浆的饱满度

   C. 预应力钢筋的张拉　　　　D. 混凝土浇筑后的拆模时间

3. 利用直方图分布位置判断生产过程的质量状况和能力，如果质量特性数据的分布宽度边界达到质量标准的上下界限，说明生产过程的质量能力（　　）。

   A. 偏小、需要整改　　　　　B. 处于临界状态，易出现不合格

   C. 适中、符合要求　　　　　D. 偏大、不经济

4. 以下关于质量控制的解释，正确的是（　　）。

   A. 质量控制就是质量管理

   B. 质量控制就是为达到质量要求所进行的作业技术和活动

   C. 设计质量控制是项目质量控制的重点

   D. 质量控制是质量管理的一部分，是致力于满足质量要求的一系列相关活动

5. 不属于施工质量缺陷处理的基本方法有（　　）。

   A. 表面处理　　B. 加固处理　　C. 返工处理　　D. 返修处理

## 二、多项选择题

1. 属于质量控制点选择的有（　　）。

   A. 施工难度大　　　　　　　B. 技术要求高

   C. 钢筋加工　　　　　　　　D. 对工程质量影响大

   E. 砌体材料的质量

2. 建设单位满足了竣工验收的条件，即应组织竣工验收，竣工验收的依据有（　　）等。

   A. 工程质量体系文件　　　　B. 工程施工组织设计或施工质量计划

   C. 工程施工承包合同　　　　D. 施工图纸

   E. 质量检测功能性试验资料

3. 直方图的形状出现异常的原因可能是（　　）。

   A. 生产过程存在影响质量的系统因素

   B. 生产过程存在影响质量的随机因素

   C. 收集整理数据制作直方图的方法不当

   D. 质量能力处于临界状态

   E. 质量管理水平低

4. 下列施工过程质量验收环节中，应由专业监理工程师组织进行验收的有（　　）。

   A. 分部工程　　B. 分项工程　　C. 单项工程

   D. 检验批　　　E. 单位工程

5. 根据《建筑工程施工质量验收统一标准》，检验批质量验收合格应满足的条件有（　　）。

   A. 主控项目的质量经抽样检验均应合格

   B. 具有总监理工程师的现场验收证明

C. 一般项目的质量经抽样检验合格
D. 具有完整的施工操作依据
E. 具有完整的质量检查记录

## 三、名词解释题

1. 形状观察分析
2. 指导责任事故
3. 事中质量控制
4. 工程质量事故
5. 工序施工效果控制

## 四、简答题

1. 简述质量管理中排列图法的适用范围。
2. 控制图有哪些用途？
3. 列举几个质量手册的内容。
4. 质量管理八项原则的具体内容包含哪些？
5. 什么是建设工程项目质量控制的目标？

## 五、案例分析题

【背景资料】

某办公楼工程，建筑面积2400m²，地下一层，地上十二层，筏板基础，钢筋混凝土框架结构，砌筑工程采用蒸压灰砂砖砌体。建设单位依据招投标程序选定了监理单位及施工总承包单位，并约定部分工作允许施工总承包单位自行分包。

施工总承包单位进场后，项目质量总监组织编制了项目检测试验计划，经施工企业技术部门审批后实施。建设单位指出检测试验计划编制与审批程序错误，要求项目部调整后重新报审，第一批钢筋原材到场，项目试验员会同监理单位见证人员进行见证取样，对钢筋原材相关性能指标进行复检。

【问题】

针对项目检测试验计划编制、审批程序存在的问题，给出相应的正确做法。

在线答题

拓展习题

# 第 7 章
# 工程项目职业健康安全与环境管理

知识结构图

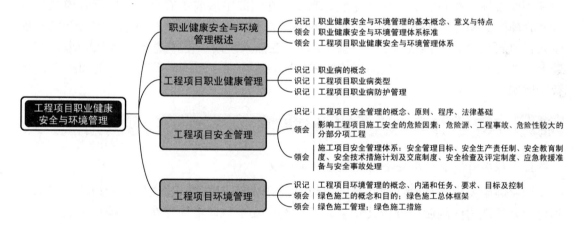

## 7.1　职业健康安全与环境管理概述

### 7.1.1　职业健康安全与环境管理的基本概念

职业健康安全与环境管理，即健康（Health）、安全（Safety）和环境（Environment）三位一体的管理模式，简称 HSE 管理。广义上，HSE 管理体系包括实施健康、安全和环境管理的组织机构、职责、做法、程序、过程和资源等构成的系统。

HSE 管理的概念兴起于 20 世纪 60 年代，但全面系统的研究与实践开始于 20 世纪 80 年代，其背景是人们由单纯追求经济利益转而关注更为全面的社会议题，如人权、健康、社会保障和环境影响等。HSE 管理体系最早应用于石油行业，但近年来国内外工业界逐渐意识到 HSE 管理的重要性和有效性，开始将 HSE 管理的思想引入海上风电、天然气精炼和工程项目管理等不同领域。

工程项目职业健康安全与环境管理是指在项目的策划、实施和运营等阶段，项目参与方通过进行计划、组织、控制、领导和协调等一系列活动，实现项目的职业健康、安全与环境目标，从而减少由项目引起的人员伤害、财产损失和环境污染，使得工程活动与人类自身及生态环境相协调的管理行为。实际上，传统的工程项目管理也强调安全控制和环保管理，并制定了一系列标准和制度，在实践中形成了安全环保的管理模式。与这些管理模式相比，HSE 管理体系更注重系统性和全面性，但这绝不意味着传统的管理模式没有可取之处。推行 HSE 管理体系，应在深入理解其基本思想、方法和理论的基础上，结合从过去实践中总结的好传统和好做法，全面、系统、动态地分析和解决 HSE 管理问题。

### 7.1.2　工程项目职业健康安全与环境管理的意义与特点

1. 工程项目职业健康安全与环境管理的意义

职业健康安全与环境管理在我国建设工程领域起步较晚，这主要是受经济发展水平和行业管理能力的限制。近十几年来，职业健康安全与环境管理在工程项目中的应用逐渐得到重视，其意义如下。

（1）强化企业社会责任，提升企业形象与影响力。
（2）满足相关法律法规要求，降低企业经营风险。
（3）提高工程项目整体管理水平，推进企业管理能力现代化。
（4）适应国际市场要求，提升企业国际竞争力。
（5）促进建筑业可持续发展，助力"双碳"目标的实现。

2. 工程项目职业健康安全与环境管理的特点

根据工程项目的特性，工程项目职业健康安全与环境管理具有以下特点。

1）复杂性

建筑产品具有场地固定和生产流动的特点，气候与地理条件变化将大大增加作业危险与不确定性，而人机交叉流动作业又使得现场管理难度增加，这些现实造成了健康安全与环境管理的复杂性。

2）多样性

建筑产品本身和建设团队、建设场地的多样性使得工程项目管理具有多样性，即不能用一模一样的管理方法套用所有的工程项目，因此工程项目职业健康安全与环境管理具有多样性。

3）协调性

建筑产品的生产过程具有连续性和分工性，职业健康安全与环境管理必须关注生产环节之间的衔接和协调。

4）持续性

职业健康安全与环境管理必须贯穿工程项目的各个阶段，即可行性研究和立项、设计、施工、竣工验收和试运行、保修五个阶段，因此其管理活动具有持续性。

5）经济性

任何管理活动都需要考虑经济性，工程项目周期长、投资高，成本控制要求管理者尽量压缩相关费用的支出，而费用不到位导致的健康安全问题和环境污染问题又会反过来降低利润，拖延进度，给企业带来负面影响，因此工程项目职业健康安全与环境管理具有经济性。

## 7.1.3 职业健康安全与环境管理体系标准

我国现行职业健康安全与环境管理体系标准包括《职业健康安全管理体系 要求及使用指南》（GB/T 45001—2020）、《环境管理体系 通用实施指南》（GB/T 24004—2017）和《环境管理体系 要求及使用指南》（GB/T 24001—2016），分别对应国际标准 ISO 45001：2018、ISO 14001：2015 和 ISO 14004：2016。

1. 篇章结构

《职业健康安全管理体系 要求及使用指南》（GB/T 45001—2020）、《环境管理体系 通用实施指南》（GB/T 24004—2017）和《环境管理体系 要求及使用指南》（GB/T 24001—2016）的篇章结构一致，如图 7.1 所示。

2. 体系构成

职业健康安全管理体系与环境管理体系的要素关系如图 7.2 所示。该体系的内容叙述如下。

（1）体系构建的前提是组织理解其所处的环境，具体包括以下内容。

① 与组织宗旨相关并影响其实现预期结果的能力的内部

图 7.1 GB/T 45001—2020、GB/T 24004—2017 和 GB/T 24001—2016 的篇章结构

和外部议题。

② 了解相关方的需求和期望。

③ 确定职业健康安全与环境管理体系的范围。

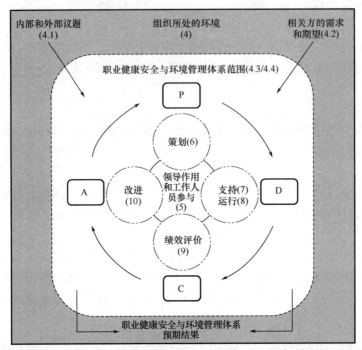

图 7.2　职业健康安全与环境管理体系的要素关系（括号内的数字表示标准中的章节号）

（2）职业健康安全管理体系与环境管理体系基于"策划－实施－检查－改进"（PDCA）的基本原理，其中实施分为支持和运行两个方面，检查体现为绩效评价。

（3）确保领导作用和工作人员参与是职业健康安全管理体系与环境管理体系有效运行的重要保障，具体内容如下。

① 领导作用和承诺。最高管理者应证实其在职业健康安全与环境管理体系方面的领导作用和承诺，如对相关工作全面负责并承担责任、确保职业健康安全管理与环境体系实现其预期结果等。

② 职业健康安全与环境管理方针。最高管理者应建立、实施并保持职业健康安全与环境管理方针，其中方针是指组织意图和方向。

③ 组织的角色、职责和权限。最高管理者应确保将职业健康安全管理体系内相关角色的职责和权限分配到组织内各层次并予以沟通，组织内每一层次的工作人员均应承担相应职责。

④ 工作人员的协商和参与。为保证相关工作人员在职业健康安全与环境管理体系的开发、策划、实施、绩效评价和改进措施中的协商效果和参与程度，组织应建立、实施和保持良好的沟通与协调机制。

3. 核心原理的应用

从管理方法上看，职业健康安全与环境管理体系基于"策划－实施－检查－改进"（PDCA）原理，其迭代过程可被组织用于实现持续改进，如图 7.2 所示。虽然 PDCA 循环在质量管理领域的应用已经非常广泛，但其在 HSE 管理体系中的内涵略有不同，具体如下。

1）策划（P：Plan）

在确定职业健康安全与环境管理方针的前提下，策划阶段的主要工作包括：

（1）确定和评价相关风险和机遇；

（2）制定职业健康安全与环境管理目标并建立所需的过程。

2）实施（D：Do）

实施过程包括支持和运行这两个核心。

支持方面，组织应：

（1）确定并提供建立、实施、保持和持续改进管理体系所需的资源；

（2）确定影响或可能影响职业健康安全与环境绩效的工作人员所必须具备的能力；

（3）确保工作人员意识到相关管理目标、提升职业健康安全与环境绩效相关的益处和不遵守要求的影响和潜在后果等；

（4）组织应建立、实施并保持与职业健康安全与环境管理体系有关的内外部沟通所需的过程。

运行方面，为了满足职业健康安全与环境管理体系要求和实施既定措施，组织应：

（1）策划、实施、控制和保持所需的过程；

（2）对已识别的潜在紧急情况进行应急准备并作出响应。

3）检查（C：Check）

即依据职业健康安全与环境管理方针和目标，对活动和过程进行监视和测量，并报告结果。具体措施包括：

（1）组织应建立、实施和保持用于监视、测量、分析和评价绩效的过程，按策划的时间间隔实施内部审核；

（2）最高管理者应按策划的时间间隔对组织的职业健康安全管理体系进行评审，以确保其持续的适宜性、充分性和有效性。

4）改进（A：Act）

即采取措施持续改进职业健康安全与环境绩效，以实现预期结果。具体来说，组织应：

（1）确定改进的机会，并实施必要的措施，以实现其职业健康安全与环境管理体系的预期结果；

（2）建立、实施和保持包括报告、调查和采取措施在内的过程，以管理事故与违规情况；

（3）持续改进职业健康安全与环境管理体系的适宜性、充分性与有效性。

## 7.1.4 工程项目职业健康安全与环境管理体系

职业健康安全与环境管理体系标准给出了体系建立的原则和方法，具体到工程项目的实施，需考虑建设单位、设计单位、工程总承包单位、工程分包单位、监理单位、下游供应商等各方利益主体的管理活动。

在施工现场，工程总承包单位主导职业健康安全与环境管理活动，但其他各方也需在各自工作范围内和交接环节承担管理责任与义务。工程总承包单位应明确项目管理所面临的内部与外部问题，理解各相关单位的需求和期望，确定职业健康安全与环境管理体系的范围，明确自身的领导作用和工作人员的参与形式，以"策划 – 实施 – 检查 – 改进"（PDCA）方法建立健全职业健康安全与环境管理体系，并保证其良好运行。工程项目职业健康安全与环境管理体系的建立过程与项目总目标的确定和分解过程是类似的，即工程项目各参与方之间职业健康安全与环境管理关系和责任控制的过程。在这个体系中，建设单位和监理单位是监控主体，工程总承包单位是实施主体，其他各单位完成各自工作范围内的管理任务。为此，项目参与方应做到：

（1）在总承包单位建立的职业健康安全与环境管理体系上，各项目参与方应建立各自工作范围内的职业健康安全与环境管理体系，并使得各体系间产生有机联系；

（2）明确职业健康安全与环境管理责任人，即各参与方作为独立的组织设立最高管理者，其主导该单位在本项目的职业健康安全与环境管理活动并承担责任；

（3）建立各项职业健康安全与环境管理制度，使得职业健康安全与环境管理活动有据可循；

（4）分析职业健康安全与环境管理控制界面，明确各参与方在职业健康安全与环境管理方面的配合关系和责任划分依据。

## 7.2　工程项目职业健康管理

### 7.2.1　职业病的概念与工程项目职业病类型

根据《中华人民共和国职业病防治法》（2018年修订版）（简称《职业病防治法》）的定义，职业病是指企业、事业单位和个体经济组织等用人单位的劳动者在职业活动中，因接触粉尘、放射性物质和其他有毒、有害因素而引起的疾病。在工程建设活动中，施工现场的主要职业危害种类包括粉尘、噪声、高温、振动、密闭空间、化学毒物等，易诱发的职业病和对应的施工作业类型如表7-1所示。

表7-1　工程项目施工易诱发的职业病

| 职业病类型 | 职业病名称 | 施工作业类型 |
| --- | --- | --- |
| 职业性尘肺病 | 矽肺 | 碎石设备作业、爆破作业 |
|  | 水泥尘肺 | 水泥搬运、投料、拌和 |
|  | 电焊工尘肺 | 手工电弧焊、气焊作业 |
| 职业性化学中毒 | 锰及其化合物中毒 | 手工电弧焊作业 |
|  | 氮氧化合物中毒 | 手工电弧焊、电渣焊、气割、气焊作业 |
|  | 一氧化碳中毒 | 手工电弧焊、电渣焊、气割、气焊作业 |
|  | 苯中毒 | 油漆作业、防腐作业 |
|  | 甲苯中毒 | 油漆作业、防水作业、防腐作业 |
|  | 二甲苯中毒 | 油漆作业、防水作业、防腐作业 |
| 物理因素所致职业病 | 中暑 | 高温作业 |
|  | 手臂振动病 | 混凝土振捣作业、风镐作业 |
| 职业性耳鼻喉口腔疾病 | 噪声聋 | 混凝土振捣作业、打桩机作业、平刨工 |
| 职业性皮肤病 | 接触性皮炎 | 混凝土搅拌机械作业、油漆作业、防腐作业 |

## 7.2.2 工程项目职业病防护管理

1. 劳动者职业卫生保护权利

《职业病防治法》规定，劳动者享有下列职业卫生保护权利：

（1）获得职业卫生教育、培训；

（2）获得职业健康检查、职业病诊疗、康复等职业病防治服务；

（3）了解工作场所产生或者可能产生的职业病危害因素、危害后果和应当采取的职业病防护措施；

（4）要求用人单位提供符合防治职业病要求的职业病防护设施和个人使用的职业病防护用品，改善工作条件；

（5）对违反职业病防治法律、法规以及危及生命健康的行为提出批评、检举和控告；

（6）拒绝违章指挥和强令进行没有职业病防护措施的作业；

（7）参与用人单位职业卫生工作的民主管理，对职业病防治工作提出意见和建议。

2. 职业病防治管理措施

党的二十大报告提出"把保障人民健康放在优先发展的战略位置"，用人单位应当为劳动者创造符合国家职业卫生标准和卫生要求的工作环境和条件，并采取措施保障劳动者获得职业卫生保护。用人单位应当建立、健全职业病防治责任制，加强对职业病防治的管理，提高职业病防治水平，对本单位产生的职业病危害承担责任。用人单位应当采取下列职业病防治管理措施：

（1）设置或者指定职业卫生管理机构或者组织，配备专职或者兼职的职业卫生管理人员，负责本单位的职业病防治工作；

（2）制订职业病防治计划和实施方案；

（3）建立、健全职业卫生管理制度和操作规程；

（4）建立、健全职业卫生档案和劳动者健康监护档案；

（5）建立、健全工作场所职业病危害因素监测及评价制度；

（6）建立、健全职业病危害事故应急救援预案。

3. 工程项目职业病防护

2017年，国家安全生产监督管理总局发布《建设项目职业病防护设施"三同时"监督管理办法》（国家安全生产监督管理总局令第90号），规定建设单位是建设项目职业病防护设施建设的责任主体；建设项目职业病防护设施必须与主体工程同时设计、同时施工、同时投入生产和使用；建设项目应当进行职业病危害预评价、职业病防护设施设计、职业病危害控制效果评价及相应的评审，组织职业病防护设施验收，建立健全建设项目职业卫生管理制度与档案。

工程项目职业病管理必须遵循以下要求：

（1）工作场所职业病危害因素的强度或者浓度不得超过国家职业卫生标准；

（2）应提供符合国家职业卫生标准和卫生要求的职业病防护设施和个人使用的职业病防护用品；

（3）应对职业病防护设备、应急救援设施和个人使用的职业病防护用品按照规定进行维护、检修、检测，确保其正常的运行、使用状态；

（4）应按照规定对工作场所职业病危害因素进行检测、评价；

（5）工作场所职业病危害因素经治理应达到国家职业卫生标准和卫生要求，否则应停止存在职业病危害因素的作业；

（6）应按照规定安排职业病病人、疑似职业病病人进行诊治；

（7）发生或者可能发生急性职业病危害事故时，应立即采取应急救援和控制措施并按照规定及时报告；

（8）应按照规定在产生严重职业病危害的作业岗位醒目位置设置警示标识和中文警示说明；

（9）应主动配合职业卫生监督管理部门监督检查；

（10）不得隐瞒、伪造、篡改、毁损职业健康监护档案、工作场所职业病危害因素检测评价结果等相关资料，或者拒不提供职业病诊断、鉴定所需资料；

（11）应按照规定承担职业病诊断、鉴定费用和职业病病人的医疗、生活保障费用。

## 7.3 工程项目安全管理

### 7.3.1 工程项目安全管理概述

**1. 工程项目安全管理的概念**

工程项目安全管理是为使项目实施人员和相关人员规避伤害及影响健康的风险，而进行的计划、组织、指挥、协调和控制等活动。

施工项目安全管理主要以施工活动中，人、物、环境构成的施工生产体系为对象，目的是要建立一个安全的生产管理体系，确保施工活动的顺利进行。

**2. 工程项目安全管理原则**

1）安全第一的原则

安全第一是从保护生产力的角度和高度，表明生产范围内安全与生产的关系，肯定安全在生产活动中的位置和重要性。

2）预防为主的原则

进行安全控制是要在生产活动中，针对生产的特点，对生产因素采取管理措施，有效地控制不安全因素的发展与扩大，把可能发生的事故消灭在萌芽状态，以保证生产活动中人的安全与健康。

3）"四全"动态安全管理的原则

安全管理不只是少数人和安全机构的事，而是一切与生产有关的人共同的事，安全管理涉及生产活动的方方面面，涉及从开工到竣工交付的全部生产过程、全部的生产时间和一切变化着的生产因素，因此，必须坚持全员、全过程、全方位、全天候的"四全"动态安全管理。

3. 工程项目安全管理程序

工程项目施工安全管理程序如图 7.3 所示。

1）确定安全管理目标与编制安全措施计划

项目管理机构根据合同确定安全管理目标，依据安全生产法律法规、标准规范、制度办法以及各工种安全技术操作规程，结合施工组织设计编制项目安全措施计划，按规定审核批准后实施，在实施中根据需要补充、调整并按原审批程序批准后执行，以满足事故预防的管理要求。

项目安全措施计划的主要内容包括：辨识与评估项目危险源和不利环境因素并确定对策和控制方案；编制危险性较大的分部分项工程专项施工方案；

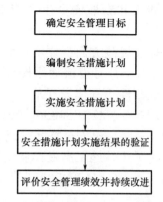

图 7.3 工程项目施工安全管理程序

明确分包人的项目安全生产管理、教育和培训要求；进行项目安全生产交底，控制分包人制订的项目安全生产方案；制订应急准备与救援预案。计划编制中要特别重视设计与施工一体化安全管理，即在项目安全生产管理计划中协调勘察、设计、采购与施工接口界面，通过设计改进、消灭设计中的施工危险源，实现施工过程的事故预防；同时注重前瞻性分析，选用适宜可靠的安全技术，采取安全文明的生产方式。

2）实施安全措施计划

项目管理机构根据项目安全措施计划和专项施工方案的要求，分级进行安全技术交底，确保计划得到有效实施。实施过程中要落实各级安全生产责任人和各项安全管理制度和操作规程；严格安全教育和必要岗位持证上岗制度，确保施工人员安全；使用安全的施工技术、工艺、设备、设施和材料，配全劳动防护设施和设备，确保施工过程和施工场所安全；配齐消防安全通道、设施和器材，确保消防安全；改善作业条件，推行项目安全管理标准化，建设安全文明工地，确保各类人员的职业健康；建立安全生产档案；定期或不定期开展安全检查和检测，及时消除事故隐患并跟踪监督整改情况；全面考核评估安全生产状况并实施奖惩。

3）评价安全管理绩效并持续改进

承担项目任务组织的主管部门或其授权部门，按照国家和地方的项目安全生产管理评价的标准规范实施项目安全管理绩效评价，评估项目安全生产能力满足规定要求的程度。

4. 工程项目安全管理的法律基础

项目经理部必须执行国家、行业、地区安全法规、标准，并依此制定自己的安全管理制度。

相关法律法规包括：《中华人民共和国安全生产法》《中华人民共和国建筑法》《中华人民共和国消防法》《中华人民共和国刑法》《建设工程安全生产管理条例》（国务院令第 393 号）、《安全生产许可证条例》（国务院令第 397 号）、《生产安全事故报告和调查处理条例》（国务院令第 493 号）等。

相关规章包括：《住房和城乡建设行政处罚程序规定》（住房和城乡建设部令第 55 号）、《建筑工程施工许可管理办法》（住房和城乡建设部令第 18 号）、《实施工程建设强制性标准监督规定》(建设部令第81号)、《建筑施工企业主要负责人、项目负责人和专职安全生产管理人员安全生产管理规定》(住房和城乡建设部令第17号)等。

标准规范方面,住房和城乡建设部于2022年发布国家标准《建筑与市政施工现场安全卫生与职业健康通用规范》(GB 55034—2022),自2023年6月1日起实施。该规范为强制性工程建设规范,其条文涵盖了目前大部分工程建设标准[《施工企业安全生产管理规范》(GB 50656—2011)、《建筑机械使用安全技术规程》(JGJ 33—2012)、《施工现场临时用电安全技术规范》(JGJ 46—2005)、《建筑施工安全检查标准》(JGJ 59—2011)、《建筑施工高处作业安全技术规范》(JGJ 80—2016)和《建筑施工模板安全技术规范》(JGJ 162—2008)等,共17部]相关强制性条文,必须全部执行。

### 7.3.2 影响工程项目施工安全的危险因素

**1. 危险源**

危险源是指可能导致伤害和健康损害、财产损失或其他损失的来源,或可能因暴露而导致伤害和健康损害的环境。

1)危险源的分类

根据危险源在事故发生发展中的作用,通常将危险源分为以下两类。

(1)第一类危险源。

能量和危险物质的存在是危害产生的最根本原因,通常把可能发生意外释放的能量(能量源或能量载体)或危险物质称作第一类危险源。第一类危险源决定了事故后果的严重程度,它具有的能量越多,发生事故后果越严重。

(2)第二类危险源。

第二类危险源是造成约束、限制能量和危险物质措施失控的各种不安全因素,它是第一类危险源导致事故的必要条件。具体来说,第二类危险源包括以下内容。

① 不安全状态。不安全状态是使事件能发生的不安全的物体条件、物质条件和环境条件。其中事件的定义是因工作引起的或在工作过程中发生的可能或已经导致伤害和健康损害、财产损失或其他损失的情况。

② 不安全行为。不安全行为是违反安全规则或安全原则,使事件有可能或有机会发生的行为。

③ 安全管理的缺陷。安全管理的缺陷是指管理人员在履行其安全生产管理职能方面的缺陷。

(3)危险和有害因素。

另外,我国国家标准《生产过程危险和有害因素分类与代码》(GB/T 13861—2022)将生产过程中的危险和有害因素分为人的因素、物的因素、环境因素和管理因素,危险源的分类也可参考执行,具体因素包括以下内容。

① 人的因素。人的因素分为心理生理性因素和行为性因素,前者包括负荷超限、健康状况异常、从事禁忌作业、心理异常、辨识功能缺陷等,后者包括指挥错误、操作错误、监护失误等。

② 物的因素。物的因素包括物理性因素、化学性因素和生物性因素。常见的物理

性因素有设备、设施、工具附件缺陷、防护缺陷、电危害、噪声、振动危害、电离辐射、运动物危害、明火、低温物质、标志标识缺陷等。常见的化学性因素有爆炸物、易燃可燃物、腐蚀性物质、毒性物质等。常见的生物性因素有细菌、病毒、真菌、传染病媒介物等。

③ 环境因素。环境因素分为室内作业场所环境不良、室外作业场所环境不良、地下作业场所环境不良。施工现场常见的环境因素包括：恶劣气候与环境、作业现场和交通设施湿滑、作业场地杂乱、脚手架阶梯和活动梯架缺陷、地面及地面开口缺陷、建（构）筑物和其他结构缺陷、作业场地地基下沉、作业场地安全通道和安全出口缺陷、作业场地光照不良、地下作业空气不良、地下水等。

④ 管理因素。管理因素分为管理机构设置和人员配备不健全、责任制不完善或未落实、管理制度不完善或未落实、投入不足、应急管理缺陷等。

2）危险源的识别

应针对作业活动所包含的内容或步骤识别危险源，具体的识别方法有询问交谈、现场观察、查阅有关记录、获取外部信息、工作任务分析、安全检查表、危险与操作性研究、事故树分析、故障树分析等。这些方法各有优缺点，实际工作中常采用两种以上的方法。

《职业健康安全管理体系 要求及使用指南》（GB/T 45001—2020）对危险源识别作出以下规定。

组织应建立、实施和保持用于持续和主动的危险源辨识的过程。该过程必须考虑（但不限于）：

（1）工作如何组织，社会因素（包括工作负荷、工作时间、欺骗、骚扰和欺压），领导作用和组织的文化；

（2）常规和非常规的活动和状况，包括由以下方面所产生的危险源：

① 基础设施、设备、原料、材料和工作场所的物理环境；

② 产品和服务的设计、研究、开发、测试、生产、装配、施工、交付、维护或处置；

③ 人的因素；

④ 工作如何执行；

（3）组织内部或外部以往发生的相关事件（包括紧急情况）及其原因；

（4）潜在的紧急情况；

（5）人员，包括考虑：

① 那些有机会进入工作场所的人员及其活动，包括工作人员、承包方、访问者和其他人员；

② 那些处于工作场所附近可能受组织活动影响的人员；

③ 处于不受组织直接控制的场所的工作人员；

（6）其他议题，包括考虑：

① 工作区域、过程、装置、机器和（或）设备、操作程序和工作组织的设计，包括它们对所涉及工作人员的需求和能力的适应性；

② 由组织控制下的工作相关活动所导致的、发生在工作场所附近的状况；

③ 发生在工作场所附近、不受组织控制、可能对工作场所内的人员造成伤害和健

康损害的状况；

（7）组织、运行、过程、活动和职业健康安全管理体系中的实际或拟定的变更；

（8）危险源的知识和相关信息的变更。

3）危险源的评估

识别出可能的危险源后，应评估各种危险源造成的风险大小和发生可能性。一种简单的风险等级评估如表 7-2 所示。表中的五个风险等级Ⅰ、Ⅱ、Ⅲ、Ⅳ和Ⅴ分别表示可忽略风险、可容许风险、中度风险、重大风险和不容许风险。

表 7-2 危险源造成的风险等级评估表

| 风险等级 | | 后果 | | |
|---|---|---|---|---|
| | | 轻度损失（伤害） | 中度损失（伤害） | 重大损失（伤害） |
| 可能性 | 很大 | Ⅲ | Ⅳ | Ⅴ |
| | 中等 | Ⅱ | Ⅲ | Ⅳ |
| | 极小 | Ⅰ | Ⅱ | Ⅲ |

2. 工程事故

事故是导致伤害和健康损害、财产损失或其他损失的事件。事故的发生是两类危险源共同作用的结果：第一类危险源是事故发生前提，决定事故的严重程度；第二类危险源出现的难易程度决定事故发生的可能性大小。

施工现场发生的主要伤亡事故包括以下六类。

1）高处坠落

高处作业是在坠落高度基准面 2m 以上（含 2m）的可能坠落的高处所进行的作业。在施工现场高处作业中，如果未防护，防护不好或作业不当都可能发生人或物的坠落。人从高处坠落的事故，称为高处坠落事故。在施工现场，高处作业随处可见，常发生在"四口"（楼梯平台口、电梯井口、出入口、预留洞口）和"五临边"（尚未安装栏杆的阳台周边、无外架防护的屋面周边、框架工程楼层周边、上下跑道及斜道的两侧边、卸料平台的侧边）。此外，脚手架、井字架、模板安装拆除、起重吊装作业等也是高处坠落容易发生的场所。

2）物体打击

物体打击通常是因为物体高处坠落造成的。由于建筑施工所用的原料、机械、工具体积和质量均较大，高处作业的情况很多，因此物体打击事故的发生可能性大、后果严重。凡在施工现场的人都有可能受到物体打击，特别是同一个垂直面的上下交叉作业，最易发生物体打击事故。

3）触电事故

施工作业中大部分机械、工具、照明设备都要靠电驱动。发生触电事故的原因主要包括：设备、机械、工具等漏电；电线老化掉皮；违章使用电气用具、施工现场外电线路未防护；等等。

4）机械伤害

施工现场部分机械、工具缺少防护和保险装置，易对操作者造成伤害，如：木工机械中的电平刨、圆盘锯；钢筋加工机械中的拉直机、弯曲机；电焊机、搅拌机、气瓶及手持电动工具；等等。

5）坍塌事故

坍塌事故主要包括土石方坍塌和工程结构或设施的坍塌。土石方坍塌经常发生在地质条件不好、深度较大的基坑开挖或深基础施工时。工程结构或设施的坍塌一般是由临时结构、设施或在建结构的质量不过关、施工安排不合理等原因造成的。

6）火灾爆炸

施工现场乱扔烟头、焊接与切割动火及用火、用电、使用易燃易爆材料等都可能造成火灾和爆炸。

3. 危险性较大的分部分项工程

危险性较大的分部分项工程，是指房屋建筑和市政基础设施工程在施工过程中，容易导致人员群死群伤或者造成重大经济损失的分部分项工程。

危险性较大的分部分项工程范围如下。

1）基坑工程

（1）开挖深度超过3m（含3m）的基坑（槽）的土方开挖、支护、降水工程。

（2）开挖深度虽未超过3m，但地质条件、周围环境和地下管线复杂，或影响毗邻建、构筑物安全的基坑（槽）的土方开挖、支护、降水工程。

2）模板工程及支撑体系

（1）各类工具式模板工程：包括滑模、爬模、飞模、隧道模等工程。

（2）混凝土模板支撑工程：搭设高度5m及以上，或搭设跨度10m及以上，或施工总荷载（荷载效应基本组合的设计值，以下简称设计值）10kN/m² 及以上，或集中线荷载（设计值）15kN/m及以上，或高度大于支撑水平投影宽度且相对独立无联系构件的混凝土模板支撑工程。

（3）承重支撑体系：用于钢结构安装等满堂支撑体系。

3）起重吊装及起重机械安装拆卸工程

（1）采用非常规起重设备、方法，且单件起吊重量在10kN及以上的起重吊装工程。

（2）采用起重机械进行安装的工程。

（3）起重机械安装和拆卸工程。

4）脚手架工程

（1）搭设高度24m及以上的落地式钢管脚手架工程（包括采光井、电梯井脚手架）。

（2）附着式升降脚手架工程。

（3）悬挑式脚手架工程。

（4）高处作业吊篮。

（5）卸料平台、操作平台工程。

（6）异型脚手架工程。

5）拆除工程

可能影响行人、交通、电力设施、通信设施或其他建、构筑物安全的拆除工程。

6）暗挖工程

采用矿山法、盾构法、顶管法施工的隧道、洞室工程。

7）其他

（1）建筑幕墙安装工程。

（2）钢结构、网架和索膜结构安装工程。

（3）人工挖孔桩工程。

（4）水下作业工程。

（5）装配式建筑混凝土预制构件安装工程。

（6）采用新技术、新工艺、新材料、新设备可能影响工程施工安全，尚无国家、行业及地方技术标准的分部分项工程。

根据住房和城乡建设部2018年发布的《危险性较大的分部分项工程安全管理规定》（住房和城乡建设部令第37号），施工单位应当在危险性较大的分部分项工程施工前组织工程技术人员编制专项施工方案。

### 7.3.3 施工项目安全管理体系

**1. 安全管理目标**

施工项目的安全管理目标是预防施工中人的不安全行为、物的不安全状态、环境的不安全因素和管理缺陷，确保施工期间没有危险、不出事故，不造成人身伤亡和财产损失。施工项目的安全管理目标应按目标管理的方法在以项目经理为首的安全管理体系内进行分解，制定安全生产责任制度，实现责任安全控制目标。安全管理目标应包括伤亡事故控制、现场安全达标、文明施工等。

**2. 安全生产责任制**

安全生产责任制是指企业中各级领导、各个部门、各类人员在所规定的各自职责范围内对安全生产应负责任的制度。在工程项目中，安全生产责任制主要是指工程项目部各级管理人员，包括项目经理、工长、安全员，生产、技术、机械、器材、后勤、分包单位负责人等管理人员，均应建立安全责任制。根据《建筑施工安全检查标准》（JGJ 59—2011）和项目制定的安全管理目标，进行责任目标分解。建立考核制度，定期（每月）考核。

在我国，从事房屋建筑和市政基础设施工程施工活动的建筑施工企业主要负责人、项目负责人和专职安全生产管理人员称为"安管人员"，必须按照住房和城乡建设部2014年发布的《建筑施工企业主要负责人、项目负责人和专职安全生产管理人员安全生产管理规定》（住房和城乡建设部令第17号）参加安全生产考核，履行安全生产责任，接受安全生产监督管理。

企业主要负责人，是指对本企业生产经营活动和安全生产工作具有决策权的领导人员。项目负责人，是指取得相应注册执业资格，由企业法定代表人授权，负责具体工程项目管理的人员。专职安全生产管理人员，是指在企业专职从事安全生产管理工作的人员，包括企业安全生产管理机构的人员和工程项目专职从事安全生产管理工作的人员。

根据《建设工程安全生产管理条例》（国务院令第393号），项目各参与方承担的工程安全生产责任规定如下。

1）建设单位的安全责任

建设单位应当向施工单位提供施工现场及毗邻区域内供水、排水、供电、供气、供热、通信、广播电视等地下管线资料，气象和水文观测资料，相邻建筑物和构筑物、地下工程的有关资料，并保证资料的真实、准确、完整。建设单位因建设工程需要，向有关部门或者单位查询前款规定的资料时，有关部门或者单位应当及时提供。

建设单位不得对勘察、设计、施工、工程监理等单位提出不符合建设工程安全生产法律、法规和强制性标准规定的要求，不得压缩合同约定的工期。建设单位在编制工程概算时，应当确定建设工程安全作业环境及安全施工措施所需费用。建设单位不得明示或者暗示施工单位购买、租赁、使用不符合安全施工要求的安全防护用具、机械设备、施工机具及配件、消防设施和器材。建设单位在申请领取施工许可证时，应当提供建设工程有关安全施工措施的资料。

依法批准开工报告的建设工程，建设单位应当自开工报告批准之日起15日内，将保证安全施工的措施报送建设工程所在地的县级以上地方人民政府建设行政主管部门或者其他有关部门备案。

建设单位应当将拆除工程发包给具有相应资质等级的施工单位。

建设单位应当在拆除工程施工15日前，将下列资料报送建设工程所在地的县级以上地方人民政府建设行政主管部门或者其他有关部门备案：

（1）施工单位资质等级证明；

（2）拟拆除建筑物、构筑物及可能危及毗邻建筑的说明；

（3）拆除施工组织方案；

（4）堆放、清除废弃物的措施。

实施爆破作业的，应当遵守国家有关民用爆炸物品管理的规定。

2）施工单位的安全责任

施工单位从事建设工程的新建、扩建、改建和拆除等活动，应当具备国家规定的注册资本、专业技术人员、技术装备和安全生产等条件，依法取得相应等级的资质证书，并在其资质等级许可的范围内承揽工程。

施工单位主要负责人依法对本单位的安全生产工作全面负责。施工单位应当建立健全安全生产责任制度和安全生产教育培训制度，制定安全生产规章制度和操作规程，保证本单位安全生产条件所需资金的投入，对所承担的建设工程进行定期和专项安全检查，并做好安全检查记录。施工单位的项目负责人应当由取得相应执业资格的人员担任，对建设工程项目的安全施工负责，落实安全生产责任制度、安全生产规章制度和操作规程，确保安全生产费用的有效使用，并根据工程的特点组织制定安全施工措施，消除安全事故隐患，及时、如实报告生产安全事故。施工单位对列入建设工程概算的安全作业环境及安全施工措施所需费用，应当用于施工安全防护用具及设施的采购和更新、安全施工措施的落实、安全生产条件的改善，不得挪作他用。

施工单位应当设立安全生产管理机构，配备专职安全生产管理人员。专职安全生产管理人员负责对安全生产进行现场监督检查。发现安全事故隐患，应当及时向项目负责人和安全生产管理机构报告；对违章指挥、违章操作的，应当立即制止。专职安全生产管理人员的配备办法按国务院建设行政主管部门会同国务院其他有关部门制定的规定执行。建设工程实行施工总承包的,由总承包单位对施工现场的安全生产负总责。总承包单位应当自行完成建设工程主体结构的施工。总承包单位依法将建设工程分包给其他单位的,分包合同中应当明确各自的安全生产方面的权利、义务。总承包单位和分包单位对分包工程的安全生产承担连带责任。分包单位应当服从总承包单位的安全生产管理,分包单位不服从管理导致生产安全事故的,由分包单位承担主要责任。

垂直运输机械作业人员、安装拆卸工、爆破作业人员、起重信号工、登高架设作业人员等特种作业人员,必须按照国家有关规定经过专门的安全作业培训,并取得特种作业操作资格证书后,方可上岗作业。

3）勘察、设计、工程监理及其他有关单位的安全责任

勘察单位应当按照法律、法规和工程建设强制性标准进行勘察,提供的勘察文件应当真实、准确,满足建设工程安全生产的需要。勘察单位在勘察作业时,应当严格执行操作规程,采取措施保证各类管线、设施和周边建筑物、构筑物的安全。

设计单位应当按照法律、法规和工程建设强制性标准进行设计,防止因设计不合理导致生产安全事故的发生。设计单位应当考虑施工安全操作和防护的需要,对涉及施工安全的重点部位和环节在设计文件中注明,并对防范生产安全事故提出指导意见。采用新结构、新材料、新工艺的建设工程和特殊结构的建设工程,设计单位应当在设计中提出保障施工作业人员安全和预防生产安全事故的措施建议。设计单位和注册建筑师等注册执业人员应当对其设计负责。

工程监理单位应当审查施工组织设计中的安全技术措施或者专项施工方案是否符合工程建设强制性标准。工程监理单位在实施监理过程中,发现存在安全事故隐患的,应当要求施工单位整改;情况严重的,应当要求施工单位暂时停止施工,并及时报告建设单位。施工单位拒不整改或者不停止施工的,工程监理单位应当及时向有关主管部门报告。工程监理单位和监理工程师应当按照法律、法规和工程建设强制性标准实施监理,并对建设工程安全生产承担监理责任。

为建设工程提供机械设备和配件的单位,应当按照安全施工的要求配备齐全有效的保险、限位等安全设施和装置。

出租的机械设备和施工机具及配件,应当具有生产（制造）许可证、产品合格证。出租单位应当对出租的机械设备和施工机具及配件的安全性能进行检测,在签订租赁协议时,应当出具检测合格证明。禁止出租检测不合格的机械设备和施工机具及配件。

在施工现场安装、拆卸施工起重机械和整体提升脚手架、模板等自升式架设设施,必须由具有相应资质的单位承担。安装、拆卸施工起重机械和整体提升脚手架、模板等自升式架设设施,应当编制拆装方案、制定安全施工措施,并由专业技术人员现场监督。施工起重机械和整体提升脚手架、模板等自升式架设设施安装完毕后,安装单位应当自检,出具自检合格证明,并向施工单位进行安全使用说明,办理验收手续并签字。

施工起重机械和整体提升脚手架、模板等自升式架设设施的使用达到国家规定的检验检测期限的,必须经具有专业资质的检验检测机构检测。经检测不合格的,不得继续使用。

检验检测机构对检测合格的施工起重机械和整体提升脚手架、模板等自升式架设设

施，应当出具安全合格证明文件，并对检测结果负责。

3. 安全教育制度

安全教育是提高全员安全素质，实现安全生产的基础。安全教育制度主要包括以下内容。

（1）安全思想教育。

（2）安全知识教育：学习施工生产一般流程；环境、区域概括介绍；安全生产一般注意事项；企业内外典型事故案例简介与分析；工种、岗位安全生产知识；等等。

（3）安全技术教育：学习安全生产技术、安全技术操作规程等。

（4）安全法制教育：学习安全生产法规和责任制度、安全生产规章制度、法律上的相关条文等，简要介绍受处分的案例。

（5）安全纪律教育：学习厂规厂纪、职工守则、劳动纪律、安全生产奖惩条例等。

施工人员入场安全教育应按照先培训后上岗的原则进行，培训教育应进行试卷考核。施工人员变换工种或采用新技术、新工艺、新设备、新材料施工时，必须进行安全教育培训，保证施工人员熟悉作业环境，掌握相应的安全知识技能。现场应填写三级安全教育台账记录和安全教育人员考核登记表。施工管理人员、专职安全员每年应进行一次安全培训考核。

4. 安全技术措施计划及交底制度

安全技术措施计划是指企业从全局出发对安全技术工作的年度或数年规划，是企业财务计划的组成部分，对保证安全生产、保护生产力、提高劳动生产率、促进国民经济发展非常必要。

在施工项目中，安全技术措施计划应包括以下内容。

1）施工准备阶段安全技术措施

（1）技术准备。

① 了解工程设计对安全施工的要求。

② 调查工程的自然环境（水文、地质、气候、洪水、雷击等）和施工环境（地下设施、管道、电缆的分布和走向、粉尘、噪声等）对施工安全及施工对周围环境安全的影响。

③ 改扩建工程施工与建设单位使用、生产发生交叉，可能造成双方伤害时，双方应签订安全施工协议，搞好施工与生产的协调，明确双方责任，共同遵守安全事项。

④ 在施工组织设计中，编制切实可行、行之有效的安全技术措施，并严格履行审批手续，送安全部门备案。

（2）物资准备。

① 及时供应质量合格的安全防护用品（安全帽、安全带、安全网等）满足施工需要。

② 保证特殊工种（电工、焊工、爆破工、起重工等）的使用工具器械质量合格，技术性能良好。

③ 施工机具、设备（起重机、卷扬机、电锯、平面刨、电气设备）、车辆等须经安全技术性能检测鉴定合格，防护装置齐全，制动装置可靠，方可进场使用。

④ 施工周转材料（脚手杆、扣件、跳板等）须认真挑选，不符合安全要求的禁止

使用。

(3) 施工现场准备。

① 按施工总平面布置图要求做好现场施工准备。

② 现场各种临时设施、库房,特别是炸药库、油库的布置,易燃易爆品存放都必须符合安全规定和消防要求,经公安消防部门批准。

③ 电气线路、配电设备符合安全要求,有安全用电防护措施。

④ 场内道路通畅,设交通标志,危险地带设危险信号及禁止通行标志,保证行人、车辆通行安全。

⑤ 现场周围和陡坡、沟坑处设围栏、防护板,现场入口处设"无关人员禁止入内"的标志及警示标志。

⑥ 塔吊等起重设备安置要与输电线路、永久或临设工程间有足够的安全距离,避免碰撞,以保证搭设脚手架、安全网的施工距离。

⑦ 现场设消防栓,有足够有效的灭火器材。

(4) 施工队准备。

① 新工人、特种工种工人须经岗位技术培训及安全教育后,持合格证方可上岗。

② 高、险、难作业工人须经身体检查合格后,方可施工作业。

③ 施工负责人在开工前,要组织全体施工人员进行入场前的安全技术交底。

2) 施工阶段安全技术措施

(1) 单项工程、单位工程均有安全技术措施,分部分项工程有安全技术具体措施。

(2) 安全技术应与施工生产技术统一,各项安全技术措施必须在相应的工序施工前做好。

(3) 操作者严格遵守相应的操作规程,实行标准化作业。

(4) 针对采用的新工艺、新技术、新设备、新结构制定专门的施工安全措施。

(5) 有预防自然灾害(防台风、雷击、防洪排水、防暑降温、防寒、防冻、防滑等)的专门安全技术措施。

(6) 在明火作业现场(焊接、切割、熬沥青等)有防火、防爆安全技术措施。

(7) 有特殊工程、特殊作业的专业安全技术措施。例如土石方施工安全技术、爆破安全技术、脚手架安全技术、起重吊装安全技术、高处作业安全技术、立体交叉作业安全技术、防火安全技术等。

此外,对于危险性较大的分部分项工程应按住房和城乡建设部发布的《危险性较大的分部分项工程专项施工方案编制指南》(建办质〔2021〕48号)制订专项施工方案,一般应包括工程概况、编制依据、施工计划、施工工艺技术、施工保证措施、施工管理及作业人员配备和分工、验收要求、应急处置措施、计算书及相关施工图纸等方面的内容。

3) 安全技术交底

安全技术交底主要包括三个方面:一是按工程部位分部分项进行交底;二是对施工作业相对固定,与工程施工部位没有直接关系的工种,如起重机械、钢筋加工等,应单独进行交底;三是对工程项目的各级管理人员,应进行以安全施工方案为主要内容的交底。

5. 安全检查及评定制度

安全检查是发现不安全行为和不安全状态的重要途径,是消除事故隐患、落实整改措施、防止事故伤害、改善劳动条件的重要方法。安全检查应包括定期安全检查和季节性安全检查。定期安全检查以每周一次为宜。季节性安全检查，应在雨期、冬期之前和雨期、冬期施工中分别进行。对重大事故隐患的整改复查，应按照谁检查谁复查的原则进行。

1）安全检查的内容

安全检查的内容主要是查思想、查管理、查制度、查现场、查隐患、查事故处理。

2）安全检查的组织

（1）建立安全检查制度，按制度要求的规模、时间、原则、处理、报偿全面落实。

（2）成立由第一责任人牵头，业务部门和相关人员参加的安全检查组织。

3）安全检查的方法

常用安全检查表法进行安全检查，通过事先拟定的安全检查明细表或清单，由检查人员亲临现场，查看、测试、化验、分析，逐项检查。

4）安全检查的评定

（1）安全检查评定依据。

建筑施工安全检查评定应按照我国行业标准《建筑施工安全检查标准》（JGJ 59—2011）执行。安全检查评定分为保证项目和一般项目。保证项目是对施工人员生命、设备设施及环境安全起关键性作用的项目，具体包括：安全生产责任制、施工组织设计及专项施工方案、安全技术交底、安全检查、安全教育、应急救援。一般项目是除保证项目以外的其他项目，具体包括：分包单位安全管理、持证上岗、生产安全事故处理、安全标志。

（2）安全检查评分方法。

建筑施工安全检查评定中，保证项目应全数检查。建筑施工安全检查评定应符合《建筑施工安全检查标准》（JGJ 59—2011）第3章中各检查评定项目的有关规定，并应按附录A、B的评分表进行评分。检查评分表应分为安全管理、文明施工、脚手架、基坑工程、模板支架、高处作业、施工用电、物料提升机与施工升降机、塔式起重机与起重吊装、施工机具分项检查评分表和检查评分汇总表。

（3）安全检查评定等级。

应按汇总表的总得分和分项检查评分表的得分，将建筑施工安全检查评定划分为优良、合格、不合格三个等级。建筑施工安全检查评定的等级划分应符合下列规定。

① 优良：分项检查评分表无零分，汇总表得分值应在80分及以上。

② 合格：分项检查评分表无零分，汇总表得分值应在80分以下，70分及以上。

③ 不合格：当汇总表得分值不足70分时；当有一分项检查评分表为零时。

6. 应急救援准备与安全事故处理

1）应急救援准备

《建设工程安全生产管理条例》（国务院令第393号）规定，施工单位应当制订本单位生产安全事故应急救援预案，建立应急救援组织或者配备应急救援人员，配备必要的应急救援器材、设备，并定期组织演练。

施工单位应当根据建设工程施工的特点、范围，对施工现场易发生重大事故的部位、环节进行监控，制订施工现场生产安全事故应急救援预案。实行施工总承包的，由总承包单位统一组织编制建设工程生产安全事故应急救援预案，工程总承包单位和分包单位按照应急救援预案，各自建立应急救援组织或者配备应急救援人员，配备救援器材、设备,并定期组织演练。

应急准备与响应预案应包括以下内容。

(1)应急目标和部门职责。

(2)突发过程的风险因素及评估。

(3)应急响应程序和措施。

(4)应急准备与响应能力测试。

(5)需要准备的相关资源。

2)安全事故处理

(1)启动应急救援。

发生安全生产事故时,项目管理机构应启动应急准备与响应预案,采取措施进行抢险救援,防止发生二次伤害。

(2)事故上报。

施工单位发生生产安全事故,应当按照国家有关伤亡事故报告和调查处理的规定,及时、如实地向负责安全生产监督管理的部门、建设行政主管部门或者其他有关部门报告;特种设备发生事故的,还应当同时向特种设备安全监督管理部门报告。接到报告的部门应当按照国家有关规定,如实上报。《房屋市政工程生产安全事故报告和查处工作规程》(建质〔2013〕4号)规定,根据事故造成的人员伤亡或者直接经济损失,房屋市政工程生产安全事故分为特别重大、重大、较大和一般四个等级,具体划分标准见6.6节。

房屋市政工程生产安全事故的报告,应当及时、准确、完整,任何单位和个人对事故不得迟报、漏报、谎报或者瞒报。

(3)事故调查与处罚。

房屋市政工程生产安全事故的查处,应当坚持实事求是、尊重科学的原则,及时、准确地查明事故原因,总结事故教训,并对事故责任者依法追究责任。

住房城乡建设主管部门应当积极参加事故调查工作,应当选派具有事故调查所需要的知识和专长,并与所调查的事故没有直接利害关系的人员参加事故调查工作。参加事故调查工作的人员应当诚信公正、恪尽职守,遵守事故调查组的纪律。

住房城乡建设主管部门应当按照有关人民政府对事故调查报告的批复,依照法律法规,对事故责任企业实施吊销资质证书或者降低资质等级、吊销或者暂扣安全生产许可证、责令停业整顿、罚款等处罚,对事故责任人员实施吊销执业资格注册证书或者责令停止执业、吊销或者暂扣安全生产考核合格证书、罚款等处罚。

## 7.4 工程项目环境管理

### 7.4.1 工程项目环境管理概述

1. 工程项目环境管理的内涵和任务

环境,是指影响人类生存和发展的各种天然的和经过人工改造的自然因素的总体,包括大气、水、海洋、土地、矿藏、森林、草原、湿地、野生生物、自然遗迹、人文遗迹、自然保护区、风景名胜区、城市和乡村等。

工程项目环境管理,就是为合理使用和有效保护施工现场及周边环境,在工程项目的建设和运行过程中,按照法律法规、合同和企业的要求,保护和改善作业现场环境,减少资源消耗,从而降低工程建设对环境的短期和长期负面影响的一系列管理活动。

工程项目环境管理包括以下任务。

(1)保护和改善环境质量,从而保护人们的身心健康,防止或降低建设工程活动过程对人体产生的危害。

(2)合理开发和利用自然资源,减少或消除有害物质进入环境,保护生物多样性,维护生物资源的生产能力,使之尽快恢复。

(3)满足环境管理相关法律法规的要求。

2. 法律法规对工程项目环境管理的要求

1)环境保护法对工程项目环境管理的要求

《中华人民共和国环境保护法》规定,保护环境是国家的基本国策,国家采取有利于节约和循环利用资源、保护和改善环境、促进人与自然和谐的经济、技术政策和措施,使经济社会发展与环境保护相协调。环境保护坚持保护优先、预防为主、综合治理、公众参与、损害担责的原则。《中华人民共和国环境保护法》对建设工程项目环境管理的具体要求如下。

(1)编制有关开发利用规划,建设对环境有影响的项目,应当依法进行环境影响评价。未依法进行环境影响评价的开发利用规划,不得组织实施;未依法进行环境影响评价的建设项目,不得开工建设。

(2)城乡建设应当结合当地自然环境的特点,保护植被、水域和自然景观,加强城市园林、绿地和风景名胜区的建设与管理。

(3)建设项目中防治污染的设施,应当与主体工程同时设计、同时施工、同时投产使用。防治污染的设施应当符合经批准的环境影响评价文件的要求,不得擅自拆除或者闲置。

(4)排放污染物的企业事业单位和其他生产经营者,应当采取措施,防治在生产建设或者其他活动中产生的废气、废水、废渣、医疗废物、粉尘、恶臭气体、放射性物质以及噪声、振动、光辐射、电磁辐射等对环境的污染和危害。排放污染物的企业事业单位,应当建立环境保护责任制度,明确单位负责人和相关人员的责任。重点排污单位应当按照国家有关规定和监测规范安装使用监测设备,保证监测设备正常运行,保存原始监测记录。严禁通过暗管、渗井、渗坑,灌注或者篡改、伪造监测数据,或者不正常运行防治污染设施等逃避监管的方式违法排放污染物。

(5)排放污染物的企业事业单位和其他生产经营者,应当按照国家有关规定缴纳排污费。排污费应当全部专项用于环境污染防治,任何单位和个人不得截留、挤占或者挪作他用。依照《中华人民共和国环境保护税法》征收环境保护税的,不再征收排污费。

(6)国家依照法律规定实行排污许可管理制度。实行排污许可管理的企业事业单位和其他生产经营者应当按照排污许可证的要求排放污染物;未取得排污许可证的,不得排放污染物。

2）环境影响评价法对工程项目环境管理的要求

我国建设工程项目实行环境影响评价制度。环境影响评价，是指对规划和建设项目实施后可能造成的环境影响进行分析、预测和评估，提出预防或者减轻不良环境影响的对策和措施，进行跟踪监测的方法与制度。《中华人民共和国环境影响评价法》（2018年修正版）规定，国家根据建设项目对环境的影响程度，对建设项目的环境影响评价实行分类管理。建设单位应当按规定组织编制环境影响报告书、环境影响报告表或者填报环境影响登记表（即环境影响评价文件）。

（1）可能造成重大环境影响的，应当编制环境影响报告书，对产生的环境影响进行全面评价。

（2）可能造成轻度环境影响的，应当编制环境影响报告表，对产生的环境影响进行分析或者专项评价。

（3）对环境影响很小、不需要进行环境影响评价的，应当填报环境影响登记表。

建设项目的环境影响评价分类管理名录，由国务院生态环境主管部门制定并公布。

建设项目的环境影响报告书应当包括下列内容。

（1）建设项目概况。

（2）建设项目周围环境现状。

（3）建设项目对环境可能造成影响的分析、预测和评估。

（4）建设项目环境保护措施及其技术、经济论证。

（5）建设项目对环境影响的经济损益分析。

（6）对建设项目实施环境监测的建议。

（7）环境影响评价的结论。

建设项目的环境影响评价文件未依法经审批部门审查或者审查后未予批准的，建设单位不得开工建设。建设项目建设过程中，建设单位应当同时实施环境影响报告书、环境影响报告表及环境影响评价文件审批部门审批意见中提出的环境保护对策措施。

3. 工程项目环境管理目标及控制

1）设计阶段的环境管理

工程设计阶段，环境管理的主要目标是做好资源和环境的规划设计，以便后期的合理有效利用。在该阶段，应对环境影响评价文件里的环境影响因素进行仔细考虑和分析，结合工程设计要求，提出相应技术和管理措施，并将其反映在设计文件中。

2）施工阶段的环境管理

施工阶段是工程项目环境管理的关键阶段，一般需考虑的环境影响因素包括施工噪声、现场扬尘、污水排放、固体废弃物处理、道路遗撒、资源节约、碳排放等。施工现场的环境管理应从法律规定、发生可能性、后果严重性、可否预报及目前管理状况等方面综合考虑各项环境影响因素。

总体来说，我国建设项目施工阶段的环境管理，可以根据绿色施工的具体要求展开。

## 7.4.2 工程项目绿色施工

党的二十大报告强调"坚持可持续发展""加快发展方式绿色转型"，建筑业作为投入大量资源、影响环境的产业，应承担起可持续发展的社会责任。绿色施工就是可持续发展理念在建筑工程施工全过程中的体现和实践。

1. 绿色施工的概念和目的

绿色施工的概念是：工程建设中，在保证质量、安全等基本要求的前提下，通过科学管理和技术进步，最大限度地节约资源与减少对环境的负面影响，实现节能、节材、节水、节地和环境保护（"四节一环保"）的建筑工程施工活动。

在建筑工程中实施绿色施工，目的是节约资源、保护环境和保证施工人员的健康。

2. 绿色施工总体框架

根据建设部 2007 年 9 月颁布的指导绿色施工的技术文件《绿色施工导则》（建质〔2007〕223 号），绿色施工总体框架由施工管理、环境保护、节材与材料资源利用、节水与水资源利用、节能与能源利用、节地与施工用地保护六个方面组成，如图 7.4 所示。这六个方面涵盖了绿色施工的基本指标，同时包含了施工策划、材料采购、现场施工、工程验收等各阶段的指标的子集。

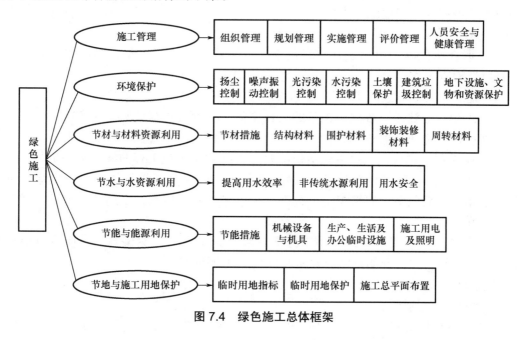

图 7.4　绿色施工总体框架

3. 绿色施工管理

绿色施工管理的内容主要包括组织管理、规划管理、实施管理、评价管理和人员安全与健康管理五个方面。建筑工程绿色施工的实施应遵循《建筑工程绿色施工规范》（GB/T 50905—2014）的具体要求。

1）组织管理

建筑工程施工项目应建立绿色施工管理体系和管理制度，实施目标管理。

（1）绿色施工管理体系的建立，是由建设单位、设计单位、监理单位、施工单位、政府相关主管部门等相关单位形成的管理网络体系，以共同保证绿色施工目标的实现。其中，施工单位是建筑工程绿色施工的责任主体，全面负责绿色施工的实施。

（2）绿色施工目标是施工项目进度目标、成本目标、质量目标等整体目标中的一部分。

建筑工程项目的参建各方，即建设单位、设计单位、监理单位、施工单位等应承担的绿色施工责任如下。

（1）建设单位的绿色施工责任。

① 在编制工程概算和招标文件时，应明确绿色施工的要求，并提供包括场地、环境、工期、资金等方面的条件保障。

② 应向施工单位提供建设工程绿色施工的设计文件、产品要求等相关资料，保证资料的真实性和完整性。

③ 应建立工程项目绿色施工的协调机制。

（2）设计单位的绿色施工责任。

① 应按国家现行有关标准和建设单位的要求进行工程的绿色设计。

② 应协助、支持、配合施工单位做好建筑工程绿色施工的有关设计工作。

（3）监理单位的绿色施工责任。

① 应对建筑工程绿色施工承担监理责任。

② 应审查绿色施工组织设计、绿色施工方案或绿色施工专项方案，并在实施过程中做好监督检查工作。

（4）施工单位的绿色施工责任。

① 施工单位是建筑工程绿色施工的责任主体，全面负责绿色施工的实施。

② 实行施工总承包管理的建设工程，总承包单位对绿色施工过程负总责。

③ 专业承包单位应服从总承包单位的管理，并对所承包工程的绿色施工负责。

④ 施工单位应建立以项目经理为第一责任人的绿色施工管理体系，制定绿色施工管理制度，负责绿色施工的组织实施，进行绿色施工教育培训，定期开展自检、联检和评价工作。

⑤ 绿色施工组织设计、绿色施工方案或绿色施工专项方案编制前，应进行绿色施工影响因素分析，并据此制订实施对策和绿色施工评价方案。

2）规划管理

（1）编制绿色施工方案。

① 施工单位应编制包含绿色施工管理和技术要求的工程绿色施工组织设计、绿色施工方案或绿色施工专项方案，并经审批通过后实施。

② 绿色施工方案编制之前，应根据设计文件、场地条件、周边环境和绿色施工总体要求，做好绿色施工方案策划工作。策划的内容包括：事先明确项目所要达到的绿色施工具体目标，并在设计文件中以具体的数值表示，比如材料的节约量、资源的节约量、施工现场噪声降低的分贝数等；根据总体施工方案的设计，标示出施工各阶段的绿色施工控制要点；列出能够反映绿色施工思想的现场专项管理手段。

（2）绿色施工组织设计、绿色施工方案或绿色施工专项方案编制应符合下列规定。

① 应考虑施工现场的自然与人文环境特点。

② 应有减少资源浪费和环境污染的措施。

③ 应明确绿色施工的组织管理体系、技术要求和措施。

④ 应选用先进的产品、技术、设备、施工工艺和方法，利用规划区域内设施。

⑤ 应包含改善作业条件、降低劳动强度、节约人力资源等内容。

（3）绿色施工方案应包括以下内容。

① 环境保护措施。制订环境管理计划及应急救援预案，采取有效措施，降低环境负荷，保护地下设施和文物等资源。

② 节材措施。在保证工程安全与质量的前提下，制定节材措施。如进行施工方案的节材优化，建筑垃圾减量化，尽量利用可循环材料，等等。

③ 节水措施。根据工程所在地的水资源状况，制定节水措施。

④ 节能措施。进行施工节能策划，确定目标，制定节能措施。

⑤ 节地与施工用地保护措施。制定临时用地指标、施工总平面布置规划及临时用地节地措施等。

3）实施管理

（1）绿色施工应对整个施工过程实施目标管理，进行动态管理，加强对施工策划、施工准备、材料采购、现场施工、工程验收等各阶段的管理和监督。

目标管理、动态管理的具体方法，是在施工过程中对预先设定的项目绿色施工目标及为了实现绿色施工目标而制订的计划进行跟踪和控制，收集各个绿色施工控制要点的实测数据，定期将实测数据与计划目标值进行比较。当发现实施过程中的实际情况与计划目标不一致，发生偏离时，应及时分析偏离的原因，确定纠正改进措施，采取纠正行动。

（2）应结合工程项目的特点，有针对性地对绿色施工作相应的宣传，通过宣传营造绿色施工的氛围。

（3）定期对职工进行绿色施工知识培训，增强职工绿色施工意识。

对现场作业人员的教育培训、考核应包括与绿色施工有关法律、法规的内容。工程技术交底应包含绿色施工内容，增强作业人员绿色施工意识。

（4）施工现场管理是实施绿色施工管理的重要环节。建筑工程项目对环境的污染以及对自然资源能源的耗费主要发生在施工现场，因此施工现场管理是能否实现绿色施工目标的关键。

① 合理规划施工用地。施工组织设计中，应科学地进行施工平面设计，首先要保证场内占地合理使用，当场内空间不充分时，应会同建设单位向规划部门和公安交通部门申请，经批准后才能使用场外临时用地。

② 施工现场的办公区和生活区应设置明显的有节水、节能、节约材料等具体内容的警示标识。

③ 施工现场的生产、生活、办公和主要耗能施工设备应有节能的控制措施和管理办法。对主要耗能施工设备应定期进行耗能计量检查和核算。

④ 施工现场应建立可回收再利用物资清单，制定并实施可回收废料的管理办法，提高废料利用率。

⑤ 施工现场应建立机械保养、限额领料、废弃物再生利用等管理与检查制度。

⑥ 施工单位及项目部应建立施工技术、设备、材料、工艺的推广、限制、淘汰、公布制度和管理方法。

⑦ 施工项目部应定期对施工现场绿色施工实施情况进行检查，做好检查记录，并根据绿色施工情况实施改进措施。

⑧施工项目部应按照国家法律、法规的有关要求，做好职工的劳动保护工作。

此外，《建筑工程绿色施工规范》（GB/T 50905—2014）对施工场地、基础工程、主体工程、装饰装修工程、保温和防水工程、机电安装工程、拆除工程等方面的施工管理分别作出了详细规定。

4. 评价管理

国家标准《建筑工程绿色施工评价标准》（GB/T 50640—2010），对建筑工程项目绿色施工评价作出了规定。

（1）要求以建筑工程单位工程施工过程为对象进行评价。先进行施工批次评价，再进行施工阶段评价，最后进行单位工程的评价。

（2）绿色施工评价的原则是，先由施工单位自我评价，再由建设单位、监理单位或政府主管部门等其他评价机构验收评价。

（3）被评价为"绿色施工项目"的建筑工程应符合以下基本规定。

①建立绿色施工管理体系和管理制度，实施目标管理。

②根据绿色施工要求进行图纸会审和深化设计。

③施工组织设计和施工方案应有专门的绿色施工章节，绿色施工目标明确，内容应涵盖"四节一环保"要求。

④工程技术交底应包含绿色施工内容。

⑤采用符合绿色施工要求的新材料、新技术、新工艺、新机具进行施工。

⑥建立绿色施工培训制度，并有实施记录。

⑦根据检查情况，制定持续改进措施。

⑧采集和保存过程管理资料、见证资料和自检评价记录等绿色施工资料。

绿色施工资料是指与绿色施工有关的施工组织设计、施工方案、技术交底、过程控制和过程评价等相关资料，以及用于证明采取绿色施工措施，使用绿色建材和设备等相关资料。

⑨在评价过程中，应采集反映绿色施工水平的典型图片或影像资料。

（4）绿色施工评价的内容和方法，可以用"绿色施工评价框架体系"表示。该评价体系是由评价阶段、评价要素、评价指标和评价等级构成，其可简要地归纳为"三个阶段、五个要素、三类指标、三个等级"，如图7.5所示。

①三个阶段：为便于建筑工程项目施工阶段绿色施工评价的定量考核，将单位工程按形象进度划分为地基与基础工程、结构工程、装饰装修与机电安装工程三个施工阶段进行绿色施工评价。

②五个要素：依据《绿色施工导则》（建质〔2007〕223号）"四节一环保"五个要素进行绿色施工评价。五个要素分别是环境保护、节材与材料资源利用、节水与水资源利用、节能与能源利用、节地与施工用地保护。由于工程性质和所在地域不同，工程的环境因素是不同的，因此在评价前应会同建设单位和监理单位对具体工程进行客观分析，据实增减评价指标的相应条款列入要素后进行评价。

③三类指标：绿色施工评价要素均包含控制项、一般项、优选项三类评价指标。控制项，是指绿色施工过程中必须达到的基本要求。一般项，是指绿色施工过程中根据实施情况进行评价的得分项。优选项，是指绿色施工过程中实施难度较大、要求较高的加分项。

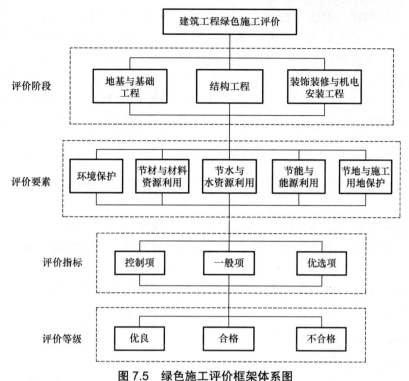

图 7.5 绿色施工评价框架体系图

五个要素中的三类指标的相应内容在《建筑工程绿色施工评价标准》（GB/T 50640—2010）中有详细规定。

④ 三个等级：绿色施工评价结论分为不合格、合格和优良三个等级。

（5）如果发生了以下事故之一，则不能被评价为绿色施工"合格"项目。

① 安全生产死亡责任事故。

② 重大质量事故，并造成严重影响。

③ 群体传染病、食物中毒等责任事故。

④ 施工中因"四节一环保"问题被政府管理部门处罚。

⑤ 违反国家有关"四节一环保"的法律法规，造成了严重的社会影响。

⑥ 施工扰民造成了严重的社会影响。

（6）绿色施工评价除应符合国家标准《建筑工程绿色施工评价标准》（GB/T 50640—2010）的规定外，还应符合现行国家有关标准的规定。具体内容如下。

① 与建筑工程施工质量相关的验收规范：《建筑工程施工质量验收统一标准》（GB 50300—2013）、《建筑地基基础工程施工质量验收标准》（GB 50202—2018）、《砌体结构工程施工质量验收规范》（GB 50203—2011）、《混凝土结构工程施工质量验收规范》（GB 50204—2015）、《钢结构工程施工质量验收标准》（GB 50205—2020）、《建筑装饰装修工程质量验收标准》（GB 50210—2018）、《屋面工程质量验收规范》（GB 50207—2012）、《建筑给水排水及采暖工程施工质量验收规范》（GB 50242—2002）、《通风与空调工程施工质量验收规范》（GB 50243—2016）、《建筑电气工程施工质量验收规范》（GB 50303—2015）、《智能建筑工程质量验收规范》（GB 50339—2013）、《电梯工程施工质量验收规范》（GB 50310—2002）。

② 与环境保护相关的国家标准：《建筑施工场界环境噪声排放标准》（GB 12523—2011）、《污水综合排放标准》（GB 8978—1996）、《建筑材料放射性核素限量》（GB 6566—2010）、《民用建筑工程室内环境污染控制标准》（GB 50325—2020）。

③ 与绿色施工相关的文件、国家标准：《绿色施工导则》（建质〔2007〕223号）、《绿色建筑评价标准》（GB/T 50378—2019）、《中国节水技术政策大纲》《中国节能技术政策大纲》《建筑工程绿色施工规范》（GB/T 50905—2014）。

④ 其他国家标准及相关政策、法律和法规。

5）人员安全与健康管理

（1）制定施工防尘、防毒、防辐射等职业危害的措施，保障施工人员的长期职业健康。

（2）合理布置施工场地，保护生活及办公区不受施工活动的有害影响。

（3）施工现场建立卫生急救、保健防疫制度，在安全事故和疾病疫情出现时提供及时救助。

（4）提供卫生、健康的工作与生活环境，加强对施工人员的住宿、膳食、饮用水等生活与环境卫生等管理，明显改善施工人员的生活条件。

4.绿色施工措施

1）绿色施工准备措施

（1）建筑工程施工项目应建立绿色施工管理体系和管理制度，实施目标管理。

① 施工单位是建筑工程绿色施工的责任主体，全面负责绿色施工的实施。为实现建筑工程绿色施工目标，施工单位在开工前，应建立一个从项目经理部到各分包方、各专业化公司和作业班组共同组成的组织体系。管理者是项目经理、总工程师、现场经理和质量安全经理，分包方、专业责任工程师负责实施、监控和检查。

② 工程项目部根据预先设定的绿色施工总目标，进行目标分解、实施和考核活动。要求措施、进度和人员落实，实行过程控制，确保绿色施工目标实现。

③ 绿色施工管理的方法是目标管理，并实施动态控制。绿色施工目标管理的实现，是通过事先确定绿色施工总目标，进行绿色施工方案设计、绿色施工技术设计，明确绿色施工控制要点，然后在现场施工过程中的各个阶段实施管理和监督、动态控制、持续改进。绿色施工目标管理的实现过程如图7.6所示。

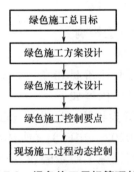

图7.6 绿色施工目标管理的实现过程

（2）施工单位应按照建设单位提供的施工周边建设规划和设计资料，在施工前做好绿色施工的统筹规划和策划工作，充分考虑绿色施工的总体要求，为绿色施工提供基础条件，并合理组织一体化施工。

一体化施工是指在工程开工前，施工单位应按照建设方提供的设计资料，根据建筑工程设计与施工的内在联系，将土建、装饰装修、机电设备安装及市政设施等专业紧密结合，使建筑工程设计与各专业施工形成一个有机的整体。

（3）建筑工程施工前，应根据国家和地方法律、法规的规定，制订施工现场环境保护和人员安全与健康等突发事件的应急预案。

（4）编制施工组织设计和施工方案时要明确绿色施工的内容、指标和方法。

① 绿色施工方案应在施工组织设计中独立成章，并按有关规定进行审批。

② 分部分项工程专项施工方案，应涵盖"四节一环保"要求。

③ 在施工组织设计文件中应将绿色施工的组织管理、目标设立、监督管理机制、宣传培训、考核评价等要求融入其中，将绿色施工管理列入项目经理部的职责和目标，同时明确项目经理是绿色施工第一责任人，并将相关绿色施工的职能分解并列入各岗位人员职责中。

④ 绿色施工技术措施或专项施工方案的编制，应充分考虑施工现场的自然与人文环境特点，尽量利用规划内设施，减少资源浪费和环境污染，同时，应优先选择先进的施工工艺和方法。

⑤ 施工中采用的产品、技术、设备和施工方法，要体现"四节一环保"要求。

（5）施工单位应积极推广应用"建筑业10项新技术"。

根据国家政策导向及技术发展形势，住房和城乡建设部2017年组织修编并发布了《建筑业10项新技术（2017）》，这10项新技术分别为：地基基础和地下空间工程技术、钢筋与混凝土技术、模板脚手架技术、装配式混凝土结构技术、钢结构技术、机电安装工程技术、绿色施工技术、防水技术与围护结构节能、抗震加固与监测技术、信息化技术。

在这10项新技术中重点引入了绿色、低碳的建筑施工新技术，其分别是：基坑施工封闭降水技术、施工现场水收集综合利用技术、建筑垃圾减量化与资源化利用技术、施工现场太阳能光伏发电照明技术、太阳能热水技术、空气能热水技术、施工扬尘控制技术、施工噪声控制技术、绿色施工在线监测评价技术、工具式定型化临时设施技术、垃圾管道垂直运输技术、透水混凝土、植生混凝土、混凝土楼地面一次成型技术、建筑物墙体免抹灰技术。

（6）施工现场宜推行电子资料管理档案，减少纸质资料。

2）绿色施工环境保护措施

（1）扬尘和大气污染控制措施。

① 施工现场应搭设封闭式垃圾站。细散颗粒材料、易飞扬材料或垃圾的储存、运输应采用封闭容器及有覆盖措施的车辆。施工现场出口必须设冲洗池。

② 对于施工现场易产生扬尘的设备、操作过程、施工对象等，应制定控制扬尘的具体措施，土石方作业区内扬尘目测高度应小于1.5m，结构施工、安装、装饰装修阶段目测扬尘高度应小于0.5m，并不扩散到工作区域外。

③ 拆除、爆破施工前应做好扬尘控制措施。

④ 施工现场使用的热水锅炉等必须使用清洁燃料。不得在施工现场熔融沥青或焚烧油毡、油漆及其他产生有毒、有害烟尘和恶臭气体的物质。

⑤ 施工车辆及机械设备尾气排放应符合国家规定的排放标准。

（2）噪声控制措施。

① 施工现场应遵照《建筑施工场界环境噪声排放标准》（GB 12523—2011）的要求（表7-3）制定降噪措施，在施工场界对噪声进行实时监测与控制。

② 施工过程应优先使用低噪声、低振动的施工机具，并采取隔音与隔振措施。施工车辆进入现场，严禁鸣笛。

表 7-3 建筑施工场界环境噪声排放限值

| 噪声限值 /dB ||
| :---: | :---: |
| 昼间 | 夜间 |
| 70 | 55 |

注：6:00—22:00 为昼间、22:00—次日 6:00 为夜间

（3）光污染控制措施。

① 应根据现场和周边环境采取限时施工、遮光和全封闭等避免或减少施工过程中光污染的措施。

② 夜间室外照明灯加设灯罩，透光方向集中在施工区范围。

③ 在光线作用敏感区域施工时，电焊作业和大型照明灯具应采取防光外泄措施。

（4）水污染控制措施。

① 污水排放应委托有资质的单位进行水质检测并符合现行国家标准《污水排入城镇下水道水质标准》（GB/T 31962—2015）的有关要求。

② 非传统水源和现场循环再利用水在使用过程中，应对水质进行检测。

③ 施工现场存放的油料和化学溶剂等物品应设专门库房，地面应做防渗漏处理。废弃的油料和化学溶剂应集中处理，不得随意倾倒。

④ 易挥发、易污染的液态材料，应使用密闭容器存放。

⑤ 施工机械设备使用和检修时，应控制油料污染；清洗机具的废水和废油不得直接排放。

⑥ 食堂、盥洗室、淋浴间的下水管线应设置过滤网，食堂应另设隔油池。

⑦ 施工现场宜采用移动式厕所，并应定期清理。固定厕所应设化粪池。

⑧ 隔油池和化粪池应做防渗处理，并应进行定期清运和消毒。

（5）建筑垃圾处理措施。

① 垃圾应分类存放、按时处置。

② 应制订建筑垃圾减量计划，建筑垃圾的回收利用应符合现行国家标准《工程施工废弃物再生利用技术规范》（GB/T 50743—2012）的规定。

③ 有毒有害废弃物的分类率应达到 100%；对有可能造成二次污染的废弃物应单独储存，并设置醒目标识。

④ 现场清理时，应采用封闭式运输，不得将施工垃圾从窗口、洞口、阳台等处抛撒。

3）绿色施工资源节约措施

（1）节地与施工用地保护措施。

① 应根据工程规模及施工需求等因素合理布置施工临时设施。施工临时设施布置应紧凑，应减少废弃地及死角。

② 施工临时设施不宜占用绿地、耕地及规划红线以外场地。

③ 对于因施工被破坏的植被、造成的裸土，必须及时采取有效措施，以避免土壤侵蚀、流失。施工结束后，被破坏的原有植被场地必须恢复或进行合理绿化。

④ 施工现场应避让、保护场区及周边的古树名木。

建设项目涉及古树名木保护的，工程开工前，应由建设单位提供政府主管部门批准的文件，未经批准，不得施工。若确需迁移，应按照古树名木移植的有关规定办理移植许可证后方可组织施工。对场地内无法移栽、必须原地保留的古树名木应划定保护区域，严格履行园林部门批准的保护方案，采取有效保护措施。

（2）节能与能源利用措施。

① 应合理安排施工顺序及施工区域，减少作业区设备机具数量。应选择功率与负荷相匹配的施工机械设备，避免大功率机械设备低负荷长时间运行。

应提前做好施工机械参数统计表，包括：产地、型号、大小、功率、耗油量或耗电量、使用寿命和已使用时间等。科学选择使用施工机械，避免造成不必要的损耗和浪费。

② 制定科学合理的施工能耗指标，明确节能措施，提高施工能源利用率。

③ 建立施工机械设备管理制度，展开用电、用油计量，及时做好机械设备维修保养工作。

④ 合理设计和布置临时用电电路，应选用节能电线和节能灯具，采用声控、光控等自动控制装置。照度设计不应超过最低照度的20%。

⑤ 施工现场应确定生活用电与生产用电的定额指标，并分别计量管理。

⑥ 规定合理的温、湿度标准和使用时间，提高空调和采暖装置的运行效率。

⑦ 根据当地气候和自然资源条件，在有条件的施工场地，应充分考虑利用太阳能、地热、风能等可再生资源。

⑧ 施工现场宜错峰用电。

（3）节水与水资源利用措施。

① 现场应结合用水点位置进行输水管线线路选择和阀门预留位置的设计，管径合理、管路简捷，采取有效措施减少管网和用水器具的漏损。

② 施工现场办公区、生活区的生活用水采用节水系统和节水器具，提高节水器具配置比例。

③ 施工现场宜建立雨水、中水或其他可利用水资源的收集利用系统，使水资源得到循环利用。施工中非传统水源和循环水的再利用率应大于30%。

④ 施工现场分别对生活用水与工程用水确定用水定额指标，并分别计量管理。

⑤ 施工现场喷洒路面、绿化浇灌不宜使用市政自来水。施工现场应充分利用雨水资源，保持水土循环，有条件的宜收集屋顶、地面雨水再利用。施工现场应设置雨水、废水回收设施，废水应经过二次沉淀处理后再循环利用。

⑥ 施工中应采用先进的节水施工工艺。现场搅拌用水、养护用水应采取有效的节水措施，严禁无措施浇水养护混凝土。

（4）节材与材料利用措施。

① 应根据施工进度、材料周转使用时间、库存情况等，制订材料的采购和使用计划，并合理安排材料的采购。

② 现场材料应堆放有序，布置合理，储存环境适宜，储存措施得当，保管制度健全，责任明确。

③ 应充分利用当地材料资源。工程施工使用的材料宜选用距施工现场500km以内生产的建筑材料。施工现场300km以内的材料用量宜占材料总用量的70%以上，或达

到材料总价值的50%以上。

4）绿色施工职业健康与卫生防疫措施

（1）绿色施工职业健康措施。

① 施工现场应在易产生职业病危害的作业岗位和设备、场所设置警示标识或警示说明。

② 定期对从事有毒有害作业人员进行职业健康培训和体检，指导操作人员正确使用职业病防护设备和个人劳动防护用品。

③ 施工单位应为施工人员配备安全帽、安全带及与所从事工种相匹配的安全鞋、工作服等个人劳动防护用品。

④ 特种作业人员必须持证上岗，按规定着装，并佩戴相应的个人劳动防护用品；对施工过程中接触有毒、有害物质或具有刺激性气味可被人体吸入的粉尘、纤维，以及进行强噪声、强光作业的施工人员，应佩戴相应的防护器具（如：护目镜、面罩、耳塞等）。劳动防护用品的配备应符合《个体防护装备配备规范第1部分：总则》（GB 39800.1—2020）规定。

⑤ 施工现场应采用低噪声设备，推广使用自动化、密闭化施工工艺，降低机械噪声。作业时，操作人员应戴耳塞进行听力保护。

⑥ 深井、地下隧道、管道施工、地下室防腐、防水作业等不能保证良好自然通风的作业区，应配备强制通风设施。操作人员在有毒有害气体作业场所应戴防毒面具或防护口罩。

⑦ 在粉尘作业场所，应采取喷淋等设施降低粉尘浓度，操作人员应佩戴防尘口罩；焊接作业时，操作人员应佩戴防护面罩、护目镜及手套等个人防护用品。

⑧ 高温作业时，施工现场应配备防暑降温用品，合理安排作息时间。

（2）绿色施工卫生防疫措施。

① 施工现场员工膳食、饮水、休息场所应符合卫生标准。

② 宿舍、食堂、浴室、厕所应有通风、照明设施，日常维护应有专人负责。

③ 食堂应有相关部门发放的有效卫生许可证，各类器具规范清洁。炊事员应持有效健康证。

④ 厕所、卫生设施、排水沟及阴暗潮湿地带应定期消毒。

⑤ 生活区应设置密闭式容器，垃圾分类存放，定期灭蝇，及时清运。

⑥ 施工现场应设立医务室，配备保健药箱、常用药品及绷带、止血带、颈托、担架等急救器材。

⑦ 施工人员发生传染病、食物中毒、急性职业中毒时，应及时向发生地的卫生防疫部门和建设行政主管部门报告，并按照卫生防疫部门的有关规定进行处置。

习 题

一、单项选择题

1. 建设工程施工职业健康安全管理体系与环境管理体系的管理评审，应由施工企业的（　　）进行。
　　A. 最高管理者　　B. 项目经理　　C. 技术负责人　　D. 安全生产负责人
2. 根据《环境管理体系要求及使用指南》，PDCA 循环中"A"环节指的是（　　）。
　　A. 策划　　B. 支持和运行　　C. 改进　　D. 绩效评价
3. 建设工程实行施工总承包的，对施工现场安全生产负总责的单位是（　　）。
　　A. 建设单位　　B. 监理单位　　C. 总承包单位　　D. 咨询单位
4. 下列风险控制的方法中，属于第一类危险源控制的是（　　）。
　　A. 提高各类设施的可靠性　　　　B. 限制能量和隔离危险物质
　　C. 设置安全监控系统　　　　　　D. 加强员工的安全意识教育
5. 根据《环境管理体系要求及使用指南》，下列环境因素中，属于外部存在的是（　　）。
　　A. 组织的全体职工　　　　　　　B. 影响人类生存的各种自然因素
　　C. 组织的管理团队　　　　　　　D. 静态组织结构

## 二、多项选择题

1. 环境管理体系标准的特点有（　　）。
A. 强调与环境污染预防、环境保护等法律法规的符合性
B. 该标准是强制性标准，各类组织必须严格执行
C. 注重体系的科学性、完整性和灵活性
D. 采用的是 PDCA 动态循环、不断上升的螺旋式管理模式
E. 该标准的制定是为了满足环境管理体系评价和认证的需要
2. 根据《建设工程安全生产管理条例》和《职业健康安全管理体系要求及使用指南》，关于建设工程施工职业健康安全管理的基本要求的说法，正确的有（　　）。
A. 施工企业必须对本企业的安全生产负全面责任
B. 工程设计阶段，设计单位应编制职业健康安全施工生产技术措施计划
C. 施工项目负责人和专职安全生产管理人员应持证上岗
D. 施工企业应按规定为从事危险作业的人员在现场工作期间办理意外伤害保险
E. 实行总承包的工程，分包单位应接受总承包单位的安全生产管理
3. 下列施工现场的危险源中，属于第二类危险源的有（　　）。
　　A. 现场存放的燃料　　　　　　B. 焊工焊接操作不规范
　　C. 洞口临边缺少防护设施　　　D. 机械设备缺乏维护保养
　　E. 现场管理措施缺失
4. 下列施工企业员工的安全教育中，属于经常性安全教育的有（　　）。
　　A. 事故现场会　　　　　　　　B. 岗前三级教育
　　C. 变换岗位时的安全教育　　　D. 安全生产会议
　　E. 安全活动日
5. 企业安全技术措施计划的范围应包括（　　）。
　　A. 改善劳动条件　　　　　　　B. 防止事故发生
　　C. 安全教育形式　　　　　　　D. 预防职业病和职业中毒
　　E. 安全管理制度

## 三、名词解释题

1. 职业健康安全与环境管理
2. 职业病
3. 危险源
4. 工程项目安全管理
5. 工程项目环境管理

## 四、简答题

1. 工程项目职业健康安全与环境管理有什么特点？
2. 简述工程项目安全管理原则。
3. 施工现场发生的主要伤亡事故包括哪几类？
4. 安全技术交底包括哪些内容？
5. 安全检查是什么？包括哪些内容？

## 五、案例分析题

1.【背景材料】

某教学楼工程，位于某市区居民小区旁，地下1层，地上4层，总建筑面积22000m²，基础形式为钢筋混凝土筏板基础，主体结构为钢筋混凝土框架结构，混凝土强度等级C30，其内有一阶梯教室，最大跨度16m。

【事件】某日22：30，市城管执法人员接到群众举报，工地内有产生噪声污染的施工作业，严重影响周边居民休息。城管执法人员经调查取证后了解到，噪声源为地下室基础底板混凝土浇筑施工，在施工现场围墙处测得噪声为68.5dB，施工单位办理了夜间施工许可证，并在附近居民区进行了公告。

【问题】事件中，基础底板混凝土浇筑行为是否违法？说明理由。

2.【背景资料】

某住宅工程，建筑面积21600m²，基坑开挖深度6.5m，地下二层，地上十二层，基础形式为钢筋混凝土筏板基础，主体结构为现浇钢筋混凝土框架结构。工程场地狭小，基坑上口北侧4m处有1栋六层砖混结构住宅楼，东侧2m处有一条埋深2m的热力管线。

工程由某总承包单位施工，基坑支护由专业分包单位承担。基坑支护施工前，专业分包单位编制了基坑支护专项施工方案，分包单位技术负责人审批签字后报总承包单位备案并直接上报监理单位审查，总监理工程师审核通过。随后分包单位组织了3名符合相关专业要求的专家及参建各方相关人员召开论证会，形成论证意见："方案采用土钉喷护体系基本可行，需完善基坑监测方案，修改完善后通过"。分包单位按论证意见进行修改后拟按此方案实施，但被建设单位技术负责人以不符合相关规定为由要求整改。

【问题】根据本工程周边环境现状，基坑工程周边环境必须监测哪些内容？

在线答题

拓展习题

# 第 8 章 工程项目施工组织设计

## 知识结构图

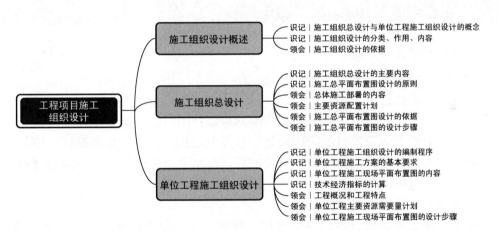

# 8.1 施工组织设计概述

## 8.1.1 施工组织设计的概念

施工组织设计是以施工项目为对象编制的,用以指导施工的技术、经济和管理的综合性文件。《建设项目工程总承包管理规范》(GB/T 50358—2017)把施工单位这部分工作分成了两个阶段,即项目管理计划和项目实施计划。施工组织设计既不是这两个阶段中某一阶段的内容,也不是两个阶段内容的简单合成,它是综合了施工组织设计在我国长期使用的惯例和各地方的实际使用效果而逐步积累形成的内容精华。施工组织设计在投标阶段通常被称为技术标,但它不仅包含技术方面的内容,同时也涵盖了施工管理和造价控制方面的内容,是一个综合性的文件。

施工组织设计的任务是要对具体的拟建工程的施工准备工作和整个施工过程,在人力和物力、时间和空间、技术和组织上,作出统筹兼顾、全面合理的计划安排,实现科学管理,达到提高工程质量、加快工程进度、降低工程成本、预防安全事故的目的。

## 8.1.2 施工组织设计的分类及作用

1. 施工组织设计的分类

1)按编制对象分类

(1)施工组织总设计。

施工组织总设计是以整个施工项目为编制对象,用以指导整个工程项目施工全过程的文件。它是对整个建设项目的全面规划,涉及范围较广,内容比较概括。施工组织总设计一般在初步设计或扩大初步设计被批准后,由总承包单位负责,会同建设单位、设计单位和施工分包单位共同编制。

(2)单位工程施工组织设计。

单位工程施工组织设计是以一个单位工程或一个不复杂的单项工程(如一座厂房、构筑物或一幢宿舍)为编制对象。它是根据施工组织总设计的规定和具体实际条件对拟建工程的施工工作所做的战术性部署,内容比较具体、详细,是在施工图设计完成后、拟建工程开工前,由单位工程项目的技术负责人组织编制。

(3)分部分项工程施工组织设计。

分部分项工程施工组织设计是以分部分项工程为编制对象。一般对于工程规模大、技术复杂、施工难度大或采用新工艺、新技术施工的建筑物或构筑物,在编制单位工程施工组织设计之后,常需要对某些重要的又缺乏经验的分部分项工程再深入编制专业工程的具体施工设计,如深基坑工程、大型结构安装工程等。分部分项工程施工组织设计由单位工程的技术负责人组织编制,其内容具体、详细,可操作性强。

施工组织总设计、单位工程施工组织设计和分部分项工程施工组织设计,是对同一工程项目施工,不同广度、深度和作用的三个层次的施工设计文件。

施工组织总设计是对整个建设项目的全局性战略部署,其内容和范围比较概括;单位工程施工组织设计是在施工组织总设计的控制下,以施工组织总设计和企业施工计划为依据编制的,针对具体的单位工程,把施工组织总设计的有关内容具体化;分部分项工程施工组织设计是以施工组织总设计、单位工程施工组织设计和企业施工计划为编制依据,针对具体的分部分项工程,把单位工程施工组织设计进一步具体化,是具体的专业工程施工组织设计。

2)按编制阶段分类

(1)投标阶段施工组织设计。

编制投标阶段施工组织设计,强调的是符合招标文件要求,以中标为目的。

(2)实施阶段施工组织设计。

编制实施阶段施工组织设计,强调的是可操作性,同时鼓励企业技术创新。

2. 施工组织设计的作用

(1)施工组织设计是对施工全过程合理安排、实行科学管理的重要手段和措施。

编制施工组织设计,可以全面考虑拟建工程的各种施工条件,扬长避短。制订合理的施工方案、技术经济措施、组织措施和合理的进度计划,提供最优的临时设施以及材料和机具在施工现场的布置方案,保证施工的顺利进行。

(2)施工组织设计可以统筹安排和协调施工中的各种关系。

编制施工组织设计,可以把拟建工程的设计与施工、技术与经济、施工企业的全部施工安排与具体工程的施工组织工作更紧密地结合起来;把直接参加施工的各单位、协作单位之间的关系,各施工阶段和施工过程之间的关系更好地协调起来。

(3)施工组织设计为有关建设工作决策提供依据。

编制施工组织设计,可以为拟建工程的设计方案在经济上的合理性、技术上的科学性和实际施工上的可能性提供论证依据;为建设单位编制工程建设计划和施工企业编制企业施工计划提供依据。

### 8.1.3 施工组织设计的内容、编制和审批

1. 施工组织设计的内容

施工组织设计根据拟建工程的规模和特点,编制内容的繁简程度有所差异,但不论何种施工组织设计,要完成组织施工的任务,一般都具备以下内容:

(1)工程概况; (2)施工部署;
(3)施工进度计划; (4)施工准备;
(5)主要资源配置计划; (6)施工总平面、施工现场平面布置图;
(7)主要施工管理计划。

施工组织设计的编制对象不同时,以上各方面内容包括的范围也不同,结合拟建工程的实际情况,可以有所变化。

2. 施工组织设计的编制和审批

(1)施工组织设计应由项目负责人主持编制,可根据需要分阶段编制和审批。有些分期分批建设的项目跨越时间很长,还有些项目如地基基础、主体结构、装修装饰和机电设备安装并不是由一个总承包单位完成,此外还有一些特殊情况的项目,在征得建设

单位同意的情况下，施工单位可分阶段编制施工组织设计。

（2）施工组织总设计应由总承包单位技术负责人审批；单位工程施工组织设计应由施工单位技术负责人或技术负责人授权的技术人员审批，施工方案应由项目技术负责人审批；重点、难点分部分项工程和专项工程施工方案应由施工单位技术部门组织相关专家评审，施工单位技术负责人批准。

（3）由专业承包单位施工的分部分项工程或专项工程的施工方案，应由专业承包单位技术负责人或技术负责人授权的技术人员审批；有总承包单位时，应由总承包单位项目技术负责人核准备案。

（4）规模较大的分部分项工程和专项工程的施工方案应按单位工程施工组织设计进行编制和审批。有些分部分项工程或专项工程，如主体结构为钢结构的大型建筑工程，其钢结构分部规模很大且在整个工程中占有重要的地位，需另行分包，遇到有这种情况的分部分项工程或专项工程，其施工方案应按施工组织设计进行编制和审批。

### 8.1.4 施工组织设计的编制依据与原则

**1. 施工组织设计的编制依据**

不同的施工组织设计，依据略有不同：控制性的施工组织设计主要依据政策性、法规性较强的内容；实施性的施工组织设计则主要依据具体资料及有关规定。施工组织设计的编制依据主要包括以下内容。

（1）与工程建设有关的法律、法规和文件。
（2）国家现行有关标准和技术经济指标。
（3）工程所在地区建设行政主管部门的批准文件，建设单位对施工的要求。
（4）工程施工合同或招标投标文件。
（5）工程设计文件。
（6）工程施工范围内的现场条件，工程地质及水文地质、气象等自然条件。
（7）与工程有关的资源供应情况。
（8）施工企业的生产能力、机具设备状况、技术水平等。

**2. 施工组织设计的编制原则**

施工组织设计，要能正确指导施工，体现施工过程的规律性、组织管理的科学性及技术的先进性。在进行施工组织设计时，需要遵守国家和合同规定的工程竣工及交付使用期限，合理安排工程开展程序和施工顺序。建筑施工的特点之一是产品的固定性，因而需要使建筑施工在同一场地上同时或者先后交叉进行。没有前一阶段的工作，就不能进行后一阶段的工作，它们之间同时又是交错搭接地进行：顺序反映客观规律要求，交叉则反映争取时间的努力。因此在编制施工组织设计的过程中必须遵循以下原则。

1）充分利用时间和空间的原则

工程项目是一个体型庞大的空间结构，按照时间的先后顺序，对工程项目各个构成部分的施工要作出计划安排，即在什么时间、用什么材料、使用什么机械、在什么部位进行施工，也就是时间和空间的关系。要处理好这种关系，除了要考虑工艺关系，还要考虑组织关系。可以运用运筹学理论、系统工程理论处理这些关系，实现项目实施的三大目标。

2）工艺与设备配套优选原则

任何一个工程项目都具有一定的工艺过程，可采用多种不同的设备来完成，但采用不同的设备会有不同的效果，即不同的质量、工期和成本。

不同的设备具有不同的工序能力。因此，必须通过试验获得设备的工序能力指数。选择工序能力指数最佳的设备实施该工艺过程，既能保证工程质量，又不致造成浪费。

如在混凝土工程中，桩基础的水下混凝土浇筑、梁体混凝土浇筑、路面混凝土浇筑等，均要求最后一盘混凝土浇筑完毕时，第一盘混凝土不得初凝。如果达不到这一工艺要求，就会影响工程质量。因此，在安排混凝土搅拌、振捣、运输机具时，要在保证满足工艺要求的条件下，使这三种机具相互配套，防止施工过程出现脱节，充分发挥三种机具的效率。如果配套机具较多，则要从中优选一组配套机具，这时应通过技术经济比较作出决策。

建筑设备与施工过程相互配合使用，需要重点考虑以下几点。

（1）设计先行。依据设计文件中要求的功能，对比建筑设备的选型、参数、价位等，查看其是否符合建筑要求。

（2）运输吊装。考虑建筑设备的体积及质量因素，选好建筑设备行走路线、就位空间，必要时对结构进行加固处理。

（3）设备基础。大型设备需要基础，一般为素混凝土基础。须提前沟通确定建筑设备土建基础的位置、参数信息，以便提前准备，安排妥当。

（4）周边排水。部分建筑设备在运行过程中可能会有少量的水分溢出，需要在设备基础周边设置必要的排水沟及对应的集水坑，保证建筑设备能够正常运行和使用。

（5）预留预埋。部分建筑设备连接管道，要在墙体上预留洞口或者剔槽，须提前在土建图示中进行标注；并在施工过程中派人检查土建工程的预留预埋是否正确，避免后期返工浪费。

3）最佳技术经济决策原则

通过不同的施工方法完成同一个工程项目时，其质量、工期及成本会有所不同。因此，对于此类工程项目的施工，可以从这些不同的施工方法中，通过具体的计算、分析、比较，选择最佳的技术经济方案，以达到降低成本的目的。

4）专业化分工与紧密协作相结合的原则

现代施工组织管理既要求专业化分工，又要求紧密协作，流水施工组织原理和网络计划技术编制尤其如此。处理好专业化分工与紧密协作的关系，就是要减少或防止窝工，提高劳动生产率和机械效率，以达到提高工程质量、降低工程成本和缩短工期的目的。

5）供应与消耗协调的原则

物资的供应要保证施工现场的消耗。物资的供应既不能过剩又不能不足，它要与施工现场的消耗相协调。如果物资供应过剩，则要多占临时用地面积、多建存放库房，必然增加临时设施费用；同时物资积压过剩，存放时间过长，必然导致部分物资变质、失效，从而增加了材料费用的支出，最终造成工程成本的增加。如果物资供应不足，必然出现停工待料，影响施工的连续性，降低劳动生产率，既延长了工期又提高了工程成本。因此，在供应与消耗的关系上，一定要坚持协调性原则。

## 8.2 施工组织总设计

### 8.2.1 施工组织总设计的主要内容

施工组织总设计主要包括下列内容：
（1）工程概况；　　　　　　　　（2）总体施工部署；
（3）施工总进度计划；　　　　　（4）总体施工准备与主要资源配置计划；
（5）主要施工方法；　　　　　　（6）施工总平面布置图。

施工组织总设计应由项目负责人主持编制，由总承包单位技术负责人审批。其中工程概况和特点分析是对整个建设项目的总说明、总分析，一般应包括项目主要情况和项目主要施工条件等。

### 8.2.2 工程概况

**1. 项目主要情况**

（1）项目名称、性质、地理位置和建设规模。项目性质可分为工业和民用两大类，应简要介绍项目的使用功能；建设规模包括项目的占地总面积、投资规模（产量）、分期分批建设范围等。

（2）建设项目参与各方说明。简要介绍建设项目的建设、勘察、设计、总承包、分包和监理等相关单位的情况。

（3）项目设计概况。简要介绍项目的建筑面积、建筑高度、建筑层数、结构形式、建筑结构及装饰用料、建筑抗震设防烈度、安装工程和机电设备的配置等情况。

（4）项目承包范围及主要分包工程范围。

（5）施工合同或招标文件对项目施工的重点要求。

（6）其他应说明的情况。

**2. 项目主要施工条件**

（1）项目建设地点气象状况。简要介绍项目建设地点的气温、雨、雪、风和雷电等气象变化情况，以及冬、雨期的期限和冬季土的冻结深度等情况。

（2）项目施工区域地形和工程水文地质状况。简要介绍项目施工区域地形变化和绝对标高，地质构造，土的性质和类别，地基土的承载力，河流流量和水质，最高洪水水位和枯水期水位，地下水位的高低变化，含水层的厚度、流向、流量和水质等情况。

（3）项目施工区域地上、地下管线及相邻的地上、地下建（构）筑物情况。

（4）与项目施工有关的道路、河流等状况。

（5）当地建筑材料、设备供应和交通运输等服务能力状况。简要介绍建设项目的主要材料、特殊材料和生产工艺设备供应条件及交通运输条件。

（6）当地供电、供水、供热和通信能力状况。根据当地供电、供水、供热和通信能力状况，按照施工需求描述相关资源提供能力及解决方案。

（7）其他与施工有关的主要因素。

### 8.2.3 总体施工部署

总体施工部署是对整个建设项目进行施工的统筹规划和全面安排，它主要解决影响建设项目全局的重大战略问题。总体施工部署的内容和侧重点根据建设项目的性质、规模和客观条件不同而有所不同。

施工部署

**1. 宏观部署**

施工组织总设计应对项目总体施工作出宏观部署，包括下列内容。

（1）确定项目施工总目标，包括进度、质量、安全、环境和成本目标。

（2）根据项目施工总目标的要求，确定项目分阶段（期）交付的计划。

建设项目通常是由若干个相对独立的投产或交付使用的子系统组成。例如大型工业项目有主体生产系统、辅助生产系统和附属生产系统之分；住宅小区有居住建筑、服务性建筑和附属性建筑之分。可以根据项目施工总目标的要求，将建设项目划分为分期分批投产或交付使用的独立交工系统；在保证工期的前提下，实行分期分批建设，既可以使各具体项目迅速建成，尽早投入使用，又可以在全局上实现施工的连续性和均衡性，减少暂设工程数量，降低工程成本。

（3）确定项目分阶段（期）施工的合理顺序及空间组织。

根据确定的项目分阶段（期）交付计划，合理地确定每个单位工程的开竣工日期，划分各参与施工单位的工作任务，明确各单位之间分工与协作的关系，确定综合的和专业化的施工组织，保证先后投产或交付使用的子系统都能够正常运行。

**2. 确定项目管理组织机构形式和项目开展程序**

1）确定项目管理组织机构形式

项目管理组织机构形式应根据施工项目的规模、复杂程度、专业特点、人员素质和地域范围确定。大中型项目宜设置矩阵制项目管理组织，远离企业管理层的大中型项目宜设置事业部式项目管理组织，小型项目宜设置直线职能式项目管理组织。

2）确定项目开展程序

根据合同总工期要求，应遵循以下原则确定合理的工程建设分期分批开展的程序。

（1）在保证工期的前提下，分期分批施工。

合同工期是施工时间的总目标，不能随意改变。有些工程在编制施工组织总设计时没有签订合同，则应将总工期控制在定额工期之内。在此前提下，安排各单位工程分期分批施工并进行合理的搭接。对工期长、技术复杂、施工难度大的工程应提前安排施工；对急需的和关键的工程应安排先期施工和交工，例如城市道路工程应先进行给排水设施、供热管线、燃气管线、输电线路等的施工。

（2）统筹安排，保证重点，兼顾其他，确保工程项目按期投产。

按工艺要求起主导作用或先期投入生产的工程应优先安排，并注意工程交工的配套或使用应与在建工程的施工互不妨碍，使生产、施工两不误，建成的工程能投产，尽早发挥先期施工部分的投资效益。

**3. 其他施工部署措施**

其他施工部署措施包括对于项目施工的重点和难点应进行简要分析；对于项目施工中开发和使用的新技术、新工艺应作出部署；对主要分包项目施工单位的资质和能力应提出明确要求。

### 8.2.4 施工总进度计划

施工总进度计划的编制包括以下基本要求：
（1）保证拟建工程在规定的期限内完成；（2）迅速发挥投资效益；
（3）保证施工的连续性和均衡性；（4）节约施工费用。

编制施工总进度计划时，应根据施工部署中建设工程分期分批投产顺序，将每个交工系统的各项工程分别列出，在控制的期限内进行各项工程的具体安排。在建设项目的规模不太大，各交工系统工程项目不太多时，亦可不按分期分批投产顺序安排，而直接安排总进度计划。

施工总进度计划编制的步骤如下。

**1. 划分工程项目并计算工程量**

1）划分工程项目

施工总进度计划的作用主要是控制总工期，因此项目划分不宜过细。通常按照分期分批投产顺序和工程开展顺序，列出每个施工阶段的所有单项工程，并突出每个交工系统中的主要工程项目，一些附属项目、临时设施可以合并列出。

2）计算工程量

可按初步设计或扩大初步设计图纸，以及各种定额手册或参考资料计算工程量。常用的定额和资料有：（1）万元、十万元投资工程量、劳动量及材料消耗扩大指标；（2）概算指标和扩大结构定额；（3）标准设计或已建成的同类型建筑物、构筑物的资料。

除拟建工程外，还必须计算主要的全工地性工程的工程量，如场地平整、道路和地下管线的长度等，这些可以根据总平面布置图来计算。

将按上述方法计算出的工程量填入工程量汇总表中，如表8-1所示。

表8-1 工程量汇总表

| 工程分类 | 工程项目名称 | 结构类型 | 建筑面积 1000m² | 概算投资 | 主要实物工程量 | | | | |
|---|---|---|---|---|---|---|---|---|---|
| | | | | | 场地平整 1000m² | 土方工程 1000m² | 砌筑工程 1000m² | 混凝土工程 1000m² | … |
| 全工地性工程 | | | | | | | | | |
| 主体项目 | | | | | | | | | |
| 辅助项目 | | | | | | | | | |
| 合计 | | | | | | | | | |

## 2. 确定各单位工程的施工期限

由于各施工单位的施工技术管理水平、机械化程度、劳动力和材料供应情况等不同，建筑物的施工期限有较大差别。因此应根据各施工单位的具体条件，结合相应单位工程的建筑结构类型、规模、现场地质条件、施工环境等因素确定施工期限，但必须控制在合同工期内。

## 3. 确定各单位工程的开竣工日期和相互搭接关系

在确定了各单位工程项目的施工期限后，就可以进一步安排各单位工程的开竣工日期和搭接时间，通常应考虑以下因素。

（1）同一时期开工的项目不宜过多，以免分散有限的人力物力。

（2）尽量使劳动力、机具和物质消耗在全过程上达到均衡，避免出现突出的高峰和低谷，并保证主要工种和主要机械能连续施工。

（3）根据使用要求和施工可能，尽量组织大流水施工。

（4）考虑施工总平面布置图的空间关系。为解决建筑物同时施工可能导致施工作业面狭小的问题，可以对相邻建筑物的开竣工日期或施工顺序进行调整，以避免或减少相互干扰。

## 4. 安排施工总进度计划

施工总进度计划可以用横道图或网络图表达，由于施工总进度计划只是起控制作用，因此不必做得过细。当用横道图表达施工总进度计划时，项目的排列可按施工总体方案所确定的工程展开程序排列。横道图上应表达出各施工项目的开竣工日期及其施工持续时间。

## 5. 施工总进度计划的调整与修正

施工总进度计划表绘制完成后，将同一时期各项工程的工作量加在一起，用一定的比例画在施工总进度计划的底部，即可得出建设项目工作量动态曲线。若曲线上存在较大的高峰或低谷，则表明在该时期里各种资源的需求量变化较大，需要调整一些单位工程的施工速度或开竣工日期，以消除高峰或低谷，使各个时期的工作量尽可能达到均衡。在工程实施过程中也应随着施工的进展变化及时作必要的调整，对于跨年度的建设项目，还应根据年度基本建设投资情况，对施工总进度计划予以调整。

### 8.2.5 总体施工准备与主要资源配置计划

总体施工准备包括技术准备、现场准备和资金准备等内容。技术准备、现场准备和资金准备应满足工程项目分阶段（期）施工的需要。

主要资源配置计划包括劳动力配置计划和物资配置计划等。

#### 1. 劳动力配置计划

劳动力配置计划应包括：确定各施工阶段（期）的总用工量和根据施工总进度计划确定各施工阶段（期）的劳动力配置计划。

应按照各工程项目工程量，并根据施工准备工作计划、施工总进度计划，利用相应定额或有关资料确定劳动力配置计划，从而便可计算各建筑物所需劳动力工日数；再根据施工总进度计划中各个建筑物的开竣工日期，得到各建筑物主要工种在各个时期的平均劳动力数。在施工总进度计划表纵坐标方向将各个建筑物同工种的人数叠加并连成一条曲线，即得到某工种劳动力总用工量，由此也可列出各主要工种劳动力配置计划表。图8.1和表8-2为某工种劳动力总用工量和土建工程所需劳动力配置计划汇总表。

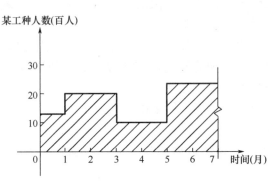

图 8.1 某工种劳动力总用工量

表 8-2 土建工程所需劳动力配置计划汇总表

| 序号 | 工种 | 工业建筑及全工地性工程 | | | | | | | 临时建筑 | | 劳动力计划 | | | |
|---|---|---|---|---|---|---|---|---|---|---|---|---|---|---|
| | | 主厂房 | 辅助厂房 | 办公用房 | 道路 | 给水排水 | 电气 | 其他 | 仓库 | 加工厂 | 第一季度 | 第二季度 | 第三季度 | 第四季度 |
| 1 | 力工 | | | | | | | | | | | | | |
| 2 | 钢筋工 | | | | | | | | | | | | | |
| 3 | 混凝土工 | | | | | | | | | | | | | |
| 4 | 砌筑工 | | | | | | | | | | | | | |
| 5 | 架子工 | | | | | | | | | | | | | |
| 6 | 木工 | | | | | | | | | | | | | |
| 合计 | | | | | | | | | | | | | | |

目前，施工企业在管理体制上已普遍实行管理层和劳务作业层的两层分离，合理的劳动力配置计划可减少劳务作业人员不必要的进、退场，避免窝工状态，进而节约施工成本。

2. 物资配置计划

物资配置计划主要包括:(1)根据施工总进度计划确定主要工程材料和设备的配置计划;(2)根据总体施工部署和施工总进度计划确定主要施工周转材料和施工机具的配置计划。

物资配置计划应根据总体施工部署和施工总进度计划确定主要物资的计划总量及进、退场时间。物资配置计划是组织建筑工程施工所需各种物资进、退场的依据,科学合理的物资配置计划既可保证工程建设的顺利进行,又可降低工程成本。

1)主要建筑材料、构件及半成品配置计划

根据工种工程量汇总表所列各建筑物的工程量,查概算指标或已建类似工程资料,便可计算出各建筑物所需的主要建筑材料、构件和半成品的需要量。然后再根据施工总进度计划表,大致估算出某些建筑材料在某时期内的需要量,从而编制出主要建筑材料、构件及半成品的配置计划。表 8-3 所示为土建工程所需主要建筑材料、构件及半成品汇总表。

表 8-3 土建工程所需主要建筑材料、构件及半成品汇总表

| 序号 | 类别 | 主要建筑材料、构件及半成品名称 | 单位 | 总计 | 工业建筑及全工地性工程 | | | | | 临时建筑 | 配置计划 | | | |
|---|---|---|---|---|---|---|---|---|---|---|---|---|---|---|
| | | | | | 主厂房 | 辅助厂房 | 道路 | 给水排水 | 电气 | | 第一季度 | 第二季度 | 第三季度 | 第四季度 |
| 1 | 主要建筑材料 | 钢筋 | | | | | | | | | | | | |
| | | 水泥 | | | | | | | | | | | | |
| | | 砂石 | | | | | | | | | | | | |
| | | …… | | | | | | | | | | | | |
| 2 | 构件及半成品 | 钢筋混凝土构件 | | | | | | | | | | | | |
| | | 钢结构构件 | | | | | | | | | | | | |
| | | 门窗 | | | | | | | | | | | | |
| | | …… | | | | | | | | | | | | |

2)主要机械配置计划

根据主要建筑物施工方案、总进度计划和工程量,套用机械产量定额即可求得主要机械的需要量和使用时间。主要机械配置计划如表 8-4 所示。

表 8-4  主要机械配置计划表

| 序号 | 机具名称 | 规格型号 | 电机功率 | 数量 | 配置计划 | | | | 备注 |
|---|---|---|---|---|---|---|---|---|---|
| | | | | | 第一季度 | 第二季度 | 第三季度 | 第四季度 | |
| 1 | | | | | | | | | |
| 2 | | | | | | | | | |
| 3 | | | | | | | | | |

### 8.2.6 施工总平面布置图

施工总平面布置图是拟建项目施工场地的总布置图。它按照施工方案和施工进度的要求,对施工现场的道路交通、材料仓库、附属企业、临时房屋、临时水电管线等作出合理的规划布置,从而正确处理施工现场在施工期间所需各项设施和永久建筑及拟建工程之间的空间关系。

1. 施工总平面布置图设计的内容

(1)建设项目施工总平面布置图上一切地上、地下已有的和拟建的建筑物、构筑物以及其他设施的位置和尺寸。

(2)一切为全工地施工服务的临时设施的布置位置,包括:

① 施工用地范围,施工用的各种道路;

② 加工厂、制备站及有关机械的位置;

③ 各种建筑材料、构件、半成品的仓库和主要堆场,取土、弃土位置;

④ 行政管理房、宿舍、文化生活和福利建筑等;

⑤ 水源、电源、变压器位置,临时给水排水管线和供电、动力设施;

⑥ 机械站、车库位置;

⑦ 一切安全、消防设施位置。

(3)永久性测量放线标桩位置。

2. 施工总平面布置图设计的原则

(1)尽量减少施工用地,少占农田,使平面布置紧凑合理。

(2)合理组织运输,减少运输费用,保证运输方便通畅。

(3)施工区域划分和场地的确定,应符合施工流程要求,尽量减少专业工种和各工程之间的干扰。

(4)充分利用各种永久性建筑物、构筑物和原有设施为施工服务,降低临时设施的费用。

(5)各种生产生活设施应便于工人的生产和生活。

(6)满足安全防火和劳动保护的要求。

3. 施工总平面布置图设计的依据

(1)各种设计资料,包括建筑总平面图、地形地貌图、区域规划图、建设项目范围内有关的一切已有和拟建的各种设施位置。

（2）建设地区的自然条件和技术经济条件。

（3）建设项目的建设概况、施工方案、施工进度计划，以便了解各施工阶段情况，合理规划施工场地。

（4）各种建筑材料、构件、半成品、施工机械和运输工具需要量一览表，以便规划工地内部的储放场地和运输线路。

（5）各构件加工厂规模、仓库及其他临时设施的数量和外廓尺寸。

4. 施工总平面布置图的设计步骤

1）场外交通的引入

在设计施工总平面布置图时，必须从确定大宗材料、构件和生产工艺设备运入施工现场的运输方式开始。当大宗施工物资由铁路运来时，首先解决如何引入铁路专用线的问题；当大宗施工物资由公路运来时，由于公路布置较灵活，一般先将仓库、材料堆场等布置在最经济合理的地方，再布置通向场外的公路线；当大宗施工物资由水路运来时，必须解决如何利用原有码头和是否增设码头，以及大型仓库和加工厂同码头关系的问题。一般施工场地都有永久性道路与之相邻，但应恰当确定起点和进场位置，考虑转弯半径和坡度限制，便于施工场地的利用。

2）仓库、材料堆场的布置

（1）当采用铁路运输时，中心仓库尽可能沿铁路专用线布置，并且在仓库前留有足够的装卸空间。当布置沿铁路线的仓库时，仓库的位置最好靠近工地一侧。

（2）当采用公路运输时，中心仓库可布置在工地中心区或靠近使用地方。

（3）水泥库（罐）和砂石堆场应布置在搅拌站附近。砖、砌块、预制构件应布置在垂直运输设备工作范围内，并靠近用料地点。基础用材料堆场应与坑沿保持一定距离，以免压塌边坡。钢筋、木材应布置在加工地点附近。

（4）工具库布置在加工区与施工区间交通方便处，零星小件、专用工具库可分设于各施工区段。

（5）油料、氧气等易燃材料库应布置在边缘、人少的安全处，且在拟建工程的下风向。

3）加工厂布置

（1）钢筋加工厂应区别不同情况，采用分散或集中布置。对于小型加工件，可在靠近使用地点的分散的钢筋加工棚里进行。

（2）木材加工厂要视木材加工的工作量、加工性质和种类决定是集中设置还是分散设置几个临时加工棚。锯木、成材、细木加工和成品堆放，要按工艺流程布置，且设在施工区的下风向。

（3）金属结构、电焊等在生产上联系密切，因此应布置在一起。

4）内部运输道路布置

（1）根据各加工厂、仓库和各施工对象的相对位置，研究货物流程图，区分主要道路和次要道路，进行道路的规划。

（2）尽可能利用原有或拟建的永久性道路。

（3）合理安排施工道路与场内地下管网的施工顺序，保证场内运输道路时刻畅通。

（4）要科学确定场内运输道路宽度，合理选择运输道路的路面结构。场区临时干线和施工机械行驶路线,最好采用碎石级配路面,以利修补。主要干道应按环形布置采用双车道,宽度不小于 6m;次要道路宜采用单车道,宽度不小于 3.5m,并设置回车场。

5)行政管理与生活临时设施布置

(1)全工地行政管理用房屋应设在工地入口处,便于对外联系。

(2)工人居住用房屋宜布置在工地外围或其边缘处。

(3)文化福利用房屋最好设置在工人集中的地方或工人必经之处附近。

(4)尽可能利用已建的永久性房屋为施工服务,不足时再修建临时房屋。

6)临时水电管网和其他动力设施的布置

(1)工地附近有可以利用的水源、电源时,可以将水电从外面接入工地,沿主要干道布置干管、主线。临时总变电站应设置在高压电引入处;临时水池应设在地势较高处。

(2)工地附近无现有水源时,可以利用地表水或地下水。

(3)工地附近无现有电源时,可在工地中心或中心附近设置临时发电设备,沿干道布置主线。

(4)根据建设项目规模大小,还要设置消防站、消防通道和消火栓等。

上述布置应按照标准图例绘制在施工总平面布置图上,比例一般为 1:1000 或 1:2000。而且上述各设计步骤不是截然分开各自独立的,它们相互联系、相互制约,需要综合考虑、反复修正才能确定下来。当有几种方案时,还应进行方案比较,以选择最优方案。

5. 施工总平面布置图的科学管理

(1)建立统一的施工总平面布置图管理制度,划分总平面布置图的使用管理范围。各区各片有人负责。严格控制各种材料、构件、机具的位置、占用时间和占用面积。

(2)实行施工总平面动态管理,定期对现场平面进行实录、复核,修正其不合理的地方,定时召开总平面布置图执行检查会议,奖优罚劣,协调各单位关系。

(3)做好现场的清理和维护工作,不准擅自拆迁建筑物和水电线路,不准随意挖断道路。大型临时设施和水电管路不得随意更改和移位。

# 8.3 单位工程施工组织设计

单位工程施工组织设计是以单位(子单位)工程为主要对象编制的施工组织设计,对单位(子单位)工程的施工过程起指导和制约作用。其主要任务是根据编制施工组织设计的基本原则、施工组织总设计和有关的原始资料,结合实际施工条件,从整个建筑物或构筑物的施工全局出发,进行最优施工方案设计,确定科学合理的分部分项工程之间的搭接与配合关系,设计符合施工现场情况的施工平面布置图,从而达到工期短、质量好、成本低的目标。

## 8.3.1 单位工程施工组织设计的编制程序

单位工程施工组织设计编制程序如图 8.2 所示。

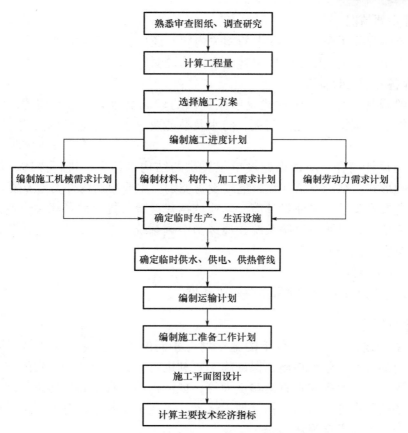

图 8.2 单位工程施工组织设计的编制程序

## 8.3.2 工程概况和工程特点

1. 工程概况

工程概况是对拟建工程的工程特点、现场情况和施工条件等所作的一个简要的、突出重点的文字介绍。工程概况的内容应尽量采用图表进行说明,如表 8-5 所示,必要时附以平面、立面、剖面图,并附以主要分部分项工程一览表。

表 8-5 ××工程概况表

| | | | | |
|---|---|---|---|---|
| 建设单位 | | 工程名称 | |
| 设计单位 | | 开工日期 | |
| 施工单位 | | 竣工日期 | |
| 监理单位 | | 工程投资额 | |
| 工程概况 | 建筑面积 | | 现场概况 | 工程承包范围 | |
| | 建筑高度 | | | 施工用水 | |
| | 建筑层数 | | | 施工用电 | |
| | 结构形式 | | | 施工道路 | |
| | 基础类型、深度 | | | 地下水位 | |
| | 抗震设防烈度 | | | 冻结深度 | |

1）工程主要情况

工程主要情况除了包含表 8-5 中的相关内容，还应包含施工合同、招标文件或总承包单位对工程施工的重点要求，以及其他应具体说明的情况。

2）工程各专业设计简介

（1）建筑设计简介。应依据建设单位提供的建筑设计文件进行描述，包括建筑规模、建筑功能、建筑特点、建筑耐火、防水及节能要求等，并应简单描述工程的主要装修做法。

（2）结构设计简介。应依据建设单位提供的结构设计文件进行描述，包括结构形式、地基基础形式、结构安全等级、抗震设防类别、主要结构构件类型及要求等。

（3）机电及设备安装专业设计简介。应依据建设单位提供的各相关专业设计文件进行描述，包括给水、排水及采暖系统、通风与空调系统、电气系统、智能化系统、电梯等各个专业系统的做法要求等。

3）工程施工条件

本部分内容同 8.2.1 中"项目主要施工条件"。

2. 工程特点

不同类型的建筑、不同条件下的施工均有不同的工程特点，应选择不同的施工方案，采取相应的技术和组织措施，保证施工顺利进行。如混合结构工程的施工特点是砌筑和抹灰工程量大，水平和垂直运输量大等；现浇钢筋混凝土高层建筑的施工特点是结构和机具设备的稳定性要求高，钢材加工量大，混凝土浇筑难，有地下室时基坑支护结构复杂，安全防护要求高等。

### 8.3.3 单位工程施工方案设计

单位工程施工方案设计是单位工程施工组织设计的核心问题。其内容一般包括：确定施工程序、确定施工起点流向、确定施工顺序、施工方法和施工机械选择。

1. 确定施工程序

施工程序是指施工中，不同阶段的不同工作内容按照其固有的先后次序，循序渐进向前开展的客观规律。

单位工程的施工程序一般为：接受任务阶段→开工前准备阶段→全面施工阶段→竣工验收阶段。每一阶段都必须完成规定的工作内容，并为下阶段工作创造条件。

1）接受任务阶段

接受任务阶段是其他各个阶段的前提条件，施工单位在这个阶段承接施工任务，签订施工合同，明确拟施工的单位工程。目前施工单位承接的工程施工任务，一般是通过投标，在中标后承接的。施工单位需检查该项工程是否有经有关部门批准的正式文件，投资是否落实。如两项均已满足要求，施工单位应与建设单位签订工程承包合同，明确双方应承担的技术经济责任及奖励、处罚条款。对于施工技术复杂、工程规模较大的工程，还需确定分包单位，签订分包合同。

2）开工前准备阶段

单位工程开工前必须具备如下条件：施工执照已办理；施工图纸已经过会审；施工

预算已编制；施工组织设计已经过批准并已交底；场地土石方平整、障碍物的清除和场内外交通道路已经基本完成；用水、用电、排水均可满足施工需要；永久性或半永久性坐标和水准点已经设置；附属加工企业各种设施的建设基本能满足开工后生产和生活的需要；材料、成品和半成品以及必要的工业设备有适当的储备，并能陆续进入现场，保证连续施工；施工机械设备已进入现场，并能保证正常运转；劳动力计划已落实，随时可以调动进场，并已经过必要的安全防火教育。在此基础上，写出开工报告，并经有关主管部门审查批准后方可开工。

3）全面施工阶段

施工方案设计中主要应确定这个阶段的施工程序。施工中通常遵循的程序如下。

（1）先地下、后地上。施工时通常应首先完成管道、管线等地下设施、土方工程和基础工程，然后开始地上工程施工。但采用逆作法施工时除外。

（2）先主体、后围护。施工时应先进行主体结构施工，然后进行围护结构施工。

（3）先结构、后装饰。施工时先进行主体工程施工，然后进行装饰工程施工。但是，随着新建筑体系的不断涌现和建筑工业化水平的提高，某些装饰与结构构件均在工厂完成。

（4）先土建、后设备。这是指一般的土建与水暖电卫等工程的总体施工程序，施工时某些工序可能要穿插在土建的某一工序之前进行，这是施工顺序问题，并不影响总体施工程序。

4）竣工验收阶段

单位工程完工后，施工单位应首先进行内部预验收；然后，经建设单位和质检站验收合格，双方方可办理竣工验收手续及有关事宜。

在施工方案设计中，应按照所确定的施工程序，结合工程的具体情况，明确各施工阶段的主要工作内容和顺序。

2. 确定施工起点流向

1）单位工程施工起点流向

确定施工起点流向，就是确定单位工程在平面上或竖向上施工开始的部位和进展的方向。对于单层建筑物，如厂房，可按其车间、工段或跨间，分区分段地确定在平面上的施工流向。对于多层建筑物，除了确定每层平面上的流向外，还应确定竖向上的施工流向。对于道路工程，可在确定出施工的起点后，沿道路前进方向，将道路分为若干区段（如1km一段）进行。

确定单位工程施工起点流向时，一般应考虑如下因素。

（1）车间的生产工艺流程。影响其他工段试车投产的工段应先施工。

（2）建设单位对生产和使用的要求。一般着急使用的工段或部位应先施工。

（3）工程的繁简程度和施工过程间的相互关系。一般技术复杂、耗时长的区段或部位应先施工。另外，关系密切的分部分项工程的流水施工，如果紧前工作的起点流向已经确定，则后续施工过程的起点流向应与之一致。

（4）房屋高低层和高低跨。如柱子的吊装应从高低跨并列处开始；屋面防水层施工应按先低后高的方向施工；基础施工应按先深后浅的顺序施工。

（5）工程现场条件和施工方案。如土方工程边开挖边余土外运，施工的起点一般应选定在离道路远的部位，以由远而近的流向进行。

（6）分部分项工程的特点和相互关系。在流水施工中，施工起点流向决定了各施工段的施工顺序。因此，在确定施工起点流向的同时，应将施工段划分并进行编号。

2）装饰工程施工起点流向

装饰工程分为室外装饰工程和室内装饰工程。根据装饰工程的特点，施工起点流向一般有以下几种情况。

（1）室内装饰工程自上而下的施工起点流向，通常是指主体工程封顶、屋面防水层完成后，从顶层开始逐层向下进行，如图 8.3 所示。其优点是主体工程完成后有一定的沉降时间，且防水层已做好，容易保证装饰工程质量不受沉降和下雨影响，而且自上而下的流水施工，工序之间交叉少，便于施工和成品保护，垃圾清理也方便。不过，其缺点是不能与主体工程搭接施工，工期较长。因此，当工期不紧时可采用此种施工起点流向。

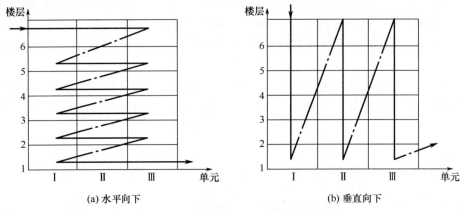

图 8.3 室内装饰工程自上而下的施工起点流向

（2）室内装饰工程自下而上的施工起点流向，通常是指主体工程施工到三层以上时，装饰工程从一层开始，逐层向上进行，如图 8.4 所示。其优点是主体与装饰交叉施工，工期短；缺点是工序交叉多，成品保护难，质量和安全不易保证。因此如采用此种施工起点流向，必须采取一定的技术组织措施来保证质量和安全。如上下两相邻楼层中，首先应抹好上层地面，再做下层顶棚抹灰。因此，当工期紧时可采用此种施工起点流向。

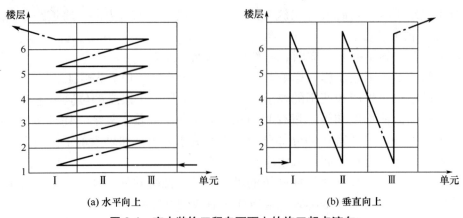

图 8.4 室内装饰工程自下而上的施工起点流向

（3）室内装饰工程自中而下再自上而中的施工起点流向，它综合了上述两种流向的优点，通常适于中、高层建筑装饰施工，如图8.5所示。

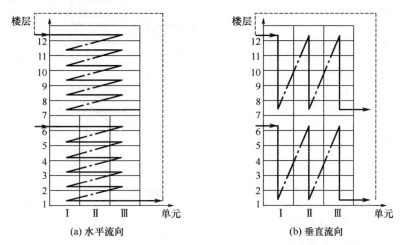

(a) 水平流向　　　　　　　　　　(b) 垂直流向

图8.5　室内装饰工程自中而下再自上而中的施工起点流向

（4）室外装饰工程通常为自上而下的施工起点流向，以便保证质量。

3．确定施工顺序

施工顺序是指分部分项工程施工的先后次序。

1）确定施工顺序的因素

（1）遵循施工程序。施工顺序应在不违背施工程序的前提下确定。

（2）符合施工工艺。施工顺序应与施工工艺顺序相一致。如现浇柱的施工顺序为：支模板→绑扎钢筋→浇筑混凝土→养护→拆模。

（3）与施工方法一致。如预制柱的施工顺序为：支模板→绑扎钢筋→浇筑混凝土→养护→拆模。

（4）考虑工期和施工组织的要求。如室内外装饰工程的施工顺序。

（5）考虑施工质量和安全要求。如外墙装饰应安排在屋面卷材防水施工后进行，以保证安全；楼梯抹面应最后自上而下进行，以保证质量。

（6）受当地气候影响。如冬季进行室内装饰工程施工时，应先安门窗后做其他装饰。

2）多层混合结构居住房屋的施工顺序

多层混合结构居住房屋的施工，通常可划分为基础工程、主体工程、屋面和装饰工程三个阶段，三层混合结构居住房屋的施工顺序如图8.6所示。

（1）基础工程的施工顺序。

基础工程阶段是指室内地坪（±0.000）以下的所有工程的施工阶段。其施工顺序一般为：挖土方→做垫层→砌基础→铺设防潮层→回填土。若有地下障碍物、坟穴、防空洞、软弱地基等情况，则应优先处理；若有地下室，则在砌筑完基础或其一部分后，砌地下室墙，铺设防潮层后，浇筑地下室楼板，最后回填土。

施工时，挖土方与做垫层之间搭接应紧凑，以防积水浸泡或暴晒地基，影响其承载能力；而且在垫层施工完成后，一定要留有技术间歇时间，使其具有一定强度后，再进行下一道工序的施工。

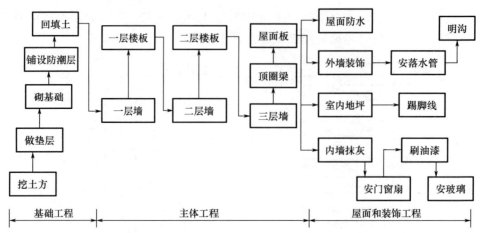

图 8.6　三层混合结构居住房屋的施工顺序

各种管沟的挖土方和管道铺设等工程，应尽可能与基础工程施工配合，平行搭接施工。

（2）主体工程的施工顺序。

主体工程阶段的工作通常包括：搭脚手架、砌筑墙体、安门窗框、安过梁、安预制楼板、现浇雨篷和圈梁、安楼梯、安屋面板等分项工程。其中砌筑墙体和安预制楼板是主导工程。现浇卫生间楼板、各层预制楼梯段的安装必须与墙体砌筑和楼板安装密切配合，一般应在砌筑墙体、安预制楼板的同时或相继完成。

（3）屋面和装饰工程的施工顺序。

屋面工程主要是卷材防水屋面和刚性防水屋面。卷材防水屋面一般按找平层→隔气层→保温层→找平层→防水层→保护层的顺序施工。对于刚性防水屋面，现浇钢筋混凝土防水层应在主体完成或部分完成后，尽快开始分段施工，从而为装饰工程创造条件。一般情况下，屋面工程和装饰工程可以搭接或平行施工。

例如，室内装饰工程的内容主要有：顶棚、地面和墙抹灰；门窗扇安玻璃、油墙裙、做踢脚线和楼梯抹灰等。其中抹灰是主导工程。

同一层的室内抹灰的施工顺序有两种：一是地面→顶棚→墙面；二是顶棚→墙面→地面。前一种施工顺序的优点是地面质量容易保证，便于收集落地灰、节省材料；缺点是地面需要养护时间和采取保护措施，影响工期。后一种施工顺序的优点是墙面抹灰与地面抹灰之间不需养护时间，工期可以缩短；缺点是落地灰不易收集，地面的质量不易保证，容易产生地面起壳。

其他的室内装饰工程之间通常采用的施工顺序一般为：底层地面多在各层顶棚、墙面和楼地面完成后进行；楼梯间和楼梯抹面多在整个抹灰冻结后加速干燥，抹灰前应将门窗扇和玻璃安装好；钢门窗一般框、扇在加工厂拼接完后运至现场，在抹灰前或后进行安装；为了防止油漆弄脏玻璃，通常采用先油漆门窗框和扇，后安装玻璃的施工顺序。

（4）水暖电卫等工程的施工顺序。

水暖电卫等工程不像土建工程可以分成几个明显的施工阶段，它一般是与土建工程中有关分部分项工程紧密配合、穿插进行的，其顺序一般如下。

① 在基础工程施工时，回填土前，应完成上下水管沟和暖气管沟垫层及墙壁的施工。

② 在主体工程施工时，应在砌砖墙或现浇钢筋混凝土楼板时，预留上下水和暖气管孔、电线孔槽、预埋木砖或其他预埋件。但抗震房屋应按有关规范进行。

③ 在装饰工程施工前，安装相应的各种管道和电气照明用的附墙暗管、接线盒等。水暖电卫其他设备安装均穿插在地面或墙面的抹灰前后进行。但采用明线的电线，应在室内粉刷之后进行。室外上下水管道等工程的施工，可以安排在土建工程之前或其中进行。

3）高层现浇混凝土结构综合商住楼的施工顺序

高层现浇混凝土结构综合商住楼的施工采用的结构体系不同，其施工方法和施工顺序也不尽相同，下面以墙柱结构采用滑模施工方法为例加以介绍。施工时通常可划分为基础工程、主体工程、屋面和装饰工程三个阶段，如图8.7所示。

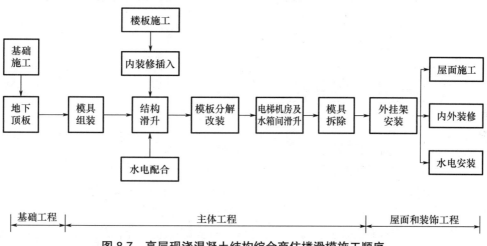

图8.7 高层现浇混凝土结构综合商住楼滑模施工顺序

（1）基础工程的施工顺序。

高层建筑的基础均为深基础，由于基础的类型和位置等不同，其施工方法和顺序也不同，如可以采用逆作法施工。当采用通常的由下而上的施工顺序时，一般为：挖土方→清槽→验槽→桩施工→做垫层→桩头处理→清理→做防水层→保护层→投点放线→承台梁板扎筋→混凝土浇筑→养护→投点放线→施工缝处理→桩、墙扎筋→桩、墙模板→混凝土浇筑→顶盖梁、板支模→梁、板扎筋→混凝土浇筑→养护→拆外模→外墙防水→保护层→回填土。

施工中要注意防水工程和承台梁大体积混凝土以及深基础支护结构的施工。

（2）主体工程的施工顺序。

主体工程结构滑升采用液压模逐层空滑现浇楼板并进施工工艺。滑升模板和液压系统安装调试工艺流程如图8.8所示。滑升阶段的施工顺序如图8.9所示。

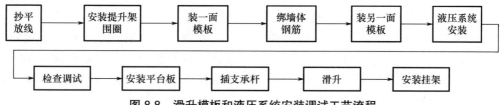

图8.8 滑升模板和液压系统安装调试工艺流程

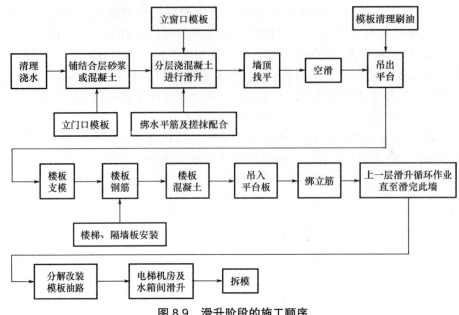

图 8.9 滑升阶段的施工顺序

当然，如果楼板采用降模法施工，其施工顺序应予调整。

（3）屋面和装饰工程的施工顺序。

屋面工程的施工顺序与多层混合结构居住房屋的屋面工程基本相同。

装饰工程的分项工程及施工顺序随装饰设计不同而不同。例如，室内装饰工程的施工顺序一般为：结构处理→放线→做轻质隔墙→贴灰饼冲筋→立门框、安铝合金门窗→各类管道水平支管安装→墙面抹灰→管道试压→墙面喷涂贴面→吊顶→地面清理→做地面、贴地砖→安门窗→风口、灯具、洁具安装→调试→清理。

室外装饰工程的施工顺序一般为：结构处理→弹线→贴灰饼→刮底→放线→贴面砖→清理。

应当指出，高层建筑的结构类型较多，如筒体结构、框架结构、剪力墙结构等；施工方法也较多，如滑模法、升板法等。因此，施工顺序一定要与之协调一致，没有固定模式可循。

4）装配式钢筋混凝土单层工业厂房的施工顺序

装配式钢筋混凝土单层工业厂房的施工可分为基础工程、预制工程、结构安装工程、围护工程和装饰工程五个阶段，其施工顺序如图 8.10 所示。

（1）基础工程的施工顺序。

基础工程的施工顺序一般为：挖土方→做垫层→砌基础→回填土。

当中型或重型工业厂房建设在土质较差的地区时，通常采用桩基础。此时，为了缩短工期，常将打桩工程安排在施工准备阶段进行。

在基础工程开始前，同民用房屋一样，应首先处理地下的洞穴等；然后确定施工起点流向，划分施工段，以便组织流水施工。并应确定钢筋混凝土基础或垫层与基坑之间的搭接程度及所需技术间歇时间，在保证质量的条件下，尽早拆模和回填土，以免暴晒和水浸地基，并提供就地预制场地。

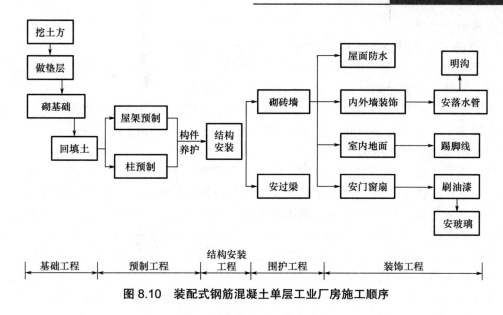

图 8.10 装配式钢筋混凝土单层工业厂房施工顺序

在确定施工顺序时,必须确定厂房柱基础与设备基础的施工顺序,它常常影响到主体结构和设备安装的方法与开始时间,通常有两种方案可选择。

① 当厂房柱基础的埋置深度大于设备基础埋置深度时,一般采用厂房柱基础先施工、设备基础后施工的"封闭式"施工顺序。

通常,当厂房施工处于冬、雨期时,或设备基础不大,或采用沉井等特殊施工方法施工的较大较深的基础,均可采用"封闭式"施工顺序。

② 当设备基础埋置深度大于厂房柱基础的埋置深度时,一般采用厂房柱基础与设备基础同时施工的"开敞式"施工顺序。

当厂房的设备基础较大较深,基坑的挖土范围连成一片,或当设备基础埋置深度大于厂房柱基础,并且地基的土质不佳时,应采用设备基础先施工的顺序。

当设备基础与柱基础埋置深度相同或接近时,可以任意选择一种施工顺序。

(2)预制工程的施工顺序。

排架结构单层工业厂房构件的预制,通常采用加工厂预制和现场预制相结合的方法进行。一般重量较大或运输不便的大型构件,可在拟建车间现场就地预制,如柱、托架梁、屋架和吊车梁等;中小型构件可在加工厂预制,如大型屋面板等标准构件和木制品等宜在专门的生产厂家预制。在具体确定预制方案时,应结合构件技术要求、工期规定、当地加工能力、现场施工和运输条件等因素进行技术经济分析后确定。

钢筋混凝土构件预制工程的施工顺序为:预制构件的支模→绑扎钢筋→埋铁件→浇筑混凝土→养护→预应力钢筋的张拉→拆模→锚固→灌浆。

预制构件开始制作的日期、制作的位置、起点流向和顺序,在很大程度上取决于工作面准备工作完成的情况和后续工程的要求,如结构安装的顺序等。通常只要基础回填土、场地平整完成了一部分,并且结构安装方案已定,构件平面布置图已绘出,就可以进行制作。制作的起点流向应与基础工程的施工起点流向相一致。

当采用分件吊装方法时,预制构件的预制有三种方案。

① 当场地狭窄而工期允许时,构件预制可分别进行。首先预制柱和梁,待柱和梁

安装完再预制屋架。

② 当场地宽敞时，可在柱、梁制作完就进行屋架预制。

③ 当场地狭窄，且工期要求紧迫时，可首先将柱和梁等构件在拟建车间外进行屋架预制。另外，为满足吊装强度要求，有时先预制屋架。

当采用综合吊装法吊装时，构件需一次制作。这时应视场地具体情况确定：构件是全部在拟建车间内部就地预制，还是有一部分在拟建车间外预制。

（3）结构安装工程的施工顺序。

结构安装工程是单层工业厂房施工中的主导工程。其施工内容为：柱、吊车梁、连系梁、地基梁、托架、屋架、天窗架、大型屋面板等构件的吊装、校正和固定。

构件开始吊装日期取决于吊装前准备工作完成的情况。当柱基杯口弹线和杯底标高抄平、构件的检查和弹线、构件的吊装验算和加固、起重机械的安装等准备工作完成后，构件混凝土强度已达到规定的吊装强度，就可以开始吊装。如钢筋混凝土柱和屋架在混凝土强度应分别达到 70% 和 100% 设计强度后才能进行吊装；预应力钢筋混凝土屋架、托架梁等构件在混凝土强度达到 100% 设计强度时，才能张拉预应力钢筋，而灌浆后的砂浆强度要达到 $15N/mm^2$ 时才可以进行就位和吊装。

吊装的顺序取决于吊装方法。若采用分件吊装法，其吊装顺序一般是：第一次开行吊装柱，随后校正与固定；待接着混凝土强度达到 70% 设计强度后，第二次吊装吊车梁、托架梁与连系梁；第三次开行吊装屋盖系统的构件。有时也可将第二次、第三次开行合并为一次开行。若采用综合吊装法，其吊装顺序一般是：先吊装 4~6 根柱并迅速校正和固定，再吊装各类梁及屋盖系统的全部构件，依次进行吊装，直至整个厂房吊装完毕。

抗风柱的安装顺序一般有两种方法：① 在吊装柱的同时先安装该跨一端的抗风柱，另一端则在屋盖安装完毕后进行；② 全部抗风柱的安装均待屋盖安装完毕后进行。

（4）围护工程的施工顺序。

围护工程施工阶段包括墙体砌筑和屋面工程施工。在厂房结构安装工程结束后，或安装完一部分区段后即可开始内、外墙体砌筑工程的分段分层流水施工。不同的分项工程之间可组织立体交叉平行流水施工。墙体砌筑工程、屋面工程和地面工程应紧密配合。如墙体施工完，应考虑屋面工程和地面工程施工。

脚手架工程应配合砌筑搭设，在室外装饰之后、做散水坡之前拆除。内隔墙的砌筑应根据内隔墙的基础形式而定，有的需要在地面工程完成之后进行，有的则可在地面工程完成之前与外墙同时进行。

屋面防水工程的施工顺序，基本与多层混合结构居住房屋的屋面防水施工顺序相同。

（5）装饰工程的施工顺序。

装饰工程的施工可分为室内和室外装饰工程施工。一般单层厂房的装饰工程，通常不占总工期，而是与其他施工过程穿插进行。地面工程应在设备基础、墙体砌筑工程完成了一部分和埋入地下的管道电缆或管道沟完成后随即进行，或视具体情况穿插进行；门窗安装一般与墙体砌筑工程穿插进行，也可以在墙体砌筑工程完成后开始安装，视具体条件而定。

4. 施工方法和施工机械选择

由于建筑产品的多样性、地区性和施工条件的不同，一个单位工程的施工方法和施工机械的选择也是多种多样的。正确地选择施工方法和施工机械，是拟定施工方案的核心内容，它直接影响施工进度、施工质量、施工安全和施工成本。

1）施工方法选择

施工方法是工程施工期间所采用的技术方案、工艺流程、组织措施、检验手段等。施工方法选择时应注意以下几点。

① 重点确定影响整个工程施工的分部分项工程或专项工程施工方法并进行必要的技术核算。

② 对主要分项工程（工序）明确施工工艺要求。

③ 对易发生质量通病、易出现安全问题、施工难度大、技术含量高的分项工程（工序）等应作出重点说明。如在单位工程施工中占重要地位的工程量大的分部分项工程、施工技术复杂或对质量起关键作用的分部分项工程、特种结构工程或由专业施工单位施工的特殊专业工程的施工方法等都应作出重点说明。

④ 对于工程中推广应用的新技术、新工艺、新材料和新设备，可以采用目前国家和地方推广的，也可以根据工程具体情况由企业创新；对于企业创新的技术和工艺，要制订理论和试验研究实施方案，并组织鉴定评价。

⑤ 对季节性施工应根据施工地点的实际气候特点，制定具有针对性的施工措施；并在施工过程中，根据气象部门的预报资料，对具体措施进行细化，提出具体要求。

⑥ 对于人们熟悉的、工艺简单的分项工程，则应加以概括说明，提出应注意的特殊问题即可，不必拟定详细的施工方法。

选择主要项目的施工方法时，应包括以下内容。

（1）土方工程。

确定土方开挖方法、放坡要求、爆破方法及土方调配方案；确定施工机械型号及数量；选择地下水、地表水的排除方法，并确定排水沟、集水井位置及所需降水设备等。

（2）基础工程。

基础工程需设施工缝时，需要确定施工缝留设位置、技术要求，确定基础中垫层、混凝土和钢筋混凝土基础施工的技术要求，确定地下室施工的技术要求和防水要求，确定桩基础的施工方法、施工机械型号及数量。

（3）砌筑工程。

确定砖墙的组砌方法和质量要求，确定脚手架搭设方法和技术要求等。

（4）混凝土及钢筋混凝土工程。

确定模板类型和支模方法，钢筋的加工、绑扎和焊接方法，商品混凝土的采购、运输、浇筑的顺序和方法，泵送混凝土和普通垂直运输混凝土机械的选择，振捣设备的类型和规格，施工缝的留设位置，预应力混凝土的施工方法、控制应力和张拉设备。

（5）结构安装工程。

确定构件的制作、运输、装卸、堆放方法，所需的施工机械型号、数量和对运输道路的要求，安装方法、安装顺序、机械位置。

（6）装饰工程。

围绕室内外装修，确定采用的施工方法、工艺流程和劳动组织，所需施工机械、材料的堆放、平面布置和储存要求，并组织流水施工。

（7）现场垂直、水平运输。

确定垂直运输量（有标准层的要确定标准层的运输量），选择垂直运输方式，选择脚手架及搭设方式，确定水平运输方式和设备的型号、数量，确定配套使用的专用工具设备（如混凝土车、灰浆车、料斗、砖车、砖笼等），确定地面和楼层上水平运输的行驶路线；合理地布置垂直运输设施的位置，综合安排各种垂直运输设施的任务和服务范围。

2）施工机械选择

施工机械选择时应注意以下几点。

（1）首先选择主导的施工机械。如基础工程的土方机械，主体工程的垂直、水平运输机械，结构安装工程的起重机械，等等。

（2）选择与主导施工机械配套的辅助施工机械。在选择辅助施工机械时，必须充分发挥主导施工机械的生产率，使它们的生产能力协调一致，并确定出辅助施工机械的类型、型号和数量。如土方工程中自卸汽车的载重量应为挖土机斗容量的整数倍，汽车的数量应保证挖土机连续工作，使挖土机的效率充分发挥。

（3）为便于施工机械管理，同一施工现场的机械型号应尽可能少。当工程量大而且集中时，应选用专业化施工机械；当工程量小而且分散时，要选用多用途施工机械。

（4）尽量选用施工单位的现有机械，以减少施工的投资额，提高现有机械的利用率，降低成本。不能满足工程需要时，则购置或租赁所需新型机械。

5. 工程施工的重点和难点分析

工程施工的重点和难点对于不同工程和不同企业具有一定的相对性，某些重点、难点工程的施工方法可能已通过有关专家论证成为企业工法或企业施工工艺标准，此时企业可直接引用。

对于工程施工的重点和难点进行分析，包括组织管理和施工技术两个方面。

6. 主要技术组织措施

技术组织措施是指在技术、组织方面采取的具体措施，以达到保证施工质量、安全、环境保护，按期完成施工进度、有效控制工程成本的目的。

1）保证质量措施

保证质量的关键是对所涉及的工程中经常发生的质量通病制定防治措施，从全面质量管理的角度，把措施定到实处，建立质量保证体系，对采用的新工艺、新材料、新技术和新结构，制定有针对性的技术措施。认真制定放线定位正确无误的措施，确保地基基础特别是特殊、复杂地基基础正确无误的措施，保证主体结构关键部位的质量措施，复杂工程的施工技术措施，等等。

2）安全施工措施

安全施工措施应贯彻执行《建设工程安全生产管理条例》（国务院令第393号）中的安全操作规程，对施工中可能发生安全问题的各个环节进行预测，其主要内容如下。

（1）预防自然灾害措施，包括防台风、防雷击、防洪水、防地震等措施。

（2）防火防爆措施，包括大风天气严禁施工现场明火作业、明火作业要有安全保护、氧气瓶防振防晒和乙炔罐严禁回火等措施。

（3）劳动保护措施，包括安全用电、高空作业、交叉施工、防暑降温、防冻防寒和防滑防坠落，以及防有害气体等措施。

（4）特殊工程安全措施，如采用新结构、新材料或新工艺的单项工程和危险性较大的分部分项工程，要编制专项施工方案和详细的安全施工措施。

3）降低成本措施

降低成本措施包括节约劳动力、材料、机械设备费用、工具费和间接费用等。针对工程量大、有采取措施的可能、有条件的项目，提出降低成本措施，计算出经济效果指标，最后加以分析、评价、决策。一定要正确处理降低成本、提高质量和缩短工期三者的关系。

4）季节性施工措施

当工程施工跨越冬期或雨期施工时，要制定冬、雨期施工措施，在防淋、防潮、防泡、防拖延工期、防冻等方面，分别采用遮盖、合理储存、避雨、改变施工顺序、保温等措施。

5）防止环境污染的措施

为了保护环境，防止在施工中造成污染，在编制施工方案时应提出防止环境污染的措施。

7. 施工方案的评价

为了避免施工方案的盲目性、片面性，保证所选方案的科学性，对所选施工方案要进行技术、经济评价，从而选出技术先进可行、质量可靠、经济合理的最佳方案，达到保证工程质量、缩短工期、降低成本的目的，进而提高工程施工的经济效益。常用的施工方案的评价方法有定性分析评价和定量分析评价两种。

1）定性分析评价

定性分析评价主要从以下几个方面对施工方案进行分析、比较。

（1）施工操作难易程度和安全可靠性。

（2）为后续工程创造有利条件的可能性。

（3）利用现有或取得施工机械的可能性。

（4）为现场文明施工创造有利条件的可能性。

（5）施工方案对冬、雨期施工的适应性。

2）定量分析评价

（1）工期指标。当要求工程尽快完成以便尽早投入生产或使用时，选择施工方案要在确保工程质量、安全和成本较低的前提下，优先考虑缩短工期。

（2）劳动力指标。该指标反映施工机械化程度和劳动生产率水平。通常，劳动消耗越小，机械化程度和劳动生产率水平越高。

（3）主要材料消耗指标。该指标反映施工方案的主要材料节约情况。

（4）成本指标。该指标反映施工方案的成本高低，一般需计算该施工方案所用的直接费用和间接费用。

### 8.3.4 单位工程施工进度计划

单位工程施工进度计划是在确定了施工方案的基础上，根据工期要求和各种资源供应条件，遵循各施工过程合理的施工顺序，用图表的形式表示工程从开始施工到全部竣工各施工过程在时间和空间上的合理安排和搭接关系。《建筑施工组织设计规范》(GB/T 50502—2009)对施工进度计划的界定是：为实现项目设定的工期目标，对各项施工过程的施工顺序、起止时间和相互衔接关系所作的统筹策划和安排。

施工进度计划要保证拟建工程在规定的期限内完成，保证施工的连续性和均衡性，节约施工费用。在此基础上，可以编制劳动力计划、材料供应计划、施工机械需要量计划等。因此，施工进度计划是施工组织设计中一项非常重要的内容。通常有横道图和网络图两种表示方法。

**1. 编制依据**

《建设工程项目管理规范》(GB/T 50326—2017)第 9.2.1 条规定，项目进度计划编制依据应包括合同文件和相关要求、项目管理规划文件、资源条件与内外部约束条件。在工程实际实施过程中，项目进度计划具体应包括：

（1）合同文件对施工工期及开竣工日期的要求；
（2）施工总进度计划；
（3）主要分部分项工程的施工方案；
（4）劳动力、材料、设备、资金等资源投入；
（5）劳动定额、机械台班定额和企业施工管理水平；
（6）工期定额；
（7）施工人员的技术素质和劳动效率等。

**2. 编制程序**

单位工程施工进度计划编制程序如图 8.11 所示。

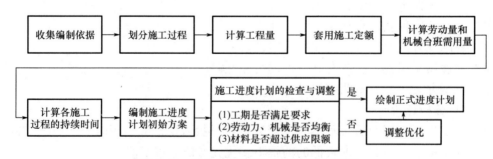

图 8.11 单位工程施工进度计划编制程序

**3. 编制步骤**

1）划分施工过程

施工过程是进度计划的基本组成单元。划分施工过程时，应注意以下问题。

（1）施工过程划分的粗细程度，主要取决于施工进度计划的客观需要。编制控制性施工进度计划时，施工过程可划分得粗一些，通常只列出分部工程名称，如多层混合结构居住房屋的控制性施工进度计划，只列出基础工程、主体工程、屋面工程和装饰工程四个施工过程；编制实施性施工进度计划时，施工过程划分得要细一些，如上述屋面工程应进一步划分为找平层、隔气层、保温层、防水层等分项工程。

（2）施工过程的划分要结合所选择的施工方案或施工方式。施工方案或施工方式不同，施工过程名称、数量、内容和施工顺序也会有所不同。如深基坑施工需降水，当采用放坡开挖时，其施工过程包括井点降水和挖土两项；当采用桩支护时，其施工过程包括井点降水、支护桩和挖土三项。

（3）适当简化施工进度计划内容，避免施工过程划分过细、重点不突出。可将某些穿插性分项工程合并到主要分项工程中去。

（4）水暖电卫工程和设备安装工程通常由专业施工队负责施工。因此，在施工进度计划中只要反映出这些工程与土建工程如何配合即可。

（5）所有施工过程应基本按施工顺序先后排列，所采用的施工项目名称可参考现行定额手册上的项目名称。

2）计算工程量

通常，可直接采用施工图预算所计算的工程量数据，但应注意有些项目的工程量应按实际情况作适当调整。如土方工程施工中的挖土工程量，应根据土壤的类别和采用的施工方法等进行调整。计算工程量时应注意以下几个问题。

（1）各分部分项工程的工程量计算单位应与《建设工程工程量清单计价规范》（GB 50500—2013）所规定的单位一致，避免计算劳动力、材料和机械台班数量时须进行换算，产生错误。

（2）结合选定的施工方法和安全技术要求计算工程量。

（3）结合施工组织要求，分区、分段和分层计算工程量。

（4）尽量考虑编制其他计划时使用工程量数据的便利性，做到一次计算、多次使用。

3）计算劳动量和机械台班数量

计算劳动量和机械台班数量时，可根据各分部分项工程的工程量施工方法和现行的劳动定额，结合实际情况加以确定。一般应按公式（8-1）计算：

$$P = \frac{Q}{S} \text{ 或 } P = Q \cdot H \tag{8-1}$$

式中　$P$——劳动量（工日数）或机械台班数量（台班数）；

　　　$Q$——某分部分项工程的工程量（$m^3$、$m^2$、t）；

　　　$S$——产量定额，即单位工日或台班完工程量（$m^3$、$m^2$、t/工日或台班）；

　　　$H$——时间定额（工日或台班/$m^3$、$m^2$、t）。

在使用定额时，可能会出现以下几种情况。

（1）计划中的一个工程项目包括了定额中的同一性质的不同类型的几个分项工程。这时可用其所包括的各分项工程的工程量与其产量定额（或时间定额）算出各自的劳动量，然后求和，即为计划中工程项目的劳动量，一般应按公式（8-2）计算：

$$P = \frac{Q_1}{S_1} + \frac{Q_2}{S_2} + \cdots + \frac{Q_n}{S_n} = \sum_{i=1}^{n} \frac{Q_i}{S_i} \tag{8-2}$$

式中　　　　　　　　$P$——计划中某一工程项目的劳动量；
　　　　　$Q_1$，$Q_2$，…，$Q_n$——同一性质各个不同类型分项工程的工程量；
　　　　　$S_1$，$S_2$，…，$S_n$——同一性质各个不同类型分项工程的产量定额；
　　　　　　　　　　$n$——计划中的一个工程项目包含的定额相同、同一性质、不同类型的分项工程的个数。

或者也可以先计算平均定额，再用平均定额计算劳动量。

当同一性质不同类型分项工程的工程量相等时，平均定额可用其绝对平均值，可按公式（8-3）计算：

$$H = \frac{H_1 + H_2 + \cdots + H_n}{n} \tag{8-3}$$

式中　$H$——同一性质不同类型分项工程的平均时间定额；
　　　$n$——分项工程数量；
其他符号同前。

当同一性质不同类型分项工程的工程量不相等时，平均定额可用加权平均值，可按公式（8-4）计算：

$$S = \frac{Q_1 + Q_2 + \cdots + Q_n}{\dfrac{Q_1}{S_1} + \dfrac{Q_2}{S_2} + \cdots + \dfrac{Q_n}{S_n}} = \frac{\sum_{i=1}^{n} Q_i}{\sum_{i=1}^{n} \dfrac{Q_i}{S_i}} \tag{8-4}$$

式中　$S$——同一性质不同类型分项工程的平均产量定额；
其他符号同前。

（2）有些新技术或特殊的施工方法，无定额可遵循。可将类似项目的定额进行换算，或根据经验资料确定，或采用公式（8-5）计算：

$$S = (a + 4m + b)/6 \tag{8-5}$$

式中　$S$——综合产量定额；
　　　$a$——最乐观估计的产量定额；
　　　$b$——最保守估计的产量定额；
　　　$m$——最可能估计的产量定额。

4）计算各施工过程的持续时间

计算各施工过程的持续时间一般有两种方法。

（1）根据配备在某施工过程的施工工人数量或机械台班数量来确定。可按公式（8-6）计算：

$$t = \frac{P}{RN} \tag{8-6}$$

式中　$t$——完成某施工过程的持续时间；
　　　$P$——完成某施工过程所需劳动量（工日数）或机械台班数量（台班数）；
　　　$R$——完成该施工过程投入的人数或机械台班数量；
　　　$N$——每天工作班数。

（2）根据工期要求倒排进度。根据规定总工期、工期定额和施工经验，确定各施工过程的施工时间，然后再按各施工过程需要的劳动量或机械台班数量，确定各施工过程需要的人数或机械台班数量。可按公式（8-7）计算：

$$R = \frac{P}{tN} \tag{8-7}$$

计算时首先按一班制考虑，若算得的人数或机械台班数量超过工作面所能容纳的数量，可增加工作班次或采取其他措施，使每班投入的机械台班数量或人数减少到可能与合理的范围。

5）编制施工进度计划初始方案

各施工过程的施工天数和施工顺序确定后，按照流水施工的原则，根据划分的施工段组织流水施工。首先安排控制工期的主导施工过程，使其尽可能连续施工；对其他施工过程尽量穿插、搭接或平行作业；最后把各施工过程在各施工段的流水作业最大限度地搭接起来，即形成单位工程施工进度计划初始方案。

6）施工进度计划的检查与调整

施工进度计划初始方案确定后，应进行检查、调整和优化。其主要内容如下。

（1）各施工过程的施工顺序、平行搭接和技术组织间歇是否合理。

（2）初始方案的工期能否满足合同规定的工期要求。

（3）主要工种工人是否连续施工。

（4）各种资源需要量是否均衡。

经过检查，对不符合要求的部分进行调整，如增加或缩短某施工过程的持续时间、改变施工方法或施工技术组织措施等。

此外，由于建筑施工是一个复杂的生产过程，往往会因人力、物力及现场客观条件的变化而打破原定计划。因此，在施工过程中，应随时掌握工程动态，经常检查和调整计划，才能使工程自始至终处于有效的计划控制中。

### 8.3.5 单位工程主要资源需要量计划

单位工程主要资源需要量计划可用来确定建筑工地的临时设施，并按计划供应材料、构件，调配劳动力和机械设备，以保证施工顺利进行。在编制单位工程施工进度计划后，就要着手编制主要资源需要量计划。

1. 劳动力需要量计划

将施工进度计划表中所列各施工过程每天（或旬、月）的劳动量、工种进行汇总，就可编制出主要工种劳动力需要量计划，如表 8-6 所示。

表 8-6 主要工种劳动力需要量计划

| 序号 | 工种名称 | 总劳动量（工日） | 每月需要量（工日） | | | | | |
|---|---|---|---|---|---|---|---|---|
| | | | 1 | 2 | 3 | 4 | 5 | 6 |
| | | | | | | | | |

2. 主要材料需要量计划

它主要作为组织备料、确定仓库及堆场面积以及组织运输的依据。其编制方法是将施工预算中工料分析表或进度表中各施工过程所需的材料,按材料名称、规格、需要量、供应时间进行计算汇总而得,如表8-7所示。

表8-7 主要材料需要量计划表

| 序号 | 材料名称 | 规格 | 需要量 | | 供应时间 | 备注 |
|---|---|---|---|---|---|---|
| | | | 单位 | 数量 | | |
| | | | | | | |

3. 构件和半成品需要量计划

它主要用于落实加工订货单位,并按照所需规格、需要量、供应时间,组织加工、运输和确定仓库或堆场,一般根据施工图和施工进度计划编制,如表8-8所示。

表8-8 构件和半成品需要量计划

| 序号 | 构件、半成品名称 | 规格 | 图号 | 需要量 | | 使用部位 | 加工单位 | 供应时间 | 备注 |
|---|---|---|---|---|---|---|---|---|---|
| | | | | 单位 | 数量 | | | | |
| | | | | | | | | | |

4. 施工机械需要量计划

根据施工方案和施工进度计划确定施工机械的类型、需要量、进场时间。其编制方法是将施工进度计划表中每个施工过程、每天所需的机械类型、数量和使用起止时间进行汇总,即得出施工机械需要量计划,如表8-9所示。

表8-9 施工机械需要量计划

| 序号 | 机械名称 | 类型、型号 | 需要量 | | 货源 | 使用起止时间 | 备注 |
|---|---|---|---|---|---|---|---|
| | | | 单位 | 数量 | | | |
| | | | | | | | |

## 8.3.6 单位工程施工现场平面布置图

单位工程施工现场平面布置

1. 单位工程施工现场平面布置图的内容

单位工程施工现场平面布置图是对一个建筑物或构筑物在施工用地范围内,对各项生产、生活设施及其他辅助设施等进行的平面规划和空间布置图。

它是根据工程规模、特点和施工现场的条件,按照一定的设计原则来正确地安排施工期间所需的各种临时设施同永久性建筑物和拟建建筑物之间的合理位置关系。它是进行施工现场布置的依据,也是施工准备工作的一项重要工作,还是进行文明施工、节约土地、减少临时设施费用的先决条件,其绘制比例一般为1:200~1:500。

单位工程施工现场平面布置图设计包括以下内容。

(1)建筑总平面图上已建和拟建的地上和地下的一切建筑物、构筑物以及其他设施的位置和尺寸。

（2）测量放线标桩位置、地形等高线和土方取弃场地。

（3）布置在工程施工现场的垂直运输设施的位置。

（4）搅拌系统、材料、半成品加工、构件和机具的仓库或堆场。

（5）生产和生活用临时设施的布置。

（6）场内临时施工道路的布置，以及与场外交通的连接。

（7）布置在工程施工现场的供电设施、供水供热设施、排水排污设施和通信线路的位置。

（8）施工现场必备的安全、消防、保卫和环境保护等设施的位置。

（9）必要的图例、比例尺、方向和风向标记。

2. 单位工程施工现场平面布置图的设计原则

施工现场就是建筑产品的组装厂，建筑工程和施工场地的千差万别，使得施工现场平面布置因人、因地而异。合理布置施工现场，对保证工程施工顺利进行具有重要意义。施工现场平面布置应遵循方便、经济、高效、安全、环保、节能的原则。具体应符合下列原则。

（1）在保证工程顺利进行的前提下，平面布置应力求紧凑，节约用地。

（2）合理组织运输，尽量减少场内材料、构件的二次搬运，最大限度地缩短工地内部运距。

（3）充分利用既有建（构）筑物和既有设施为项目施工服务，减少临时设施的数量，降低临时设施的建造费用。

（4）符合节能、环保、安全和消防等要求。

（5）遵守当地主管部门和建设单位关于施工现场安全文明施工的相关规定。

3. 单位工程施工现场平面布置图的设计步骤

单位工程施工现场平面布置图的设计步骤一般是：确定起重机的位置→确定搅拌系统、仓库、材料和构件堆场、加工厂的位置→布置运输道路→布置生产、生活福利用临时设施→布置水电管网→计算技术经济指标。

1）垂直运输机械的布置

垂直运输机械的位置直接影响仓库、各种材料和构件等的位置及道路、水电线路的布置等，因此它是施工现场布置的核心，必须首先确定。由于各种起重机械的性能不同，其布置方式也不相同。

（1）塔式起重机的布置。

塔式起重机是集起重、垂直提升、水平输送三种功能于一身的机械设备。按其在工地上使用架设的要求不同可分为固定式塔式起重机、有轨式塔式起重机、附着式塔式起重机和内爬式塔式起重机四种。

① 固定式塔式起重机不需铺设轨道，但其作业范围较小；附着式塔式起重机占地面积小，且起重量大，可自行升高，但其必须附着于建筑物上；内爬式塔式起重机布置在建筑物中间，且作用的有效范围大，适用于高层建筑施工。

在确定塔式起重机服务范围时，最好将建筑物平面尺寸包括在塔式起重机服务范围内，以保证各种构件与材料直接吊运到建筑物的设计部位上，尽可能不出现死角；若实在无法避免，则要求死角越少越好，同时在死角上不应出现吊装最重、最高的预制构件，且在确定吊装方案时，应提出具体的技术和安全措施，以保证这部分死角的构件顺利安装。例如，可将塔式起重机和龙门架同时使用来解决这个问题。但要确保塔式起重机回转时不能有碰撞的可能，确保施工安全。

此外，在确定塔式起重机服务范围时应考虑有较宽的施工用地，以便安排构件堆放以及使搅拌设备出料斗能直接挂钩后起吊（如果采用泵送方案则无须考虑搅拌设备），同时也应将主要道路安排在塔式起重机服务范围之内。

② 有轨式塔式起重机可在轨道两侧全幅作业范围内进行吊装，但占用施工场地大，路基工作量大，且使用高度受一定限制，一般沿建筑物长向布置，其位置、尺寸取决于建筑物的平面形状、尺寸、构件重量、起重机的性能及四周施工场地的条件等。

（2）自行无轨式起重机械的布置。

自行无轨式起重机械分为履带式、轮胎式和汽车式三种。它们一般不用作垂直和水平运输，仅用作装卸和起吊构件之用，适用于装配式单层工业厂房主体结构的吊装，也可用于混合结构如大梁等较重构件的吊装方案等。

（3）固定式垂直运输机械的布置。

井架、龙门架等固定式垂直运输机械的布置，主要根据机械性能、建筑物的平面形状和尺寸、施工段的划分、材料来向和已有运输道路情况而定。按照充分发挥起重机械的能力，并使地面和楼面的水平运距最小的原则进行布置。布置时应考虑以下几点：

① 当建筑物各部位高度相同时，应布置在施工段的分界线附近。

② 当建筑物各部位高度不同时，应布置在高低分界线较高部位一侧。

③ 井架、龙门架的位置应布置在窗口处为宜，以避免砌墙留槎和井架拆除后的修补工作。

④ 井架、龙门架的数量要根据施工进度、垂直提升的构件和材料数量、台班工作效率等因素计算确定，其服务范围一般为 50～60m。

⑤ 卷扬机的位置不应距离提升机太近，以便司机的视线能够看到整个升降过程，一般要求此距离大于或等于建筑物的高度，水平距离外脚手架 3m 以上。

⑥ 井架应立在外脚手架之外，并应有一定距离（一般为 5～6m）。

（4）外用施工电梯的布置。

在高层建筑施工中使用外用施工电梯时，应考虑便于施工人员的上下和物料集散，从电梯口至各施工地点的平均距离最短，并便于安装附墙装置，有良好的夜间照明。

（5）混凝土泵和泵车的布置。

现在的工程施工中主要用商品混凝土，通常采用泵送的方案进行。因此混凝土泵的布置宜考虑设置在道路畅通、供料方便、距离浇注地点近，配管、排水、供水、供电方便的地方，且在混凝土泵作用范围内不得有高压线。

2）搅拌系统、仓库、材料和构件堆场、加工厂的布置

① 材料和构件堆场应尽量靠近使用地点或在起重机能力范围内，并考虑运输和装卸的方便。

② 如果现场设置搅拌系统，则要与砂、石堆场和水泥库（灌）一起考虑，既要靠近，又要便于大宗材料的运输装卸。

③ 木工棚、钢筋加工棚可离建筑物稍远，但应有一定的场地堆放木材、钢筋和成

品。仓库、堆场的布置，应经过计算，以适应各个施工阶段的需要。按照材料使用的先后顺序，同一场地可以供多种材料或构件堆放。易燃、易爆品的仓库位置，须遵守防火、防爆安全距离的要求。

④ 石灰、淋灰池要接近灰浆搅拌站布置。

⑤ 构件重量大的，要布置在起重机臂下；构件重量小的，可远离起重机。

3）运输道路的修筑

运输道路应按材料和构件运输的需要，沿着仓库和堆场进行布置，使之畅通无阻。单行道宽度不小于 3m，双车道宽度不小于 5.5m。路基要经过设计，转弯半径要满足运输要求。要结合地形在道路两侧设排水沟。现场应设环形路，在易燃品附近也要尽量设计进出容易的道路。木材场两侧应有 6m 宽通道，端头处应有 12m×12m 回车场。消防车道宽度应不小于 3.5m。

4）生产、生活福利用临时设施的布置

此类临时设施应使用方便、有利施工、符合防火安全的要求，一般应设在工地出入口附近。尽量利用已有设施作为临时设施，必须修建时要经过计算确定面积。

5）水电管网的布置

（1）施工水网的布置。

施工用的临时给水管，一般由建设单位的干管或市政干管接到用水地点。布置时应力求管网总长度短，管径尺寸和水龙头数量需根据工程规模，通过计算确定。并按防火要求布置室外消防栓，消防栓应沿道路设置，距道路应不大于 2m，距建筑物外墙不应小于 5m，也不应大于 25m。消防栓的间距不应大于 120m，工地消防栓应设有明显的标志，且周围 3m 以内不准堆放建筑材料。

（2）临时供电设施的布置。

为了安全和维修方便，施工现场一般采用架空配电线路，且要求现场架空线与施工建筑物水平距离不小于 10m，架空线与地面距离不小于 6m，跨越建筑物或临时设施时，垂直距离不小于 2.5m。现场线路应尽量架设在道路的一侧，且尽量保持线路水平，在低压线路中，电杆间距应为 25~40m，分支线及引入线均应由电杆处接出，不得由两杆之间接线。单位工程施工用电应在施工总平面布置图中统筹考虑，包括用电量计算、电源选择、电力系统选择和配置。对于独立的单位工程，应根据计算的用电量和建设单位可提供电量决定是否选用变压器，变压器的设置应将施工阶段使用与以后长期使用结合考虑，其位置应远离交通要道口处，布置在现场边缘高压线接入处，在 2m 以外用高度大于 1.7m 铁丝网围住四周以保证安全。

## 8.3.7 技术经济指标计算

为评价单位工程施工现场平面布置图的设计质量，可通过计算下列技术经济指标并加以分析，以确定单位工程施工现场平面布置图的最终方案。

1. 施工占地面积和施工占地系数

$$施工占地系数 = \frac{施工占地面积}{建筑面积} \times 100\% \qquad (8-8)$$

2. 施工场地利用率

$$施工场地利用率 = \frac{施工设施占用面积}{施工占地面积} \times 100\% \quad (8-9)$$

3. 临时设施投资率

$$临时设施投资率 = \frac{临时设施费用总和（元）}{工程总造价（元）} \times 100\% \quad (8-10)$$

## 习 题

### 一、单项选择题

1. 编制施工组织总设计涉及下列工作：①施工总平面布置图设计；②拟定施工方案；③编制施工总设计进度计划；④编制资源需求计划；⑤计算主要工种的工程量。正确的编制程序是（　　）。
   A. ⑤—①—②—③—④  B. ①—⑤—②—③—④
   C. ①—②—③—④—⑤  D. ⑤—②—③—④—①

2. 根据施工组织设计的管理要求，重点、难点分部分项工程施工方案的批准人是（　　）。
   A. 项目技术负责人      B. 项目负责人
   C. 施工单位技术负责人  D. 总监理工程师

3. 施工组织设计应由（　　）主持编制，可根据需要分阶段编制和审批。
   A. 总承包单位技术负责人  B. 项目负责人
   C. 施工单位技术负责人    D. 项目技术负责人

4. 施工组织总设计应由（　　）审批。
   A. 总承包单位技术负责人  B. 项目技术负责人
   C. 总监理工程师          D. 项目经理

5. 下列施工组织设计的内容中，属于施工部署及施工方案的是（　　）。
   A. 施工资源的需求计划    B. 施工资源的优化配置
   C. 投入材料的堆场设计    D. 施工机械的分析选择

### 二、多项选择题

1. 大量土石方工程施工组织设计的主要内容一般有（　　）。
   A. 工程概况及施工特点分析  B. 施工方法和施工机械的选择
   C. 施工总进度计划          D. 各项资源需求量计划
   E. 作业区施工平面布置图设计

2. 分部分项工程施工组织设计的主要内容包括（　　）。
   A. 施工准备工作计划        B. 施工进度计划

C. 作业区施工平面布置图设计　　D. 施工总平面布置图设计
E. 施工方案的选择

3. 单位工程施工组织设计和施工方案均应包括的内容有（　　）。
A. 资源配置计划　　　　　　　B. 工程概况
C. 施工进度计划　　　　　　　D. 施工准备
E. 平面布置

4. 单位工程主要资源需要量计划应包括（　　）。
A. 劳动力需要量计划　　　　　B. 主要材料需要量计划
C. 构件需要量计划　　　　　　D. 半成品需要量计划
E. 施工机械需要量计划

5. 关于施工组织设计中施工平面图的说法中，正确的有（　　）。
A. 反映了最佳施工方案在时间上的安排
B. 反映了施工机具等资源的供应情况
C. 反映了施工方案在空间上的全面安排
D. 反映了施工进度计划在空间上的全面安排
E. 使整个现场能有组织地进行文明施工

### 三、名词解释题

1. 施工组织总设计
2. 施工程序
3. 施工方法
4. 单位工程施工进度计划
5. 单位工程施工平面图

### 四、简答题

1. 施工组织设计有什么作用？
2. 编制施工组织设计的原则有哪些？
3. 施工方案设计中主要应确定全面施工阶段的施工程序。施工中通常遵循的程序主要有哪些方面？
4. 列举室内装饰工程的内容，并说出其中的主导工程是什么？
5. 施工进度计划的初始方案确定后，应如何进行检查、调整和优化？

### 五、案例分析题

【背景资料】

某施工单位中标承建某商业办公楼工程，建筑面积24000m$^2$，地下一层，地上六层，基础形式为钢筋混凝土筏形基础，主体结构为钢筋混凝土现浇框架结构。主体结构混凝土强度等级C30，主要受力钢筋采用HRB400级，其20m受力钢筋接采用机械连接。

中标后，施工单位根据招标文件、施工合同以及本单位的要求，确定了工程的管理目标、施工顺序、施工方法和主要资源配置计划。施工单位项目负责人主持，项目经理部全体管理人员参加，编制了单位工程施工组织设计，由项目技术负责人审核，项目负责人审批。施工单位向监理单位报送该单位工程施工组织设计，监理单位认为该单位工程施工组织设计中只明确了质量、安全、进度三项管理目标，管理目标不全面，要求补充。

【问题】

（1）指出施工单位单位工程施工组织设计编制与审批管理的不妥之处，写出正确做法。

（2）根据监理单位的要求，还应补充哪些管理目标？（至少写4项）

在线答题

拓展习题

# 第 9 章 数字化技术在工程项目管理中的应用

### 知识结构图

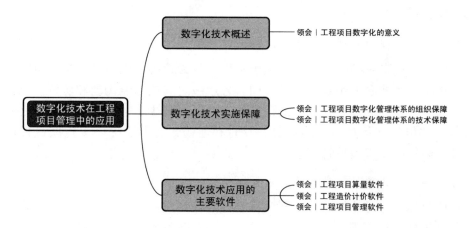

# 9.1 数字化技术概述

党的二十大报告指出"加快数字中国建设",因此,我们要把握数字化变革带来的新机遇。在工程项目管理中,数字化是将工程项目复杂多变的信息转变为可以度量的数字、数据,再以这些数字、数据建立适当的数字化模型。在工程项目数字化阶段,建筑物和建设过程信息以数字形态出现,能直接准确地表达建筑物和建设过程的特点和本质,并进行建筑物和建设过程的模拟仿真和智能化控制。工程项目数字化管理体系是在工程项目信息系统上发展而来,因此要求其在技术上既有先进性也有一定的传承,管理上有创新也能覆盖原有的管理功能。

## 9.1.1 工程项目数字化的意义

**1. 可以加快工程项目信息交流速度**

利用信息网络作为工程项目信息交流的载体,可以大大加快工程项目信息交流的速度,减轻工程项目参建各方管理人员日常管理工作的负担,能够及时查询工程进展情况,及时发现问题,及时作出决策,从而提高工作效率。同时,工程项目管理信息化能够为各工程项目参建各方提供完整、准确的历史信息,方便浏览并支持这些信息在计算机上的粘贴和拷贝,可以减少传统管理模式下大量的重复抄录工作,极大地提高工程项目管理工作效率。

**2. 可以实现工程项目信息共享和协同工作**

利用公共的信息管理平台,既有利于工程项目参建各方的信息共享和协同工作,又有利于工程项目参建各方组织内部各部门、各层级之间的信息沟通和协调。在信息共享环境下,通过自动地完成某些常规的信息发布,可以减少工程项目参建人员之间的信息交流次数,并能保证信息传递的快捷、及时和通畅,有助于提高工程项目管理工作效率,而且可以提高工程项目管理水平。

**3. 可以实现工程项目信息的及时采集**

工程项目信息管理能够适应工程项目管理对信息量急剧增长的需要,允许实时采集每天的各种工程项目管理活动信息,并可以实现对各管理环节进行及时便利的督促与检查,从而促进工程项目管理工作质量的提高。

**4. 可以存储和分析工程项目全部信息**

工程项目信息管理可以将工程项目的全部信息以系统化、结构化的方式存储起来,甚至可以对已积累的既往工程项目信息进行高效的分析,从而为工程项目管理的科学决策提供定量分析数据。

**5. 可以促进工程项目风险管理水平的提高**

由于工程项目的规模、技术含量越来越大,以及现代市场经济竞争激烈等特点,工程项目建设风险越来越大。工程项目风险管理需要大量信息,而且需要迅速获得并处理这些信息。现代信息技术为工程项目风险管理提供了很好的方法、手段和工具，工程项目信息管理能够大大提高工程项目风险管理的能力和水平。

## 9.1.2 工程项目管理数字化实施模式

工程项目管理数字化实施模式主要有以下三种。

1. 自行开发

聘请咨询公司和软件公司针对工程项目特点自行开发，完全承担系统的设计、开发及维护工作。

2. 直接购买

建设单位或总承包单位等工程项目主要参建方出资购买商品化项目管理软件，通常通过二次开发后安装在服务器上，供工程项目参建各方使用。

3. 租用服务

租用项目管理应用服务供应商（project management-application service provider，PM-ASP）已完全开发好的项目管理信息化系统，通常按租用时间、项目数、用户数、数据占用空间大小收费。

## 9.1.3 工程项目信息管理工作内容

工程项目信息管理工作主要包括信息计划、信息过程、信息安全、文件与档案、信息技术应用、知识管理等方面的管理。

1. 信息计划管理

以项目管理策划为依据制订项目信息计划，明确项目信息的管理范围、管理目标、信息需求、管理手段和协调机制；建立项目信息编码体系；确定项目信息渠道和管理流程；编制项目信息资源需求计划；建立项目信息管理制度；确定信息变更控制措施。项目信息需求包含实施项目相关方所需的所有信息，需明确信息的类型、内容、格式和传递要求，且进行信息价值分析。项目信息编码体系需尽可能考虑信息的结构化程度和使用的便利性，并与组织信息编码保持一致。项目信息渠道和管理流程主要是明确信息产生和提供的主体，以及该信息在项目管理机构内部和外部的具体使用单位、部门和人员之间的信息流动要求。项目信息资源需求计划需确定所需的各种信息资源名称、配置标准、数量、需用时间和费用估算。项目信息管理制度需确保信息管理人员以有效的方式进行信息管理，信息变更控制措施需确保对信息变更进行有效控制。

2. 信息过程管理

项目信息过程管理是对信息的采集、传输、存储、应用和评价等过程进行的管理。项目管理机构充分利用现代信息技术展开的信息过程管理，涉及项目内部的各种管理和技术信息，以及项目相关的自然、市场、法规、政策和利益相关方信息。项目管理机构可选择人工采集或自动采集（如物联网、智能设备）等方式进行信息采集；建立相应的数据库，对信息进行相应的传输和存储，满足项目管理的需要，并在项目竣工后保存和移交完整的项目信息资料；定期展开信息管理在有效性、管理成本和管理效益方面的评价，持续改进信息管理工作。

3. 信息安全管理

项目管理机构对项目信息实施分级分类、全过程的信息动态安全管理。通过建立实施信息安全责任制度、设立信息安全岗位、实施信息安全教育、采用先进安全技术、严格执行信息安全控制程序等管理措施，明确信息安全的职责分工，规范信息安全的行为，确保信息处于安全状态，并持续提升信息安全管理水平。

4. 文件与档案管理

项目管理机构根据法律法规要求对文件与档案实施分类、分级管理，保密要求高的信息或文件要按高级别保密要求进行防泄密控制。文件与档案管理人员及时收集、整理项目管理过程中产生的所有文件与档案，按项目的统一规定进行标识并完整存档，保证项目文件和档案资料的真实、准确和完整。项目文件与档案管理尽量应用信息系统，但重要项目文件和档案要有纸介质备份。

5. 信息技术应用管理

项目信息系统是根据预先规划，基于互联网并结合建筑信息模型、云计算、大数据、物联网等先进技术建设而成，为用户提供项目各方面信息，满足项目管理在信息共享、协同工作、过程控制、实时管理等方面的需要。信息技术应用管理主要涉及：项目文档管理的一体化；提供项目进度、成本、质量、安全、合同、资金、技术、环保、人力资源、保险的动态信息；支持项目管理满足事前预测、事中控制、事后分析的需求；提供项目关键过程的具体数据并自动产生相关报表和图表等管理需求。

为此，项目信息系统一般要包含信息处理功能，业务处理功能，数据集成功能，辅助决策功能，以及项目文件与档案管理功能。

（1）信息处理功能：对项目信息、数据的收集、传送、加工、反馈、分发、查询等处理功能。

（2）业务处理功能：对项目的进度管理、成本管理、质量管理、安全管理、技术管理及相关业务的协同处理功能。

（3）数据集成功能：与进度计划、预算软件等工具软件，与人力资源、财务系统、办公系统等管理系统共享和交换数据的数据集成功能。

（4）辅助决策功能：利用已有数据和预先设定的数据处理方法进行分析预测，提供辅助决策的功能。

（5）项目文件与档案管理功能：对项目各个阶段产生的项目文件按规定的分类进行收集、存储和查询的功能；向档案管理系统推送项目文件并在档案系统内进行整理、归档、立卷、档案维护、检索的功能。

同时，为确保项目信息系统安全，项目信息系统还需要具备身份认证、防止恶意攻击、信息权限设置、跟踪审计和信息过滤、病毒防护、安全监测、数据灾难备份等安全技术功能；必须配备专门的运行维护人员，负责项目信息系统的使用指导、数据备份、维护和优化工作。

**6. 知识管理**

项目参与方一般将知识管理纳入项目管理过程并与信息管理有机结合，采取确保知识应用准确性和有效性的措施，明确知识传递渠道，实现知识分享，并进行知识更新。项目知识来源包括内部来源和外部来源，内部来源包含对工程经历体会，项目成功或失败经验，过程、产品和服务改进结果的归纳总结；外部来源包含项目实施相关的知识产权、标准规范要求、技术发展趋势和方向等。

## 9.2 数字化技术实施保障

### 9.2.1 工程项目数字化管理体系的组织保障

工程项目数字化管理体系的成功实施，涉及许多组织和管理的问题，所以应有与先进的计算机手段相适应的、科学合理的工程建设组织体系。根据工程项目的管理现状和现行的体制机制，有必要从业主主要推动、其他参与方积极配合、企业领导重视、建立专门组织机构等方面，为数字化管理体系的实施提供组织保障。

**1. 业主主要推动**

工程项目的数字化管理体系是一个需要全员参与的管理体系，业主是工程项目管理过程的总集成者，也是工程项目生产过程的总组织者，是实施工程项目数字化管理的关键。因此工程项目数字化管理体系要求业主主要推动，带动其他各参与方，在招投标时要求投标单位参与建设与实施数字化管理，并通过合同约束相关单位。

**2. 其他参与方积极配合**

工程项目数字化管理体系只靠业主单方面推动，很难发挥其作用，其实施效果也不会理想，还需要工程项目其他参与方积极配合业主并参与到数字化管理体系的实施中来。

**3. 企业领导重视**

企业领导的长远目光以及对数字化的深刻理解很重要，领导须加大对工程项目数字化管理体系的重视程度，从企业生存和发展的角度来认识实施数字化管理体系的重要性和必要性，积极参与并大力支持数字化管理体系实施工作。企业领导从总体规划阶段就需建立应用数字化管理体系的意识，保障数字化管理体系在建设全生命周期的实施；另外，领导要加强资源配置，为数字化管理体系的实施提供必要的人才、资金和设备保障。

**4. 建立专门组织机构**

工程项目数字化管理体系，仅建立数字化管理是不够的，工程项目各参与方还需要在企业内部建立与实施相配套的专门组织机构并制定相应的规章制度，收集所需的各种数据，使其操作程序化、规范化，保障工程项目数字化管理体系的实施。

## 9.2.2 工程项目数字化管理体系的技术保障

**1. 实施工程项目数字化管理的基础准备**

对工程项目数字化管理体系进行规划，提出其实施步骤或实施计划。

1）购买管理所需的硬件和软件

工程项目数字化管理体系，首先应购买必要的计算机、服务器、交换机等主要设施，各单位内部的局域网络，能与外界联系的网络设备，与计算机相配套的一些相应的外部设备。相对于以实物形态出现的硬件设备设施，数字化管理的构建还必须依赖于运行可靠而且技术上先进成熟的软件，如可以选用 Microsoft Office、Oracle、Microsoft Access、CAD 软件。

2）构建基础数据库

软硬件环境搭建完成后，应构建基础数据库。工程数字化管理体系能够顺利运行的基础是其所依托的各类数据库、知识库、模型库可以存储和管理数据，并且将其转变成工程各参与方所需要的各种数据信息。

（1）建立统一的工程项目信息编码体系。

工程项目数字化管理各类数据库的构建首先需要各参与方提供大量的支撑信息，并且应按照统一数据格式进行保存。为减少数据录入后又二次编辑的重复工作，在数据收集与编辑之前，应首先建立一套统一的项目信息编码体系，包括合同管理编码、设计资料编码、项目设施编码、人员编码和知识信息编码等，规定信息录入的电子表格中字段的名称、长度、字符类型和是否可以为空等，然后由操作人员将后续收集的信息按编码统一录入。

（2）收集及整理基础信息。

在建立统一的项目信息编码体系后，需要项目各参与方提供与工程相关的基础信息资料，并整理转化为项目信息编码格式统一录入。但是现阶段，信息化在工程各参与方实施程度不同，如设计单位在进行项目图纸绘制时，已基本全部采用计算机绘图，资料转化较为简单，而施工单位信息化进程较为落后，各类资料大多采用纸质保存，因此进行资料收集和编辑是一个工作量非常繁重的任务。

（3）建立信息之间的连接。

数据统一录入之后，如果没有建立彼此之间以及各相关模块的联系，就会形成"信息孤岛"，不能发挥相互支持的作用。因此，应按照工程项目管理的逻辑，建立数据信息之间的连接，保证信息共享，各个子系统都可以存取、共享数据库中的信息，减少不必要的模块接口，在数据共享的基础上进一步挖掘增值。

（4）建立管理的信息系统模型。

信息资源计划数据库、知识库和模型库中的数据信息需要根据工程建设的进度及时更新。在信息收集和传递过程中，应建立信息资源计划，梳理业务流程，明确工程项目各参与方之间的信息关系，建立管理的信息系统模型。然后，用模型衡量现有的数据库中各种数据信息及其应用，符合的就继承并加以整合，不符合的就进行改造优化；同时，结合项目的实施情况，对项目资料信息流程进行不断的优化和调整，剔除一些不合理、冗余的流程，保证工程项目信息全面、及时、准确地按照统一的编码体系进行保存和应用，以适应工程项目数字化管理的需要。

3）保护数据信息安全

工程项目数字化管理需要耗费大量的资金开发建设，涉及众多利益相关者的信息，并且数字化管理的构建过程会利用和形成众多专利技术；因此，必须建立和改进网络管理和安全系统，保障信息安全，如部署网管系统、防火墙、病毒防护系统，建立网络数据自动备份系统。

2. 实施工程项目数字化管理的主要技术

1）网络化技术

工程项目数字化管理涉及的网络化技术是指利用各单位的内联网和彼此之间的外联网，建立各参与单位信息共享以及相互沟通的渠道。

2）可视化技术

可视化技术主要运用在工程项目的建设实施阶段和运营维护阶段，可以使设计、建造、实时监控和后期维护等工作的开展更加形象和具体，增加操作的直观性。建筑工程数字化管理的可视化主要依托于 CAD 软件、虚拟现实技术。

（1）CAD 软件。

现阶段，大多数国内的建模软件（如 PKPM、广联达和斯维尔等）都是在 CAD 软件的基础上进一步研发的，数字化管理的可视化功能的实现也需要与 CAD 软件接轨，接轨时需要注意标准和规范的兼容。若采取与 CAD 软件相同的技术标准和规范，或者与其兼容的技术标准和规范，既可以加快功能的研发速度，同时还可以减轻研发的难度。

（2）虚拟建造。

虚拟现实技术在工程项目的探索应用主要为虚拟建造，表现为工程项目全过程的模拟实施，以及对各参与单位的管理，建模技术、仿真技术是虚拟建造得以实现的核心。

① 建模技术。虚拟建造首先要解决的就是建筑产品建模。为了保证各参与单位从不同角度都可以理解产品模型，实现数据共享，虚拟建造的模型必须满足以下三个要求：

第一，它必须保证建筑产品信息的完整性，能够对不同抽象层次上的建筑产品信息进行描述和组织；

第二，不同的需求方能够根据它提取所需的信息，衍生出自身所需的模型，并且能够添加新的信息到建筑产品模型，保证信息的一致性；

第三，它应该支持自上向下设计，特别是概念设计和设计变更。

② 仿真技术。仿真技术是通过计算机对复杂的现实系统进行抽象和简化，形成容易理解和运算的系统模型，然后在分析的基础上运行此模型，从而得到其统计性能。仿真技术不会干扰实际生产系统，同时可以利用计算机的快速运算能力，模拟实际生产中需要的人、财、物，缩短决策时间，避免资金、人力和时间的浪费，而且安全可靠。

仿真的基本步骤为：研究系统→收集数据→建立系统模型→确定仿真算法→建立仿真模型→运行仿真模型→输出结果并分析。

（3）可视化技术的应用。

① 预先展示、检验拟建项目的设计方案。

设计单位可以通过在数字化管理中将拟建项目的整体设计效果，室内的空间功能布局、材质、色彩，周围环境构想等以 3D 模型的形式展示出来，给用户丰富的视觉冲击，增加项目各参与方对设计方案的理解。

同时，还应保证各参与单位从其需要的任意角度观察拟建项目、实施方案修改，这样有利于进行规划设计方案的优化。

② 模拟进行工程项目的施工方案及动态显示实际建设过程。

在数字化管理的虚拟建造环境中，不需要消耗任何的实物建设资源，就可以将拟定的各种施工计划在计算机数字空间以图形化的形式展示出来，包括工序的可视化、施工过程中各种工况的可视化。这样可以事先检验施工方案、施工计划的可行性，以及对它们进行优化设计。

随着项目的正式实施，工程的进度状况也可以通过数字化管理得到及时展示，方便与计划进度进行对比，并根据实际情况开展进一步工作。

③ 指导运营维护阶段的维护工作。

工程项目在交付运营后，如果出现问题，往往很难找到最初参与人员进行维护工作，倘若由现有维护人员去参考之前众多的设计和施工信息，会耗费大量的时间，并且可能还无法理解原有的设计意图。可视化功能更加直观地展示了项目实施情况，有助于后期维护人员开展工作。

3）智能化技术

智能化技术主要运用在工程项目策划决策、实施过程中多目标实现的协调统一以及项目实施监控预警方面。

采用智能化技术进行决策是一个复杂的信息化过程，涉及大量数据信息的传递和共享，其中包括设计信息、项目计划信息、施工过程信息等。通过依据知识库、模型库中积累的资源，不断进行信息处理和反馈，筛去冗余信息，评价和检验设计、施工等方案，可以使信息更加正确地指导各参与方进行决策，引导工程项目建设的顺利开展。

BIM 技术是土木工程信息化建设的一个新阶段，它提供了一个全新的生产方式，运用数字化的方式来表达项目的物理特点和功能特点，对项目中不同阶段的信息实现集成和共享，为项目各参与方提供协同工作的平台，使生产效率得以提升、项目质量有效控制、项目成本大大降低、工程周期得以缩减，尤其在解决复杂形体、管线综合、绿色建筑、智能加工等难点问题方面显现了不可替代的优越性。我国目前主要的 BIM 应用也已遍布项目的全生命周期，主要体现在方案模拟、结构分析、日照分析、工程算量、3D 协调、4D 模拟（3D+ 进度）、5D 模拟（3D+ 进度 + 投资）、施工方案优化、碰撞检查、管线综合、安全管理、三维扫描、数字化放线、数字化建造、灾害模拟、虚拟现实、运维管理等方面。

## 9.3　数字化技术应用的主要软件

### 9.3.1　工程项目算量软件

目前，国内主流的工程项目算量软件分为三类：第一类是基于国外 CAD 平台的插件，包括二维和三维两种；第二类是基于国外 BIM 平台的插件；第三类是国内基于自主平台开发的三维计量软件，也是一种 BIM 计量软件。

第一类计量软件目前已较为成熟，使用方便快捷，对硬件要求较小，但存在 CAD 平台的局限性；第二类计量软件是基于自主平台的三维计量软件，这种方式开发难度相对较高，前期投资大，实现 BIM 计量是通过系列产品整体解决的，但是很多应用更符合本土化习惯；第三类计量软件开发难度相对较小，因为国外平台技术较为成熟可靠，但是后期可能存在国外软件部分制约的隐患，比如 Revit 的算量插件。

目前主流的工程项目算量软件有：广联达的土建钢筋计量软件、广联达的安装计量软件、广联达市政算量软件、品茗算量软件（土建钢筋二合一）、品茗安装计量软件、晨曦 BIM 算量（安装）软件、晨曦安装算量（图形版）软件。

## 9.3.2 工程造价计价软件

工程造价计价软件是工程预结算中进行套价、工料分析、计算工程造价及进行项目管理等工作的一种应用软件，它是工程预结算最后一个阶段使用的软件。工程造价计价软件的主要功能如下。

1. 项目管理

工程项目按构成内容由大到小，分为建设项目、单项工程和单位工程三级，其中单位工程是预算编制的基本单位。现行的工程造价计价软件能对建设项目进行三级管理，即不仅能编制单位工程预算，计算单位工程造价，还能分级汇总出单项工程造价和建设项目造价。

2. 套算定额价或清单价

工程造价计价软件能通过输入定额或清单编号和工程量，自动套算定额价或清单价。输入定额时，软件均提供了直接输入和查询输入功能；同时，各取费软件均能进行子目换算、按附注调整等子目处理。

3. 工料汇总和工料价差调整汇总

工料汇总及工料价差调整汇总是一项非常烦琐的工作，而运用软件则可以非常方便地解决这个问题。一般软件在概预算表输入完后即自动汇总出工程的工料，此时只需输入工料的市场价格即可实现工料的价差调整汇总。

4. 工程取费

全国各地的定额和让价方法不同，其取费定额也不同。各预算软件均能根据各地不同定额提供当地所有工程类型的取费模板，以便使用者在使用软件时可根据需要选取自己需要的模板，由软件自动计算出工程造价；同时使用者可定义自己需要的取费项，对费率进行任意的修改。

5. 报表输出

预结算报表是编制预结算的最终结果和表现形式。

工程造价计价软件的最大优点是可根据使用者的需要设计封面、编制说明及输出各式各样的报表，如工程报价单、分部工程汇总表、工程费用表、工程量清单及投标报价表、技术措施费汇总表、材料价差表、工料汇总表等；有的工程造价计价软件还可以根据需要设计不同的报表格式。

目前，主流的工程造价计价软件有：斯维尔清单计价软件、晨曦工程计价软件、广材助手、广联达 G+工作台、广联达电力云计价软件、广联达云计价平台、海迈计价软件、蓝光钢结构算量软件、品茗胜算造价计控软件、品茗土建造价核算软件等。

### 9.3.3 工程项目管理软件

工程项目管理软件是对工程项目实施过程进行科学管理的一种工具，我国大多数建筑工程企业已实现数字化管理。工程项目管理软件按照内容可分为：进度管理软件、合同管理软件、风险管理软件、投资管理软件等。

企业级项目管理信息系统还便于项目管理的协同工作，数据和信息的实时动态管理，支持与企业工程项目管理有关的各类信息库对项目管理工作的在线支持。

工程项目管理软件的基本功能有：(1)任务管理：WBS 编码体系、任务约束条件/完成期限、任务相互间逻辑关系、重复性任务等；(2)进度管理：任务日程、甘特图、关键路径法、里程碑等；(3)资源和费用管理：资源优先级/技能集和支付单价/费用、资源的可用性、分配和再分配资源及再分配的评估、指定任务信息汇报的资源对象、资源平衡/优化等；(4)跟踪进度和资源：比较基准线、赢得值分析；(5)排序、筛选、分组；(6)各类跟踪、评估、对比状态的报表和图形；(7)与其他程序的数据/文件交换；(8)假设/预测分析；(9)安全性；(10)多用户、多项目；(11)与其他系统的接口和连用；(12)支持局域网或 Internet 发布项目信息。

目前主流的工程项目管理软件有：Worktile、Revit、广联达工程项目管理软件、泛普软件、红圈工程项目管理软件等。

## 一、单项选择题

1. 工程管理信息化有利于提高工程项目的经济效益和社会效益，以达到（　　）的目的。
   A. 为项目建设增值　　　　　B. 实现项目建设目标
   C. 实现项目管理目标　　　　D. 提高项目建设综合治理

2. 下列项目目标动态控制的流程中，正确的是（　　）。
   A. 收集项目目标的实际值→实际值与计划值比较→找出偏差→采取纠偏措施
   B. 收集项目目标的实际值→实际值与计划值比较→找出偏差→进行目标调整
   C. 收集项目目标的实际值→实际值与计划值比较→采取控制措施→进行目标调整
   D. 实际值与计划值比较→找出偏差→采取控制措施→收集项目目标的实际值

3. 运用工程项目信息门户辅助施工项目进度控制，属于进度控制的（　　）措施。
   A. 技术　　　　　B. 管理　　　　　C. 经济　　　　　D. 组织

4. 在进度控制中，缺乏动态控制观念的表现是（　　）。
A. 同一项目不同进度计划之间的关联性不够
B. 不重视进度计划的比选
C. 不重视进度计划的调整
D. 不注意分析影响进度的风险

## 二、多项选择题

1. 下列项目目标动态控制的纠偏措施中，属于技术措施的有（　　）。
A. 改进施工方法　　　　　　　B. 选择高效的施工机具
C. 调整项目管理工作流程组织　　D. 调整进度控制的方法和手段
E. 调整项目管理任务分工

2. 工程项目管理信息系统中，进度控制的功能有（　　）。
A. 编制资源需求量计划　　　　B. 根据工程进展进行施工成本预测
C. 进度计划执行情况的比较分析　D. 项目估算的数据计算
E. 确定关键工作和关键路线

## 三、简答题

1. 工程项目数字化的意义是什么？
2. 工程项目管理数字化的实施模式有哪些？
3. 工程项目信息管理的工作内容是什么？
4. 工程项目数字化管理体系的组织保障有哪些方面？
5. 工程项目数字化管理体系的技术保障有哪些方面？

在线答题

拓展习题

# 参考文献

全国信息分类与编码标准化技术委员会, 2022. 生产过程危险和有害因素分类与代码：GB/T 13861—2022 [S].

中国标准化研究院, 2020. 职业健康安全管理体系 要求及使用指南：GB/T 45001—2020 [S].

中华人民共和国住房和城乡建设部, 2017. 建设工程项目管理规范：GB/T 50326—2017 [S]. 北京：中国建筑工业出版社.

中华人民共和国住房和城乡建设部, 2017. 建设工程施工合同（示范文本）：GF—2017—0201 [S]. 北京：中国建筑工业出版社.

全国质量管理和质量保证标准化技术委员会, 2016. 质量管理体系 基础和术语：GB/T 19000—2016/ISO 9000:2015 [S].

中华人民共和国住房和城乡建设部, 2017. 建设项目工程总承包管理规范：GB/T 50358—2017 [S]. 北京：中国建筑工业出版社.

中华人民共和国住房和城乡建设部建筑工程质量标准化技术委员会, 2014. 建筑工程绿色施工规范：GB/T 50905—2014 [S]. 北京：中国建筑工业出版社.

中华人民共和国住房和城乡建设部, 2013. 建设工程工程量清单计价规范：GB 50500—2013 [S]. 北京：中国建筑工业出版社.

中华人民共和国生态环境部, 2011. 建筑施工场界环境噪声排放标准：GB 12523—2011 [S].

中华人民共和国住房和城乡建设部建筑环境与节能标准化技术委员会, 2010. 建筑工程绿色施工评价标准：GB/T 50640—2010 [S]. 北京：中国建筑工业出版社.

中国标准化研究院, 2009. 价值工程 第1部分：基本术语：GB/T 8223.1—2009 [S].

中华人民共和国住房和城乡建设部, 2009. 建筑施工组织设计规范：GB/T 50502—2009 [S]. 北京：中国建筑工业出版社.

中华人民共和国国家发展和改革委员会. 政府投资项目可行性研究报告编写通用大纲（2023年版）[A/OL]. （2023-03-23）[2023-10-10]. https://www.ndrc.gov.cn/xxgk/zcfb/ghxwj/202304/P020230407401908422756.pdf.

中华人民共和国国家发展和改革委员会. 企业投资项目可行性研究报告编写参考大纲（2023年版）[A/OL]. （2023-03-23）[2023-10-10]. https://www.ndrc.gov.cn/xxgk/zcfb/ghxwj/202304/P020230407401908613786.pdf.

中华人民共和国住房和城乡建设部办公厅. 危险性较大的分部分项工程专项施工方案编制指南 [A/OL]. （2021-12-08）[2023-10-10]. https://view.officeapps.live.com/op/view.aspx?src=https%3A%2F%2Fwww.gov.cn%2Fzhengce%2Fzhengceku%2F2021-12%2F23%2F5664122%2Ffiles%2F56e991716b234fea918afcf34ab43b3a.docx&wdOrigin=BROWSELINK

中华人民共和国住房和城乡建设部. 住房和城乡建设部关于进一步加强房屋建筑和市政基础设施工程招标投标监管的指导意见 [A/OL]. （2019-12-19）[2023-10-10]. https://www.mohurd.gov.cn/gongkai/zhengce/zhengcefilelib/201912/20191224_243228.html

中华人民共和国国家发展和改革委员会. 必须招标的工程项目规定 [A/OL]. （2018-03-27）[2023-10-10]. https://www.gov.cn/gongbao/content/2018/content_5296544.htm

中华人民共和国国家发展和改革委员会. 必须招标的基础设施和公用事业项目范围规定 [A/OL]. （2018-06-06）[2023-10-10]. https://www.gov.cn/zhengce/zhengceku/2018-12/31/5433928/files/5c654f6cd3aa4ff7a8125fc394ca6946.pdf

中华人民共和国住房和城乡建设部. 危险性较大的分部分项工程安全管理规定 [A/OL]. （2018-03-08）[2023-10-10]. https://www.gov.cn/gongbao/content/2018/content_5294422.htm

中国国家安全生产监督管理总局. 建设项目职业病防护设施"三同时"监督管理办法 [A/OL]. （2017-03-09）[2023-10-10]. https://www.gov.cn/gongbao/content/2017/content_5222950.htm?eqid=

9af5a71700009a6200000002645da7c0.

中华人民共和国住房和城乡建设部.建筑业10项新技术（2017版）［A/OL］.（2017-11-14）［2023-10-10］.https://www.mohurd.gov.cn/gongkai/zhengce/zhengcefilelib/201711/20171114_233938.html

中华人民共和国住房和城乡建设部，中华人民共和国财政部.建筑安装工程费用项目组成［A/OL］.（2013-04-01）［2023-10-10］.https://www.mohurd.gov.cn/gongkai/zhengce/zhengcefilelib/201304/20130401_213303.html

中华人民共和国住房和城乡建设部.房屋市政工程生产安全事故报告和查处工作规程［A/OL］.（2013-01-14）［2023-10-10］.https://www.gov.cn/gongbao/content/2013/content_2404722.htm

中华人民共和国建设部.绿色施工导则［A/OL］.（2007-09-14）［2023-10-10］.https://www.mohurd.gov.cn/gongkai/zhengce/zhengcefilelib/200709/20070914_158260.html

中华人民共和国国务院.国务院关于投资体制改革的决定［A/OL］.（2005-08-12）［2023-10-10］.https://www.gov.cn/zwgk/2005-08/12/content_21939.htm

国家发展改革委，建设部，2006.建设项目经济评价方法与参数［M］.3版.北京：中国计划出版社.

# 后 记

经全国高等教育自学考试指导委员会同意,由土木水利矿业环境类专业委员会负责高等教育自学考试《工程项目管理》教材的审定工作。

本教材由重庆大学严薇教授和华建民教授担任主编,杨阳副教授和王能助理研究员参加编写。全书由严薇教授统稿。天津大学王雪青教授担任主审,重庆大学张仕廉教授和东北财经大学宋维佳教授参审,他们对本教材提出了宝贵的修改意见,在此谨向他们表示诚挚的谢意!

全国高等教育自学考试指导委员会土木水利矿业环境类专业委员会最后审定通过了本教材。

全国高等教育自学考试指导委员会
土木水利矿业环境类专业委员会
2023 年 5 月